우리말 규범의 이해

개정3판

우리말 규범의 이해

허 철 구 지음

역락

저자는 수년 간 학부의 국어 어문 규범 강좌를 담당하면서 적절한 교재가 필요하다는 생각을 하게 되었다. 이 분야에는 매우 훌륭한 연구서와 교재용 저서들이 많이 있는데, 금방 떠올린 만한 것으로도 이희승 선생의 "한글 맞춤법 통일안 강의"를 이어받은 이희승·안병희·한재영 저 "한글 맞춤법 강의(증보판)", 민현식 저 "국어 정서법 연구", 강희숙 저 "국어 정서법의 이해", 우형식 편저 "한글과 정서법" 등 역작이 있으며, 이 외에도 각자의 색채를 갖춘 다수의 저서들이 있다. 이런 상황에서 굳이 새로운 교재가 필요한지 스스로 의문이 들기도 하였으나, 막상 수업 현장에서 본격적인 연구서들은 그 내용이나 분량 면에서 학생들이 벅차게 느끼는 문제가 있었고, 보다 실용적인 목적의 교재는 대학 강의의 학문적 성격에 다소 부합하지 못하는 단점이 있었다.

그래서 저자는 어문 생활에 밀접한 내용을 중심으로 강의에 적합한 교안을 작성하여 활용해 왔다. 이것이 몇 차례 거듭되면서 어느덧 교재의 꼴을 갖추게는 되었으나, 여전히 책으로 내는 것은 망설일 수밖에 없었다. 그 이유는 앞서와 같이 이미 훌륭한 저작들이 있는데 별반 새로울 것도 나을 것도 없는 내용을 굳이 덧보탤 필요가 있는가 하는 근본적인 회의감 때문이었다. 그러나 학생들에게 매번 유인물 형식으로 자료를 제공하는 것도 면목이 없고, 또 그 사이 새로운 표준어의 사정, 문장 부호의 개선 등 어문 규범에 적지 않은 변화가 생기게 되어 출판을 결심하여 지난해에 책으로 내놓게 되었다.

그런데 이후 표준어 사정에 일부 변화가 생겼고, 또 이런저런 오류도 바로잡을 필요가 있어 부득이 개정판을 내기에 이르렀다. 그러다가 책을 추가로 찍을 기회를 얻어 그사이 바뀐 규범의 내용을 반영한 새로운 개정판을 내게 되었다. 더욱이 2017년에 한글 맞춤법, 표준어 규정, 외래어 표기법이 일부 개정되었고, 최근에는 한글 맞춤법, 표준어 규정의 새 해설이 나옴에 따라 그 내용을 거듭하여 반영하지 않을 수 없었다. 특히 표준어는 앞으로 지속적인 변화가 있을 것으로 예상되는데, 매번 그 내용을 반영한 새 책을 내기에는 현실적으로 어려움이 적지 않다. 이 점에서 어문 규범을 다루는 많은 저작물들은 한계를 지닐 수밖에 없다. 따라서 이 책을 읽을 때도 새롭게 변한 내용은 없는지 늘 주목해야 하는데 이러한 수고에 대하여 이해를 구할 뿐이다.

이 책은 어문 규범에 대한 본격적인 연구서가 아니라 규범에 맞게 국어 생활을 하도록 도와주는 실용적인 목적을 담고 있다. 그래서 각 규범의 조항을 좇아가며 설명하기보다는 규범의 내용을 해체하여 주요 사례 중심으로 소개하는 형식을 취하였다. 그러면서도 학생들이 학술적으로 어문 규범을 이해하고 탐구하는 데도 활용될 수 있도록 내용을 구성하고자 하였다. 그러다 보니 이도 저도 아닌 어정쩡한 내용이라는 비판에 직면할 거라는 걱정도 앞선다.

보잘것없는 책이지만, 저자의 학부 시절부터 대학원 때까지 가르침을 베풀어 주신 정연찬 선생님, 이승욱 선생님, 서정목 선생님의 은혜를 기억하지 않을 수 없다. 그저 가볍기만 한 내용이어서 선생님들께 부끄러울 뿐이다. 부족한 책의 출판을 기꺼이 허락해 주신 역락 출판사의 이대현 사장님께도 감사드린다.

2019년 7월

저자 씀

차/례

제1장 서 론

1. 어문 규범의 필요성

우리는 한국어와 한글이라는 공통의 언어와 문자로써 언어생활을 한다. 그러나 같은 한국어라고 해도 사람마다 쓰는 말에 차이가 있거나 적는 법이 다르다면 의사소통에 어려움을 겪을 수 있다.

국어학자인 이극로 선생은 다음과 같은 일화를 들려주고 있다.

> 이 항해 중에 하루는 일행이 평북 창성 땅인 압록강변 한 농촌에 들어가서 아침밥을 사서 먹는데 조선 사람의 밥상에 떠날 수 없는 고추장이 밥상에 없었다. 일행 중의 한 사람이 고추장을 청하였으나 고추장이란 말을 몰라서 그것을 가지고 오지 못한다. 그래서 우리는 여러 가지로 형용하였더니 마지막에 "옳소, 댕가지장 말씀이오?" 하더니 고추장을 가지고 나온다. 사투리로 말미암아 일상생활에 많이 쓰이는 '고추'라는 말을 서로 통하지 못하니 얼마나 답답한 일인가?

위 사례에서와 같은 의사소통의 장애를 해소하려면 말과 글을 일정한 형태로 정하여 쓸 필요가 있다. '고추장'이든 '댕가지장'이든 공통으로 쓸 말이 필요한 것이다. 이와 같이 의사소통의 편의를 위하여 국어로 하는 언어생활에서 따르고 지켜야 할 공식적인 기준을 정하게 되는데 이를 국어의 **어문 규범**이라고 한다.

물론 위 일화와 같은 사례는 개인이 일상생활에서 흔히 겪을 수 있는 가벼운 경험담일 뿐이며 우리말의 지역적 차이가 의사소통이 어려울 정도로 큰 것은 아니다. 그러나 그렇다고 하여 국어의 규범화를 하지 않고 개인마다 자유롭게 쓰도록 할 수만도 없다. 만일 통일된 기준이 없다면 사적인 상황과 달리 공적인 상황에서는 보다 불편하고 심각한 문제로 이어질 수 있기 때문이다. 예를 들어 방송, 교과서, 공문서 등만 해도 일정한 언어, 문자의 체계가 없다면 정보를 주고받는 데 큰 혼란을 겪을 수밖에 없다. 따라서 효율적인 언어생활을 위하여 어문 규범은 꼭 필요한 존재라고 할 수 있다.

2. 어문 규범의 종류

국어의 어문 규범에는 대표적으로 다음의 네 가지가 있다.

> 한글 맞춤법(문교부 고시 제88-1호, 1988. 1. 19. / 문화체육관광부 고시 제2017
> -12호, 2017. 3. 28., 일부 개정)
> 표준어 규정(문교부 고시 제88-2호, 1988. 1. 19. / 문화체육관광부 고시 제2017
> -13호, 2017. 3. 28., 일부 개정)
> 외래어 표기법(문교부 고시 제85-11호, 1986. 1. 7. / 문화체육관광부 고시 제2017
> -14호, 2017. 3. 28., 일부 개정)
> 국어의 로마자 표기법(문화관광부 고시 제2000-8호, 2000. 7. 7.)

이 가운데 **한글 맞춤법**은 한글로 국어를 표기하는 방안을 정한 규범이다. 예를 들어 [부억]을 적는 방법에는 '부억, 부엌, 부엌' 등 여러 가지 안이 있을 수 있는데, 한글 맞춤법은 일정한 원리에 따라 이 가운데 어느 하나를 올바른 표기형으로 결정한다.

표준어 규정은 지역이나 개인 등에 따라 언어에 다른 점이 있어서 모든 사람들이 공통적으로 쓸 말을 약속으로 정하는 규범이다. 예를 들어 부엌을 뜻하는 '부석, 부삭, 부섭, 부수깨, 부엌, 버께, 배역, 정기, 정지, 정짓간' 등 다양한 말들 가운데에서 '부엌'을 공통으로 사용할 표준어로 삼는다.

　　외래어 표기법은 국어에 들어온 각종 외래어를 한글로 적는 방안을 정한 규범이다. 이를테면 영어의 'computer'를 '컴퓨터'라고 적을지, '콤퓨터'라고 적을지 이 규범에 따라 정한다. 국어에서 쓰는 말을 한글로 적는 법을 정한 것이므로 이는 한글 맞춤법에 속하는 것이나, 워낙 외래어의 범위가 넓고 고유어나 한자어와 다른 특성이 있으므로 따로 규정을 마련한 것이다.

　　국어의 로마자 표기법은 국어를 로마자로 어떻게 적을지를 정한 규범이다. 앞의 규정들이 한글을 사용하는 사람들(주로 우리 국민)을 위한 것이라면, 뒤의 규정은 한글을 모르는 사람들(주로 외국인)을 위한 것이다. 예를 들어 외국인들에게 우리말 지명 '종로'를 알려주기 위하여 국제적으로 널리 쓰이는 로마자를 이용하여 'Jongno'라고 적는 것이다.

　　이 규범들 가운데 표준어 규정은 음성 언어에 관한 것이고 나머지 규정은 문자 언어 즉 표기법에 관한 것이다. 특히 한글 맞춤법은 표준어를 대상으로 하는 표기법이라는 점에서 표준어 규정과 밀접한 관계에 있다. 즉 표준어 규정에 따라 표준어가 정해지면 한글 맞춤법은 이를 한글로 적는 법을 정하는 것이다. 이에 따라 이 책에서는 표준어 규정을 가장 먼저 소개하고 그 다음 한글 맞춤법 등 나머지 표기법을 소개하고자 한다.

　　한편 이상의 네 가지 어문 규범 외에 일상생활에서 지켜야 할 표준적인 화법을 정한 것이 있다.

　　표준 언어 예절(2011. 12.)

　　이 **표준 언어 예절**은 지역 또는 개인마다 화법에 차이가 있어 종종 언어생활에서 갈등이 빚어지는 문제를 해소하고자 호칭어 및 지칭어·경어법·인사말 등의 표준을 정한 것이다.[1] 예를 들어 누나의 남편을 '자형'이라고 부르는 것이 우리말의 예절에 맞는지를 두고 시비가 생길 수 있다. 표준 언어 예절은 '매형'과 더불어 이 '자형'을 표준으로 인정하는데 이와 같이 호칭어의 기준이 있다면 언어 예절을 둘러싼 갈등의 소지를 줄일 수 있을 것이다.

이 책은 이상의 규범 중 표준 언어 예절을 제외한 나머지 4종의 어문 규범을 이해하는 데 기본적인 목표를 둔다. 어문 규범은 궁극적으로 실용성에 목적을 두기에 그 결과적인 내용을 익히는 것이 중요하다. 그러나 한편으로 국어의 어문 규범은 고도의 문법적 원리를 바탕으로 이루어져 있기도 하다. 따라서 어문 규범의 실제를 익히는 것 못지않게 이론적 원리를 아는 것도 중요한데, 이와 같은 이유로 이 책은 우리말 규범의 이론과 그 실제적 모습을 아울러 이해하는 데 목표를 둔다.

---

1) 국립국어연구원은 1992년에 '표준 화법'을 국어심의회의 심의(1992. 10. 19.)를 거쳐 발표하였다. 이후 달라진 언어생활을 반영하여, 국립국어원(전 국립국어연구원)은 2011년 국어심의회 보고(2011. 12. 19.)를 거쳐 기존의 표준 화법을 수정 보완한 '표준 언어 예절'을 발표하였다.

1. 우리의 언어생활에서 어문 규범이 없다면 어떤 문제가 생길지 구체적인 예를 들어 설명하시오.

2. 어문 규범을 지키지 않아도 된다고 생각하는 경우를 구체적인 예를 들어 설명해 보시오.

제2장 표준어 규정

1. 표준어의 개념과 성립

1.1. 표준어의 개념

표준어(standard language)는 한 국가에서 규범화하여 공용어로 사용하는 말이다. 한 나라의 말은 지역이나 계층에 따라 다양하게 나타나기도 하는데, 그 가운데서 특정한 말을 선택하여 공통적으로 쓸 말로 정하는 것이다. 예를 들어 아래와 같이 깍두기를 가리키는 다양한 말들 가운데 '깍두기'를 표준어로 정하여 모든 국민이 공통적으로 사용하고 있다.

간동지, 깍대기, 깍대, 깍두기, 나박김치, 나박디, 똑딱지, 똑때기, 똑똑지, 맷젓, 무꾸나배기, 무시짐치, 무짐치, 서빡지, 쪼가리김치, 쪼각지, 쪼박김치, 추련짠지 이와 같이 표준어는 다양한 언어적 상황에서 공통의 의사소통 수단으로 삼기 위하여 생겨난 말인데, 이와 유사한 것으로 공통어와 공용어가 있다.

공통어(common language)는 한 국가 내에서 두루 쓰는 말이다. 즉 공통어는 그 구성원들이 태어나면서 자연스럽게 익히고 사용하는 언어이다. 우리나라의 경우에는 한국어가 공통어이다.[1]

공용어(official language)는 한 국가 등에서 공식적으로 사용하는 언어이다. 우리나라는 한국어, 영국은 영어, 일본은 일본어가 공용어이다. 대체로 공통어를 공용어로 삼는 것이 일반적이지만, 때로는 공통어가 아닌데도 공용어가 되기도 한다. 우리나라의 경우 일제 강점기에 일본어, 미군정기에 영어가 공용어로 쓰이기도 하였다.

그 사회 내에 여러 언어가 유력하게 사용될 경우에는 공용어가 둘 이상이 되기도 한다. 예를 들어 스위스는 프랑스어, 독일어, 이탈리아어, 레토로망스어의 네 가지 언어를 공용어로 사용하고 있고,[2] 캐나다 퀘벡 주는 프랑스어와 영어를 공용어로 사용하고 있다.[3]

표준어는 이 공통어, 공용어에 비하여 규범적으로 훨씬 엄격하게 정비된 말이다. 이를테면 공통어이자 공용어로서의 한국어는 다양한 방언이나 비어 등이 모두 포함된 것이지만, 표준어는 이 가운데 많은 말들을 배제한 훨씬 좁은 영역을 지니는 것이다. 국어사전은 표준어를 다음과 같이 구체적으로 정의하고 있다.

---

1) 공통어를 여러 다른 종족이나 민족 사이에서 두루 쓰이는 말로 정의하기도 한다. 김민수(1973/1984 : 69)에서 '한 나라 안에서 언어가 다른 종족이나 민족 사이에 널리 통용되어 쓰이는 제3국어'라고 규정하면서 인도와 필리핀에서 식민지 시대에 들어와 쓰이는 영어를 그 예로 들고 있다.

2) 스위스는 26개의 주(cantons)로 구성되어 있는데 17개 주는 공식 언어로 독일어, 4개 주는 프랑스어, 1개 주는 이탈리아어, 3개 주는 독일어와 프랑스어의 이중 언어를, 그리고 나머지 1개 주는 독일어, 이탈리아어, 레토로망스어 등 3개 언어를 사용하고 있다. 레토로망스어는 스위스의 토착 언어로서 1874년에 공용어로 확립된 다른 세 언어와 달리 1938년에 공용어로 인정되었다(강휘원 2012).

3) 캐나다 퀘벡 주는 프랑스계 주민이 많은 지역으로서 영어에 대응하여 프랑스어를 보호하기 위하여 1974년에 프랑스어만 유일한 공용어로 지정하기도 하였으며 현재는 영어와 프랑스어가 공용어로 쓰이고 있다.

한 나라에서 공용어로 쓰는 규범으로서의 언어. 의사소통의 불편을 덜기 위하여 전 국민이 공통적으로 쓸 공용어의 자격을 부여받은 말로, 우리나라에서는 교양 있는 사람들이 두루 쓰는 현대 서울말로 정함을 원칙으로 한다.(표준국어대사전)

즉 표준어는 공통어이자 공용어의 성격을 지니면서 보다 통일된 체계로서 규범화한 말이다. 그리고 지역과 계층 등 일정한 기준에 따라 그 구체적인 모습을 정해 놓았다는 점에서 어느 정도 인위적이며 이상적인 말이다.[4]

1.2. 표준어의 필요성

표준어는 무엇보다도 한 언어 사회의 구성원들 간의 원활한 의사소통을 위하여 필요하다. 따라서 공통된 의사소통 수단이 없으면 이를 만들어 내는 경우를 각국의 사례에서 흔히 목격할 수 있다.

그 한 예로서 로맨스(Romance)어의 탄생 경위를 들 수 있다. 이전 시기의 라틴어는 그리스어의 영향을 받은 상류 계층의 언어(문학어)와 낮은 계층을 중심으로 한 속라틴어(Latino volgare)로 양극화되었는데, 그 결과 원활한 의사소통을 위하여 중류 계급을 중심으로 양자가 동화된 언어인 로맨스어가 나타나게 되었던 것이다. 또 중국처럼 지역 간의 방언 차가 매우 큰 나라에서는 공통어만으로 원활한 의사소통을 하기 어려워 북경어를 바탕으로 '보통화(普通話)'라고 하는 표준어를 정하여 쓰기도 한다.[5]

우리나라는 상대적으로 지역 간의 언어 차이가 의사소통에 결정적인 장애가 될

---

4) 우형식(2010 : 66-7)은 표준어의 특성으로 규범성, 인위성, 당위성, 역사성, 순정성의 다섯 가지를 제시하고 있다. 여기에서 '인위성'은 표준어가 인위적으로 정해진 말이라는 특성, '당위성'은 '있는 그대로의 말이 아니라 '있어야 할 말'로서의 이상적인 말이라는 특성을 뜻한다.

5) 대부분 국가에서 '표준어'의 개념을 명문화하여 규정하는 것은 아니다. 예를 들어 미국의 경우 표준어를 공식적으로 지정한 것은 아니지만 방송이나 교사 등이 주도하는 표준 영어의 개념이 있다. 표준어를 명문화하는 경우는 우리나라를 비롯하여 일본이나 중국 등 일부 국가에 불과하다. 그러나 언어의 표준화라는 점에서는 같은 맥락으로 볼 수 있다.

정도는 아니다. 그러나 오늘날처럼 사회 체계가 고도로 조직화되면 통일된 언어가 필요하다. 즉 예전처럼 왕래가 적어 각 지역과 지역어가 고립적으로 존재하던 시대와 달리 근대화된 사회에서는 교통이나 통신 수단의 발달 등으로 모든 지역이 단일한 의사소통 체계를 이루게 되므로 행정·교육·방송 등 사회 제도의 원활한 운영을 위하여 통일된 언어 체계가 필요한 것이다.

근대화가 보다 일찍 시작된 국가들에서 이른 시기부터 표준어를 정립하기 위한 움직임을 볼 수 있다. 다음은 그 대표적인 예들이다.

- 1582년 이탈리아 코시모(Cosimo) 1세, 이탈리아어 순화를 목적으로 크루스카 학술원(Academia della Crusca) 설립.
- 1635년 프랑스 리슐리외(Richelieu) 추기경, '고상하고 세련되고 합리적인' 프랑스어를 만들기 위하여 프랑스 한림원(Académie Française) 설립.
- 17세기 독일 지식인들, 통일된 독일어 표준어를 확정하고 프랑스어 등 유입 외래어에 대항하여 독일어를 정화하기 위하여 언어협회들(Sprachgesellschaften)을 설립.
- 1713년 스페인 필립(Philip) 5세, 스페인어를 '정화하고 순수화하며 드높이기' 위하여 스페인 왕립 학술원(Real Academia Espãnol) 설립.
- 1755년 영국 사무엘 존슨(Samuel Johnson), 영어사전(Dictionary of English Language) 편찬.
- 1786년 스웨덴 구스타프(Gustav) 3세, 스웨덴어의 순수성 보전과 발전을 위하여 스웨덴 학술원(Swedish Academy) 설립.
- 19세기 초 미국 노아 웹스터(Noah Webster), 영어사전[A Compendious Dictionary of the English Language(1806) / An American Dictionary of the English Langue(2권 1828)] 편찬.
- 1949년 중국, 북경어를 기반으로 하는 공통어인 보통화(普通話) 제정.
- 일본, 메이지 시대(1868–1945) 중반기인 19세기말 무렵부터 우에다(上田万年)를 중심으로 표준어 정책 전개.[6]

---

6) '표준어(標準語)'는 1890년 일본의 영문학자 오카쿠라 요시사부로(岡倉由三郎)가 'standard language'를 번역한 용어로 알려져 있다. 일본은 1960년부터 이를 '공통어(共通語)'라는 용어로 대체하였다.

위 사례들에서 보듯이 표준어는 대체로 근대 국가의 형성과 궤를 같이하는데(조태린 2004) 이는 근대사회에 올수록 국가의 통합을 위하여 표준어와 같은 통일된 의사소통의 체계가 중요해졌기 때문이라고 할 수 있다. 언어의 분화가 사회의 분열을 가져오고, 그 대안으로 표준어가 원활한 사회 운영에 공헌하는 점은 다음과 같은 사례를 통해서 엿볼 수 있다.

> 다양한 방언이 쓰이던 그리스에서 BC 4세기에 아틱 방언(Attic Greek)에 기원을 두는 코이네(koiné)가 공통적인 구어로 확립되었다. 그러나 한편으로 이후 고전적인 아틱 방언이 종교계를 중심으로 쓰이는 언어의 양극화가 지속되었다. 그러다가 19세기에 고전 아틱 방언에 가까운 문어체인 카타레부사(Katharevousa)어가 만들어지고 이 언어가 교육, 행정, 학문 등 분야의 공식어로 사용되었다. 그러나 이 언어를 모르는 민중들이나 작가들은 구어인 코이네를 사용하였고 이로써 언어 갈등이 심화되었다. 이러한 현상은 사회 발전에 막대한 지장을 주게 되었는데 마침내 1976년 그리스 정부는 코이네를 유일한 공용어로 채택하였다.(유재원 1993 외)

이와 같이 표준어는 사회적 통합의 효과를 지니기도 하는데, 이를 표준어의 '통일의 기능(unfiying function)'이라고 한다(이익섭 1983). 중국의 보통화 제정도 효율적인 국가 운영의 목적도 있는 것으로서 표준어가 지닌 통일의 기능을 잘 보여 준다.

그러나 한편으로 표준어는 특정 지역의 언어를 택함으로써 지역 간의 갈등을 야기하는 역효과를 지닐 우려도 있다. 56개 민족으로 구성된 중국에서 표준어 정책을 강력하게 추진하는 대신 소수민족의 언어 보존과 교육에 노력하는 것도 이러한 점을 인식했기 때문이라고 할 수 있다. 따라서 표준어의 진정한 의의는 무엇보다도 사회 구성원들 간의 원활한 의사소통에 있다고 할 수 있다.[7]

---

7) 민현식(1999 : 304-306)은 이 점을 강조하면서 표준어 교육은 의사소통적 동기와 교육적 동기 차원에서만 강조되어야 하고 지방색 타파라는 정치적 동기로 강조되어서는 안 된다고 역설한다.

1.3. 표준어의 성립

가. 성립 과정

우리나라에서 표준어의 개념은 20세기 초 일제강점기의 근대적 교육 체계와 더불어 성립하였다. 일제강점기의 조선총독부는 학교 교육을 위하여 통일된 표기법을 세 차례에 걸쳐 제정하였는데(이에 대한 구체적인 내용은 제3장 2.2. 참조), 1912년의 '보통학교용 언문철자법'에서 다음과 같이 표준어의 개념이 처음으로 명문화되고 이후 철자법에서도 유사한 규정을 하는 등 이 시기에 표준어의 개념이 본격적으로 성립하였다.[8]

ㄱ. 경성어를 표준으로 함.(1912년 '보통학교용 언문철자법' 서언)
ㄴ. 용어는 현대 경성어로 표준함.(1921년 '보통학교용 언문철자법 대요', 1930년 '언문철자법')

뒤이어 조선어학회에 의하여 표준어의 개념과 내용은 보다 구체화되었다. 1933년 조선어학회는 '한글 맞춤법 통일안'을 제정하였는데, 아래와 같이 표준어의 개념을 이전 시기에 비하여 한층 구체적으로 규정하고 있다.[9]

표준말은 대체로 현재 중류 사회에서 쓰는 서울 말로 한다.(한글 맞춤법 통일안 총론 2항)

---

8) 이와 더불어 조선총독부는 조선의 제도와 습속을 조사하기 위하여 "조선어사전"(1911-1921)을 간행하는데, 이 사전은 '가시네'는 '女兒'의 방언으로, '까질느다'는 '싸질느다'의 비어로 풀이하는 등 방언, 비어 등을 구별한 것이어서 표준어에 대한 인식을 보여 준다. 김민수(1973/1984 : 75-78)는 표준어가 정식으로 규정된 문헌으로서 '보통학교용 언문철자법'과 "조선어사전"을 구체적으로 소개하면서, 당시 경성어를 바탕으로 한 "조선어사전"이 표준조선어의 실제적인 기준이었다고 평가하고 있다.

9) '한글 맞춤법 통일안'은 원칙적으로 표준어를 대상으로 하는 것이어서 맞춤법에 앞서 표준어가 먼저 제정될 필요가 있었다. 다만 당시 하루 빨리 맞춤법을 정해야 할 상황이어서 부득이 표준어는 기본적인 개념만 규정해 두고 구체적인 표준어 어휘를 정하는 일은 뒤로 미루었다.

즉 통일안에 이르러 표준어는 그 시대(현재), 계층(중류 사회), 지역(서울 말)이 명시적으로 규정된 것이다. 이후 3년 후인 1936년에 조선어학회는 "사정한 조선어 표준말 모음"을 통하여 표준어 사정을 거친 9,547개의 단어[표준어 6,231개, 약어(준말) 134개, 비표준어 3,082개, 한자어 100개]를 구체적으로 제시하였다.

전체 표준어를 전면적으로 제시하는 일은 이후 발간된 "조선말 큰사전"(1947-1957, 이하 '큰사전'으로 약칭)에서 담당하게 된다. 이 사전은 표준어가 아닌 말을 표준어와 구별하여 다음과 같이 일일이 '〖'로 표시하였다. 이로써 국어 전체 어휘를 대상으로 표준어와 비표준어를 분명히 정하였던 것이다.

　　　〖 개고리〖이〗(동) =개구리.
　　　〖 꼬니 【이】=고누.

표준어가 규정을 통하여 새롭게 정립되는 것은 1988년에 이르러서이다. 당시 '한글 맞춤법'을 개정하면서 동시에 '표준어 규정'이 처음으로 제정되었다(1988. 1. 19. 고시, 1989. 3. 1. 시행).[10] 그리고 최근 그 일부 내용이 개정되었다(2017. 3. 28. 고시).

이 '표준어 규정'은 이전의 표준어가 안고 있는 여러 가지 문제를 바로잡기 위한 것이다.[11] 즉 1957년 "큰사전"이 완간된 이후 표준어의 기준으로 큰사전의 권위가

---

10) 그 구체적인 경위를 보면 다음과 같다(이응백 1988 참조).
　　-정부에서 1970년 4월에 국어심의회를 열고 '국어조사연구위원회'를 구성하여 맞춤법(한글 맞춤법, 외래어 표기법)과 표준어 개정 작업을 추진.
　　-국어조사연구위원회에서는 '표준말심사위원회'를 두고 문제점이 있는 16,500여 어휘를 사정, 국어심의회 의 심의를 거쳐 '표준말 재사정 시안'(1979)을 발표.
　　-그 수정안인 학술원 안('표준어 개정안' 1983) 발표.
　　-학술원 안을 다시 심의한 국어연구소 안('표준어 규정안' 1987)을 국어심의회의 심의를 거쳐 1988. 1. 19. 에 '표준어 규정'으로 고시(문교부 고시 제88-2호).
　　-1989. 3. 1.부터 '표준어 규정' 시행.
11) 강희숙(2010 : 286)에서는 그 개정의 실제적인 대상을 다음과 같이 네 가지로 정리하고 있다.
　　ㄱ. 그동안 자연스러운 언어 변화에 의해 1933년에 표준어로 규정하였던 형태가 고형(古形)이 된 것.
　　ㄴ. 그때 미처 사정의 대상이 되지 않아 표준어로서의 자격을 인정받을 기회가 없었던 것.
　　ㄷ. 각 사전에서 달리 처리하여 정리가 필요한 것.
　　ㄹ. 방언, 신조어 등이 세력을 얻어 표준어 자리를 굳혀 가고 있는 것.

제대로 서지 못하였고, 국어가 시시각각 변하는 상황에서 표준어 사정 작업이 거의 이루어지지 못했던 문제가 있었다(이익섭 1988). 이러한 문제를 극복하기 위하여 1970년부터 표준어 사정 작업을 시작하여 그 결실로 1988년에 이르러 '표준어 규정'을 제정한 것이다.

나. 국어의 표준어

국어의 표준어는 다음과 같이 규정된다.

> "표준어는 교양 있는 사람들이 두루 쓰는 현대 서울말로 정함을 원칙으로 한다."(표준어 규정 총칙 제1항)

이는 (1)계층 (2)시대 (3)지역의 세 가지 기준에 바탕을 두어 표준어를 규정한 것이다. 계층적 기준인 '교양 있는 사람들'은 표준어가 교양 있는 사람들이 쓰는 품위 있는 언어를 지향한다는 의미를 담고 있다.

시대적 기준인 '현대'는 표준어가 지금 우리가 쓰는 언어를 대상으로 한다는 뜻이다. 다만 현대에 쓰이는 말이라고 해도 유행이나 신어는 국어의 어휘 체계에 완전히 안정되어 있지 않다고 보아 표준어에서 배제한다.[12] 결국 현대에 쓰이는 말이란 국어 어휘 체계 속에 안정적으로 자리를 잡은 말을 가리킨다.

지역적 기준인 '서울말'은 서울 지역에서 쓰이는 말, 또는 서울 사람이 쓰는 말

---

12) 이희승(1959/1972)에서는 이 점에 대하여 다음과 같이 기술하고 있다(일부 한자 병기 생략).
  "여기에 한 가지 주의할 것은, 현대어라고 해서 너무도 첨단을 걸어가는 새말(新語) 혹은 시쳇말(流行語) 같은 것은, 아직 표준말이 될 자격이 없다고 생각한다. 그 까닭은, 유행어나 신어에는 다음과 같은 결함이 있는 까닭이다.
  (가) 일시적으로 유행되다가, 곧 소멸되는 일이 많은 일.
  (나) 아직 일반 사람의 혀끝에 익숙하지 못하고, 귀에 서툴러서, 의사 표시의 연모로서 자리가 잡히지 못한 일.
  (다) 유행은 첨단신기(新奇)를 좋아하기 때문에, 어감상 야비한 때를 벗지 못한 일.
  곧 요새 말로 보더라도 "껄렁껄렁"이니, "삐긴다"니, "약이 오른다"니, "땡이다"니 하는 말들은, 암만해도 표준어로 인정하기 어렵다."
  이와 같은 태도는 오늘날에도 유지되고 있어, 유행이나 신어가 국어 어휘 체계에 완전히 자리 잡아야 비로소 사전에 표준어로 등재되는 것을 볼 수 있다.

이다. 이 표준어의 근간으로서의 서울말이 어떤 것인지에 대하여는 좀 더 구체적인 이해가 필요하다. 우선 표준어의 근간이 되는 '서울말'은 서울 토박이말과는 다르다. 다음은 서울 토박이말의 한 모습인데,

> 지끔은 신랑을 끌:구 겉이 댕기면 데이트두 해보구 서로 대화두 허구 친절허게 지:내다 결혼허지 않우? 옛날엔 인제, 큰 부자찝 사랑방에서 노인들이 모이시면 아:무개찝 딸이 있구 아:무개찝 아들이 있는데 결혼 헐래나… 그러믄 이 얘기가 거:짓말을 꾸며대두 그건 정말루 알고 그대루 혼인허는 거야. (국립국어연구원 1997ㄷ:156)

이 서울 토박이말의 '지끔, 겉이, 댕기다, 허다' 등이나, 어미 '-구, -믄', 조사 '두, 루' 등은 표준어인 '지금, 같이, 다니다, 하다, -고, -면, 도, 로' 등과 같지 않다. 즉 표준어의 서울말이 곧 서울 토박이말을 뜻하는 것은 아니다.

표준어의 근간이 되는 '서울말'은 각 지역의 사람들이 모여 들어 그들이 쓰는 말이 혼합되어 어떤 공통적인 흐름을 형성한 말이다. 즉 아래의 설명과 같이 표준어의 '서울말'은 서울 토박이말이 아니라 서울 지역을 중심으로 각 지역의 말이 혼합된 말이라는 점을 분명히 이해할 필요가 있다.

> '서울말'에 대해서 어떤 이는 3대 이상 서울에 뿌리박고 사는 인구가 서울 인구의 불과 20%도 못되는 현실에 비추어, 차라리 79년 국어심의회 안에서처럼 '서울 지역에서 쓰이는 말'이라 할 것을 주장하기도 한다. 그러나 서울 지역에서 가장 보편적으로 쓰이는 말은 확실히 어떤 공통적인 큰 흐름이 있어, 지방에서 새로 편입해 온 어린이가 얼마 안 가 그 흐름에 동화되는 예를 자주 본다. 이 공통적인 큰 흐름이 바로 서울말인 것이다. 지방에서 서울로 옮겨 와 살 때 2세, 3세로 내려갈수록 1세의 말씨와는 확연히 구분되는 서울 지역에서 쓰이는 큰 흐름의 말에 동화되는 현상도 서울말의 엄연한 존재를 웅변적으로 증명해 준다. 그리하여 '서울 지역에서 쓰이는 말'에서 선명하게 '서울말'이라고 굳혀진 것이다. (국어연구소 1988ㄴ)

1.4. 표준어와 방언

표준어가 근간으로 하는 서울말이 서울 토박이말과 다른 점이 있다고 해도 현재 서울에서 쓰이는 말임에는 틀림없다. 이와 같이 서울말 중심의 표준어[13]는 자연히 나머지 지역의 말 즉 '방언'(또는 '지역어')을 배제하게 된다.

이른 시기의 표준어 정책은 언어의 통일이 주된 목표였고, 따라서 방언은 별다른 관심사가 되지 못하였다. 다음은 이와 같이 언어의 통일을 중시하는 당시의 표준어 정책을 잘 보여 준다(띄어쓰기 일부 수정, 밑줄 필자).

> 표준말을 정한다는 것은, 우리가 맞춤법을 통일한다는 것과 동일한 의미 아래서, 말을 통일하자는 것이다. 다만, 말(言語)과 글자(文字)뿐 아니라, 모든 사물에 있어서, 그것을 발달 진전시키려면 통일을 꾀하여야 할 것이다. 통일이 없는 곳에는 지리멸렬이 있고, 따라서 쇠퇴와 침체가 있을 뿐이다. 그러므로 표준말을 세운다는 것은, 말을 통일하며 발전시키는 데, 한 가지 중요한 조건이 된다.(이희승 1959/1972 : 29)

이와 같이 언어의 통일을 목표로 하는 표준어 정책에서는 방언이 사라지는 문제에는 크게 관심을 기울이지 않았다. 오히려 방언은 표준어 보급의 걸림돌처럼 여겨지기도 하였다. 예를 들어, 다음과 같이 "사정한 조선어 표준말 모음"을 발표하면서 방언이 사라지는 것을 당연시하기까지 했던 것이다(한자 병기 생략, 띄어쓰기 일부 수정, 밑줄 필자).

> 「같은말」이라 함은, 한 사물에 꼭 같은 뜻이 있어 이렇게도 쓰고 저렇게도 쓰는것이니, 이것을 전등어(全等語)라 하여, 그 여러 개 가운데서 하나만 뽑아 표준어로 정하고, 남은 것은 다 버린다는 것인데, 가령 「하늘, 하눌, 하날」, 이 세 개가 전등어인데, 「하늘」이 표준어로 작정될 때는 그 밖의 것은 비표준어 즉 사투리로 돌아가 장차어느 시기에는 다 도태를 받게 될 것입니다.(이윤재 1936)

---

13) 표준어를 처음 만들던 1936년 당시 전체 위원 73명 가운데 서울·경기 출신이 37명으로 절반 이상을 차지하였으며 이들에게만 심의 결정권이 있었다. 이러한 점은 표준어가 서울말 중심이라는 것을 잘 보여 준다.

이러한 표준어 정책은 결과적으로 국어의 소중한 자산인 방언을 사라지게 만들 우려가 있다. 따라서 기존의 표준어 정책에 대한 반성과 함께[14] '언어의 통일'을 목표로 한 정책에서 '언어의 다양성'을 중시하는 정책으로 전환해야 한다는 공감대가 점차 형성되기 시작하였다(이상규 2004, 김정대 2006, 신승용 2014 등).

이러한 관점에서는 표준어와 방언이 공존할 수 있는 길을 모색하게 된다. 일부에서는 표준어 무용론 내지 폐지론까지 주장하기도 하지만 표준어의 효용을 고려한다면 역시 폐지보다는 방언과의 공존 방안을 찾는 것이 바람직할 것이다.[15] 대표적으로 표준어는 공식적인 상황에서 쓰고 방언은 사적인 자리에서 쓰는 식으로 그 사용 환경을 구별하는 인식과 교육이 필요하다(주경희 2007).[16] 이와 같이 각각의 독자적인 기능을 살려 구별하여 쓴다면 표준어의 효용성도 높이고 방언을 보존하는 데도 도움이 될 것이다.

이와 관련하여 방언을 좀 더 적극적으로 표준어로 올리는 등 둘 간의 교섭의 문을 넓히는 것도 필요하다. 예전에 서울말을 표준어로 삼은 데는 (서울 사대문 안에서

---

14) 한 예로 2006년 5월 23일 '땟말두레'라는 지역어 연구 모임에서 표준어를 "교양 있는 사람들이 두루 쓰는 현대 서울말"로 규정한 표준어 규정 제1부 제1조 제1항 및 공공기관의 공문서를 표준어 규정에 맞추어 작성하도록 하고(국어 기본법 제14조 제1항) 교과용 도서를 편찬하거나 검정 또는 인정하는 경우 표준어 규정을 준수하도록 한 (국어 기본법 제18조) 국어 기본법이 지역적으로 차별하거나 상대적으로 교양 없는 사람들을 차별하는 등 국민의 행복 추구권, 평등권, 교육권을 침해한다고 하여 위헌 확인을 구하는 헌법소원 심판을 청구한 바 있다. 헌법재판소는 이에 대하여 2009년 5월 28일 표준어 규정 건에 대하여는 그 자체만으로는 아무런 법적 효과를 지니지 않는다고 하여 부적법 각하로, 국어 기본법 건에 대하여는 국가 공동체 구성원들 간의 원활한 의사소통을 위하여 필요한 규율이라는 점을 들어 심판 청구를 기각하였다. 다만 후자의 건에 대하여는, 소수 의견으로서 우리 모두의 문화유산인 지역어를 표준어에서 배제하는 것은 해당 지역민에게 문화적 박탈감을 주고, 서울말은 표준어의 기준으로는 지나치게 좁고 획일적인 기준이어서, 이 기준에 따른 표준어만을 교과서와 공문서에 쓰도록 강제하는 것은 국민의 언어생활에 관한 행복 추구권을 침해하여 위헌이라고 보았다.

15) 표준어를 인위적으로 규정하지 않는다고 하더라도 그와 유사한 기능과 지위를 지니는 언어는 자연발생적으로 형성될 가능성이 높다. 서구에서 표준어가 형성되는 과정을 보면 표준어의 전 단계로 일정 시기 동안 언어 표준(language standard)이 형성되는 것을 볼 수 있는데, 이는 인위적인 표준어가 아니더라도 방언과 대립하는 표준적인 언어가 형성될 수밖에 없음을 보여 준다. 따라서 방언의 위축이 반드시 표준어 때문인지는 단정하기 어렵다.

16) 제6차 교육과정까지는 표준어의 이해와 사용에 집중하였다면 제7차 교육과정부터는 방언의 가치에 대한 이해가 성취기준으로 도입되고 이를 바탕으로 다수의 초중고등 교과서들이 방언과 표준어를 우열의 관계가 아니라 기능적 차이를 지니는 것으로 기술하여 왔다. 이는 방언과 표준어의 공존을 모색하는 바람직한 방향이라고 할 수 있다.

만 쓰이던 '오빠'가 전국적으로 보급되었듯이) 문화·교통·정치의 중심인 서울 지역의 말이 다른 지역으로 퍼져나가는 데 절대적으로 유리하기 때문이었다(이희승 1937). 그런데 오늘날은 텔레비전, 인터넷 등 통신 수단이나 교통의 발달로 서울 이외의 지역에서 쓰이는 말도 다른 지역으로 퍼져나가는 데 큰 어려움이 없다. 나아가 공통어도 특정 지역의 말(서울말)에 한정되지 않고 전국 단위를 기반으로 형성되어 가고 있다(최경봉 2011). 따라서 어느 정도 탈지역적 인지도를 갖는 방언이라면 적극적으로 표준어로 인정하는 태도가 바람직할 것이다.[17]

2. 표준어의 사정

2.1. 대상 어휘

표준어 사정(查定)은 표준어에 적합한 말을 여러 기준으로써 심사하여 결정하는 일이다. 따라서 원칙적으로 국어의 모든 표현이 그 대상이 된다고 할 수 있다. 그러나 실질적으로 표준어 사정은 대체로 단어를 중심으로, 그리고 그중에서도 다음과 같은 부류의 말들을 중심으로 이루어진다.

　　ㄱ. 고유어와 한자어
　　ㄴ. 뜻이 같은 말들

표준어 규정에서의 사정은 고유어와 한자어만을 대상으로 하며, 외래어는 "외래어는 따로 사정한다."(표준어 규정 총칙 제2항)라고 하여 별도의 규정에 의하여 사정

---

17) 이와 관련하여 표준어를 처음 제정할 당시 서울말이라고 해도 서울 지역 안에서만 쓰이는 말은 표준어로 삼지 않았던 정신을 되새겨볼 필요가 있다. 즉 '둔'(→돈), '후랑이'(→호랑이), '절루'(→절로), '단것'(→초) 등처럼 서울에만 국한된 말은 표준어의 자격이 없었다(최현배 1937). 뒤집어 생각하면 이는 서울말이 아니라고 해도 보편적인 쓰임이 있는 말이라면 표준어가 될 자격이 있다는 의미로 받아들일 수 있다. 다만 이러한 선정 방식이 체계적으로 이루어진 것 같지는 않다. 김정대(2006)은 당시 표준어 선정이 각 방언에서 널리 쓰이는 대표형이 아니라 서울 지역의 말을 중심으로 이루어졌음을 보이고 있다.

하도록 하고 있다. 외래어는 그 유입 속도도 빠르고 변동도 심하기 때문인데 아직 표준어 사정과 관련한 구체적인 장치는 마련되어 있지 못한 채로 '외래어 표기법'이 그 기능을 겸하고 있는 실정이다(제4장 1.2. 참조).

표준어를 사정하는 것은 다양한 말들 가운데 표준을 정하는 것이므로 뜻이 같은 말들이 구체적인 대상이 된다. 즉 '갈고리, 갈구리, 갈쿠리, 갈구지, 갈고랑이, 갈구랑이' 등과 같이 그 뜻이 같으면서 말소리만 달리하는 단어들을 대상으로 어느 것을 표준어로 삼을지 정하는 것이다. 뜻이 같은 말들은 다음과 같이 두 유형으로 나뉘는데,

ㄱ. 발음의 변화가 일어난 말
ㄴ. 형태를 달리하는 말

발음의 변화가 일어난 말들은 '갈고리−갈구리, 바라다−바래다, 주착−주책, 미장이−미쟁이' 등처럼 발음상의 변화를 겪어 변이가 일어난 것들이다. '오누이−오뉘'와 같은 준말도 여기에 포함된다.

형태를 달리하는 말은 '호랑이−범, 옥수수−강냉이, 어저께−어제' 등처럼 형태적으로 같지 않은 말이다. 현행 표준어 규정(제1부 표준어 사정 원칙)은 제2장 '발음의 변화에 따른 표준어 규정'과 제3장 '어휘 선택의 변화에 따른 표준어 규정'에서 각각 해당 어휘들을 사정하고 있다.

2.2. 표준어 사정의 원칙

"표준어는 교양 있는 사람들이 두루 쓰는 현대 서울말로 정함을 원칙으로 한다."는 표준어의 개념인 동시에, 사정의 원칙이기도 하다. 이 사정의 원칙에서 계층적(교양 있는 사람들), 시대적(현대), 지역적(서울말) 기준 외에 '두루 쓰는' 말이 또 하나의 기준임을 알 수 있다. 즉 후보가 되는 여러 말들 가운데 널리 쓰이는 말을 표준어로 삼는다는 것이다. 이는 '그중 하나가 더 널리 쓰이면', '다 같이 널리 쓰

이는 경우에는' 등의 표현이 조항 곳곳에 있듯이 표준어 규정을 관통하는 실질적인 기준이기도 하다.

이 기준에 따라 아래의 예들에서 더 널리 쓰이는 '내색, 멸치, 재봉틀' 등이 표준어가 되는데, 이와 같이 하나만 선택된 표준어를 **단수 표준어**라고 한다.

> 내색/*나색, 멸치/*며루치, 재봉틀/*자봉틀, 가루약/*말약, 까막눈/*맹눈, 마른갈이/*건갈이, 개다리소반/*개다리밥상, 산누에/*멧누에, 총각무/*알타리무, 고구마/*참감자, 살풀이/*살막이, 아주/*영판, 청대콩/*푸른콩 등

한편 다음과 같이 둘 이상의 단어들이 모두 표준어인 경우도 있다. 이 말들은 둘 다 널리 쓰인다고 하여 모두 표준어로 삼은 것이다. 이와 같이 둘 이상이 선택된 표준어를 **복수 표준어**라고 한다.

> 다달이/매달, 말동무/말벗, 신/신발 등

현행 표준어 규정은 과거에 비하여 복수 표준어를 많이 허용하는 것이 특징인데, '발음의 변화가 일어난 말'보다는 '형태를 달리하는 말'에 주로 허용된다.[18] 발음 변화가 일어난 '나팔꽃/*나발꽃, 막둥이/*막동이, 냄비/*남비' 등을 모두 표준어로 삼는다면 그 비슷한 발음 때문에 오히려 혼란스럽기만 하겠지만, 형태를 달리하는 '다달이/매달, 신/신발, 보조개/볼우물' 등은 기원적으로 다른 말이어서 그러한 혼란을 느낄 가능성이 적다. 따라서 이런 말들은 널리 쓰이기만 한다면 좀 더 쉽게 복수 표준어로 인정될 수 있다.

표준어는 단어별로 사정된다는 점도 유의할 필요가 있다. 예를 들어 '애기'가 비표준어라고 해서 '애기똥풀' 등 그 말이 들어간 다른 단어까지 자동적으로 비표준어가 되는 것은 아니다. 다음에서 보듯이 어떤 단어는 '아기-'가, 어떤 단어는 '애

---

18) 표준어 규정 제1부의 '제2장 발음 변화에 따른 표준어 규정'에는 복수 표준어가 적게 제시되어 있는 반면, '제3장 어휘 선택의 변화에 따른 표준어 규정'에는 상대적으로 훨씬 더 많은 복수 표준어가 제시되어 있다.

기-'가 표준어가 되듯이 각 단어는 개별적으로 사정된다.

ㄱ. 아기그네, 아기누에, 아기별, 아기씨름, 아기장수
ㄴ. 애기골풀, 애기나무, 애기나방, 애기똥풀, 애기풀

표준어 규정은 대체로 둘 이상의 말이 '모두 널리 쓰이는' 경우에만 복수 표준어로 인정한다. 그런데 다음 한자어들처럼 거의 쓰이지 않는 말인데도 복수 표준어인 말들은 부지기수로 있다.

ㄱ. 가관(笳管), 가권(家券), 노두(路頭), 수거(手車), 좌족(左足), 진유(眞油), 호모화 (護摹靴), 황과(黃瓜)
ㄴ. 가가(假家), 감저(甘藷), 고초(苦椒), 보패(寶貝), 숙육(熟肉), 음달(陰-), 이어(鯉 魚), 작도(斫刀), 저육(豬肉), 천동(天動), 청서모(靑鼠毛), 해정술(解酲-)
ㄷ. 가배(咖啡), 나파륜(拿破崙), 낙위(諾威), 단국(丹國), 서전(瑞典), 선가파(先嘉玻), 아라사(俄羅斯)

(ㄱ)의 한자어들은 거의 쓰임이 없는데도 "표준국어대사전"에서 '피리, 집문서, 길거리, 손수레, 왼발, 참기름, 고무신, 오이'와 더불어 표준어로 인정되고, (ㄴ)은 '가게, 감자, 고추, 보배, 수육, 응달, 잉어, 작두, 제육, 천둥, 청설모, 해장술'의 원말로서 역시 표준어이며, (ㄷ)처럼 거의 사라진 음역어들도 '커피, 나폴레옹, 노르웨이, 덴마크, 스웨덴, 싱가포르, 러시아'와 함께 여전히 표준어로 인정받고 있다.

고유어의 경우에도 널리 쓰이지 않는 '불나비, 솔나무, 입힘'이 '부나비, 소나무, 입심'의 원말로서, '건지, 심줄'은 '건더기, 힘줄'의 변한말로서 여전히 표준어로 인정된다. 이러한 말들을 굳이 표준어에서 제외하지 않는다면, '말약, 맹눈, 건갈이, 개다리밥상, 멧누에, 알타리무, 참감자, 살막이, 영판, 푸른콩' 등도 그냥 표준어로 남겨 두는 방안을 생각해 볼 수 있을 것이다.

더욱이 '널리' 쓰이는 말이 유동적이라는 점도 고려할 필요가 있다. 널리 쓰인다고 하여 복수 표준어로 인정된 '가뭄/가물, 것/해, 느리광이/느림보/늘보, 닭의장/닭장, 들락거리다/들랑거리다, 무심결/무심중, 일찌감치/일찌거니, 짚단/짚뭇, 책씻이/책거리'(표준어 규정

제1부 표준어 사정 원칙 제26항, 이하 '항'만 제시) 등만 보더라도 '가물, 해, 느리광이, 닭의장, 들랑거리다, 무심중, 일찌거니, 짚못, 책씻이'가 오늘날 널리 쓰이는 말이라고 하기는 어렵다. 또 얼마 전까지만 해도 '주책없다'만 압도적으로 널리 쓰인다고 하여 표준어였고 '주책이다'는 비표준어로 규정되었었는데 '주책이다'가 결코 널리 쓰이지 않는다고 할 수는 없을 것이다('주책이다'는 2016년에 표준어로 인정되었다. 이어지는 제2장 2.3. 참조). 이처럼 단어의 사용 빈도가 지속적으로 변하는 점을 고려하여 다수의 말들을 복수 표준어로 인정해 두는 방안도 고려해 볼 수 있다.

이 경우 완전히 사어(死語)가 되었다고 판단되는 말들은 '옛말'로 처리하면 될 것이다. 이를테면 '오얏'이 죽은 말이라면 옛말로 처리하고, 아직 살아 있는 말이라면 '자두'의 복수 표준어로 그냥 두면 된다. 이를 굳이 '자두'의 비표준어로 규정하는 것이 언어생활에 어떤 도움이 될지는 의문이다. 세력이 약한 단어들은 언어생활에 혼란을 가져오는 것도 아니므로 오히려 그냥 두는 것이 국어를 더 풍요롭게 하는 데 도움이 될 수 있다.

2.3. 표준어의 보수성

현재 널리 쓰이는 말인데도 의외로 표준어가 아닌 경우가 흔히 있다. 예를 들어 2인칭의 대명사 '니'는 널리 쓰이지만 여전히 비표준어이고 더 이른 시기의 말인 '너'가 표준어이다. '이쁘다'도 이른 시기의 말 '예쁘다'만 표준어이다가 최근(2015년)에 와서야 비로소 표준어가 되었다. 이와 같이 표준어는 보수적인 특성을 지니고 있다.

규범은 빈번하게 바꾸면 '법'으로서의 효력이 약해지므로 본질적으로 보수적일 수밖에 없다. 우리가 당연히 표준어로 여기는 말들도 알고 보면 비교적 근래에 겨우 표준어로 등록된 경우가 흔히 있다.

가위표(가새표), 믿기다(믿어지다), 얼핏(언뜻), 칭칭(친친)

즉 그동안 위 괄호 속의 말 '가새표, 믿어지다, 언뜻, 친친'만 표준어였고, 일상적으로 쓰이던 '가위표, 믿기다, 얼핏, 칭칭'은 "표준국어대사전"(1999)에 와서야 비로소 표준어로 인정되었다.[19]

다음도 의외로 그동안 표준어로 공인받지 못하다가 "표준국어대사전"에 와서야 표준어로 인정받은 말들이다. 이전에는 괄호 안의 말만 표준어였다.

> 귀걸이(귀고리), 뭐하다(뭣하다), 사레들다(사레들리다), 어두침침하다(어둠침침하다), 영글다(여물다), 쥐불놀이(쥐불놓이), 파이다(패다)

이와 달리 아래 예에서 오른쪽 말들은 널리 쓰이는데도 여전히 표준어가 아니다. 이러한 사례는 우리가 흔히 쓰는 말이라도 표준어가 아닐 수 있으므로 말을 하거나 글을 쓸 때 상당한 주의를 기울일 필요가 있음을 보여 준다.

> 가열하다/*가열차다, (담배 한) 개비/*가치, 괜스레/*괜시리, 둘러엎다/*들처엎다, 부스스하다/*부시시하다, 비비다/*부비다, 삼가다/*삼가하다, 소곤거리다/*소근거리다, 알아맞히다/*알아맞추다, 어쭙잖다/*어줍잖다, 얼마큼/*얼만큼, 여태껏/*여지껏, 을씨년스럽다/*을씨년하다, 티격태격/*티각태각, 호래자식/*호로자식

이 예들처럼 일상적으로 쓰이는 말이 표준어가 아니면 화자들이 불편하게 느낄 수 있다. 그 불편을 해소하는 방안 중 하나는 이 말들을 표준어로 올리는 것이다. 즉 언어와 규범의 괴리를 최소화하기 위하여 복수 표준어를 적극적으로 확대하고, 언어의 변화에 맞추어 지속적으로 표준어를 사정할 필요가 있다(최경봉 2006, 2011, 최혜원 2011, 졸고 2011, 박동근 2015 등). 실제로 근래의 국어 정책은 그와 같은 방향으

---

19) 이 단어들에 대한 1988년 이후에 출판된 국어사전들의 표준어 판정은 다음과 같다.

	(가)	(나)	(다)	(라)
가위표	×	×	○	○
믿기다	×	×	×	○
얼핏	×	×	×	○
칭칭	×	×	×	○

(가) 우리말큰사전(한글학회, 1991)
(나) 국어대사전(민중서림, 1994)
(다) 국어대사전(금성출판사, 1996)
(라) 표준국어대사전(국립국어연구원, 1999)

로 변화해 가고 있다.

아래의 밑줄 친 말들은 그 대표적인 사례로서, 오랫동안 표준어로 인정받지 못하던 이 단어들을 포함하여 2011년에 39개 항목, 2014년에 13개 항목, 2015년에 11개 항목, 2016년에 6개 항목, 그리고 2017년에 5개 항목을 새로 표준어 또는 표준형으로 인정하였다(아래 괄호 안은 국어심의회 심의 일자).[20]

귀를 <u>간지럽히다</u>, 허리를 <u>굽신거리다</u>, 글자를 <u>끄적거리다</u>, 상상의 <u>나래</u>를 펼치다, <u>눈꼬리</u>가 올라가다, 얼굴이 <u>두리뭉실하다</u>, 일에 <u>딴지</u>를 걸다, 고개를 <u>떨구다</u>, 꽃이 <u>이쁘다</u>, <u>푸르른</u> 하늘

표준어의 추가(2011. 8. 31.)

추가 표준어	기존 표준어	추가 표준어	기존 표준어
기존 표준어와 같은 뜻의 단어(11항목)		메꾸다	메우다
간지럽히다	간질이다	손주[26]	손자
남사스럽다	남우세스럽다	어리숙하다	어수룩하다
등물	목물	연신	연방
맨날	만날	횡하니	힁허케
묫자리	묏자리	걸리적거리다	거치적거리다
복숭아뼈	복사뼈	끄적거리다	끼적거리다
세간살이	세간	두리뭉실하다	두루뭉술하다
쌉싸름하다	쌉싸래하다	맨숭맨숭·맹숭맹숭	맨송맨송
토란대[21]	고운대	바둥바둥	바동바동
허접쓰레기	허섭스레기	새초롬하다	새치름하다
흙담	토담	아웅다웅[27]	아옹다옹
기존 표준어와 뜻이 다른 단어(25항목)		야멸차다	야멸치다
−길래[22]	−기에	오손도손[28]	오순도순
개발새발	괴발개발	찌뿌둥하다	찌뿌듯하다
나래[23]	날개	추근거리다	치근거리다
내음[24]	냄새	기존 표준어와 표기 형태가 다른 단어(3항목)	
눈꼬리[25]	눈초리	택견	태껸

---

20) 2011년 표준어 사정의 경위에 대해서는 최혜원(2011)을 참조할 수 있다. 2011년~2017년의 추가 항목 전체는 국립국어원(2018)의 'Ⅱ. '표준어 규정' 해설'에 [붙임]으로 실려 있다.

추가 표준어	기존 표준어	추가 표준어	기존 표준어
떨구다	떨어뜨리다	품새	품세
뜨락	뜰	짜장면	자장면
먹거리[29]	먹을거리		

표준어의 추가(2014. 12. 15.)

추가 표준어	기존 표준어	추가 표준어	기존 표준어
기존 표준어와 같은 뜻의 단어(5항목)		꼬시다[31]	꾀다
구안와사	구안괘사	놀잇감[32]	장난감
굽신[30]	굽실	딴지	딴죽
눈두덩이	눈두덩	사그라들다	사그라지다
삐지다	삐치다	섬찟[33]	섬뜩
초장초	작장초	속앓이	속병
기존 표준어와 뜻이 다른 단어(8항목)		허접하다	허접스럽다
개기다	개개다		

표준어의 추가(2015. 12. 14.)

추가 표준어	기존 표준어	추가 표준어	기존 표준어
기존 표준어와 뜻이 다른 단어(4항목)		의론(議論)[35]	의논(議論)
마실[34]	마을	이크	이키

---

21) 토란의 줄기.

22) '-기에'를 구어적으로 이르는 말.

23) '나래'는 '날개'보다 부드러운 느낌을 준다.

24) '내음'은 나쁘지 않거나 향기로운 기운을 뜻하며 주로 문학적 표현에 쓰인다.

25) '눈꼬리'는 '귀 쪽으로 가늘게 좁혀진 눈의 가장자리', '눈초리'는 이러한 뜻 외에 '어떤 대상을 바라볼 때 눈에 나타나는 표정'을 뜻하기도 한다.

26) 손자와 손녀를 아우르는 말.

27) '아옹다옹'보다 큰 느낌의 말.

28) '오순도순'보다 작은 느낌의 말.

29) '먹거리'는 '사람이 살아가기 위하여 먹는 온갖 것', '먹을거리'는 '먹을 수 있거나 먹을 만한 음식 또는 식품'을 뜻한다.

30) '굽신거리다, 굽신대다, 굽신하다, 굽신굽신, 굽신굽신하다' 등도 함께 표준어가 된다.

31) '꾀다'를 속되게 이르는 말.

32) 놀이 또는 아동 교육 현장 따위에서 활용되는 물건이나 재료.

33) '섬찟하다, 섬찟섬찟, 섬찟섬찟하다' 등도 함께 표준어로 인정된다.

추가 표준어	기존 표준어	추가 표준어	기존 표준어
이쁘다	예쁘다	잎새36)	잎사귀
찰지다	차지다	푸르르다37)	푸르다
-고프다	-고 싶다	기존 표준적 활용형과 용법이 같은 활용형(2항목)	
기존 표준어와 뜻이 다른 단어(5항목)		말아/말아라/말아요38)	마/마라/마요
꼬리연	가오리연	노랗네/동그랗네/조그맣네/…39)	노라네/동그라네/조그마네/…

표준어 · 표준형의 추가(2016. 12. 27.)

추가 표준어	기존 표준어	추가 표준형	기존 표준형
기존 표준어와 같은 뜻의 표준어(4항목)		기존 표준형과 같은 뜻의 표현 형식(2항목)	
걸판지다40)	거방지다	엘랑44)	에는
겉울음41)	건울음	주책이다45)	주책없다
까탈스럽다42)	까다롭다		
실뭉치43)	실몽당이		

표준어의 추가(2017. 12. 20.)

추가 표준어	기존 표준어	추가 표준어	기존 표준어
기존 표준어와 같은 뜻의 표준어(5항목)		추켜올리다	추어올리다
꺼림직하다	꺼림칙하다	추켜세우다	치켜세우다
께름직하다	께름칙하다	치켜올리다	추어올리다/추켜올리다

---

34) '밤마실, 마실꾼, 마실방, 마실돌이' 등도 함께 표준어가 된다.

35) '의론(議論)'은 '어떤 사안에 대하여 각자의 의견을 제기함. 또는 그런 의견', '의논(議論)'은 '어떤 일에 대하여 서로 의견을 주고받음'으로 구별된다.

36) '잎새'는 '나무의 잎사귀'를 뜻하는 말로 주로 문학적 표현에 쓰인다.

37) '푸르르다'는 '푸르다'를 강조하는 느낌의 말이며 주로 문학적 표현에 쓰인다.

38) 활용형의 경우이다. 이에 대해서는 제3장 4.3.2. '나' 항 참조.

39) 활용형의 경우이다. 이에 대해서는 제2장 3.2.4. 및 제3장 4.3.2. '나' 항 참조.

40) '걸판지다'는 '매우 푸지다(=거방지다)' 외에 '동작이나 모양이 크고 어수선하다'는 뜻을 지닌다.

41) '겉울음'은 '①드러내 놓고 우는 울음 ②마음에 없이 겉으로만 우는 울음'의 두 가지 뜻이 있으나, '건울음'은 '겉으로만 우는 울음'의 뜻만 있다.

42) '까탈스럽다'는 '성미나 취향 따위는 원만하지 않고 별스러워 맞춰 주기에 어려운 데가 있다'는 뜻으로서 '까다롭다'가 '성미나 취향 따위가 원만하지 않고 별스럽다'의 뜻인 것과 차이가 있다.

43) '실뭉치'는 '실을 한데 뭉치거나 감은 덩이', '실몽당이'는 '실을 풀기 좋게 공 모양으로 감은 뭉치'를 뜻한다.

44) '엘랑'은 표준어 규정(1988) 제25항에서 '에는'의 비표준형으로 규정되었었다. '엘랑' 외에도 '에설랑, 설랑, -고설랑, -어설랑, -질랑' 등도 표준형이 된다.

45) '주책이다'는 표준어 규정(1988) 제25항에서 '주책없다'의 비표준형으로 규정되었었다.

표준어로 추가된 '꺼림직하다, 께름직하다'는 과거 "표준국어대사전"에서 '꺼림칙하다, 께름칙하다'의 북한어로 풀이되었다. 즉 표준어가 아니었다. 그런데 이 말이 남한에서도 널리 쓰인다고 보아 새로 표준어로 인정한 것이다. 부사 '꺼림직이'도 '꺼림칙이'의 북한어로 풀이되었던 것인데, '꺼림칙하다' 등을 표준어로 인정하는 데 따라 역시 표준어로 인정되었다.

이상의 예들은 국어심의회[46] 심의를 거친 것이지만, 이와 별도로 "표준국어대사전"의 수정을 통해 표준어가 추가되기도 한다. 국립국어원은 2014년부터 분기별로 표준국어대사전 정보를 수정하여 왔는데(그 내용은 인터넷판 "표준국어대사전" 시작 화면에 '알립니다'로 소개되어 있다), 이 과정에서 다수의 표제어가 표준어로 추가되었다. 이는 단순히 기존의 미등재 어휘가 새로 추가된 것이라고도 할 수 있지만, 그동안 표준어로 인정받지 못하던 말이 표준어로 공인되었다는 의미도 지닌다.

다문화, 한류, 반려동물, 큰대자, 내공, 묵은지, 전방위, 무리수, 신내림, 금쪽같이, 기반하다, 배춧잎, 양반다리 등

경우에 따라 뜻풀이를 수정함으로써 원래 비표준어였던 것이 표준어가 되기도 하였다. 예를 들어 '진작에, 외화벌이'는 각각 '진작'의 잘못, 북한어로 처리하였던 것인데, 뜻풀이의 수정을 통해 새롭게 표준어가 되었다.

이와 같이 흔히 쓰이는 말을 표준어로 인정하는 것은 화자의 부담을 덜어 주고 우리말을 풍요롭게 해 준다는 점에서 긍정적이다. 정부에서 현실의 언어를 표준어에 반영하는 정책을 지속하고자 하는 것도 이와 같은 긍정적인 효과가 있기 때문이다.

그럼에도 이러한 조치는 매우 제한적으로 이루어질 수밖에 없다. 현실 언어의 변화를 지나치게 반영하다가는 규범이 유명무실해질 우려가 있기 때문이다. 따라

---

46) 국어의 발전과 보전에 관한 중요 사항을 심의하는 법정 위원회이다. 1953년에 문교부 내에 처음 구성되었고 현재는 문화체육관광부 소속으로 구성되어 있다. 한글 맞춤법, 표준어 규정, 외래어 표기법, 국어의 로마자 표기법 등 어문 규범의 제정과 개정, 국어 순화, 점자 규정 등 각종 어문 정책에 관한 사항을 심의하고 있다.

서 일부 단어에 제한하여 표준어로 올리는 것은 어쩔 수 없는 일이기도 한데, 그러다 보니 다소 무원칙해 보이는 문제가 나타나기도 한다. 예를 들어, '짜장면'은 표준어가 되었지만 마찬가지로 흔히 된소리로 쓰이는 다음 단어들은 여전히 비표준어이다.

> *깡소주(강소주), *딲다(닦다), *뻔데기(번데기), *쎄다(세다), *쩔다(절다), *쫄다
> (졸다), *쫄병(졸병)

물론 위 단어들을 기계적으로 모두 표준어로 인정할 수는 없다. 그랬다가는 다시 규범이 유명무실해지는 결과로 이어질 수 있기 때문이다. 그러나 한편으로 언중의 편의를 고려한다면 현실 언어의 쓰임을 무시할 수도 없다.

이와 같이 표준어의 사정은 늘 선택의 어려움에 직면해 있다. 표준어의 보수성이 지나치게 강하여 현실 언어를 제대로 반영하지 못하는 것도 문제지만, 지나치게 약하여 규범으로서의 역할을 제대로 못하는 것도 혼란을 가중할 우려가 있다. 표준어는 이러한 문제에서 균형감을 갖추어야 할 과제를 안고 있다.

'짜장면'과 같은 말을 쉽게 새 표준어로 올릴 수 없었던 데는 한글 맞춤법이 일정 부분 관여되어 있다고 여겨진다. 이 말을 표준어로 인정하는 순간 '짜장면'이라는 새로운 표기가 등장하게 되는데 이는 확실히 부담스러운 결과이다. 화자 입장에서는 일생 동안 표기가 바뀌지 않는 편이 좋기 때문이다.

만일 표기의 변화만 없다면 [자장면]과 더불어 [짜장면]을 인정하는 것은 발음만 하나 더 추가하는 것이니까 크게 어려운 일이 아니다(이를테면 조사 '의'의 표기는 고정해 둔 채 [에]로 발음하는 것도 허용하는 것은 화자들에게 큰 부담을 주지 않는다). 그러나 한글의 특성상 [자장면]은 '자장면'으로 적어야 하고 [짜장면]은 '짜장면'으로 적어야 한다.

곧 표준어를 바꾼다는 것은 표기도 바꾸는 것인데 이는 변화의 체감도가 커서 부담스럽게 여겨질 수 있다. '번데기, 닦다, 작다, 세다' 등은 흔히 된소리로 발음되는데도

이를 쉽게 표준어로 인정하지 못하는 것도 표기가 달라져야 하는 한글의 특성이 일정 부분 작용한다고 볼 수 있다.

1자 1음(一字一音), 1음 1자(一音一字)가 가장 이상적인 문자(이희승·안병희·한재영 2010 : 41)라는 점에서 한글이 매우 뛰어난 문자인 것은 사실이다. 다만 표준어가 언어의 변화에 순조롭게 대처하는 데는 한글의 정교한 체계가 오히려 부담을 주는 일면도 있다.

3. 표준어의 실제

표준어는 '표준어 규정'을 바탕으로 사정되고 국어사전을 통하여 전체적인 모습이 구체적으로 제시된다. '표준어 규정'은 표준어에 대한 제반 사항을 규정한 것으로서 제1부 '표준어 사정 원칙'과 제2부 '표준 발음법'으로 구성되어 있다. 전자는 표준어를 결정하는 원칙을 각 사안별로 정한 것이며 후자는 국어의 표준 발음을 규정한 것이다.

〈표준어 규정〉
제1부 표준어 사정 원칙

제1장 총칙
제2장 발음 변화에 따른 표준어 규정
　　제1절 자음
　　제2절 모음
　　제3절 준말
　　제4절 단수 표준어
　　제5절 복수 표준어
제3장 어휘 선택의 변화에 따른 표준어 규정
　　제1절 고어

이 절에서는 이 표준어 규정의 내용을 기본으로 하여 표준어의 구체적인 모습을 살펴보고자 한다. 다만 규정의 내용을 그대로 소개하는 것은 피하고 현실 언어에서 자주 접하는 사례 중심으로 살펴볼 것이다. 각 절의 내용도 규정과 달리 적절히 재구성한 것이다.

3.1. 발음의 변화와 관련된 표준어 어휘

3.1.1. 자음

가. 거센소리를 가진 말

다음 단어들은 원래 거센소리가 아니던 것이 거센소리로 변한 것인데, 이러한 발음의 변화를 수용하여 표준어 규정에서 표준어로 인정한 예들이다.

끄나풀, 나팔꽃, 살쾡이, 칸막이

위 단어들은 "큰사전"에서는 '끄나불, 나발꽃, 삵괭이, 간막이'였던 것인데, 이후의 발음 변화가 일어난 것을 표준어로 삼은 것이다. 표준어가 현실 언어를 받아들이되 그 과정은 상당히 천천히 이루어진다는 점을 잘 보여 주는 사례라고 할 수 있다.

'나팔꽃/*나발꽃'의 경우 표준어 사정은 해당 단어 차원에서 이루어진다는 것을 유의할 필요가 있다(제2장 2.2. 참조). 즉 '나발꽃'이 비표준어라고 하여 '나발'도 비표준어인 것은 아니다. 군대에서 행군하거나 신호할 때 쓰이는 관악기라도 현대식 악기는 '나팔', 전통의 옛 악기는 '나발'로 구분한다.

다음 단어들은 "큰사전"에서는 둘 다 표준어로 인정되던 것인데, 이후 발음 변화를 인정하여 오늘날에는 거센소리의 형태만 표준어로 삼은 것이다.

    (재산을) 털어먹다/*떨어먹다

현실 발음을 표준어로 반영한다고 해도 어느 정도의 변화까지 인정할 것인지는 어려운 문제이다. 다음 단어들은 거센소리가 많이 사라졌으나 그 변한 말 대신 여전히 거센소리를 가진 말을 표준어로 삼는 예들이다.

    동녘, 부엌, 무릎, 꽃, 밭, 오지랖

즉 위 단어들에 조사가 결합한 '동녘에, 부엌에, 무릎이, 꽃이, 밭이, 오지랖이' 등을 [동녀게], [부어게], [무르비], [꼬시], [바시], [오지라비]로 발음하는 경우가 많다. 이는 그 형태가 '동녁, 부억, 무릅, 꼿, 밧, 오지랍'으로 바뀐 거라고 할 수 있다. 이 말들은 표준어로 인정되지 않으며 여전히 거센소리 형태가 표준어이다.

나. 어원에서 멀어진 말

'강낭콩'

다음 단어들은 원래의 어원에서 멀어져 발음이 변한 것이 표준어로 인정된 예들이다.

강낭콩/*강남콩, 냄비/*남비, 미루나무/*미류나무, 주책/*주착, 사글세/*삭월세

'강낭콩'은 '江南콩'(중국 강남에서 온 콩), '냄비'는 일본말 '나베(なべ)', '미루나무'는 '美柳나무', '주책'은 '主着'에서 온 말이지만, 그 어원에 대한 인식이 약해지면서 발음의 변화까지 생기게 되었다.

이 단어들은 더 이상 그 어원에 대한 인식이 없다고 보아 변화된 발음을 표준어로 삼는다. '삭월세'는 '朔月貰'로 인식되기도 하였으나 이는 취음(取音) 표기에 불과하다고 보아 현실 발음의 '사글세'를 표준으로 한 것이다.

'-박이'와 '-배기'

어원에 대한 인식이 여전히 살아 있는 경우에는 발음이 변한 말이 표준어로 인정되지 않는다. '-박이'는 일부 명사 뒤에 붙어, '무엇이 박혀 있는 사람이나 짐승 또는 물건'이라는 뜻을 더하는 접미사이다. 이 경우 '박다'의 어원적 의미가 살아 있으므로 이를 반영하여 '-박이'를 표준으로 삼고 표기도 그 원형을 밝혀 적는다.

점박이/*점배기, 차돌박이/*차돌배기, 외눈박이/*외눈배기, 오이소박이/*오이소배기

반면에 '-배기'는 ①그 나이를 먹은 아이 ②그것이 들어 있거나 차 있음 ③그런 물건 등의 뜻을 더하는 접미사이다. 이는 '박다'와는 거리가 먼 말로서 '-박이'와 구별된다.

두 살배기, 나이배기, 진짜배기, 대짜배기

한편 아래 예들도 원래의 말이 여전히 표준어이다.

풍비박산/*풍지박산,　삼수갑산/*산수갑산,　복불복/*복궐복,　절체절명/*절대절명,
숙맥/*쑥맥,　도긴개긴/*도찐개찐

　'풍비박산(風飛雹散)'은 사방으로 날아 흩어짐을, '삼수갑산(三水甲山)'은 우리나라에
서 가장 험한 산골이라 이르던 삼수와 갑산을, '복불복(福不福)'은 좋고 좋지 않음 즉
사람의 운수를, '절체절명(絕體絕命)'은 몸도 목숨도 다 되었다는, 즉 어찌할 수 없는
절박한 경우를 뜻하는 말이다. 콩과 보리를 구분하지 못할 정도로 어리석은 사람
을 뜻하는 '숙맥(菽麥)'은 흔히 '쑥맥'으로 잘못 쓰기도 하지만 한자어로서의 어원('不
能辨菽麥')이 분명한 말이다. '도긴개긴'의 '긴'은 윷놀이에서 '자기 말로 남의 말을 쫓
아 잡을 수 있는 거리'를 뜻하는 말이다.
　아래도 흔히 변한 발음이 혼재되어 쓰이는 예들인데, 그 어원에 대한 인식이 여
전히 분명하다고 할 수 있어 변한 말은 표준으로 인정되지 않는다.

　　짜깁기/*짜집기,　통틀어/*통털어,　통째로/*통채로

　'짜깁다'는 '짜다'와 '깁다'의 합성어, '통틀다'는 '통으로 틀다', '통째로'는 명사
'통'에 접미사 '째'가 결합한 것이다. 이는 어원적으로 충분히 설명될 수 있는 것이
므로 원래 말을 계속 표준어로 인정한다.

다. 의미 구별이 없어진 말

'돌'

　'돌'은 생일, '돐'은 '한글 반포 500돐'처럼 주기를 나타내는 뜻으로 구별되었으나
더 이상 그 뜻이 구별된다고 하기 어렵다. 따라서 '돐'은 더 이상 표준어가 아니며
'돌'이 생일, 주기의 뜻을 모두 나타낸다.

　　돌/*돐 (사진)

이 두 단어는 애초에 구별하기가 쉽지 않았던 것으로 보인다. "큰사전"에서도 이미 '돌'은 ①생일 ②첫돌의 의미를, '돐'은 ①생일 ②주기의 의미를 지닌다고 하였는데, 이는 생일의 뜻으로는 '돌, 돐' 모두 쓰고, 주기의 뜻으로는 '돐'만, 첫돌의 의미로는 '돌'만 쓴다는 것이니 제대로 구별하여 쓰기를 기대하기 어렵다. 실제 첫돌 기념으로 찍은 사진을 흔히 '돐 사진'으로 표기했던 점은 '돌, 돐'이 제대로 구별되기 어려웠음을 보여 준다.

'둘째'

원래 '두째'와 '둘째'는 구별되던 말이었다. 즉 '두째, 세째, 네째'는 '첫째'와 짝을 이루어 '제2, 제3, 제4'와 같이 차례를 나타내고, '둘째, 셋째, 넷째'는 '하나째'와 짝을 이루어 '두 개째, 세 개째, 네 개째'의 뜻, 즉 앞에서부터 센 수량을 나타내는 것으로 구별되었다. 그러나 오늘날 이러한 구별이 어렵고 혼란만 일으킨다고 보아 '둘째, 셋째, 넷째'만 표준어로 삼는다.

둘째/*두째, 셋째/*세째, 넷째/*네째

이에 따라 '둘째'는 그 차례가 두 번째라는 뜻, 그리고 앞에서부터 세어 그 수량이 두 개째라는 뜻을 모두 나타낸다.

이 아이가 <u>둘째</u> 아들이다. 〈차례〉
그는 사과를 <u>둘째</u> 먹는다. 〈수량〉

다만 십 단위 이상에서 차례를 나타낼 때는 '두째'의 형태를 취한다. 이 경우 '열두째, 스물두째, 서른두째' 등에서 'ㄹ'이 분명히 탈락하기 때문이다. 그래서 '열두째, 스물두째'는 몇 번째인지를, '열둘째, 스물둘째'는 몇 개째인지를 나타낸다('스물'도 마찬가지여서 순서를 나타내는 말은 '스무째', 수량을 나타내는 말은 '스물째'로 구별된다).[47]

이 아이가 <u>열두째</u> 아들이다. 〈차례〉

그는 사과를 <u>열둘째</u> 먹는다. 〈수량〉

이는 '셋째, 넷째' 등에는 해당하지 않는다. 이 경우는 언제든 '열셋째, 스물셋째', '열넷째, 스물넷째'라고 한다. 한편 '첫째'의 경우 십 단위 이상에서 차례를 나타내는 말은 '열한째, 스물한째'로, 수량을 나타내는 말은 '열하나째, 스물하나째'와 같이 구별된다.

차례 (몇 번째)	수량 (몇 개째)
첫째	*48)
둘째	둘째
셋째	셋째
열째	열째
열한째	열하나째
열두째	열둘째
열셋째	열셋째
스무째	스물째
스물한째	스물하나째
스물두째	스물둘째
스물셋째	스물셋째

'빌리다'

'빌다[借]', '빌리다[貸]'는 원래 그 뜻이 구별되어, '빌다'는 '남의 물건 따위를 돌려주기로 하고 가져다 쓰다', '빌리다'는 '나중에 돌려받기로 하고 남에게 제 물건을

---

47) "큰사전"의 경우 '첫째' 다음의 차례를 나타내는 말로 '두째, 둘째'를 모두 표준어로 제시한다. 이는 "중사전"(한글학회, 1958)도 마찬가지인데, 다만 중사전에 차례를 나타내는 말로 '세째, 네째'만 등재되어 있을 뿐 '셋째, 넷째'는 없는 것으로 보아 '첫째, 두째, 세째, 네째'가 차례를 나타내는 기본적인 말의 체계였고 '둘째'는 예외적으로 인정된 말이었다고 할 수 있다. 현행 규정에서 차례를 나타내는 말이 '첫째, 둘째, 셋째, 넷째'로 바뀌면서 이번에는 '두째'가 '스물두째, 서른두째' 등에서 예외적으로 인정되는 말이 되었다.

48) 차례를 나타내는 '첫째'에 대응하는 말로서 수량을 나타내는 '하나째'는 "표준국어대사전"에 등재되어 있지 않다. 즉 수량을 나타내는 '둘째, 셋째, 셋째, …, 열째, 열하나째, 열둘째, 스물째' 등의 계열에서 가장 첫자리가 비어 있는 것이다. 이 자리는 "사과를 한 개째 먹는다."처럼 '한 개째'가 대신하고 있다. '하나째'를 인정하지 않는 것은 그 쓰임이 거의 없다고 보아서일 것이나 '둘째, 셋째' 역시 거의 쓰이지 않고 '두 개째, 세 개째'가 주로 쓰이는 점을 재고할 필요는 있을 것이다.

내주다'는 의미였다. 그러나 점차 '빌리다'가 '빌다'의 의미로 쓰이면서 두 말이 구별되지 않게 되어 '빌리다[借]'만 표준어로 인정되고 '빌다'는 비표준어가 되었다.

> 동수가 경아에게 책을 <u>빌려</u>/*빌어 읽었다.
> 옛 성현의 말씀을 <u>빌려</u>/*빌어 표현하고 싶다.
> 이 자리를 <u>빌려</u>/*빌어 감사의 뜻을 표합니다.

한편, '빌리다'가 남의 물건을 가져다 쓰는 것으로 의미가 바뀌면서 남에게 제 물건을 내주는 의미로는 '빌려주다[貸]'가 쓰인다.

> 경아가 동수에게 책을 <u>빌려주었다</u>/*빌렸다.

참고로, '꾸다, 뀌다(돈 따위를 나중에 받기로 하고 빌려주다)'는 이전의 '빌다, 빌리다'에 대응되는 말인데, 더 이상 쓰이지 않거나 뜻이 변한 '빌다, 빌리다'와 달리 이들은 여전히 표준어이다.

> 돈을 <u>꾸었다</u>/*빌었다.
> 자네, 나한테 돈 좀 <u>뀌게</u>/*빌리게.

이 '뀌다'의 동의어로서 '뀌어주다'도 표준어이다.

> 자네, 나한테 돈 좀 <u>뀌어주게</u>.

다만, 이 '뀌다, 뀌어주다'는 실제 언어생활에서 거의 안 쓰이고 '꾸어주다' 또는 그 준말 '꿔주다'가 흔히 쓰인다. 그러나 이 말들은 아직 표준어가 아니다.

'빌리다'는 ①'나중에 돌려받기로 하고 남에게 제 물건을 내주다'에서 ②'남의 물건 따위를 돌려주기로 하고 가져다 쓰다'로 그 의미가 바뀌었다. 이에 따라 ①의 원래 의미는 더 이상 '빌리다'의 의미로 인정되지 않는다.

그런데 다음 예는 '빌리다'가 원래의 의미로 쓰인 경우이다.

ㄱ. 돈 좀 <u>빌려 주오</u>.
ㄴ. 돈 좀 <u>빌려 다오</u>.

이 '빌리다'는 남에게 제 물건을 내준다는 의미로서 여전히 ①의 원래 의미가 남아 있음을 보여 준다. 이는 현재 규범에서 '빌리다'의 의미로 ②만 인정하고 있으므로 문제가 될 수 있다.

우선 (ㄱ)의 문제는 '빌려주다'를 합성어로 봄으로써 해결될 수 있다. 표준어 규정 (1988) 제1부 표준어 사정 원칙 제6항(이하 간략히 '표준어 규정 제6항' 식으로 표시)에서 이를 '빌려 주다'로 띄어 써서 제시한 이래 표준국어대사전(1999)에서도 표제어로 올리지 않는 등 이는 단어가 아니라 구 구성으로 이해되었고, 따라서 한동안 띄어서 쓰기도 하였다. 그러나 이 경우 '빌리다'가 남의 물건을 가져다 쓴다는 의미인데도 해당 구성이 정반대로 제 물건을 남에게 내준다는 의미로 쓰이는 점을 설명할 수 없다.

따라서 이는 구 구성이 아니라 단어 '빌려주다'이다. 이는 '빌리다'가 '나중에 돌려받기로 하고 남에게 제 물건을 내주다'의 의미였던 시기에 쓰이던 구 구성 '빌려 주다'가 점차 굳어져 단어가 된 것이다. 즉 과거에는 제 물건을 내주는 의미로 '빌리다, 빌려 주다'가 모두 쓰였고, '빌리다'가 다른 뜻으로 바뀌면서(즉 '빌다'를 대신하여 쓰이면서) 그 빈자리를 '빌려 주다'에서 단어화한 '빌려주다'가 채운 것이다. 결과적으로 '빌리다'와 '빌려주다'는 서로 반대 의미의 단어가 되었다.

"고려대 한국어대사전"(2009)은 이를 인식하여 '빌려주다'를 표제어로 올리고 있고, 근래 인터넷판 "표준국어대사전"도 이를 표제어로 등재한 것은 앞서의 잘못을 바로잡은 것이라고 할 수 있다(최근 개정한 '표준어 규정' 제6항도 '빌려 주다'를 삭제하였다). 이렇게 '빌려주다'가 한 단어라면 (ㄱ)에서 '빌리다'는 원래의 의미로 쓰인 게 아니라 한 단어의 일부분일 뿐이다.

그러나 (ㄴ)의 '빌려 다오'는 여전히 문제이다. 우선 어느 사전도 이를 합성어로 인정하지 않고 있으므로 이 '빌려 다오'는 '빌리다'가 독립적인 술어로 쓰인 경우이다. 그리고 이 경우 '빌리다'는 원래의 의미를 그대로 유지하고 있어서 문제가 되는 것이다. 그 해결 방안으로는 세 가지 정도를 생각할 수 있다.

　　－'빌리다'의 의미로 ①의 원래 의미도 인정한다.
　　－'빌려다오'를 '빌려주다'처럼 합성어로 본다.
　　－'빌려 다오'를 관용적인 구 구성으로 본다.

　이 각각의 방안은 나름대로 문제점이 있어 결론을 내리기는 어렵다. 그렇지만 '빌리다'가 규범과 달리 원래의 의미로 쓰이는 이 표현에 대한 합리적인 해결책은 어떤 식으로든 제시될 필요가 있다.

라. 암수를 나타내는 말

'수-'와 '숫-'

성별을 나타내는 접두사 '수-'가 결합한 말은 다음과 같은 조건에 따라 형태를 달리한다.

　　ㄱ. 다음 아홉 단어는 거센소리로 굳어진 어형을 표준어로 삼는다.
　　　　수캉아지, 수캐, 수컷, 수키와, 수탉, 수탕나귀, 수톨쩌귀, 수퇘지, 수평아리
　　ㄴ. 다음 세 단어는 '숫-'이 표준어이다.
　　　　숫양, 숫염소, 숫쥐
　　ㄷ. 이 열두 단어를 제외한 나머지는 모두 '수-'가 표준어이다.

　'수-'의 옛말은 '숳'이다. 이 '숳'은 뒤 자음과 결합하여 '수캐, 수틁'처럼 거센소리가 되거나, '숫'이 되어 '숫쥐'처럼 나타나기도 하며, 'ㅎ'이 탈락하여 '수게'와 같이 되기도 한다.[49]

---

49) 'ㅎ'이 탈락한 근대국어 시기에 '수개, 수게, 수돌, 수둙'과 같은 어형이 나타난다.

따라서 '수-'가 결합한 단어는 '수캐, 숫개, 수개'와 같이 세 가지 어형이 모두 나타날 가능성이 있다. 이들을 모두 표준어로 삼을 수는 없으므로 어느 하나만을 표준어로 정하고자 한 것이다.

그리고 이 경우 '수나사, 수놈, 수거미' 등 대부분 단어에서 보듯이 '수-'를 기본으로 한다. 다만 '수캐, 수탉' 등 일부 단어들은 '숳-'이 결합한 말이 현대국어에서도 여전히 쓰인다고 보아 아홉 단어에 한하여 거센소리로 굳어진 어형을 표준어로 인정한 것이다. 그리고 '숫양, 숫염소, 숫쥐'의 세 단어 역시 '숫-' 어형이 널리 쓰이기 때문에 예외적으로 이를 표준어로 인정한 것이다(세 단어의 발음은 [순냥], [순념소], [숟쮜]로 [ㄴ(ㄴ)] 첨가 또는 된소리 현상이 나타나는데, 이는 사이시옷과 유사한 효과를 보이는 것이라 판단하여 '수'에 'ㅅ'을 붙인 '숫'을 표준어형으로 규정한다).

이 기준에 따라, 거센소리나 '숫-' 어형의 열두 단어를 제외한 나머지 단어들은 다음과 같이 모두 '수-'가 결합한 말이 표준어이다. 현실적으로 이들은 '숫-'이 결합한 어형도 많이 쓰이지만 표준어가 아니다.

> 수거미/*숫거미/*수커미, 수고양이/*숫고양이/*수코양이, 수곰/*숫곰/*수콤, 수꿩/*숫꿩/*수쿵, 수벌/*숫벌/*수펄, 수나사/*숫나사, 수놈/*숫놈, 수사돈/*숫사돈, 수소/*숫소, 수은행나무/*숫은행나무

이 '수-', '숫-'의 조건은 '암-'에도 똑같이 적용된다.

> ㄱ. 암캉아지, 암캐, 암컷, 암키와, 암탉, 암탕나귀, 암톨쩌귀, 암퇘지, 암평아리
> ㄴ. 암양, 암염소, 암쥐
> ㄷ. 이 열두 단어를 제외한 나머지 단어들

위 (ㄴ)의 '암양, 암염소, 암쥐'는 각각 발음이 [암냥], [암념소], [암쮜]로서, '숫양, 숫염소, 숫쥐'과 마찬가지로 'ㄴ' 첨가 또는 된소리 현상이 나타나는 예들이다.

표준어로 정한 '수-' 어형의 많은 단어들은 현실적으로 낯설게 느껴지는 문제가 있다. 즉 다수의 화자들은 '수놈[수놈], 수소[수소]'보다는 '숫놈[순놈], 숫소[숟쏘]'를 더 자연스럽게 느끼는 것이다. 비록 근대국어 시기만 해도 '수물, 수쇼, 수양, 수쥐'처럼 '수-' 어형이 '숫-' 어형보다 더 일반적이었고, "큰사전"만 해도 '수말, 수놈, 수소'가 표준어였다고 해도, 그와 무관하게 표준어의 사정은 오늘날 국어 현실에 맞게 이루어져야 할 것이다. 이익섭(1988)에서는 표준어 사정 당시 비현실적인 형태인 '수놈'을 국어연구소 안에서는 '숫놈'으로 고쳤는데, 문교부 최종안에서는 '수놈'으로 환원되었다고 하면서 이해하기 어려운 처사였다고 술회하고 있다.

서울 지역 화자를 대상으로 표준 발음의 실태를 조사한 "표준 발음 실태 조사 II"(2003, 국립국어연구원)에 따르면, '수나사, 수놈, 수사돈, 수소'의 발음에서 [순나사]가 80% 이상, [순놈]이 98% 이상, '수사돈, 수소' 역시 [수싸돈], [수쏘]의 된소리 발음이 93~94% 이상에 이르는 반면, [수나사], [수놈], [수사돈], [수소]의 표준 발음은 상대적으로 미미한 수준에 그친다. 이러한 실태 조사는 이 단어들의 경우 '수-'보다는 '숫-' 어형이 표준어로 더 적합함을 보여 준다.

3.1.2. 모음

가. 모음조화의 말

'깡충깡충'

모음조화는 'ㅏ, ㅗ' 등 양성모음은 양성모음끼리, 'ㅓ, ㅜ' 등 음성모음은 음성모음끼리 어울리는 음운 현상이다. 현대국어에는 이 모음조화 규칙이 무너진 어형들이 다수 있다.

'깡충깡충'은 그 대표적인 예로서, 이 말은 변한 대로 표준어로 인정된다. 원래 '깡총깡총'이 '껑충껑충'의 작은말로서 표준어였으나 발음이 변한 '깡충깡충'이 대신 표준어가 된 것이다. 그 약한 느낌의 말 '강종강종' 역시 표준어가 아니며 '강중강중'이 표준어이다. 두 경우 모두 큰말 '껑충껑충, 겅중겅중'은 표준어이다.

깡충깡충/껑충껑충/*깡총깡총
강중강중/겅중겅중/*강종강종

　　마찬가지로 '바둥바둥'도 근래에 표준어가 되었으나, 이 경우는 '버둥버둥'과 함께 '바동바동'도 표준어로 남겨 두었다. 한편, '오손도손, 아웅다웅'도 표준어에서 제외되고 '오순도순, 아옹다옹'만 표준어로 처리되었으나, 역시 근래에 '오손도손, 아웅다웅'을 다시 표준어로 회복하였다(이상 제2장 2.3. 참조).

바둥바둥/버둥버둥/바동바동
오순도순/오손도손, 아옹다옹/아웅다웅

'-둥이'

　　'-둥이'는 '그러한 성질이 있거나 그와 긴밀한 관련이 있는 사람'이라는 뜻의 접미사이다. 이 말은 '童'에서 기원한 말이지만 이미 어원에서 멀어졌으므로 변한 대로 표준어를 삼는다. 즉 '-동이'는 비표준어이며 '-둥이'가 표준어이다.

쌍둥이, 검둥이, 흰둥이, 바람둥이, 귀염둥이, 막내둥이, 해방둥이

　　다만 다음 단어들은 '쌍동-X'로 분석되는 것들로서 '쌍동-'이 표준어이다. 이 '쌍동(雙童)'은 '쌍둥이'의 동의어이다.

쌍동팔, 쌍동아들, 쌍동밤, 쌍동배, 쌍동짝

　　'발가숭이'도 이와 유사한 경우이다. 이 말도 '발가송이'가 아니라 모음조화가 무너진 '발가숭이'가 표준어이다. 이는 센말 '벌거숭이'도 마찬가지이다.

발가숭이/벌거숭이/*발가송이
빨가숭이/뻘거숭이/*빨가송이

다만 이는 단어에 따라 달라서 '애송이'는 여전히 표준어이며 종종 쓰이는 '애숭이'는 표준어가 아니다.

애송이/*애숭이

'오뚝이'

부사 '오뚝'은 원래 '오똑, 우뚝'이 작은말, 큰말의 관계였다. 그런데 모음조화가 무너진 '오뚝'이 표준어가 되었으며 '오똑'은 비표준어가 되었다. 이에 따라 '오똑이(명사/부사), 오똑오똑, 오똑하다'도 비표준어가 되었고 '오뚝이(명사/부사), 오뚝오뚝, 오뚝하다'가 표준어가 되었다.

오뚝/*오똑, 오뚝이/*오똑이, 오뚝오뚝/*오똑오똑, 오뚝하다/*오똑하다

그러나 이는 예외적인 경우이며 '볼록/불룩, 몽톡/뭉툭, 되똥/뒤뚱' 등 대부분의 부사는 모음조화에 따른 어형을 유지하고 있다. 아래 예도 모음조화가 무너진 어형은 여전히 표준어가 아니다.

뾰족(하다)/*뾰죽(하다)

'주추'와 '사돈'

아래 한자어들 역시 모음이 음성모음으로 변한 말이 표준어로 인정되는 예들이다.

봉죽(←奉足)/*봉족, 주추(←柱礎)/*주초

'봉죽,50) 주추'는 한자어 '봉족, 주초'에서 온 말이지만 그 변한 대로 표준어로

---

50) 일을 꾸려 나가는 사람을 곁에서 거들어 도와줌.

인정한다. '주추'에 따라 '주춧돌'도 표준어이다.

이와 달리 다음 한자어들은 그 어원에 대한 의식이 강하여 음성모음으로 변한 발음을 인정하지 않고 본래대로 양성모음의 어형을 표준어로 한다.

사돈(査頓)/*사둔, 부조(扶助)/*부주, 삼촌(三寸)/*삼춘

'아서, 아서라'

이 말은 '앗아, 앗아라'로 활용하던 것이 모음조화를 어긴 형태로 나타난 것이다. 이것이 여전히 동사의 활용형이라면 '잡어, 잡어라'가 허용될 수 없듯이 '앗어, 앗어라' 역시 인정될 수 없다.

그런데 이 말은 더 이상 동사의 활용형이 아니라 원뜻과는 멀어져 단지 하지 말라는 뜻의 금지의 감탄사로 쓰인다. 따라서 표기도 소리 나는 대로 하고 현실 언어에 따라 모음조화와 상관없이 '아서, 아서라'를 표준으로 한 것이다.

'뱉어'

국어의 'ㅐ' 모음은 '깨어/*깨아, 내어/*내아'에서 보듯 음성모음이다. 따라서 모음조화에 따라 '뱉어'가 표준어이며 '뱉아'는 비표준어이다.

그는 머금고 있던 소금물을 <u>뱉어</u>/*뱉아 냈다.

'빼앗다, 뺏다'는 본말과 준말의 관계인데, 당연히 '빼앗다'는 '-아'와 결합하고 ('빼앗아, 빼앗았다'), '뺏다'는 '-어'와 결합한다('뺏어, 뺏었다'). 글을 쓸 때는 잘못 적는 일이 적으나 말할 때는 발음의 오류가 흔히 보이기도 한다.

형이 동생의 과자를 <u>빼앗아</u>/<u>뺏어</u>/*뺏아 먹었다.

서울 지역의 말에서 흔히 '-아/어'가 '-어'로 통일되어 쓰이는 경향이 있으나, 역

시 모음조화에 따라 써야 한다. 예를 들어, 다음과 같은 신문기사 제목은 올바른 표현이 아니다.

> 휴가 때 날아든 회사 전화 받어? 말어?
> 못 말리는 박철민 '팔 각도 잘 잡어!'
> 녹슬지 않은 이을용 '하늘을 나네 날어'

감탄사

감탄사는 상대적으로 표준어의 규정이 그리 엄격하지 않을 것으로 생각하기 쉽다. 그러나 감탄사도 표준어가 정해져 있으며, 다음과 같이 모음조화 규칙을 적용받는다.

> 아이고/어이구/*아이구, 아이고머니/어이구머니/*아이구머니, 아이코/어이쿠/*아이쿠, 애고/에구/*애구, 애고머니/에구머니/*애구머니

'애고'는 'ㅐ'가 음성모음이므로 모음조화를 어긴 것으로 보이지만 이는 '아이고'의 준말로서 표준어가 된 것이다. 마찬가지로 '애구'는 비표준어 '아이구'의 준말이어서 비표준어가 된 것이다. '에구'는 '어이구'의 준말로서 표준어이다.[51]

나. 'ㅣ'모음 역행동화의 말

'서울내기'

'ㅣ'모음 역행동화 현상이 일어난 명사는 표준어로 인정된 것과 아닌 것이 있다. 이 경우 그 단어가 얼마나 널리 쓰이는지가 기준이 된다. 다음은 'ㅣ'모음 역행동화가 일어난 어형이 표준어인 예들이다.

> 서울내기/*서울나기, 신출내기/*신출나기, 풋내기/*풋나기, 냄비/*남비

---

51) 위 예들 외에 '에그머니'도 종종 쓰이는데, 이는 표준어가 아니다(표준국어대사전). '어이그머니'가 없기 때문일 것이다. 그런데 한편으로 '에그'는 표준어여서 국어 화자들로서는 혼란스러울 수 있다.

'아지랑이'

다음은 'ㅣ'모음 역행동화가 일어난 말이 표준어가 아닌 예들이다. 방언에 따라서 'ㅣ'모음 역행동화가 일어난 말들을 쉽게 찾아볼 수 있으나('애비, 괴기, 손잽이, 멕이다, 핵교' 등) 대부분 표준어로 인정되지 않는다.

지팡이/*지팽이, 아지랑이/*아지랭이, 왼손잡이/*왼손잽이

'-장이'와 '-쟁이'

접미사 '-쟁이'는 '장(匠)'의 어원을 지닌 '-장이'에서 'ㅣ'모음 역행동화가 일어난 말이다. 이 '-장이'와 '-쟁이'는 구별해서 쓴다.

ㄱ. 전통적인 '장인(匠人)'에 속하거나, 수공업과 관련이 있는 전통적인 직업에 종사하는 경우에는 '-장이'가 표준이다.
미장이,[52] 유기장이, 칠장이, 옹기장이, 가구장이, 구두장이, 대장장이, 도배장이, 벽돌장이, 석수장이, 양복장이, 갓장이, 우산장이

ㄴ. 그 외는 '-쟁이'가 표준이다.
점쟁이, 침쟁이, 글쟁이, 그림쟁이, 멋쟁이, 겁쟁이, 개구쟁이, 말썽쟁이, 안경쟁이, 양복쟁이, 갓쟁이, 봉급쟁이, 소금쟁이, 담쟁이, 발목쟁이, 골목쟁이

'-쟁이'가 결합한 말은 몇 가지 유형으로 나뉘는데, '점쟁이, 침쟁이, 글쟁이' 등은 그 일을 업으로 삼는 사람을, '멋쟁이, 겁쟁이, 안경쟁이, 봉급쟁이' 등은 그러한 속성을 지닌 사람을, '소금쟁이(곤충의 한 종류), 발목쟁이(발을 속되게 이르는 말), 골목쟁이(골목에서 좀 더 깊숙이 들어간 좁은 곳)' 등은 동물이나 사물을 나타내는 말이다.[53]

---

52) 표준어 규정(제9항)은 '미장이'를 '-장이'가 붙은 말로 다루고 있지만, 표준국어대사전은 '미장-이'로 분석한다.
53) 다만 이 '-쟁이'가 같은 말인지는 불확실하다. 표준어 규정(제9항)은 이들을 특별히 구별하지 않고 같은 항에서 다루고 있으나, "표준국어대사전"은 '-쟁이'를 '점쟁이, 관상쟁이' 등 사람을 가리키는 접미사로만 풀이한다. 이는 "큰사전" 등에서도 마찬가지였다. '담쟁이, 골목쟁이' 등은 '담-쟁이, 골목-쟁이'로 분석하고는 있으나 그 '쟁이'가 무엇인지는 따로 표제어로 제시되어 있지는 않다.

이와 같이 '-장이'와 '-쟁이'를 구별함에 따라 '양복장이, 갓장이'는 그것을 만드는 기술자를, '양복쟁이, 갓쟁이'는 양복이나 갓을 즐겨 입거나 쓰는 사람을 가리키는 뜻으로 분화된다.

다. 모음이 단순화한 말

'으레'

다음은 모음이 단순화한 단어들이 표준어이다.

> 괴팍하다/*괴퍅하다/*괴팩하다, 으레/*으례/*의례, 케케묵다/*켸켸묵다

'괴팍(乖愎)'의 '愎'의 음은 '퍅'이다. 즉 '괴퍅'이 '괴팍', '괴팩' 등으로 단순화되었는데, 이 가운데 '괴팍'을 표준어로 정한 것이다. '으레'는 '依例'에서 기원하여 모음이 단순화된 말이 표준어가 된 것이다. '의례'가 여전히 쓰이기도 하지만 표준어가 아니다. '케케묵다'는 '켸켸묵다'의 모음이 단순화된 말이다.

이러한 조치는 단어 개별적인 문제이다. 이를테면 '愎'이 들어간 말이지만 사용 빈도가 낮은 아래 단어들은 여전히 '퍅'이 표준어이다.[54]

> 강퍅(剛愎)하다, 암퍅(暗愎)하다, 오퍅(傲愎)하다, 퍅성(愎性)[55]

'으레, 케케묵다'처럼 'ㅖ>ㅔ'로 단순화된 모음을 인정하는 것도 일부 단어들에 국한된 것이다. 다음과 같이 대부분 단어들은 자음과 'ㅖ'가 결합한 음절이 표준으

---

54) 국어연구소(1988ㄴ)은 이를 불균형한 조치로 보고 있는 반면, 국립국어원(2018)은 단어의 사용 빈도에 따른 차이로 설명하고 있다.

55) '퍅'은 고유어에서도 음의 변화가 있다.
  ㄱ. 퍅, 팍, 팩, 픽
  ㄴ. 퍅퍅, 팍팍, 팩팩, 픽픽
  '퍅'은 '힘없이 쓰러지는 소리나 모양', '퍅퍅'은 '힘없이 자꾸 쓰러지는 소리나 모양'을 뜻하는 부사인데, '팍, 팩, 픽', '팍팍, 팩팩, 픽픽' 등과 같이 다양한 모음을 보인다. 이들이 모두 표준어인 점은 '괴팍'의 경우와 대조된다.

로 인정된다.

유례(類例)[유:례], 사례(事例)[사:례]
계시다[계:시다/게:시다], 계란(鷄卵)[계란/게란], 연몌(連袂)[연몌/연메],56) 폐지(廢
止)[폐:지/페:지], 은혜(恩惠)[은혜/은혜]

다만 이 가운데 '례'는 [례]만 표준 발음이지만, 그 외 '계, 몌, 폐, 혜' 등은 현실
발음에 따라 모음을 [ㅔ]로 발음하는 것도 허용된다. 즉 '계시다, 계란, 연몌, 폐
지, 은혜' 등은 표기는 하나이지만, 발음으로 보면 복수 표준어인 셈이다.

'미루나무'

'미루나무'는 한자어 '미류(美柳)'에서 기원한 말이지만 '노류(路柳), 수류(垂柳)' 등과
달리 '류'의 발음이 유지되지 못하고 '루'로 단순화되었다. 이에 따라 그 변한 말을
표준어로 인정한 것이다.

이와 마찬가지로 '미륵(彌勒)'도 '미력, 미륵' 가운데 모음이 단순화한 형태를 인정
한 것이다.57) 그러나 '알력(軋轢)'은 이전에 모음이 단순화한 '알륵'이 쓰이기도 하였
으나, "큰사전" 이래 지금까지 본음의 '알력'을 표준어로 삼고 있다.

'-구면'

'-구면'은 '-구면'의 모음이 단순화된 것으로 표준어이다. 그러나 '-구만'은 널리
쓰이기는 하지만 표준어가 아니다.

비가 곧 오겠구면/*오겠구만.

---

56) '연몌(連袂/聯袂)'는 '나란히 함께 가거나 선다'는 뜻으로 행동을 같이함을 의미함.
57) 표준어 규정(제10항)은 '미루나무, 미륵' 모두 비고란에 '←美柳, ←彌勒'과 같이 표시하여 한자음이 변한 것으
로 제시하고 있다. 그러나 "큰사전"의 경우 '미력'은 '미륵'이 변한 말로 풀이하여 '미륵'을 본음으로 보고 있다.

라. 그 외 모음이 다른 말

앞에서 본 음운 현상 이외에도 다양하게 모음이 변한 말들이 있다. 이들은 현실적으로 굳어진 발음을 표준으로 삼는 것이 원칙이다.

'상추'

'상추, 미수(미숫가루)'는 원래 표준어였던 '상치, 미시(미싯가루)'에서 발음이 변한 것인데, 이 변한 말이 표준어가 되었다. 다음은 그 예들이다.

상추/*상치, 미숫가루/*미싯가루, 호루라기/*호루루기, 지루하다/*지리하다, 허드레/*허드래

'지루하다'는 한자어 '지리(支離)-'에서 온 말이나 변한 발음을 표준으로 인정한 것이다. '허드레'는 'ㅐ>ㅔ'의 발음 변화를 인정한 것이다. 이 발음의 차이는 흔히 '집게, 찌개'를 '집개, 찌게'로 잘못 쓰듯이 화자들이 구별하기 어려우므로 'ㅔ'인지 'ㅐ'인지 눈으로 익혀 둘 필요가 있다. 때로는 '게으르다, 개으르다'처럼 둘 모두 표준어인 경우도 있다.

게으르다/개으르다

'주책'

'주책'은 한자어 '주착(主着)'에서 모음이 변한 것으로, 변한 발음을 표준으로 인정한 것이다. 그런데 이 '주책'은 소리뿐만 아니라 의미까지 변하여 아래와 같이 대립적인 두 가지 뜻을 모두 지닌다.[58]

① 일정하게 자리 잡힌 주장이나 판단력.
② 일정한 줏대가 없이 되는대로 하는 짓.

---

58) 이는 '主着'이 주로 '없다'와 함께 쓰이면서 '일정하게 자리 잡힌 주장이나 판단력'이라는 본뜻에서 부정적인 의미로 변하게 된 것이다. 곧 함께 쓰이는 말에 '감염'되어 의미가 변한 예이다.

그래서 ①의 뜻에 따라 '주책이 없다'라는 말도 쓰이고, ②의 뜻에 따라 '주책을 떨다, 주책을 부리다, 주책이 심하다, 주책망나니, 주책바가지'와 같은 말도 쓰인다. 이들은 모두 표준어이다. 또 ①의 뜻에 따라 '주책없다'도 표준어이고, ②의 뜻에 따라 '주책이다'도 표준어이다.

주책없다/주책이다

'주책이다'는 원래 표준어가 아니었으나 2016년에 표준어로 추가되었다(2.3. 참조). "원, 주책도.", "이런, 주책."과 같은 일상적인 쓰임을 생각하면 이 결과는 자연스럽다. 결과적으로 '주책없다'와 '주책이다'는 대립적인 형태이면서 둘 다 표준어로 인정된다. 그러나 이와 달리 '안절부절', '안절부절못하다'는 표준어이지만, '안절부절하다'는 표준어가 아니다(3.2.3. '안절부절못하다' 항 참조). 비슷한 어휘 관계이지만 둘 간의 처리 방식은 다른 것이다.

'바라다'
아래 예들은 모음이 변한 말이 널리 쓰이지만 원래의 말을 표준어로 삼는다.

튀기/*트기, 바라다/*바래다, 나무라다/*나무래다, 놀라다/*놀래다

'튀기→트기'는 모음의 단순화 현상일 텐데 그 원형이 아직 쓰이고 있다고 보아 '튀기'를 표준어로 삼는다.[59]
'바라다, 나무라다, 놀라다'의 모음이 바뀐 말 '바래다, 나무래다, 놀래다'도 표준어로 인정되지 않는다. 특히 종결형으로 '바래, 놀래'와 같이 많이 쓰고 있어 주의를 요한다. '바람'도 사용 빈도가 낮고 '바램'이 널리 쓰이고 있지만, 역시 표준어가 아니다.

---

59) '튀기/*트기'는 표준어 규정 제11항에서 '발음이 바뀌어 굳어진 형태를 표준어로 삼는다'는 예로 제시되어 있다. 그러나 실제로는 원형이 표준어이므로 해당 조항에 적합한 예가 아니다.

꼭 성공하기를 <u>바라</u>/*바래.
왜 그렇게 <u>놀라</u>/*놀래?
그게 내 <u>바람</u>/*바램이야.

이와 유사한 경우로 '같다'도 '같애'와 같이 잘못 쓰는 일이 흔하여 역시 주의할 필요가 있다.

비가 올 것 <u>같아</u>/*같애.

'으스스'

모음이 달라 혼란스러운 예로는 이 외에도 여러 가지 유형이 있다. 다음은 'ㅡ'와 'ㅣ'가 넘나들어 발음이 혼란스러운 경우이다. 이들도 어느 하나만 표준어로 삼는데, (ㄱ)은 'ㅡ'가, (ㄴ)은 'ㅣ'가 표준어인 경우이다.

ㄱ. 부스럭대다/*부시럭대다, <u>으스스하다</u>/*으시시하다
ㄴ. 넌지시/*넌즈시[60]

또 아래와 같이 'ㅡ'와 'ㅣ'가 넘나드는 경우도 있어 주의를 요한다.

께름칙하다/꺼림칙하다/*께림칙하다/*꺼름칙하다

즉 비슷한 어근이지만 '께름, 꺼림'처럼 'ㅡ, ㅣ'의 모음이 다른 것이다. 참고로 이 단어들은 최근 'ㅡ직하다'의 형태인 '께름직하다, 꺼림직하다'가 표준어로 추가되었다(2.3. 참조).

'비로소, 하마터면'도 'ㅗ, ㅓ' 등의 모음이 혼란스러운 예들이다. 이 말들은 종종 '비로서, 하마트면'으로 잘못 쓰인다. '비로소'는 '비롯-'에 부사 파생 접미사 'ㅡ오'

---

60) '넌지시'는 고형 '넌즈시'에서 변한 말이다.

가 결합한 말이다.

비로소/*비로서, 하마터면/*하마트면

'ㅡ'와 'ㅜ'가 정확히 인식되지 못하는 말들도 있다. 아래 (ㄱ)은 'ㅡ'가 표준어인 예들이고, (ㄴ)은 이와 정반대로 'ㅜ'가 표준어인 예들이다. 같은 시늉말인데다가 음절의 배열 방식이 유사하여 혼동하기 쉽다.

ㄱ. 주르륵/*주루룩 (흘러내리다), 후드득/*후두둑 (떨어지다)
ㄴ. 우두둑/*우드득 (부러지다), 후루룩/*후르륵 (마시다)

이와 같이 발음 형태는 유사한데도 표준어의 양상이 다른 것은 더 유의해서 기억할 수밖에 없다. 표준어는 기억의 대상이라는 점에서 어쩔 수 없는 면도 있지만, 이와 같이 단어에 따라 표준어의 양상이 다채로운 것은 화자들로서는 부담스러운 면이 있다.

'담그다'
'ㅡ' 모음이 다른 모음으로 혼동되는 예로 '담그다' 등 용언들이 있다. 흔히 어간 말의 'ㅡ' 모음을 'ㅜ' 또는 'ㅣ' 모음으로 잘못 인식하여 활용하는데, 다음은 그 대표적인 예들이다.

김치를 담가/*담궈 걱정이 없다.
문을 잠갔다/*잠궜다.
행사를 치르고/*치루고 모두 지쳐 버렸다.
집에 들렀다가/*들렸다가 갈게.

이 동사들은 '담그다, 잠그다, 치르다, 들르다'와 같이 어간의 끝음절이 'ㅡ' 모음인 동사들이다. 이들은 뒤에 모음 어미(모음으로 시작하는 어미)가 결합하면 어간 끝음절의 'ㅡ'가 탈락하는 불규칙 용언이다. 즉 다음과 같이 활용한다.

표준적 활용				비표준적 활용			
담그고	잠그고	치르고	들르고	*담구고	*잠구고	*치루고	*들리고
담그는	잠그는	치르는	들르는	*담구는	*잠구는	*치루는	*들리는
담가	잠가	치러	들러	*담궈	*잠궈	*치뤄	*들려
담갔다	잠갔다	치렀다	들렀다	*담궜다	*잠궜다	*치뤘다	*들렸다
담가라	잠가라	치러라	들러라	*담궈라	*잠궈라	*치뤄라	*들려라

'윗목'과 '웃돈'

'윗-'과 '웃-'은 다음과 같이 구별하여 표준어로 삼는다.

    ㄱ. 위아래 대립이 있으면 '윗-'을 표준어로 한다.
    ㄴ. 위아래 대립이 없으면 '웃-'을 표준어로 한다.
    ㄷ. '윗-'의 경우 뒷말의 첫 자음이 된소리나 거센소리이면 '위-'로 한다.

위아래 대립이 있다는 것은 '윗-'이 의미상 '아랫-'과 반대되는 뜻을 지니는 경우를 말한다. 따라서 반드시 '아랫-'이 붙은 단어가 있어야 하는 것은 아니다. 예를 들어 '윗넓이'는 '아랫넓이'라는 말이 없지만 '윗-'이 의미상 '아랫-'과 반대되기 때문에 표준어가 된다.

다음 단어들은 이와 같이 위아래 대립이 있는 말들로서 '윗-'이 표준어인 예들이다. 이 '윗'은 명사 '위'와 사이시옷이 결합한 말이다.

    윗길/*웃길, 윗넓이/*웃넓이, 윗눈썹/*웃눈썹, 윗니/*웃니, 윗도리/*웃도리[上衣], 윗목/*웃목, 윗분/*웃분, 윗자리/*웃자리, 윗집/*웃집

다음 단어들은 위아래 대립이 없으므로(즉 '아랫돈, 아랫어른, 아랫거름, 아랫국'이라는 말이 없다) '웃-'이 표준어이다. 이 '웃-'은 접두사이다.

웃돈/*윗돈, 웃어른/*윗어른, 웃거름/*윗거름, 웃국/*윗국

아래 예들은 뒷말의 첫 자음이 된소리나 거센소리인 경우로서 '윗-'이 아닌 '위-'로 한다. 앞의 '윗자리'와 같은 단어들은 '명사+명사'로 된 합성어로서 앞 명사에 사이시옷을 받쳐 적은 것인데, '위쪽, 위층'처럼 뒷말의 첫소리가 된소리나 거센소리인 경우에는 사이시옷을 적지 않기 때문이다(제3장 4.3.4. '다' 항 참조). 이는 '아래-'도 마찬가지다.

위쪽/*윗쪽, 위층/*윗층, 위턱/*윗턱
아래쪽/*아랫쪽, 아래층/*아랫층, 아래턱/*아랫턱

당연히 사이시옷 없이 된 합성어들도 '위-, 아래-'가 표준어이다.

위아래, 아래위, 아래아귀,61) 아래알,62) 아래옷

이 가운데 '아래아귀, 아래알, 아래옷'은 '윗아귀, 윗알, 윗옷'과 비교된다. 짝을 이루는 말인데도 사이시옷 개재 여부가 다른 것이다. 단어 별로 만들어지는 방식의 차이라고 말할 수밖에 없다.
한편, '웃-'은 그 자체로 접두사이므로 같은 환경에서도 '우-'가 아니라 '웃-'으로 적는다. 다음은 그 예들이다.

웃통, 웃풍(-風)

이와 같이 위아래 대립 여부에 따라 '윗-'과 '웃-'을 구별하는 데 따라서 다음과 같이 그 의미가 구별되는 예들이 있다.

---

61) 활의 줌통 아랫부분.
62) 수판의 가름대 아래쪽의 알.

윗옷 : 위에 입는 옷(상의). 「반대말」 아래옷.

웃옷 : 맨 겉에 입는 옷.

윗물 : 상류 쪽의 물. 「반대말」 아랫물.

웃물 : 잘 섞이지 못하고 위로 떠서 따로 도는 물.

윗바람 : 상류 쪽에서 불어오는 바람. 「반대말」 아랫바람.

웃바람 : 천장이나 벽 사이로 스며들어 오는 찬바람.

'구절'과 '글귀'

한자 '句'가 결합한 말은 '구'가 표준이다.

구절/*귀절(句節), 대구/*대귀(對句), 문구/*문귀(文句), 어구/*어귀(語句), 절구
/*절귀(絕句)

그러나 다음 두 단어는 '귀'가 표준이다.

귀글/*구글, 글귀/*글구

'따귀'

'아귀, 따귀' 등 '귀'로 끝나는 말이 '구'의 형태로 쓰이는 일이 흔하지만 대체
로 '귀'의 형태만 표준어이다('각다귀, 손아귀, 당나귀, 푸성귀, 뺨따귀' 등). 다만, 화
를 뜻하는 '뿔다귀[-따-]'는 '뿔따구'도 표준어이다.

아귀63)/*아구, 어귀/*어구
뿔다귀/뿔따구

---

63) 사물의 갈라진 부분('~가 맞다'). 또는 아귓과의 바닷물고기.

3.1.3. 준말

'무'

준말이 널리 쓰이고 본말이 잘 쓰이지 않는 경우에는 준말만 표준어로 삼는다(표준어 규정 제14항). 다음은 그 예들이다. '무'는 옛말 '무수'가 변한 '무우'가 한동안 쓰였으나 지금은 준말 '무'가 널리 쓰인다고 본 것이다.

> 귀찮다/*귀치 않다, 김/*기음, 똬리/*또아리, 무/*무우, 빔/*비음, 샘/*새암, 생쥐/*새앙쥐, 솔개/*소리개

'수두룩하다'

준말이 쓰이고 있어도 본말이 널리 쓰이는 경우에는 본말만 표준어로 삼는다(표준어 규정 제15항). 다음은 그 예들이다.

> 수두룩하다/*수둑하다, 부스럼64)/*부럼, 아래로/*알로

'부스럼/*부럼'의 경우 정월 보름에 쓰는 '부럼'은 표준어이다. '아래로/*알로'는 체언에 조사가 결합한 것인데, 본말이 널리 쓰이고 있다고 하여 준말은 표준어로 인정하지 않은 것이다.

다만, 아래 예는 본말, 준말이 모두 표준어인데, 이들은 기원적으로 체언에 조사가 결합한 것이지만 현재는 부사로 굳어진 말이라는 차이가 있다.

> 이리로/일로, 그리로/글로, 저리로/절로, 요리로/욜로, 고리로/골로, 조리로/졸로

'가을보리'와 '갈보리'

준말과 본말이 다 같이 널리 쓰이면서 준말의 효용이 뚜렷이 인정되는 것은 두 가지를 다 표준어로 삼는다(표준어 규정 제16항). 이러한 예들은 매우 다양하게 있다.

---

64) 피부에 나는 종기를 통틀어 이르는 말.

가을보리/갈보리, 게으름뱅이/게름뱅이,65) 골짜기/골짝, 그저께/그제, 기다랗다/기
닿다, 노른자위/노른자, 노을/놀, 놀라움/놀람, 다리미질/다림질, 다음/담, 마음/맘,
막대기/막대, 말싸움/말쌈, 발그스레하다/발그레하다, 부끄러움/부끄럼, 숟가락/숟갈,
오누이/오뉘/오누, 외우다/외다, 요즈음/요즘, 이야기/얘기, 젓가락/젓갈, 조그마하다
/조그맣다, 주인/쥔, 찌꺼기/찌끼, 틈바구니/틈바귀, 헤어지다/헤지다

위 예들 중 '기다랗다/기닿다, 조그마하다/조그맣다'는 다음과 같이 활용한다.

기다란/기단, 기다래서/기대서, 기다라니/기다니
조그마한/조그만, 조그마해서/조그매서, 조그마하니/조그마니

'노른자위, 흰자위'의 '자위'는 옛말 'ㅈᅀᆞ'가 변한 것인데(ㅈᅀᆞ〉ㅈ의〉자위) 어원에
대한 인식이 약해져 '노른자, 흰자'의 어형이 새로 나타났다. 이 준말을 표준어로
인정한 것이다. 다만 '노란자, 노란자위'는 표준어가 아니다.
'부끄러움/부끄럼'과 같은 예로서 '더러움/더럼'이 있는데, 이러한 양상은 단어마
다 달라서 '서러움'의 준말 '서럼'은 없다(동의어로 '설움'이 있다). 이 '부끄러움'의 준말
'부끄럼'이 허용되는 것은 제시된 예 그대로 명사에 한해서이다. 종종 활용형 '부끄
러운'을 '부끄런'처럼 쓰는 일이 있으나, '더러운'을 '더런'이라고 하지 않듯이 이는
허용되지 않는다.

참 부끄러운/*부끄런 일이다.

_____

65) '게으르다'의 준말은 '게르다'이다. 본말은 '게으르고, 게으르니, 게을러, 게으른'으로 활용하고, 준말은 '게르
고, 게르니, 겔러, 게른'으로 활용한다. 대체로 준말의 활용형은 잘 쓰이지 않으나 이 역시 표준어임을 알아
둘 필요가 있다.

이 본말, 준말에 관한 규정은 위에서 보았듯이 '널리 쓰이는 말'을 표준어로 삼는다는 원칙을 지니고 있다. 그러나 화자들이 이 원칙에 기대어 표준어를 제대로 예측하기는 매우 어렵다.

우선, 널리 쓰인다고 보기 어려운 말들도 다수 표준어로 인정되고 있어 원칙과의 괴리를 보여 준다. 즉 아래 '게르다, 도두보이다, …' 등의 준말, 본말은 비표준어로 처리된 '수둑하다, 알로', '또아리, 무우, 새앙쥐' 등에 비하여 더 널리 쓰인다고 하기 어려운데도 사전에는 표준어로 수록되어 있다.

<준말> 게르다(게으르다), 건하다(거나하다), 간두다[66](그만두다), 깨다(까이다), 뇌다
(놓이다), 뉘읓다(뉘우치다), 늑하다(느긋하다), 닺다(다지다), 더럼(더러움),
맞다(마치다), 모다(모으다), 뫼다(모이다), 무뜯다(물어뜯다), 벗(버찌), 본곳
(본고장), 붓다(부수다), 슬그니(슬그머니), 어깃거리다(어기적거리다), 응지다
(응어리지다), 허아비(허수아비), 휩쌔다(휩싸이다)

<본말> 도두보이다(돋보이다), 바꾸이다(바뀌다), 보아주다(봐주다), 아무러하다(아무렇
다), 욱시글거리다(욱실거리다), 하치않다(하찮다)

또 다 같이 널리 쓰이는데도 단어에 따라 표준어가 되기도 하고 그렇지 않기도 하여 그 기준을 알기 어렵다. 예를 들어, '부엌'의 준말 '붴'은 표준어인 데 반해 같은 'ㅜㅓ→ㅝ'의 축약형인 다음 준말은 표준어가 아니다.

물을 더 <u>부어</u>/*붜.
아기가 동전을 <u>주워</u>/*줘 먹을라.
고기 <u>구워</u>/*궈 먹자.

화자들로서는 '붴'과 달리 왜 이 말들은 표준어가 아닌지 이해하기 어려울 수밖에 없다. 준말, 본말에 대하여 표준어 사정을 하는 이상 그 기준을 좀 더 체계적이고 알기 쉽게 제시할 필요는 있을 것이다.

---

66) 흔히 쓰이는 '관두다'는 '고만두다'의 준말이다.

'서두르다'와 '서둘다'

다음 단어들도 본말과 준말이 모두 표준어이다.

　　머무르다/머물다, 서두르다/서둘다, 서투르다/서툴다, 건드리다/건들다, (내)디디다
　/(내)딛다, 가지다/갖다

　　그런데 이 경우 본말은 자유롭게 활용하지만, 준말 '머물다, 서둘다, 서툴다, 건들다, (내)딛다, 갖다'는 모음으로 시작하는 어미 즉 '-아/어', '-았/었-', '-아라/어라' 등이 연결될 수 없는 특징이 있다. 즉 '서투르+어서→서툴러서'라고 하지 '서툴+어서→서툴어서'라고 하지 않으며, '가지+어라→가져라'라고 하지 '갖+어라→갖어라'라고 하지 않는다. 따라서 이 준말들은 반쪽짜리 활용을 하는 셈인데, 대표적으로 '서두르다/서둘다, 건드리다/건들다, 디디다/딛다, 가지다/갖다'를 보면 다음과 같다.

　　〈자음 어미 앞〉
　　서두르다, 서두르고, 서두르지 / 서둘다, 서둘고, 서둘지
　　건드리다, 건드리고, 건드리지 / 건들다, 건들고, 건들지
　　디디다, 디디고, 디디지 / 딛다, 딛고, 딛지
　　가지다, 가지고, 가지지 / 갖다, 갖고, 갖지
　　〈모음 어미 앞〉
　　서둘러, 서둘렀다, 서둘러라 / *서둘어, *서둘었다, *서둘어라
　　건드려, 건드렸다, 건드려라 / *건들어, *건들었다, *건들어라
　　디뎌, 디뎠다, 디뎌라 / *딛어, *딛었다, *딛어라
　　가져, 가졌다, 가져라 / *갖어, *갖었다, *갖어라

　　당연히 준말은 '-은, -으니, -으면, -으시-' 등의 어미와도 결합할 수 없다.

　　*서둘은, *서둘으니, *서둘으면, *서둘으시고
　　*건들은, *건들으니, *건들으면, *건들으시고

*딛은, *딛으니, *딛으면, *딛으시고
*갖은, *갖으니, *갖으면, *갖으시고

다만 '-ㄴ, -니, -면, -시-'는 'ㄹ'과 모음 뒤에 결합하는 어미이므로('민, 미니, 밀면, 미시고', '간, 가니, 가면, 가시고') '서둘다, 건들다' 등은 이 어미들과 결합하여 다음과 같이 활용한다.

서둔, 서두니, 서둘면, 서두시고
건든, 건드니, 건들면, 건드시고

그 외 '딛다, 갖다' 등은 이 어미들과도 결합할 수 없어서 본말만 활용한다. 본말 '서두르다, 건드리다, 디디다, 가지다'가 '-ㄴ, -니, -면, -시-'와 결합하면 다음과 같다.

서두른, 서두르니, 서두르면, 서두르시고
건드린, 건드리니, 건드리면, 건드리시고
디딘, 디디니, 디디면, 디디시고
가진, 가지니, 가지면, 가지시고

이상의 '머물다, 서둘다, 딛다, 갖다' 등처럼 모음 어미와의 결합에 제약을 갖는 준말들로 다음 예들을 더 들 수 있다.

빅다(← 비기다)   *빅어, *빅으니
문다(← 무느다)   *문어, *문으니
굴다(← 구르다)   *굴어, *굴으니
잡숫다(← 잡수시다)   *잡숫어, *잡숫으니
닺다(← 다지다)   *닺어, *닺으니
부릍다(← 부르트다)   *부릍어, *부릍으니
헗다(← 헐하다)   *헗어, *헗으니

이 준말들은 모두 '-다, -고, -지' 등 자음 어미와만 결합하고 '-아/어, -았/었-, -아라/어라, -은, -으니, -으면, -으시-' 등 모음 어미와는 결합하지 못한다. 또 '-ㄴ, -니, -면, -시-'와도 결합할 수 없는데, 다만 어간이 'ㄹ'로 끝나는 '굴다'는 이 어미들과 결합하여 '군, 구니, 굴면, 구시고'와 같이 활용한다.

모든 준말들이 '서둘다, 딛다' 등처럼 모음 어미와의 결합에 제약을 갖는 것은 아니다. '외어, 외었다'(외다), '쐬어, 쐬었다'(쐬다) 등처럼 어간이 모음으로 끝나는 준말들은 당연히 제약이 없고, 어간이 자음으로 끝나는 준말도 모음 어미와 자유롭게 결합하기도 한다. 예를 들어, '북돋다, 뺏다'는 '북돋우다, 빼앗다'의 준말이지만 모음 어미와 결합할 수 있다.

> (용기를) 북돋아, 북돋은, 북돋으니, 북돋았다, 북돋아라
> (물건을) 뺏어, 뺏은, 뺏으니, 뺏었다, 뺏어라

모음 어미와의 결합에 제약을 갖는 준말들은 그 줄어든 양상이 다른 말들이다. 즉 '서둘-, 딛-'의 경우, 본말의 어간이 '머무르-, 디디-'처럼 모음으로 끝나는데, 그 끝음절이 줄어들면서 초성 자음이 준말 어간의 끝소리가 된 경우이다. 이런 말들이 모음 어미와의 결합에 제약을 갖는다. 위의 '머물다, 갖다, 빅다, 잡숫다, 훑다' 등은 다 그러한 예들이다.

다만, 예외적으로 'ㅎ' 받침을 갖게 된 준말 그리고 '아니하-'의 준말 '않-'은 모음 어미와의 결합에 제약이 없다.

> 자그맣다(← 자그마하다)   자그매, 자그마니
> 조그맣다(← 조그마하다)   조그매, 조그마니
> 않다(← 아니하다)   않아, 않으니

또 '걷다'는 '거두다'의 준말이지만, 모음 어미와의 결합에 제약이 없다. '걷다'는 그 의미에 따라 아래 (ㄱ)처럼 '거두다'의 준말인 경우도 있지만, (ㄴ)처럼 그렇지 않은 경우도 있는데,

ㄱ. (하던 일을, 곡식을, 회비를) 걷다('거두다'의 준말)
ㄴ. (소매를, 빨래를) 걷다(본말)

(ㄱ)의 준말 '걷다'가 '(회비를) 걷어, 걷은, 걷으니'처럼 모음 어미와 결합하는 것은 (ㄴ)의 본말 '걷다'가 '걷어, 걷은, 걷으니'로 활용하는 데 이끌려 동일한 활용을 하기 때문이라고 할 수 있다.

'흔다'와 '헗다'

'흔하다'는 어간 끝음절 '하'의 'ㅏ'가 줄면 소리 나는 대로 '흔타'와 같이 적는다 (한글 맞춤법 제40항). '흔하지'도 그 경우 '흔치'로 적는다. 그런데 이와 별개로 '흔하다'의 준말로 '흔다'가 있었다. 이 준말이 활용하면 '흔다, 흔지'가 된다.

그런데 이 '흔다'는 원래 표준어로 인정되었으나 나중에 인터넷판 "표준국어대사전"에서 삭제되었다. '하—'의 'ㅎ'이 어간의 끝소리로 굳어져 별도의 준말로 인정되는 '않다, 그렇다, 아무렇다, 어떻다' 등과 달리 '흔다'는 그 쓰임이 미약해 더 이상 단어로 인정되기 어렵다고 보아서일 것이다. 이에 따라 '흔다, 흔지'와 같은 활용형은 없고, '흔하다, 흔하지'에서 'ㅏ'가 줄어진 '흔타, 흔치'만 인정된다.

이 지역은 물이 흔타/*흔다.
그런 일은 흔치/*흔지 않다.

반면에 '헐하다'의 준말 '헗다'는 여전히 인정된다. 따라서 '헗다, 헗지'로 활용한다. 그리고 이와 달리 본말 '헐하다, 헐하지'에서 'ㅏ'가 줄어지면 '헐타, 헐치'가 된다.

값이 헐타/헗다.
이 나라는 물건 값이 헐치/헗지 않다.

'헗다, 헐타'가 모두 인정되는지는 사실 모호한 데가 있다. 이와 관련된 한글 맞춤법의 조항은 제40항이다.

제40항 "어간의 끝음절 '하'의 'ㅏ'가 줄고 'ㅎ'이 다음 음절의 첫소리와 어울려 거센소리로 될 적에는 거센소리로 적는다.

(본말)	(준말)	(본말)	(준말)
간편하게	간편케	다정하다	다정타
연구하도록	연구토록	정결하다	정결타
가하다	가타	흔하다	흔타

예를 들어 '흔하다'가 준 형태를 어간과 어미를 구별하여 '흔ㅎ다' 또는 '흖다'로 적는다면, 이는 '하다'가 줄어진 소리 [타]를 'ㅎ다'와 같이 나누어 적은 것이 된다. 이는 음절 단위로 적는 한글 맞춤법에도 어긋날뿐더러 대중이 이해하기에도 쉽지 않다. 따라서 소리 나는 대로 '흔타'로 적도록 규정한 것이다.

그런데 위 예들은 별개의 단어로서 준말이 없는 경우이다. 즉 '간펺다, 다겷다, 연궁다, 정겷다, 갛다, 흖다'와 같은 준말이 없으므로 '간펺게, 다겷타, 연궁도록, 정겷다, 갛다, 흖다'로 적을 일도 없다. 그러나 '헐하다'는 준말 '헗다'가 존재한다. 따라서 이 준말이 활용하면 당연히 '헗다, 헗지' 등으로 적는다. 문제는 본말 '헐하다, 헐하지'가 줄어진 '헐타, 헐치'도 가능한가 하는 점이다.

일반적으로는 '하'의 'ㅎ'이 남아 굳어진 준말이 존재하면 그 준말 활용만 인정된다. 예를 들어, 본말 '어떠하다, 그러하다'와 준말 '어떻다, 그렇다'에서 준말의 활용형 '어떻다, 어떻지', '그렇다, 그렇지'만 인정될 뿐, 본말에서 '하'의 'ㅏ'가 탈락한 '어떠타, 어떠치', '그러타, 그러치'는 인정되지 않는다. 이에 따른다면 '헗다, 헗지'만 가능하고 '헐타, 헐치'는 인정될 수 없다.

그러나 이 경우 항상 준말의 활용형만 인정한다는 규정은 없다. '흔하다, 흖다'가 모두 존재할 때 '흔타, 흔치', '흖다, 흖지'가 모두 인정되기도 했던 것이다. 그렇다면 '헐타, 헐치', '헗다, 헗지'도 모두 인정하는 것이 자연스럽다. '어떻다, 그렇다' 등과 달리 '헗다'는 대중에게 친숙한 말도 아니다. 따라서 대중이 어렵게 느낄 수 있는 '헗다, 헗지' 외에 '헐타, 헐치'도 인정할 필요가 있고, 이것이 한글 맞춤법 제40항의 정신에도 부합한다. 더 나아가 두 가지 표기를 혼용하는 것이 불편할 수 있으므로 '훑다'와 마찬가지로 '훓다'도 표준어에서 삭제하는 방안을 고려할 수도 있을 것이다.

'자랑스레'

'자랑스레'의 '-스레'는 '-스러이'가 줄어든 말이다. 그런데 "표준국어대사전"에는 '-스레'가 결합한 말들은 올라 있지만 '-스러이'가 결합한 말들은 전혀 없다. 즉 '-스러이'가 결합한 말들은 쓰이지 않으며, 혹 쓰인다고 해도 표준어라고 할 수 없다.

　　자랑스레/*자랑스러이, 자연스레/*자연스러이

'자랑스러운'

접미사 '-스럽다'가 결합한 용언의 활용형인 '~스러운'을 '~스런'으로 줄이는 경우가 흔히 있다. 그런데 이는 표준어가 아니다.

　　자랑스러운/*자랑스런, 다정스러운/*다정스런, 사랑스러운/*사랑스런, 멋스러운/
　*멋스런, 정성스러운/*정성스런

'~스런'의 어형을 인정하지 않는 근거로 다른 말들과의 체계성을 들고는 한다. 즉 '자랑스럽다' 등은 'ㅂ' 불규칙 용언인데, 다른 'ㅂ' 불규칙 용언들은 '*어둔(어두운), *가깐(가까운), *던(더운), *아름단(아름다운)' 등과 같이 준말이 허용되지 않고, 또 '~스럽다'의 다른 활용형에서도 '*자랑스러니(자랑스러우니), *자랑스러서(자랑스러워서), *자랑스러므로(자랑스러우므로)'처럼 준말이 허용되지 않기 때문이라는 것이다.

그러나 이와 같은 이유로 '자랑스런, 사랑스런'처럼 실제로 널리 쓰이는 말을 표준어에서 제외해야 하는지는 의문이다. '부끄러움, 간지러움, 미끄러움'은 '부끄럼, 간지럼, 미끄럼'으로 축약되고 '아름다움, 괴로움'은 '*아름담, *괴롬'으로 축약되지 않는 데서 보듯이 단어에 따른 차이도 있기 때문이다. 또 활용에서도 '좋아'와 달리 '놓아'는 준말 '놔'를 인정한다. 즉 활용형도 모두 일률적이지 않고 단어에 따라서 실제 쓰이는 어형을 인정하기도 하는 것이다. 따라서 일반적으로 'ㅂ' 불규칙 용언의 준말이 허용되지 않으니 모든 'ㅂ' 불규칙 용언의 준말을 인정하지 않겠다는 태도보다는 '~스런'처럼 실제 줄어지는 예는 별도로 그 표준성을 인정하는 태도가 바람직할 것이다.

'그러면'과 '그럼'

'그러면'은 '그리하면, 그러하면'이 줄어진 말이고, '이러면'은 '이리하면, 이러하면'이 줄어진 말이다. 이 '그러면, 이러면'은 다시 '그럼, 이럼'으로 줄어질 수 있다.[67]

> 너는 <u>그러면/그럼</u> 안 된다.
> 자꾸 <u>이러면/이럼</u> 어떡하니?

이는 어미가 줄어진 형태에 대한 표준을 규정한 것인데 활용형이라는 점에서 아래와 같은 예에도 확대될 수 있을 것이다.

> <u>아니면/아님</u> 말고.
> <u>싫으면/싫음</u> 싫다고 해.
> 집에 <u>갔으면/갔음</u> 좋겠다.

다만 표준어의 사정은 용언의 활용형에 대해서는 불분명한 점이 많다. 따라서 이와 같은 어미가 줄어든 활용형을 어디까지 수용할 것인지는 구체적으로 명시될 필요가 있을 것이다.

'아무튼'과 '암튼'

부사 '아무튼, 이를테면, 어쩌면' 등은 흔히 다음과 같이 준말로 쓰이는데, 이는 모두 표준어이다.

---

67) '그럼'은 "그러면/그럼 어떻게 하지?"에서처럼 부사 '그러면'의 준말이기도 하다.

아무튼/암튼 그건 그렇다고 치자.

그는 이를테면/일테면 천재라고 할 수 있지.

어쩌면/어쩜 내가 틀렸는지도 모른다.

'어쩌면'은 감탄사이기도 한데, 역시 그 준말도 표준어이다.

어쩌면/어쩜, 이리도 고울까?

본말과 준말이 모두 표준어인 부사들은 이 외에도 더 있다. '조금, 좀'은 그 전형적인 예라고 할 것인데, 다음과 같이 구어에서 널리 쓰이는 준말도 모두 표준어이다.

도리어/되레, 들입다/딥다 (뛰다), 제일/젤[68] (좋다)

'그런데'와 '근데'

접속 부사 '그런데'가 다음과 같이 흔히 구어에서 준말로 쓰이는 경우가 있다. 이 준말은 표준어로 인정된다.

근데[69] 언제 눈이 올까요?

다만 공식적인 자리에서 말을 할 경우나 글을 쓸 경우에는 이러한 준말은 다소 부적합하므로 잘 가려서 써야 한다. 한편, '그러니까, 그렇지만'도 '그니까, 그치만'의 준말이 쓰이지만 표준어는 아니다.[70]

그러니까/*그니까, 그렇지만/*그치만

---

68) "이게 제일/젤이다."에서처럼 명사 '제일'의 준말 '젤'도 표준어이다.

69) 잘 쓰이지는 않지만, '근데'와 더불어 '건데'도 표준어이다. '건데 언제 눈이 올까요?'.

70) 사실 이에 대한 명확한 규정은 모호한 상태이다. "표준국어대사전"에는 '근데'만 표제어로 올라와 있으며 '그치만, 그니까'는 올라 있지 않다. 국립국어원은 홈페이지('묻고 답하기')를 통해 '그니까, 그치만'이 표준어가 아니라고 답하고 있는데 앞으로 이러한 준말들에 대한 보다 명시적인 심의가 필요해 보인다.

3.1.4. 단수 표준어

비슷한 발음의 몇 형태가 쓰일 경우, 그 의미에 아무런 차이가 없고, 그중 하나가 더 널리 쓰이면, 그 한 형태만을 표준어로 삼는다(표준어 규정 제17항). 아래는 그 예들이다.

귀고리/*귀엣고리, 까딱하면/*까땍하면, 냠냠거리다/*얌냠거리다, 댑싸리/*대싸리, 본새/*뽄새, 상판대기/*쌍판대기, 아내/*안해, 천장(天障)/*천정

이 단수 표준어 중 몇 가지 유의할 예들을 보기로 한다.

'-던'과 '-든'
'-던', '-던가', '-던걸', '-던고', '-던데', '-던지'는 과거의 일을 회상함을 나타내는 어미이다. 이 안에 들어 있는 '-더-'가 과거 회상의 형태소인 것이다. 이를 '-든', '-든가', '-든걸', '-든고', '-든데', '-든지'로 쓰는 것은 잘못이다.

길을 <u>가던/*가든</u> 사람이 갑자기 걸음을 멈추었다.
철수가 한 말이 <u>맞던가/*맞든가</u>?
선생님은 교실에 <u>계시던걸/*계시든걸</u>.
날씨는 <u>좋던고/*좋든고</u>?
너 자꾸 <u>웃던데/*웃든데</u> 무슨 좋은 일 있어?
그때 얼마나 <u>무섭던지/*무섭든지</u>.

이와 혼동되는 '-든', '-든지' '-든가'는 선택을 나타내는 어미이다.

인물을 <u>그리든</u> 풍경을 <u>그리든</u> 마음대로 해라.
<u>가든지</u> 말든지 마음대로 해라.
<u>오든가</u> 말든가 나는 상관 안 한다.

'-고'

어미 '-고'를 '-구'로 말하는 것을 흔히 볼 수 있다.

여름은 *덥구요, 겨울은 추워요.

서울 토박이말에서도 이 어미가 '-구'로 조사되었지만('고기두 싫구 생선두 싫다.', "서울 토박이말 자료집(Ⅰ)", 국립국어연구원) 현재 표준어는 '-고'이다.

이 말의 오류는 확산되어 가는 추세이다. 다음은 한 대학생의 작문에서 어미 '-고'에 해당하는 말이 쓰인 부분만을 보인 것이다. 표준어와 비표준어가 어지럽게 혼재되어 있는 것을 볼 수 있는데, 공식적인 언어생활을 위하여 표준어의 어형을 분명히 인식해 두어야 할 것이다.

"잘 읽어 보았구요…말해 보자고요…변화는 있었구요…전해 오는 것이 없고요…사실이고요…되기도 했구요…있는 것이구요…생각이 우선 들고요…받아들이신 것 같구요…뿐이었구요…세상이라고요"

'-구려'

어미 '-구려'는 하오체에서 '새롭게 앎'을 나타내거나 청자에게 권유하는 의미로 쓰이는 어미이다. 이를 흔히 '-구료'로 쓰기도 하지만 표준이 아니다.

정말 다행이구려/*다행이구료.
곧 어두워질 테니 어서 가시구려/*가시구료.

'-려고'

'-려고, -려나, -려야'로 해야 할 것을 '-ㄹ려고, -ㄹ려나, -ㄹ려야'처럼 'ㄹ'을 덧붙이는 경우를 흔히 볼 수 있다. 이는 잘못이다. 또 '-려고, -려나'를 '-ㄹ라고, -ㄹ라나'로, '-ㄹ려야'를 '-ㄹ래야'로 쓰는 것도 잘못이다.

집에 가려고/*갈려고/*갈라고 한다.

언제 오려나/*올려나/*올라나?

올해는 열매가 좀 열려나/*열을려나/*열을라나?

먼저 가려야/*갈려야/*갈래야 갈 수 없다.

그들은 떼려야/*뗄려야/*뗄래야 뗄 수 없는 관계이다.

아무리 먹으려야/*먹을려야/*먹을래야 먹을 수 없는 음식.

'-(으)ㄹ는지'

어미 '-(으)ㄹ는지'를 '-(으)ㄹ런지, -(으)ㄹ른지'로 잘못 쓰는 경우가 있다.

비가 올는지/*올런지/*올른지 허리가 쑤신다.

성공할 수 있을는지/*있을런지/*있을른지.

이 '-(으)ㄹ는지'는 뒤 절이 나타내는 일과 상관이 있는 어떤 일의 실현 가능성에 대한 의문을 나타내는 연결 어미, 또는 어떤 불확실한 사실의 실현 가능성에 대한 의문을 나타내는 종결 어미다. '-(으)ㄹ런지'는 표준어가 아니며, '-(으)ㄹ른지'는 잘못된 표기이다.

'-(으)ㄹ는지'를 '-(으)ㄹ런지'로 오해하는 이유로 다음의 '-(으)ㄹ런가, -(으)ㄹ런고'에 이끌렸을 가능성을 생각할 수 있다.

그 일이 잘 될런가?

어제 온 사람이 누구일런고?

그러나 이들 어미는 '-(으)ㄹ는지'와는 전혀 다른 어미다. 이 어미들은 청자의 경험에 근거한 판단을 묻는 것으로서 '-겠던가, -던고' 정도의 의미를 지닌다("그 일이 잘 되겠던가?", "어제 온 사람이 누구던고?"). '-(으)ㄹ는지'에는 이와 같이 청자의 경험을 물어 보는 의미가 없다.

'-습니다'

과거에는 '-습니다', '-읍니다'가 둘 다 표준어로서 '-습니다'가 더 깍듯한 표현이라고 하였으나, 더 이상 이러한 구별이 없다. 따라서 현재는 '-습니다'만 표준어이다.

그가 힘없이 밥을 <u>먹습니다</u>/*먹읍니다.
할 일이 <u>있습니다</u>/*있읍니다.

'-올시다'

합쇼체의 평서형 어미 '-올시다'는 오늘날 널리 쓰이는 말은 아니지만 표준어이다. 그러나 '-올습니다'는 표준어가 아니다.

그건 제 것이 <u>아니올시다</u>/*아니올습니다.

'-다시피'

어미 '-다시피' 앞에서 어간의 끝소리 'ㄹ'을 탈락시키는 경우가 종종 있다. 그러나 이는 잘못이며, 표준어는 'ㄹ'을 탈락시키지 않는다.

그는 친구 집에서 거의 <u>살다시피</u>/*사다시피 한다.
다들 <u>알다시피</u>/*아다시피 이는 속임수이다.

'도'

어미 '-고'를 '-구'라고 하듯이 조사 '도'를 '두'로 말하는 것을 흔히 볼 수 있다.

선생님, <u>저두요</u>.

역시 서울 토박이말에서 이는 '두'로 조사되었지만('고기두 싫구 생선두 싫다.', "서울 토박이말 자료집(Ⅰ)", 국립국어연구원) 현재 표준어는 '도'이다. 이를 '두'로 쓰는 것은 규범에서 허용되지 않는다.

'서'와 '석'

수를 나타내는 관형사 '서, 석', '너, 넉'은 다음과 같은 경우에 쓰인다.

ㄱ. '서, 너'는 '돈', '말', '발', '푼' 따위 앞에 쓰인다. 이 경우 '석, 넉', '세, 네'는
모두 비표준어이다.
금 서/너 돈, 쌀 서/너 말, 돈 서/너 푼, 장대 서/너 발

ㄴ. '석, 넉'은 '냥', '되', '섬', '자' 따위 앞에 쓰인다. 이 경우 '서, 너', '세, 네'는
모두 비표준어이다.
금 석/넉 냥, 쌀 석/넉 되, 쌀 석/넉 섬, 비단 석/넉 자

이에 따라 '세/네 돈, 세/네 말, 세/네 냥, 세/네 푼, 세/네 자' 등과 같은 표현은
모두 잘못된 표현이 된다(표준어 규정 제17항).

> 이 규정은 몇 가지 의문점이 있다. 첫째, 흔히 쓰이는 '세 돈, 네 돈'과 같은 표현을
> 비표준적으로 만든다는 점에서 현실 언어와의 괴리가 있다.
> 둘째, '서/너', '석/넉'이 규정에서 제시하는 '돈, 말, 발, 푼', '냥, 되, 섬, 자' 이외
> 의 단위 명사와도 어울릴 수 있는지 모호하다. 예를 들어, '대, 예', '닷, 엿'은 다음과
> 같이 다양한 단위 명사들과 어울리는데,
>
> <대, 예>
> 광목 대 자
> 비단 예 자
>
> <닷, 엿>
> 쌀 닷 되, 보리 닷 말, 돈 닷 냥, 새끼 닷 발, 논 닷 마지기
> 금 엿 냥, 은 엿 돈, 쌀 엿 되, 수수 엿 말, 새끼 엿 발, 쌀 엿 섬, 나무 엿 짐

그렇다면 '셋, 넷'이 '마지기'와 어울리는 표현은 '세/네 마지기'인지, '석/넉 마지기'인지, '서/너 마지기'인지 밝힐 필요가 있다. 규정이나 사전에서 '서/너, 석/넉'과 어울리는 말로 제시하는 예는 '돈, 말, 발, 푼', '냥, 되, 섬, 자' 뿐이어서 그 외 단위 명사와 어울리는 말은 무엇인지 알기 어렵다. 만일 제시된 단위 명사만 인정한다면 '마지기'의 경우 '세 마지기, 네 마지기, 닷 마지기'가 될 텐데, '세, 네, 닷'은 일관성이 없어 보인다.

셋째, '서/너', '석/넉'이 환경에 따라 어느 하나만 인정되는 처리 방식에서는 '대/예', '닷/엿'도 '(광목) 대 자', '(논) 닷 마지기', '(금) 엿 냥' 등만 표준이고 '다섯 자, 다섯 마지기, 여섯 냥' 등은 모두 비표준이라고 해야 한다. '표준어 규정'에서 '서/너', '석/넉'은 언급하면서도 이 '대/예', '닷/엿'은 빠뜨린 것도 문제지만, 만일 '다섯 자, 다섯 마지기, 여섯 냥' 등이 비표준어라고 한다면 이 역시 현실 언어와 거리가 멀다는 문제가 남는다. 이와 같은 혼란을 생각한다면, 어느 경우이든 '세, 네, 다섯, 여섯'을 표준으로 인정하는 방안을 검토할 필요가 있을 것이다.

'덩굴'과 '넝쿨'

'덩굴'과 '넝쿨'은 모두 표준어이다. 그런데 두 말이 어울려 된 '덩쿨'은 표준어가 아니다. '봉숭아'와 '봉선화'가 어울린 '봉숭화' 역시 표준어가 아니다.

덩굴/넝쿨/*덩쿨, 봉숭아/봉선화/*봉숭화

'언뜻'과 '퍼뜩', '부스스'와 '푸시시'도 동의어인데, 이들이 혼성된 '펀뜻, 펀뜩', '부시시' 역시 표준어가 아니다. 이와 같이 동의어들의 일부가 뒤섞여 된 말들에는 표준어가 아닌 것이 있으므로 주의해야 한다.

언뜻/퍼뜩/*펀뜻/*펀뜩, 부스스하다/푸시시하다/*부시시하다

'치다꺼리'

'치다꺼리'는 '치닥거리'도 쓰이지만 '치다꺼리'만 표준어로 삼는다. 이 말이 더

널리 쓰인다고 보았기 때문이다. 이는 '꼭두각시, 꼭둑각시' 중 '꼭두각시'만 표준어로 삼는 것과 비슷한 경우이다.

치다꺼리/*치닥거리

3.1.5. 복수 표준어

발음이 비슷한 두 단어가 다 같이 널리 쓰이면 모두 표준어로 삼는다.

'네'와 '예'

대답의 '네'와 '예'는 모두 표준어이다. 원래는 '예'만 표준어였으나, 서울말에서 '네'가 우세하게 쓰이게 되어 모두 표준어로 인정한 것이다.

또 소의 부위나 특성을 나타내는 말은 '쇠-'와 '소-' 모두 표준어이다(이 '쇠-'와 '소-'는 모두 접두사이다). 역시 '쇠-'가 전통적인 표현이지만 '소-'가 우세하게 쓰이게 되어 모두 표준어로 인정한 것이다.

네/예, 쇠고기/소고기

'고린내'와 '코린내'

다음은 발음이 비슷한 단어들로서 모두 표준어로 인정된다. 이 단어들은 어감의 차이도 있어 둘 다 표준어로 인정할 필요가 있는 것이다. 다만 그 어감 차이가 워낙 미미해 별개의 단어가 아니라 복수 표준어로 처리한다.

고까신/꼬까신, 고린내/코린내, 구리다/쿠리다, 거슴츠레하다/게슴츠레하다, 꺼림칙하다/께름칙하다/꺼림직하다/께름직하다, 나부랭이/너부렁이

국어에는 이 예의 '고까신－꼬까신', '고린내－코린내'처럼 예사소리, 된소리, 거센소리들이 서로 짝을 이루는 말들이 매우 많다. 국어 화자들은 대체로 이러한 말들을 잘 알고 있지만, 경우에 따라 다소 생소하게 느껴지는 말도 있다. 아래는 그

예들로서 모두 표준어이다.[71]

〈예사소리-된소리〉

가칠하다/까칠하다, 강마르다/깡마르다, 다스하다/따스하다, 실룩거리다/씰룩거리다, 잘록하다/짤록하다, 절뚝거리다/쩔뚝거리다, 꼬박/꼬빡, 구벅/꾸뻑, 따듯하다/따뜻하다

〈예사소리-거센소리〉

더부룩하다/터부룩하다, 덥석/텁석, 징얼거리다/칭얼거리다, 뒤적이다/뒤척이다, 시근거리다/시큰거리다

〈된소리-거센소리〉

벌꺽/벌컥 (화를 내다)

이와 같이 소리가 비슷한 말 가운데는 자칫 비표준어라고 오해하기 쉬운 예들이 적지 않다. 특히 된소리로 쓰이는 말 가운데 표준어로 인정받지 못하는 경우가 많아서(제2장 2.3., 제3장 4.2.1. 참조) 더욱 그럴 가능성이 높다. 따라서 단어별로 표준어 여부를 익혀 둘 필요가 있다.

한편, 소리의 변화가 있는 말들이 모두 표준어라고 해도 복합어에서는 다를 수 있다는 점을 유의할 필요가 있다. 예를 들어, '깜박, 깜빡', '곱슬곱슬, 꼽슬꼽슬'은 모두 표준어이지만, '깜빡이'(자동차의 방향 지시등), '곱슬머리'만 표준어이고 '깜박이', '꼽슬머리'는 표준어가 아니다.

깜빡이/*깜박이, 곱슬머리/*꼽슬머리

---

71) 이 예들은 '예사소리-된소리'의 짝은 된소리 단어가 더 센 느낌을, '예사소리-거센소리', '된소리-거센소리'의 짝은 거센소리 단어가 더 거센 느낌을 주는 말들로서, 엄밀하게 말하면 복수 표준어는 아니다.

소리의 변화가 있는 말을 표준으로 인정하는 기준은 모호한 데가 있다. 즉 다음 예들은 예사소리, 된소리가 모두 표준어인 데 반해,

고꾸라지다/꼬꾸라지다, 구기다/꾸기다, 기울다/끼울다, 동그라미/똥그라미, 두들기다/뚜들기다, 반히/빤히, 사늘히/싸늘히, 상욕/쌍욕, 숙덕공론/쑥덕공론, 집적거리다/찝쩍거리다, 가득/가뜩, 깜작/깜짝, 문득/문뜩, 반듯이/반뜻이, 힐금/힐끔

다음 예들은 된소리의 말이 널리 쓰이는데도 표준어가 아니다.

닦다/*땎다, (힘이) 달리다/*딸리다, 세다/*쎄다, 작다/*짝다, (물이) 졸다/*쫄다, 질기다/*찔기다

현실적으로 이 두 유형을 구별하는 것은 어렵고 불편하기 짝이 없다. 화자의 편의를 위해서라면, '딸리다, 땎다, 짝다, 쎄다' 등 된소리가 널리 쓰이는 말을 적극적으로 표준어로 올리는 방안도 생각해 볼 수 있을 것이다.

이를테면 '문득/문뜩'은 표기는 주로 '문득'으로 하고 발음은 '문뜩'으로 하는 경향이 있는데, 이러한 불일치가 크게 문제 되지 않는 것은 둘 다 표준어이기 때문일 것이다. 그렇다면 화자의 편의를 위하여 '쎄다, 딸리다' 등도 보다 자유롭게 허용하는 방안을 생각해 볼 수도 있다. 물론 그럴 경우 새로운 표기가 생기는 문제가 있지만, 우리말에서 여린말과 센말의 짝은 일반적이고, 또 이와 같이 '어감의 차이를 나타내는 말들'은 복수 표준어로 인정될 자격이 있으므로(표준어 규정 제19항) 충분히 고려해 볼 수 있을 것이다.

3.2. 어휘 선택의 변화에 따른 표준어 어휘

표준어 사정은 서로 형태를 달리하는 말들도 대상으로 삼는다. 예를 들어, '김치'와 '짠지'는 서로 형태를 달리하는 것인데, 이 가운데 어느 것을 표준어로 할지 정하는 것이다. 그 기본적인 원칙은 두루 쓰이는 말을 표준어로 삼고, 그리 널리 쓰

이지 않는 말은 표준어로 삼지 않는다는 것이다. 여기에서 그 다양한 양상을 보도록 하자.

3.2.1. 고어와 방언

'설거지하다'

표준어는 널리 쓰이는 말로 삼는 것이 원칙이다. 따라서 더 이상 쓰이지 않는 고어는 표준어로 인정되지 않는다. 아래의 '설겆다, 애닲다'는 현재 안 쓰이는 말이므로 비표준어가 된다.

(그릇을) 설거지하다/*설겆다, 애달프다/*애닲다

이와 달리, 새로운 말이 등장하여 우세하게 쓰여도 원래의 말이 여전히 그 쓰임이 있는 경우에는 표준어로 남겨 두기도 한다. '섧다'는 '서럽다'가, '괴발개발'(고양이의 발과 개의 발)은 '개발새발'(개의 발과 새의 발)이 대신하여 쓰이고 있지만, 원래의 말도 아직 고어는 아니라고 보아 표준어로 인정된다(참고로, '섧다'는 'ㅂ' 불규칙 용언으로 '섧고, 섧지, 설워, 설우니' 등과 같이 활용한다).

서럽다/섧다, 개발새발/괴발개발

'멍게'

방언도 널리 쓰이는 경우 표준어로 인정되기도 한다. '멍게'는 그 대표적인 예로서, 기존의 표준어 '우렁쉥이'와 함께 복수 표준어가 되었다. 또 최근에 방언이었던 '마실, 찰지다' 등을 기존의 표준어 '마을, 차지다'와 함께 복수 표준어로 올리고, 복수 표준어는 아니지만 '잎새'를 '잎사귀'와 구별하여 별도의 표준어로 올린 것도 같은 사례에 속한다(제2장 2.3. 참조).

멍게/우렁쉥이, 마실/마을, 찰지다/차지다, 잎새(/잎사귀)

3.2.2. 한자어

우리말에는 고유어와 함께 다수의 한자어가 있다. 그래서 고유어와 한자어가 동의 관계를 이루는 일이 많은데, 그 쓰임에 따라 때로는 한자어가, 때로는 고유어가 비표준어로 처리된다. 다음은 고유어에 비하여 한자어의 쓰임이 매우 낮아 고유어만 표준어로 인정된 예들이다.

가루약/*말약(末藥), 까막눈/*맹눈(盲-), 사래논/*사래답(-畓), 성냥/*화곽(火-),
외지다/*벽지다(僻-), 잔돈/*잔전(-錢), 흰말/*백말(白-)

아래는 한자어에 비하여 고유어의 쓰임이 매우 낮아 한자어만 표준어로 인정된 예들이다.

개다리소반(-小盤)/*개다리밥상, 부항단지(附缸-)/*뜸단지, 산누에(山-)/*멧누에,
총각무(總角-)/*알무/*알타리무

이 한자어/고유어 사정은 한자어라는 이유만으로 비표준어로 처리되는 것도 아니며, 고유어라고 해서 특별히 표준어로 대우받는 것도 아니다. 한자어든 고유어든 얼마나 널리 쓰이는가에 따라서 표준어의 자격을 얻는다. 그래서 '산(山)-, 멧-'의 관계에서도, 때로는 아래 (ㄱ)처럼 한자어 '산-'만, 때로는 (ㄴ)처럼 고유어 '멧-'만, 때로는 (ㄷ)처럼 '산-', '멧-' 모두 표준어가 되기도 한다.

ㄱ. 산누에/*멧누에, 산줄기/*멧줄기
ㄴ. 멧갓/*산갓
ㄷ. 산기슭/멧기슭, 산나물/멧나물, 산돼지/멧돼지, 산비둘기/멧비둘기, 산불/멧불

다만 표준어 규정(제21항, 제22항)은 한자어/고유어의 선택에 관하여 불과 50 단어만 제시하고 있어, 그 외 많은 단어들은 모호한 채로 남는다. 결과적으로 앞에서 보았듯이 '가관(笳管), 가권(家券), 노두(路頭), 수거(手車), 좌족(左足), 진유(眞油), 호모

화(護謨靴), 황과(黃瓜)' 등처럼 빈도수가 매우 낮은 한자어들이 여전히 표준어로 남아 있는 등 원칙과 실제가 배치되는 문제는 해결할 필요가 있다.

3.2.3. 단수 표준어

의미가 똑같은 형태가 몇 가지 있을 경우, 그중 어느 하나가 압도적으로 널리 쓰이면, 그 단어만을 표준어로 삼는다(표준어 규정 제25항). 그 주요 예들을 살펴보면 다음과 같다.

'-지만'

'-지만'은 '-지마는'의 준말로서, 본말과 준말 모두 표준어이다. 그러나 '-지만'에 다른 말이 덧붙은 '-지만서도'는 구어에서 널리 쓰이기는 하지만 표준어가 아니다.

　　몸은 비록 늙었지마는/늙었지만/*늙었지만서도 마음은 젊다.

'-게끔'

'-게끔'과 더불어 '-게시리'도 종종 쓰이지만, 이 말은 표준어가 아니다.

　　우리도 상을 받게끔/*받게시리 열심히 노력해 보자.

'-게끔'은 '-게'의 강조적 표현이지만, 주로 동사와 결합하고 형용사와는 잘 결합하지 않는 특성이 있다. 이 경우 '-게시리'는 형용사와도 자연스럽게 어울려 쓰이는데, 그럼에도 불구하고 어떤 경우든 '-게시리'는 표준어가 아니라는 점을 알아 둘 필요가 있다.

　　자꾸 귀찮게/???귀찮게끔/*귀찮게시리 왜 전화하니?
　　부끄럽게/???부끄럽게끔/*부끄럽게시리 그런 말을 하다니.

'나'와 '내'

1·2인칭의 대명사가 주격조사 '가'와 결합할 때는 '내, 네'로 해야 한다. 지역이나 화자에 따라서 이 경우 '나, 너'로 하는 경우가 있으나 이는 표준어가 아니다.

내가/*나가 간다.
네가/*너가 모르면 누가 알겠니?

주격조사 '가' 이외의 조사와 결합할 경우에는 '나, 너'가 표준어이다. 이 경우 '내, 네'는 비표준어이다.

나는/*내는 모른다.
너는/*네는 누구냐?

2인칭 대명사의 경우 가장 흔하게 쓰이는 말은 '니'이다. 그런데 이 말은 아직 표준어로 인정받은 말이 아니므로 주의하여야 한다(다만 현실적으로 널리 쓰이는 이 말을 계속 비표준어로 두는 것도 재고할 필요는 있다).

네가/*니가 모르면 누가 알겠니?
너는/*니는 누구냐?

'저'는 1인칭의 겸칭, 또는 3인칭 재귀대명사인데, 이 말이 주격조사 '가'와 결합할 때는 '제'가 표준이다. 이를 '저가'와 같이 말하는 것은 잘못이다. 또 구어에서 흔히 쓰이는 '지' 역시 표준어가 아니다.

제가/*저가/*지가 먼저 하겠습니다.
김 군이 제가/*저가/*지가 알아서 잘하겠지.

'그제야'

아래 예들은 같은 뜻의 부사들이다. 그러나 오른쪽 말들은 구어에서 흔히 쓰이기는 하지만 표준어가 아니다.

그제야/*그제서야, 늘/*늘상, 따로/*따로이, 좀체/*좀체로

참고로 다음은 모두 표준어이다.

진작/진작에, 진즉/진즉에

이 가운데 '진작에'는 그동안 "표준국어대사전"에서 '진작'의 비표준어로 처리되었으나, 근래(2014년) 표준어로 인정되었다.

'줄곧'

다음 예들도 같은 뜻의 부사들이지만 일부만 표준어이다. '여직(껏), 노다지, 줄창'은 흔히 쓰이지만 표준어가 아니다.

여태(껏)/입때(껏)/*여직(껏), 언제나/노상/*노다지, 줄곧/*줄창

'안절부절못하다'

의미가 똑같은 형태가 몇 가지 있을 경우, 그중 어느 하나가 압도적으로 널리 쓰이면, 그 단어만을 표준어로 삼는다(표준어 규정 제25항). 다음은 그 예들이다.

(병을) 고치다/*낫우다, 신기롭다/*신기스럽다, (이리) 다오/*다구, 손목시계/*팔목시계/*팔뚝시계, 아주/*영판, 안절부절못하다/*안절부절하다, 애벌레/*어린벌레[72]

---

72) 다른 예들은 '애나무/어린나무, 애순/어린순, 애잎/어린잎' 등 '애-, 어린-'이 모두 표준어이다.

이 예들에서 오른쪽의 비표준어들은 그 쓰임이 매우 적다고 본 것이다. 접미사 '-롭다, -스럽다'는 높은 생산성을 지니지만, '지혜롭다/지혜스럽다' 중에서 '지혜롭다'만, '간사롭다/간사스럽다' 중에서 '간사스럽다'만, '평화롭다/평화스럽다'에서는 둘 다 표준어인 것처럼 단어마다 차이가 있다. '신기롭다/신기스럽다'는 '신기롭다'만 표준으로 인정되고 그 쓰임이 적은 '신기스럽다'는 인정되지 않는다. 이와 달리 '까다롭다/까탈스럽다'는 원래 '까다롭다'만 표준어였지만 둘의 의미 차이가 있다고 보아 근래 '까탈스럽다'도 표준어로 인정하였다(2.3. 참조).

'안절부절하다'는 부사 '안절부절'에 이끌려(그 사람은 '안절부절' 어쩔 줄 모른다.) 표준어로 생각하기 쉽다. 그러나 이 말은 특이하게도 '안절부절못하다'에서 부정어가 빠졌는데도 뜻이 반대가 되지 않는다. 따라서 이를 오용으로 보아 비표준어로 처리한다.

'개다'

아래의 '개이다' 등 오른쪽 말들은 불필요한 '이' 소리가 더해진 것으로서 표준어가 아니다.

(날씨가) 개다/*개이다, (목이) 메다/*메이다, 설레다/*설레이다, 되뇌다/*되뇌이다, 헤매다/*헤매이다, (발에) 채다/*채이다, (살을) 에다/*에이다

이 가운데 '채다'의 경우 동사 '차-'에 피동접미사 '-이-'가 결합한 피동사로서 본말로 '차이다'와 같이 쓸 수도 있다. '채이다'는 피동사인 '채다'에 중복하여 피동접미사 '-이-'가 결합한 것으로 볼 수 있으므로 잘못된 말이다.

'에다'는 '베다'의 의미를 지닌 능동사로서 '살을 에는 추위'와 같이 쓴다. '에이다'는 '베이다'와 비슷한 뜻의 피동사로서, '살이 에이는 추위'와 같은 경우에는 적절한 표현이다.

'그러고는'

'그러다'는 '그리하다'(그렇게 하다)가 줄어진 동사이다. "그러는 법이 어디 있어?"
나 "그러거나 말거나" 등에서 볼 수 있다.

이 말은 보조동사 '나다'와 결합하여 '그러고 나서'와 같이 쓰일 수 있는데, 이를
'그리고 나서'로 잘못 쓰는 일이 흔하다. 또 '그러고는, 그러고도'처럼 보조사와 결
합할 경우에도 '그리고는, 그리고도'처럼 잘못 쓰기도 한다. '그리고'는 접속부사로
서 그 뒤에 '나다'와 같은 보조동사나 '는', '도'와 같은 보조사가 결합할 수 없다.

> 그러고/*그리고 나서 잠이 들었다.
> 그러고는/*그리고는 그냥 돌아서 가 버렸다.
> 그러고도/*그리고도 네가 학생이라고 할 수 있느냐?

'걸맞은'

'알맞다', '걸맞다'는 형용사로서, '알맞는, 걸맞는'이 아니라 '알맞은, 걸맞은'으로
활용해야 한다. 동사는 '달리는 말'처럼 현재시제의 관형사형에서 '-는'이 결합하지
만, 형용사는 '좁은 길'처럼 '-은'이 결합한다.

> 외출하기에 알맞은/*알맞는 날씨구나.
> 사회적 지위에 걸맞은/*걸맞는 언행을 해야 한다.

이에 따라 '알맞지 않는', '걸맞지 않는'도 잘못이다. 보조 용언 '않다'는 선행 용
언의 품사에 따라 활용하므로 '알맞지 않은', '걸맞지 않은'으로 써야 한다.

'거친'

용언 어간의 끝소리 'ㄹ'은 '울-+-은→운'처럼 관형사형 어미 앞에서 탈락한다.
이와 같이 'ㄹ'을 탈락시키지 않고 말하는 것은 잘못이다.

(등을) 떠민/*떠밀은, (물에) 만/*말은, (문을) 연/*열은, (실력이) 는/*늘은, 거친/*거칠은 (별판), (하늘을) 나는/*날으는

3.2.4. 복수 표준어

한 가지 의미를 나타내는 형태 몇 가지가 널리 쓰이며 표준어 규정에 맞으면, 그 모두를 표준어로 삼는다(표준어 규정 제26항). 이러한 원칙에 따른 일부 복수 표준어의 예들을 살펴보자. 경우에 따라 복수 표준어는 아니지만 그에 준하는 예들도 함께 살펴본다.

'에는'과 '엘랑'

조사 '에는'과 같은 의미로 '엘랑'이 쓰이기도 한다. 이 둘은 복수 표준어이다. 최근까지 '엘랑'은 비표준어로 처리되다가 2016년에 표준어로 인정되었다.

그런 <u>시골에는/시골엘랑</u> 아무도 안 가지.

구어적 표현으로 널리 쓰이는 'ㄹ랑', '일랑'도 표준어이다.

그런 <u>얘길랑</u> 하지 마라.
아무런 <u>미련일랑</u> 두지 말자.

> '엘랑'을 비표준어로 처리한 것은 '표준어 규정' 제25항이다. 다만 이는 "표준국어대사전"에서 조사 'ㄹ랑'은 "받침 없는 체언이나 조사 '에, 에서', 어미 '-고서, -어서' 따위의 뒤에 붙어" 쓰인다고 한 점과 모순된다. 이 사전의 뜻풀이에 따르면 '에+ㄹ랑'의 결합형인 '엘랑'은 표준어가 되어야 한다. 따라서 2016년에 '엘랑'과 더불어 'ㄹ랑'이 결합한 '에설랑, 설랑, -고설랑, -어설랑, -질랑' 등을 모두 표준어로 인정한 것은 타당한 조치이다.

'만큼'과 '만치'

'만큼'과 '만치'는 같은 뜻의 조사로서 둘 다 널리 쓰인다고 보아 복수 표준어로 인정된다.

나도 너만큼/만치 운동을 좋아한다.

이 외에 구어에서 널리 쓰이는 '하고', '랑' 등도 표준어라는 것을 알아둘 필요가 있다(이 말들이 복수 표준어인 것은 아니다).

저는 언니하고/랑 달라요.

'-거리다'와 '-대다'

과거 '통일안' 시대에는 '-거리다'만 표준어였지만, '표준어 규정'(1988) 이후에는 둘 다 널리 쓰이는 점을 인정하여 모두 표준어로 삼는다.

출렁거리다/출렁대다, 흔들거리다/흔들대다, 방실거리다/방실대다

'-뜨리다'와 '-트리다'

과거 '통일안' 시대에는 '-뜨리다'만 표준어였고 '-트리다'는 표준어가 아니었다. '표준어 규정'(1988) 이후에는 '-뜨리와'와 '-트리다'의 어감의 차이가 분명하지 않고 둘 다 널리 쓰인다고 보아 모두 표준어로 삼는다.

깨뜨리다/깨트리다, 망가뜨리다/망가트리다, 넘어뜨리다/넘어트리다

'-스레하다'와 '-스름하다'

'-스레하다'와 '-스름하다'는 모두 표준어로 인정된다.

거무스레하다/거무스름하다, 발그스레하다/발그스름하다

다만, 표준어 규정(제26항)에서 '-스레하다/-스름하다'가 모두 표준어라고 한 것은 그러한 단어가 존재할 경우에 그렇다는 뜻이다. 즉 다음과 같이 짝이 되는 단어가 없는 경우에는 실재하는 말만 표준어이다.

둥그스레하다/*물그스름하다, 동그스름하다/*동그스레하다

참고로 '발그스레하다, 발그스름하다' 유형의 단어들('빨그스레하다/빨그스름하다, 벌그스레하다/벌그스름하다, 불그스레하다/불그스름하다' 등)은 다음과 같이 준말을 복수 표준어로 갖는다.

발그레하다/발그름하다

'-(으)세요'와 '-(으)셔요'

어미 '-(으)세요', '-(으)셔요'는 복수 표준어이다. '-(으)셔요'는 '-(으)시어요'의 준말이다.

(이리) 앉으세요/앉으셔요, (어서) 오세요/오셔요

'-어요'와 '-에요'

어미 '-어요'는 '이다, 아니다' 뒤에서 '-에요'로 나타나기도 한다. 이 '-에요'는 '이다', '아니다'와만 결합하는 어미이다. 즉 '이다, 아니다'와 결합하는 어미로서 '-어요', '-에요'는 복수 표준어이다.[73]

저는 학생이어요/학생이에요.
그건 내 일이 아니어요/아니에요.

---

73) 앞의 '-(으)세요, -(으)셔요'와 더불어 본다면, 원래 전통 어법은 '-(으)세요, -에요'였는데, 광복 후 초등학교 국어 교과서에서 '-(으)셔요, -어요'가 쓰이면서 젊은 층을 중심으로 보편화되었다. 표준어 규정(1988)에서 전통 어법 '-(으)세요, -에요'를 되살리면서 인위적인 교과서 어법 '-(으)셔요, -어요'도 복수 표준어로 흡수한 것이다(이상 국어연구소 1988ㄴ 참조).

'이다', '아니다'를 제외한 다른 용언에는 '-어요'만 결합하지, '-에요'는 결합할 수 없다.

　　(포도가) 시어요/*시에요, (아기가) 기어요/*기에요

'이다', '아니다'는 아래에서 보듯이 다른 용언들과 달리 '-로구나, -로다, -로되', '-라서, -라고, -라면' 등 특이한 형태의 어미와 결합하는 속성을 공유하는데, '-에요'가 결합하는 것도 이와 같은 '이다', '아니다'의 특이성에서 기인한다고 할 수 있다.[74]

　　이+로구나/로다/로되, 아니+로구나/로다/로되
　　이+라서/라고/라면, 아니+라서/라고/라면

한편, '이다'에 '-어요, -에요'가 결합한 '이어요, 이에요'는 앞에 모음으로 끝나는 체언이 오면 아래와 같이 '여요, 예요'로 축약되고, 이 축약된 말만 표준어이다. 또 '아니다'에 '-어요, -여요'가 결합한 말도 아래와 같이 축약될 수 있다(제3장 4.3.2. '가' 항 참조).

　　(저이어요) → 저여요, (저이에요) → 저예요
　　아니어요 → 아녀요, 아니에요 → 아녜요

'-거라'

'-거라'는 원래 '가거라, 뛰어가거라'처럼 '가다' 또는 '가다'로 끝나는 동사와만 결합하는 어미로 규정되어 왔다. 그런데 근래(2014년) "표준국어대사전"에서 다른

---

74) 송창선(2010 : 14-23)은 '이다'와 '아니다'의 형태적, 통사적, 의미적 관련성을 제시하면서, '이다'는 '아니다'와 마찬가지로 형용사라는 점을 강조하고 있다. '이다', '아니다'가 똑같이 특정한 어미들과 결합하는 양상은 이들의 형태적 관련성을 잘 보여 준다.

동사들과도 자유로이 결합하는 어미로 수정되었다. 이에 따라 '-거라'는 '-아라/어라'와 서로 넘나들며 쓰이는 어미가 되었다. 다만 '-거라'가 예스러운 느낌의 어미라는 점에서 둘이 복수 표준어 관계는 아니다.

    가라/가거라, 뛰어라/뛰거라, 찾아라/찾거라, 읽어라/읽거라

'-다마다'와 '-고말고'
이 두 어미 역시 복수 표준어이다.

    그렇다마다/그렇고말고, 좋다마다/좋고말고

'-니까는'과 '-니깐'
'-니까는'은 '-니까'를 강조하는 말이고, 그 준말은 '-니깐'이다. 이들은 모두 표준어이다. '-ㄹ진대, -ㄹ진대는, -ㄹ진댄'도 마찬가지다.

    (만나) 보니까/보니까는/보니깐, (너도) 그럴진대/그럴진대는/그럴진댄

    다음의 어미 '-다가는/-다간, -건마는/-건만, -지마는/-지만'도 본말과 준말의 관계이다. 이들도 '-니까는/-니깐'과 같은 유형으로서, 모두 표준어임을 쉽게 알 수 있다.

    (널) 믿다가는/믿다간, (모를 리) 없건마는/없건만, (힘은) 들지마는/들지만

'-니'와 '-으니'
    동사 어간에는 의문형 어미 '-니'만 결합하지만(비가 오니?, 책을 읽니?), 'ㄹ'을 제외한 받침 있는 형용사 어간에는 '-니', '-으니'가 모두 결합할 수 있다.

날씨가 <u>좋니/좋으니</u>?
산이 <u>높니/높으니</u>?

'-냐', '-으냐'도 이와 같이 활용한다. 즉 'ㄹ'을 제외한 받침 있는 형용사는 복수
의 활용형을 갖는다.

날씨가 <u>좋냐/좋으냐</u>?
산이 <u>높냐/높으냐</u>?

한편 '-니/-으니, -냐/-으냐와 달리 평서형의 어미로 '-네'만 있을 뿐 '-으네'는
없다(제3장 4.3.2. '나' 항 참조). 이 경우에도 화자에 따라서 '좋으네'와 같이 말하기도
하지만, 이는 표준어가 아니다.

날씨가 <u>좋네/*좋으네</u>.
산이 <u>높네/*높으네</u>.

'가엾다'와 '가엽다'
다음 말들은 복수 표준어이다. 같은 뜻으로 모두 널리 쓰인다고 본 것이다.

가엾다/가엽다, 섧다/서럽다, 여쭙다/여쭈다

참고로 이 말들은 다음과 같이 활용한다.

가엾다, 가엾지, 가엾어, 가엾은, 가엾으니
가엽다, 가엽지, 가여워, 가여운, 가여우니

섧다, 섧지, 설워, 설운, 설우니
서럽다, 서럽지, 서러워, 서러운, 서러우니

여쭙다, 여쭙지, 여쭈워, 여쭙는, 여쭈우니
여쭈다, 여쭈지, 여쭈어(여쭤), 여쭈는, 여쭈니

'알은척, 알은체'

'알은척, 알은체'는 '어떤 일에 관심을 가지는 듯한 태도를 보임', '사람을 보고 인사하는 표정을 지음'이라는 뜻을 지닌 말로서 둘 다 표준어이다. '알은척하다, 알은체하다'도 마찬가지다.

남의 일에 <u>알은척/알은체</u> 좀 하지 마라.
서로 <u>알은척/알은체</u>도 안 한다.

이 말들의 '알은'은 '알다'의 활용형이므로 '안'으로 해야 마땅한 것이지만, '알은'으로 굳어 버린 관용을 존중해서 그대로 둔 것이다. 이는 모르는데도 아는 것처럼 말하거나 행동함을 이르는 '아는 척/체하다'와 구별된다.

잘 모르면서 아는 척/체한다.

'들락거리다'와 '들랑거리다'

아래 단어들도 같은 뜻의 말로 모두 표준어이다.

들락거리다/들랑거리다, 들락날락/들랑날랑, 바른손/오른손, 벌레/버러지, 뾰두라지/뾰루지, 삽살개/삽사리, 성글다/성기다, 아래위/위아래

"큰사전"에서 '삽사리'(털이 북실북실하게 생긴 개의 종류)는 '삽살개'의 상위어, '아래위, 위아래'는 모두 표준어였다. 그러나 나머지는 '성기다, 들랑거리다, 들락날락, 오른손, 벌레, 뾰루지'만 표준어였고, '성글다, 들락거리다, 들랑날랑, 바른손, 버러지, 뾰두라지'는 표준어가 아니었다. 표준어 규정(1988)은 그 이후의 쓰임의 변화를 반영하여 이들을 모두 표준어로 인정한 것이다('바른손'에 따라 '바른발, 바른쪽, 바른

편'도 표준어가 되었다). 참고로, '오른나사, 오른배지기, 오른뺨' 등은 '바른-'의 어형이 없으며 '오른-'의 단어들만 표준어이다.

'아래위, 위아래'는 다 같이 널리 쓰이는 까닭에 복수 표준어가 된 것이다(표준어 규정 제26항 '복수 표준어'). 그러나 이와 같이 앞뒤의 순서가 바뀐 말이 모두 표준어인 것은 아니다. 예를 들어, '붉으락푸르락/푸르락붉으락', '쥐락펴락/펴락쥐락'의 경우 압도적으로 널리 쓰이는 '붉으락푸르락, 쥐락펴락'만 표준어이다(표준어 규정 제25항).

3.2.5. 구별해야 할 말들

발음이 비슷하지만 형태적으로 달라 구별해야 할 말들이 있다. 이들은 각각 뜻이 다른 별개의 단어들이므로 발음이나 표기를 혼동하는 일이 없도록 주의해야 한다.

'늘이다'와 '늘리다'

'늘이다'는 본디보다 더 길게 한다는 뜻으로 길이에 관계된 말이고, '늘리다'는 부피, 넓이, 수량, 세력 등을 더 커지게 한다는 뜻이다.

> 고무줄을 늘이다.
> 학생 수를 늘리다.

'다르다'와 '틀리다'

발음이 비슷한 유형은 아니지만 '다르다'와 '틀리다'는 자주 혼재되어 쓰이는 말이다. 즉 '틀리다'가 '다르다'의 의미로서 쓰이는 것이다. 이는 아직 표준어로 인정되지 않고 있다.

> 두 사람은 성격이 다르다/*틀리다.

다만 이 용법으로 '틀리다'가 오래 전부터 쓰여 왔고('내 의견과 틀리는 분은'〈상록수〉, '영채의 방과 크게 틀림이 없었다'〈무정〉), 현재에도 매우 널리 쓰이고 있어 여전히 비표준어로 두어야 할지는 의문이다.

'돋우다'와 '돋구다'

'돋우다'는 도드라지거나 높아지게 하는 행위, 또는 기분이나 기운 따위를 더 높이는 것을 뜻하는 말이다. 흔히 '돋구다'로 쓰이기도 하지만 이는 비표준어이다. '돋구다'는 안경의 도수 따위를 높이는 의미로만 표준어이다.

> 그의 행동이 화를 <u>돋우고</u>/*<u>돋구고</u> 있다.
> 시력이 약해져 안경의 도수를 <u>돋구었다.</u>

'떨다'와 '털다'

대부분의 단어들은 그 뜻을 명확히 구별하여 써야 한다. '떨다'와 '털다'는 옷의 먼지 등 붙거나 달려 있는 것을 쳐서 떼어낸다는 의미에서 얼핏 유사한 듯하지만 다음과 같이 의미 차이가 있는 말들이다.

> 떨다 : 달려 있거나 붙어 있는 것을 쳐서 떼어 내다.
> 털다 : 달려 있거나 붙어 있는 것 따위가 떨어지게 흔들거나 치거나 하다.

즉 '떨다'는 먼지나 담뱃재 따위를 떼어낸다는 의미이고, '털다'는 그것을 떼어낼 목적으로 그것이 붙어 있는 물건을 흔들거나 친다는 의미이다. 이를테면 담뱃재는 '떠는' 것이요, 곰방대는 '터는' 것이다.

> 옷에 묻은 먼지를/눈을/재를 <u>떨다.</u>
> 먼지/눈/재 묻은 옷을 <u>털다.</u>

그러므로 무엇을 떼어내는 데 쓰는 물건은 '~떨이'가 표준어이고 '~털이'는 비표준어가 된다.

재떨이/*재털이, 먼지떨이/*먼지털이,75) 이슬떨이/*이슬털이

'메우다'와 '메꾸다'

둘 다 웅덩이 등 빈 곳이나 돈 따위의 모자라는 것을 채우는 의미를 지니지만, 어떤 장소를 가득 채우는 의미로는 '메우다'만 표준어이다.

원고지를 <u>메우다/메꾸다</u>.
사람들이 광장을 가득 <u>메웠다/*메꿨다</u>.

'벌이다'와 '벌리다'

'벌이다'는 일 따위를 계획하여 시작하거나 물건 따위를 늘어놓는 것을, '벌리다'는 둘 사이의 간격을 넓히거나 자루 따위를 열어젖히는 것을 뜻한다.

갖가지 음식을 <u>벌여</u> 놓고 잔치를 <u>벌인다</u>.
다리를 <u>벌리다</u>.

'바라다'와 '바래다'

'바라다'는 어떤 일이 이루어지기를 원하는 행위이고 '바래다'는 '색이 변하다' 또는 '배웅하다'의 의미이다. '바라다'를 흔히 "그러길 바래."처럼 '바래다'로 잘못 쓰

---

75) 김경원·김철호(2008)는 '떨다'는 그 대상이 원래 물건의 일부일 수 있으며 아래로 떨어지는 덩어리진 존재이며, '털다'는 그 대상이 외부에서 온 불필요한 존재로서 흩어져 날리는 작은 알갱이라고 구별한다. 그래서 담뱃재는 '떨고' 먼지는 '턴다'고 하면서, '먼지떨이'가 아니라 '먼지털이'가 올바른 말이어야 한다고 주장한다. 한편 임홍빈(1993)에서는 '떨다'는 큰 것에 붙어 있는 작은 것이 '따로 떨어지게' 하는 것, '털다'는 '흩어지게' 하는 것을 기본적인 의미로 갖는다고 하면서, 담뱃재, 먼지 등은 '떨다, 털다'와 모두 어울릴 수 있다고 풀이한다. 이러한 견해들은 "표준국어대사전"과는 다른 것으로, 결과적으로 (1)먼지를 '떨다', (2)먼지를 '털다', (3)먼지를 '떨다/털다' 등 세 가지의 견해가 있는 셈이다. 이는 그만큼 '떨다'와 '털다'가 혼재되어 쓰이는 현실을 대변하는 것이기도 한데, 이 점에서 "표준국어대사전"의 뜻풀이는 어느 정도 인위적으로 규정한 일면도 있다고 할 수 있다.

기도 해 주의할 필요가 있다.

꼭 성공하기를 <u>바라</u>/*바래.
햇볕에 색이 <u>바래다</u>.
아이를 집에 <u>바래다</u> 주었다.

'부시다'과 '부수다'

'부시다'는 그릇 따위를 물로 씻는 것, '부수다'는 물건 따위를 깨뜨리는 것을 뜻하는 말이다. 따라서 파손하다는 뜻으로 '부숴, 부쉈다'로 쓰지, '부서, 부셨다'로 쓰는 것은 잘못이다.

그릇을 물로 <u>부신다</u>.
유리창을 <u>부순다</u>.

그런데 '-어지다'가 결합한 말은 '부숴지다'가 아니라 '부서지다'가 표준어이다. 이는 고어 '붓어디다'에서 기원한 말로서, 본뜻에서 멀어져 소리 나는 대로 적는 예이다(국립국어원 2018:43).

의자가 <u>부서졌다</u>.

논리적으로는 '부수-+-어'에 보조 용언 '지다'가 결합한(이 경우 '-어지다'로 붙여 쓴다) '부숴지다'가 가능할 듯하나, "표준국어대사전"은 이를 '부서지다'의 잘못으로 규정하고 있다.

'뻐개다'와 '뻐기다'

'뻐개다'는 장작 따위를 두 쪽으로 가르거나 다 된 일을 망친다는 뜻의 말이고, '뻐기다'는 우쭐거리며 자랑한다는 뜻의 말이다. 특히 '뻐기다'를 '뻐개다'로 잘못 쓰는 일이 종종 있어 주의해야 한다.

도끼로 장작을 <u>뻐갠다</u>.
너무 <u>뻐기고</u> 다닌다.

'살지다'와 '살찌다'

'살지다'는 살이 많거나 땅이 기름지다, '살찌다'는 비만해지거나 생활 따위가 풍요로워지는 것을 뜻한다. '살지다'는 '값지다, 기름지다, 멋지다' 등처럼 접사 '-지다'가 결합한 형용사이며, '살찌다'는 동사이다. '살지다'는 사람한테 쓰지 않는다.

<u>살지고</u> 싱싱한 물고기.
가을은 마음이 <u>살찌는</u> 계절이다.

'썩히다'와 '썩이다'

'썩히다'는 음식 따위를 부패하게 하거나 재능 따위를 제대로 쓰이지 못하게 한다는 의미이다. '썩이다'는 걱정 따위로 마음을 괴롭게 한다는 의미이다. 즉 '썩다'에는 '걱정이나 근심 따위로 마음이 몹시 괴로운 상태가 되다'는 의미가 있는데, '썩이다'는 이 의미에서의 사동사이다.

그 청년은 아까운 재능을 <u>썩히고</u> 있다.
그는 부모 속을 <u>썩인다</u>.

'어떻게'와 '어떡해'

'어떻게'는 형용사 '어떻다'의 활용형, '어떡해'는 '어떠하게 하다'가 줄어서 된 동사 '어떡하다'의 활용형이다.

요즘 <u>어떻게</u> 지내나?
나 <u>어떡해</u>, 어떡하면 좋아?

'쫓다'와 '좇다'

'쫓다'와 '좇다'는 '(뒤를) 따르다'의 의미에서 유사한데, 물리적인 공간의 이동이 있으면 '쫓다', 그렇지 않으면 '좇다'로 구별된다. 즉 발걸음을 옮겨 대상을 따라가는 경우는 '쫓다'이고, 목표 등을 추구하거나, 뜻이나 이론 등을 따르거나, 눈길을 계속 보내는 경우 등은 '좇다'가 된다.

어머니는 아들을 <u>쫓아</u> 방에 들어갔다.
부모님의 의견을 <u>좇아</u> 대학에 진학했다.

이 외에 '쫓다'는 '새를 쫓다, 잠을 쫓다' 등과 같이 무엇인가를 떠나도록 몰거나 물리치는 의미를 지닌다는 점에서 구별된다.

'-노라고'와 '-느라고'

'-노라고'는 화자가 자신의 행동에 대한 의도나 목적을 나타내는 말이다. "내가 가겠노라."와 같은 표현에 보이는 '-노라'와 직접적으로 관련된다. '-느라고'는 어떤 사태가 다른 사태의 목적이나 원인이 됨을 나타내는 말이다.

<u>하노라고</u> 했는데 잘 됐는지 모르겠다.
철수는 책을 <u>읽느라고</u> 밤을 새웠다.

'-(으)러'와 '-(으)려'

'-(으)러'는 동작의 목적을, '-(으)려'는 동작의 의도나 욕망을 나타낸다. '-(으)려'는 '-(으)려고'로 쓸 수 있다. 또 곧 일어날 움직임이나 상태의 변화를 나타내기도 한다('비가 오려 한다').

영희가 두부를 <u>사러</u> 시장에 갔다.
철수가 서울에 <u>가려</u> 한다.

'(이)라야'와 '-(이)래야'

조사 '(이)라야'는 꼭 그것이어야 함을 뜻하기도 하고('현금이라야 살 수 있다'), 그것이 대수롭지 않다는 의미를 나타내기도 한다('현금이라야 만 원뿐이다').

'-(이)래야'는 '-(이)라고 해야'가 줄어든 말로서, '(이)라야'의 두 번째 의미와 비슷하다. 즉 '(이)라야'와 '-(이)래야'는 의미에 따라 구별되기도 하고, 서로 넘나들며 쓰이기도 한다.

> <u>봄이라야</u>/*봄이래야 꽃이 핀다.
> <u>반찬이라야/반찬이래야</u> 장아찌뿐이다.

'-오'와 '-(이)요'

'-오'는 하오체의 종결어미이고, '-(이)요'는 나열의 연결어미이다.

> 이것은 <u>책이오</u>.
> 이것은 <u>감이요</u>, 저것은 배다.

참고로, 종결형으로서 '책이요'와 같은 표현은 없다. 조사 '요'가 용언 어간에 직접 결합할 수 없듯이('*읽요, *많요') '이다'의 '이-'에 직접 결합할 수 없기 때문이다. '이다'의 해요체는 어미 '-어요' 또는 '-에요'를 결합하여 '책이어요, 책이에요'로 표현한다.

> 이것은 *책이요.
> 이것은 <u>책이어요/책이에요</u>.

4. 표준 발음

표준 발음은 표준어 규정의 제2부 표준 발음법에서 규정하고 있다. 제1장 총칙

제1항은 다음과 같다.

제1항 표준 발음법은 표준어의 실제 발음을 따르되, 국어의 전통성과 합리성을 고려하여 정함을 원칙으로 한다.

이 표준 발음의 대원칙은 '표준어의 실제 발음을 따른다'라는 근본 원칙과 '국어의 전통성과 합리성을 고려하여 정한다'는 조건으로 이루어져 있다.

우선 '실제 발음'은 교양 있는 사람들이 두루 쓰는 현대 서울말의 현실 발음을 가리킨다. 같은 'ㄼ' 겹받침 용언이지만 '밟다'에서는 'ㄹ'이, '넓다'에서는 'ㅂ'이 탈락하는 것으로 표준 발음을 규정한 것은 서울말의 현실 발음을 고려했기 때문이다. 'ㅚ, ㅟ'를 단모음과 이중모음 모두로 발음할 수 있도록 하거나, 이중모음 'ㅢ'의 여러 발음을 허용하는 등 복수의 표준 발음을 널리 허용하는 것도 실제 발음을 따른다는 원칙에 의거한 것이다.

'전통성'을 고려한다는 것은 여러 발음 중 역사적인 전통을 지닌 발음을 우선한다는 것이다. 즉 서울말이라고 해도 세대나 계층에 따라서 다르게 발음될 수 있는데, 예를 들어 젊은 층에서는 '밤[栗]'을 짧게 발음하지만 상대적으로 장년층에서는 길게 발음한다. 이 경우 역사적으로 그 발음이 장음이었다는 전통성을 고려하여 길게 발음하는 것을 표준 발음으로 정하는 것이다. 'ㅐ'와 'ㅔ'도 현실적으로는 일부 지역의 노년층을 제외하고 거의 구별이 없어졌지만, 오랜 기간 별개의 단모음으로 확고히 구별되어 왔다는 전통을 중시하여 여전히 다르게 발음하도록 규정한다.

'합리성'을 고려한다는 것은 우리말의 발음에 보이는 규칙성에 따라 합리적으로 발음을 정한다는 것이다. 예를 들어 우리말의 'ㄴ'은 'ㄹ'을 만나면 'ㄹ'로 발음되는데(천리[철리], 칼날[칼랄]), 이러한 규칙성에 따라 'ㄴ'은 'ㄹ'의 앞이나 뒤에서 [ㄹ]로 발음하도록 정한다. 또 '흙, 여덟'처럼 겹받침을 가진 체언 뒤에 모음으로 시작하는 조사가 올 경우 '흙이[흘기], 여덟이[여덜비]'처럼 뒤의 받침소리를 연음하여 발음하는 것이 합리적이다. [흐기], [여더리]처럼 겹받침 중 하나를 탈락시키는 발음은 합리성이 떨어지므로 표준 발음으로 인정되지 않는다.

이상은 표준 발음법이 현실의 실제 발음을 따르되, 전통성과 합리성을 갖춘 경우에만 표준 발음으로 인정한다는 것을 뜻한다. 전통성과 합리성이 없으면 실제 발음이라도 표준 발음으로 인정되지 않는다. '표준 발음법'은 이러한 원칙 아래 국어의 전반적인 발음을 규정해 놓고 있다.

4.1. 자음과 모음

국어 표준어에는 자음 19개, 모음 21개가 있다.

자음 : ㄱ ㄲ ㄴ ㄷ ㄸ ㄹ ㅁ ㅂ ㅃ ㅅ ㅆ ㅇ ㅈ ㅉ ㅊ ㅋ ㅌ ㅍ ㅎ
모음 : ㅏ ㅐ ㅑ ㅒ ㅓ ㅔ ㅕ ㅖ ㅗ ㅘ ㅙ ㅚ ㅛ ㅜ ㅝ ㅞ ㅟ ㅠ ㅡ ㅢ ㅣ

이 자음과 모음의 체계는 다음과 같다.

〈자음 체계〉

		양순음	치조음	경구개음	연구개음	후음
파열음	평음	ㅂ	ㄷ		ㄱ	
	경음	ㅃ	ㄸ		ㄲ	
	격음	ㅍ	ㅌ		ㅋ	
마찰음	평음		ㅅ			
	경음		ㅆ			ㅎ
	격음					
파찰음	평음			ㅈ		
	경음			ㅉ		
	격음			ㅊ		
비음		ㅁ	ㄴ		ㅇ	
유음			ㄹ			

〈모음 체계〉

	전설 모음		후설 모음	
	평순 모음	원순 모음	평순 모음	원순 모음
고모음	ㅣ	ㅟ	ㅡ	ㅜ
중모음	ㅔ	ㅚ	ㅓ	ㅗ
저모음	ㅐ		ㅏ	

여기에서는 이 가운데 모음을 중심으로 그 표준 발음을 알아보자.

4.1.1. 단모음

표준 발음법은 다음과 같이 10개의 단모음(單母音)을 규정하고 있다. 그리고 그 모음 체계는 위에 제시한 것과 같다.

국어의 단모음(10개) : ㅏ ㅐ ㅓ ㅔ ㅗ ㅚ ㅜ ㅟ ㅡ ㅣ

그런데 국어를 사용하는 모든 지역의 말에 이 10개의 단모음이 있는 것은 아니다. 어떤 지역은 10개 모두 있기도 하지만, 어떤 지역은 6개, 7개 등 훨씬 적은 수의 단모음만 있기도 하며, 같은 지역이라고 해도 세대에 따라서 차이가 나기도 한다.

이러한 이유로 화자에 따라서 이들 단모음을 정확히 구별하여 발음하는 데 어려움을 겪기도 한다. 그러나 공적인 상황에서 표준어를 구사하려면 각 모음의 정확한 발음을 익혀 둘 필요가 있다.

'ㅔ'와 'ㅐ'

'ㅔ'와 'ㅐ'는 표준 발음법에서 구별되는 모음이다. 'ㅐ'는 'ㅔ'보다 혀의 위치가 더 낮고 입을 더 벌려 발음한다.

게[게:]가 기어간다.
개[개:]가 짖는다.

그러나 그 표준 발음은 지역적으로도 국한되며 계층적으로도 노년층에 편재되어 있는 등 현실음에서 찾아보기 어렵다. 이 모음들은 실제 발음에서 이미 'ㅔ'와 'ㅐ'의 중간 정도의 모음으로 합류된 상태이다.

이와 같이 언어 현실과의 괴리가 크다는 이유로 'ㅔ'와 'ㅐ'를 구별하는 표준 발음법은 오랫동안 비판의 대상이 되기도 했다. 그러나 표준 발음법은 전통성을 중시하여 여전히 두 모음을 구별하도록 규정하고 있다.

'ㅚ'와 'ㅟ'

'ㅚ'와 'ㅟ'는 단모음으로 발음하는 것이 원칙이다. 단모음 'ㅚ'는 'ㅔ'의 조음 위치에서 입술을 둥글게 하여 내는 모음이고, 단모음 'ㅟ'는 'ㅣ'의 조음 위치에서 역시 입술을 둥글게 하여 내는 모음이다.

외가, 괴롭다, 되다
위, 쥐, 쉬다

그런데 이 모음들을 현실음에서 단모음으로 발음하는 경우는 매우 드물다. 현실 언어에서 단모음의 발음은 지역과 계층에 따라 편재되어 있으며 장년층 이하에서는 대부분 이중모음으로 발음하는 것이 일반적이다.

다만 표준 발음법은 이 경우 현실음인 이중모음 발음도 표준 발음으로 허용하고 있다(표준어 규정 제2부 표준 발음법 제4항 [붙임], 이하 간략히 '표준 발음법 제4항' 식으로 표시). 이중모음 'ㅚ'는 'ㅜ'의 위치에서 입술을 둥글게 하면서 계기적으로 'ㅔ'를 내는 모음이고, 이중모음 'ㅟ'는 역시 'ㅜ'의 위치에서 입술을 둥글게 하면서 계기적으로 'ㅣ'를 내는 모음이다. 이에 따라 'ㅚ'는 'ㅞ'와 발음이 동일하게 된다. 예를 들어 '금괴'는 '금궤'와 같이 발음된다.

한편, 화자에 따라 'ㅚ'를 'ㅔ', 'ㅟ'를 'ㅣ'와 같이 발음하기도 하는데, 이는 표준 발음이 아니다. 예를 들어 '외국'과 '애국'은 분명히 구별되는 발음이다.

4.1.2. 이중모음

표준어에서 다음 모음은 이중모음(二重母音)으로 발음한다.

> 국어의 이중모음(11개) : ㅑ ㅒ ㅕ ㅖ ㅘ ㅙ ㅛ ㅝ ㅞ ㅠ ㅢ

지역이나 세대에 따라 이중모음에 차이가 있다. 그래서 이중모음이 적은 지역의 방언 화자들은 정확한 발음에 어려움을 겪기도 한다. 공적인 언어생활을 위하여 이중모음의 표준 발음을 익힐 필요가 있다.

‘ㅕ’

‘져, 쪄, 쳐’는 [저, 쩌, 처]로 발음한다. 국어에서 ‘여[jə]’의 반모음 ‘j’는 파찰음 (ㅈ, ㅉ, ㅊ) 뒤에서 탈락한다. 따라서 국어에서 ‘ㅈ, ㅉ, ㅊ’ 뒤에서 ‘ㅕ’와 같은 이중모음이 발음되는 경우는 없다. 맞춤법에서 ‘가져, 살쪄, 다쳐’와 같이 표기하는 것은 ‘가지+어, 살찌+어, 다치+어’와 같이 줄어진 말을 체계적으로 적기 위한 것이다. 즉 ‘이기+어 → 이겨, 가시+어 → 가셔’ 등에서 ‘ㅣ+ㅓ → ㅕ’로 적는 것과 일관되게 적는 것이다.

‘ㅖ’

‘ㅖ’는 ‘예, 례’에서 [ㅖ]로만 발음한다. 그 외의 자음 뒤에서는 [ㅔ]로도 발음할 수 있다.

> 예절[예절], 사례[사례]
> 시계[시계/시게], 메별(袂別)[76)[메별/메벨], 개폐[개폐/개페], 혜택[혜:택/헤:택], 제밥[77)[제:빱/제:빱], 참녜[78)[참녜/참네]

---

76) 소매를 잡고 헤어진다는 뜻으로, 섭섭히 헤어짐을 이르는 말.
77) ‘지에밥’(찹쌀이나 멥쌀을 물에 불려서 시루에 찐 밥)의 준말.
78) ‘참여’의 변한말.

다음의 [계, 녜, 몌, 볘] 등은 [ㅔ]만 허용된다. '예, 례'가 연접이나 음운 변동에 따라 나타난 소리이기 때문이다.

곡예[고계], 원예[워녜], 참예79)[차몌], 잡예80)[자볘]
기본예절[기본녜절], 경례[경:녜]

'ㅢ'

자음을 첫소리로 가지고 있는 음절의 'ㅢ'는 [ㅣ]로 발음한다(표준 발음법 제5항 다만 3). 이를 [ㅟ]나 [ㅡ]로 발음하지 않는다.

늴리리[닐리리], 무늬[무니], 씌어[씨어/씨여], 띄어쓰기[띠어쓰기/띠여쓰기], 희망[히망], 유희[유히]

'ㅢ'의 첫소리에 자음이 없는 경우, 단어의 첫음절에서는 이중모음 [ㅢ]로 발음한다.

의사[의사], 의리[의:리], 의자[의자], 의논[의논]

그러나 단어의 첫음절 이외의 '의'는 [ㅣ]로, 그리고 조사 '의'는 [ㅔ]로 발음하는 것도 허용한다(표준 발음법 제5항 다만 4).81) 현실 언어에서 [ㅢ]가 아닌 다른 모음으로 발음하는 경우도 적지 않은 점을 반영한 것이다.

주의[주의/주이], 수의사[수의사/수이사], 여의다[여의다/여이다], 협의[혀븨/혀비], 문의(問議)[무:늬/무:니], 접의자[저븨자/저비자]
우리의[우리의/우리에], 조국의[조구긔/조구게]

---

79) 신이나 부처에게 나아가 뵘.
80) 여러 가지 잡스러운 기예.
81) 그런데 조사 '의'가 흔히 '에'로 발음되다 보니 종종 그 표기마저 '에'로 적는 일이 있는데 주의하여야 한다.

이 경우 '무늬'와 '문의'의 발음 차이를 주목할 필요가 있다. '무늬, 희망' 등은 해당 음절이 본래부터 자음을 첫소리로 가지고 있는(즉 표기상에서 자음을 얹고 있는) 예로서, 이 경우에는 [ㅣ]로만 발음한다. 그러나 '문의, 협의' 등은 본래 음절이 '의'인 경우로서, 앞 음절의 받침이 연음되어 첫소리에 오더라도 [ㅢ]로 발음하는 것이 원칙이고 [ㅣ]로 발음하는 것도 허용된다. 즉 '무늬'는 [무니]만, '문의'는 [무늬], [무:니] 모두 표준 발음이 된다.

4.2. 음의 길이

국어는 소리의 길이가 뜻을 가르는 기능을 한다. 예를 들어 '눈[雪]'의 모음은 길게 발음하고, '눈[眼]'은 짧게 발음한다.

그런데 근래 공영방송의 아나운서조차 때로는 장단 구별이 안 되는 등 소리의 길이가 크게 흔들리고 있는 것도 사실이다. 그러나 표준 발음은 여전히 장단음을 구별하고 있으므로 소리의 길이를 익혀 둘 필요가 있다. 다음은 소리의 길이에 따라 뜻이 구별되는 일부 예들이다(장음만 표시).

눈[眼]이 아프다	:	눈[:][雪]이 내리다
말[馬]을 타다	:	말[:][言]을 하다
발[足]이 아프다	:	발[:][簾]을 치다
밤[夜]이 되다	:	밤[:][栗]을 먹다
새끼를 꼬다	:	새[:]끼를 낳다
사기(士氣)가 높다	:	사[:]기(詐欺)를 치다
조화(調和)를 이루다	:	조[:]화(造化)를 부리다
화장(化粧)을 하다	:	화[:]장(火葬)을 하다

국어의 긴소리는 단어의 첫음절에서만 나타나는 것이 원칙이다. 그래서 '눈[눈:], 말[말:], 밤[밤:]' 등이 아래와 같이 첫음절이 아닌 자리에 올 때는 짧게 발음된다.

110

첫눈[천눈], 거짓말[거진말], 군밤[군밤]

다만 아래와 같이 비슷한 요소가 반복되는 구조의 한자어에서는 첫음절이 아니라도 긴소리로 발음된다.

반신반의[반ː신바ː늬/반신바ː니], 선남선녀[선ː남선녀]

그러나 '반반[반ː반], 영영[영ː영]' 등처럼 동일한 한자가 연이어 반복되는 경우에는 둘째 음절 이하에서도 긴소리로 실현되는 것이 허용되지 않는다.
국어 용언의 장단음은 다양한 모습을 보인다. 우선 단음절 어간에 어미 '-아/어'가 결합하여 한 음절로 축약되는 경우 긴소리로 발음한다.

보아→봐[봐ː], 되어→돼[돼ː], 두어→둬[둬ː], 하여→해[해ː]

이는 파생어의 경우도 마찬가지다.

보이다→뵈다[뵈ː다], 뜨이다→띄다[띠ː다]

긴소리를 가진 단음절 어간에 '아/어' 또는 '으'로 시작하는 모음 어미가 결합하면 짧게 발음한다(아래 'ㄱ'). 이는 국어 용언들에서 매우 규칙적인 현상이지만 일부 예외가 있으므로 주의할 필요가 있다(아래 'ㄴ'). 그리고 다음절 어간인 경우에는 이와 같이 긴소리를 어미에 따라 짧게 발음하는 경우가 없다(아래 'ㄷ').

ㄱ. 감다[감ː따]-감아[가마]/감으니[가므니], 밟다[밥ː따]-밟아[발바]/밟으면[발브면], 신다[신ː따]-신어[시너]/신으니[시느니], 알다[알ː다]-알아[아라], 괴다[괴ː다/궤ː다]-괴어[괴어/궤여]

111

ㄴ. 작다[작ː따]-작아[자ː개]/작으니[자ː그니], 끌다[끌ː다]-끌어[끄ː러]/끄니[끄ː니],
벌다[벌ː다]-벌어[버ː러]/버니[버ː니], 없다[업ː따]-없어[업ː써]/없으니[업ː쓰니]

ㄷ. 더럽다[더ː럽따]-더러워[더ː러워]/더러우니[더ː러우니], 걸치다[걸ː치다]-걸쳐[걸
ː처]/걸치니[걸ː치니]

위 (ㄱ)의 예에서 보듯이 '감다[감ː따]' 등은 '아/어' 또는 '으'로 시작하는 어미가
결합할 경우 '감아[가마], 감으니[가므니]'처럼 짧게 발음된다. 그런데 '알다[알ː다],
괴다[괴ː다/궤ː다]'는 '-으니'가 아니라 '-니'가 결합하므로 그 경우 '아니[아ː니], 괴
니[괴ː니/궤ː니]'처럼 긴소리가 유지된다.

한편, 긴소리를 가진 단음절의 어간에 피사동 접미사가 결합한 경우에도 짧게
발음하는 것이 원칙이다(아래 'ㄱ'). 다만 이 경우에도 예외가 있어 주의할 필요가
있다(아래 'ㄴ'). 이 예외는 앞서 본 (ㄴ)의 예들과 동일하여 '끌다, 벌다, 없다' 등의
피사동사에서 긴소리가 그대로 유지된다.

ㄱ. 감다[감ː따]-감기다[감기다], 알다[알ː다]-알리다[알리다], 밟다[밥ː따]-밟히다
[발피다]

ㄴ. 끌다[끌ː다]-끌리다[끌ː리다], 벌다[벌ː다]-벌리다[벌ː리다], 없다[업ː따]-없애
다[업ː쌔다]

4.3. 받침의 발음

국어 받침소리로는 'ㄱ, ㄴ, ㄷ, ㄹ, ㅁ, ㅂ, ㅇ'의 7개 자음만 발음한다. 'ㄲ,
ㅋ', 'ㅅ, ㅆ, ㅈ, ㅊ, ㅌ', 'ㅍ'은 각각 대표음 [ㄱ, ㄷ, ㅂ]으로 발음된다(밖[박], 옷
[옫], 꽃[꼳], 앞[압] 등). 국어 화자들이 이 발음에 어려움을 겪는 일은 거의 없다. 그
러나 겹받침(ㄳ, ㄵ, ㄶ, ㄺ, ㄻ, ㄼ, ㄽ, ㄾ, ㄿ, ㅀ, ㅄ)의 경우 'ㄼ, ㄺ', 'ㅀ'의 발음에 특
히 주의해야 할 점이 있다.

4.3.1. 겹받침

가. 'ㄼ'

겹받침 'ㄼ'은 어말 또는 자음 앞에서 [ㄹ]로 발음한다.

> 여덟[여덜], 여덟 시[여덜씨]
> 넓다[널따], 넓고[널꼬], 넓지[널찌]
> 떫다[떨:따], 떫고[떨:꼬], 떫지[떨:찌]

다만, 예외적으로 '밟-'은 자음 앞에서 [밥]으로 발음한다. 이 경우 흔히 [발]로 발음하기도 하지만 표준 발음이 아니다.

> 밟다[밥:따/*발:따], 밟고[밥:꼬/*발:꼬], 밟지[밥:찌/*발:찌], 밟는다[밤:는다/*발:른다]

'넓다'는 다음 경우에 [넙]으로 발음한다.

> 넓죽하다[넙쭈카다], 넓적하다[넙쩌카다], 넓둥글다[넙뚱글다]

'널따랗다[널따라타]'는 [널]로 발음하는 경우로서, 한글 맞춤법은 이 경우 소리 나는 대로 표기하도록 규정하고 있다(4.3.4. '가' 항 참조).

나. 'ㄺ'

겹받침 'ㄺ'은 어말 또는 자음 앞에서 [ㄱ]으로 발음한다(아래 예 외에 '굵다, 밝다, 얽다' 등을 더 들 수 있다).

> 흙[흑], 흙도[흑또]
> 맑다[막따], 맑지[막찌], 맑네[망네]
> 늙다[늑따], 늙지[늑찌], 늙는다[능는다]

이 경우 흔히 '맑-'을 [막]이 아니라 [말]로 발음하기도 하지만 표준 발음이 아니다. '늙지, 늙는다'도 잘못 발음하는 경우가 있어 주의해야 한다.

맑다[*말따], 맑지[*말찌], 맑네[*말레]
늙다[*늘따], 늙지[*늘찌], 늙는다[*늘른다]

용언의 어간 말음인 경우에는 'ㄱ' 앞에서 [ㄹ]로 발음한다. 그 예를 보면 다음과 같다.

맑고[말꼬], 늙고[늘꼬], 굵게[굴께], 묽게[물께], 밝구나[발꾸나], 얽거나[얼꺼나]

4.3.2. 'ㅎ' 받침

받침 'ㅎ(ㄶ, ㅀ)'은 뒤에 'ㄱ, ㄷ, ㅈ'이 결합되는 경우, 뒤 음절 첫소리와 합쳐서 [ㅋ, ㅌ, ㅊ]으로 발음한다.

놓고[노코], 좋던[조턴], 닿지[다치], 닳도록[달토록]

이 경우, 예를 들어 '닿지'를 [다찌]와 같이 된소리로 발음하기도 하는데([닿지→ 닫지→닫찌→다찌]) 이는 표준 발음이 아니다.

닿지[*다ː찌], 닳도록[*달또록]

이와 같이 거센소리로 발음하는 것은 받침 'ㄱ, ㄷ, ㅂ, ㅈ'에 뒤 음절 첫소리 'ㅎ'이 이어질 때도 마찬가지이다.

먹히다[머키다], 맏형[마텽], 좁히다[조피다], 꽂히다[꼬치다]

따라서 다음과 같이 'ㄷ' 소리 뒤에 'ㅎ'이 결합하는 경우에도 두 소리가 합쳐진

[ㅌ] 소리가 표준 발음이다. 이를 격음화 없이 발음하는 것은 잘못이다.

> 옷 한 벌[오탄벌/*오단벌], 낮 한때[나탄때/*나단때], 꽃 한 송이[꼬탄송이/*꼬단
> 송이], 닭 한 마리[다칸마리/*다간마리]

'ㅎ(ㄶ, ㅀ)' 뒤에 'ㅅ'이 결합하면 'ㅅ'을 [ㅆ]으로, 'ㅎ' 뒤에 'ㄴ'이 결합하면 그
'ㅎ'을 [ㄴ]으로 발음한다. 'ㄶ, ㅀ' 뒤에 'ㄴ'이 결합하면 'ㅎ'은 발음하지 않는다.

> 닿소[다ː쏘],82) 많소[만ː쏘], 싫소[실쏘]
> 놓는[논는], 쌓네[싼네]
> 않네[안네], 뚫는[뚤는→뚤른]

'ㅎ(ㄶ, ㅀ)' 뒤에 모음으로 시작된 어미나 접미사가 결합되는 경우에도 'ㅎ'은 발
음되지 않는다.

> 좋은[조ː은], 쌓이다[싸이다], 많아[마ː나], 싫어도[시러도]

4.3.3. 받침과 모음의 연접

가. 홑받침·쌍받침과 모음의 연접

홑받침이나 쌍받침이 모음으로 시작된 조사, 어미, 접미사가 연결되는 경우에는
뒤 음절 첫소리로 옮겨 발음한다('옷이[오시], 낮에[나제], 깎아[까까]' 등). 앞에서 보았듯
이 이 경우 'ㅎ' 받침은 탈락하므로 이 규칙의 예외가 된다. 이 외에는 특별히 언급
할 만한 내용은 없지만, 다음과 같이 표준어와 다른 기저형을 바탕으로 발음하는
오류는 유의할 필요가 있다.

---

82) '닿소[다ː쏘]'의 발음은 '닿소→닫소→닫쏘→[다ː쏘]'와 같이 설명된다. 반면에 배주채(2003 : 245)에서는
'ㅎ+ㅅ'의 축약이 'ㅆ'으로 되었다고 설명한다.

밭을[바틀/*바츨/*바슬], 솥에[소테/*소체/*소세], 꽃이[꼬치/*꼬시], 무릎이[무르피/*무르비], 동녘에[동녀케/*동녀게]

'꽃'에 호격조사 '아'가 결합한 말 '꽃아'의 표준 발음도 [꼬차]이다. 이를 [꼬사] 혹은 [꼬다]로 하는 것은 표준 발음이 아니다.

꽃아[꼬차/*꼬사/*꼬다], 뜻대로 피려무나.

한편, 받침 뒤에 모음 'ㅏ, ㅓ, ㅗ, ㅜ, ㅟ' 들로 시작하는 실질형태소가 연결되는 경우에는, 대표음으로 바꾸어서 뒤 음절 첫소리로 옮겨 발음한다(밭 아래[바다래], 젖어미[저더미], 맛없다[마덥따], 겉옷[거돋], 헛웃음[허두슴], 꽃 위[꼬뒤] 등).

이 경우 '맛있다, 멋있다'는 받침 'ㅅ'을 대표음으로 바꾸지 않고 제 음가대로 발음할 수 있다. 즉 아래와 같이 두 가지 발음이 모두 허용된다. 이는 '빛있다[비딛따], 뜻있다[뜨딛따]' 등과 비교하더라도 예외적인 것이다.

맛있다[마딛따/마싣따], 멋있다[머딛따/머싣따]

나. 겹받침과 모음의 연접

'앉아, 젊어' 등처럼 겹받침이 모음으로 시작된 조사나 어미, 접미사와 결합되는 경우, 뒤엣것만을 뒤 음절 첫소리로 옮겨 발음한다(넋이[넉씨], 앉아[안자], 흙을[흘글], 젊어[절머], 곬이[골씨], 핥아[할타], 값을[갑쓸], 없어[업:써] 등). 따라서 다음 예들도 이 원칙에 따라 발음하여야 한다.

닭이[달기/*다기], 닭을[달글/*다글]
흙으로[흘그로/*흐그로], 흙에서[흘게서/*흐게서]

'닭이, 닭을'을 [다기, 다글]로 발음하는 화자는 '닭'의 기저형을 '닥'으로 바꾼 것이다. 그러나 여전히 '닭'이 표준어이고 '닥'은 비표준어이다. '닭'을 표준어로 삼는 이상 '닭이'는 [달기]로 발음하는 것이 합리적이다.

한편, 뒤에 모음 'ㅏ, ㅓ, ㅗ, ㅜ, ㅟ' 들로 시작하는 실질형태소가 연결되는 경우에는, '넋[넉], 닭[닥], 값[갑]' 등 독립형으로 쓰이는 받침 하나만을 뒤 음절 첫소리로 옮겨 발음한다.

넋 없다[너겁따], 닭 앞에[다가페], 값있는[가빈는]

다. 한글 자모 이름의 받침

한글 자모의 이름에 모음으로 시작된 조사가 결합하면 '기역이[기여기], 니은을[니으늘]'처럼 그 받침소리를 이어서 발음한다. 그런데 'ㄷ, ㅈ, ㅊ, ㅋ, ㅌ ㅍ, ㅎ'은 모음과 결합할 경우 다음과 같이 발음한다.

디귿이[디그시], 지읒이[지으시], 치읓이[치으시], 키읔이[키으기], 티읕이[티으시], 피읖이[피으비], 히읗이[히으시]

즉 각 이름은 'ㅅ, ㄱ, ㅂ'을 받침소리로 지닌다. 이 자모들의 이름을 '디귿, 지읒, 치읓, 키읔, 티읕, 피읖, 히읗'과 같이 적는 것은 'ㄷ, ㅈ, ㅊ, ㅋ, ㅌ ㅍ, ㅎ'을 받침소리로 지니고 있어서가 아니라, 글자의 쓰임을 보이기 위하여 예외적으로 해당 글자를 받침 자리에 적은 것이다(제3장 4.1.1. 참조).

4.4. 음의 동화

4.4.1. 구개음화

받침 'ㄷ, ㅌ'이 조사나 접미사의 모음 'ㅣ'와 결합되는 경우에는, [ㅈ, ㅊ]으로 바꾸어서 뒤 음절 첫소리로 옮겨 발음한다. 이러한 음운 규칙을 '구개음화(口蓋音化)'라고 한다.

굳이[구지], 미닫이[미다지], 같이[가치], 밭이[바치]

'ㅣ'가 아닌 모음으로 시작되는 조사와 결합하는 경우에는 당연히 제 음가대로 발음한다. 아래에서 '밭, 팥, 솥' 등을 [ㅊ]으로 발음하는 것은 잘못이다.

밭은[바튼/*바츤], 팥을[파틀/*파츨], 솥에[소테/*소체]

4.4.2. 비음화

받침 'ㄱ, ㄷ, ㅂ'은 비음 'ㄴ, ㅁ' 앞에서 각각 [ㅇ, ㄴ, ㅁ]으로 발음된다. 다음은 그 예들이다.

국난[궁난], 국민[궁민], 믿는[민는], 옷맨[온만], 잎는[임는], 밥물[밤물]

이 비음화는 예외 없이 일어나는 것으로서 국어 화자들에게서 발음의 오류를 거의 찾을 수 없다. 다만, 겹받침 'ㄲ, ㄿ'은 자음 앞에서 각각 [ㄱ, ㅂ]으로 발음하고, '밟-'은 자음 앞에서 [밥]으로 발음하므로 'ㄴ, ㅁ' 앞에서 이들이 비음으로 발음된다는 점은 유의할 필요가 있다(제2장 4.3. '가' 항 참조).

늙는[늑는→능는], 밟는대[밥는다→밤는다], 읊네[읍네→음네]

받침 'ㅁ, ㅇ' 및 'ㄱ, ㅂ' 뒤에 연결되는 'ㄹ'도 [ㄴ]으로 발음한다.

담력[담녁], 강릉[강능], 대통령[대ː통녕]
막론[막논→망논], 협력[협녁→혐녁], 법리[법니→범니]

4.4.3. 유음화

'신라, 칼날' 등에서 'ㄴ'은 'ㄹ'의 앞이나 뒤에서 'ㄹ'로 바뀌어 소리난다. 즉 국어에서 'ㄴㄹ', 'ㄹㄴ'은 [ㄹㄹ]로 발음되는 현상이 있는데, 아래는 이 발음이 표준 발음인 예들이다.

천리[철리], 물난리[물랄리], 줄넘기[줄럼끼], 일단락(一段落)[일딸락/*일딴낙], 연
륙교(連陸橋)[열륙꾜/*연뉵꾜]

'연륙교[열륙꾜]'를 [연뉵꾜]로 잘못 발음하는 것은 '육교'에 이끌려 '연−육교'로
분석하고 'ㄴ' 소리를 첨가해서일 것이다('ㄴ' 첨가 발음은 제3장 4.6.1. 참조). 그러나 이
단어는 '연륙−교'로 분석되는 단어이므로 당연히 [ㄹㄹ]로 발음한다.

그런데 3음절의 복합어로서 형태소 경계가 두 번째와 세 번째 음절 사이에 있는
경우에 'ㄴㄹ'은 일반적으로 뒤의 'ㄹ'이 'ㄴ'에 동화되어 발음된다. 즉 아래 예들에
서 'ㄴㄹ'은 [ㄴㄴ]으로 발음한다.

의견란[의:견난/*의:결란], 생산량[생산냥/*생살량], 입원료[이붠뇨/*이뷜료], 공권
력[공꿘녁/*공꿜력], 이원론[이원논/*이월론]

'공권력'은 흔히 '권력[궐력]'에 이끌려 [공꿜력]으로 잘못 발음하기도 하는데, 이
는 '공권−력'으로 분석되는 단어로서 [공꿘녁]이 표준 발음이다.

한편 '대관령(大關嶺), 광한루(廣寒樓)'는 위 예들과 같이 두 번째와 세 번째 음절
사이에 형태소 경계가 있는데도 [대괄령], [광할루]로 발음된다. 즉 예외적 발음의
예라고 할 수 있다.

'의견란, 생산량[ㄴㄹ→ㄴㄴ]과 '대관령, 광한루[ㄴㄹ→ㄹㄹ]의 발음 차이는 구성
성분들이 인식되는 정도에 크게 기인하는 것으로 보인다. 즉 '의견란, 생산량'은 '의견,
생산'이 자립적인 말이어서 '의견, 란', '생산, 량'과 같이 인식될 수 있고, 그래서 '의
견, 생산'의 형태를 유지하여 [ㄴㄴ]으로 발음하려는 경향이 나타난다.[83] 그러나 '대관
령, 광한루'는 '대관, 광한'이 자립적인 말이 아니어서 '대관, 령', '광한, 루'처럼 인식
되기 어렵고 [ㄹㄹ]로 발음된다.

다만 자립성 여부가 절대적인 기준은 아니어서, 아래 (ㄱ)과 같이 비자립적인 말인 경우에도 [ㄴㄴ]으로 발음되기도 하며, (ㄴ)과 같이 자립적인 말인 경우에도 [ㄹㄹ]로 발음되기도 한다.[84)]

ㄱ. [ㄴㄹ→ㄴㄴ] : 개연량(蓋然量), 일산량(日産量), 전단력(剪斷力), 주선력(周旋力), 굴신력(屈伸力), 기판력(旣判力), 박진력(迫眞力), 선견력(先見力), 구인란(求人欄), 분은로(分銀爐), 용선로(鎔銑爐), 다원론(多元論), 보편론(普遍論), 정한론(征韓論)

ㄴ. [ㄴㄹ→ㄹㄹ] : 수문루(水門樓),[85)] 신선로(神仙爐), 삼천리(三千里), 구만리(九萬里), 천만리(千萬里)

이 'ㄴㄹ'의 발음은 뒷말이 무엇인가도 중요한 요인이 되는데, 즉 아래와 같이 특정한 말이 결합할 경우 앞말의 자립성 여부와는 상관없이 [ㄴㄴ]으로 일정하게 발음되는 경향이 있다. 이들이 '임진년에 일어난 난(임진란), 표준이 되는 양(표준양), 추진하는 힘(추진력), 행군하라는 명령(행군령), 강연의 대가(강연료)'와 같이 대체로 구성 성분들이 뚜렷이 인식되는 의미 구조를 지니기 때문일 것이다.

⟨란(欄)⟩ 구인란(求人欄), 통신란(通信欄)
⟨란(亂)⟩ 가산란(嘉山亂), 임진란(壬辰亂)
⟨량(量)⟩ 기준량, 표준량, 개연량(蓋然量), 일산량(日産量)
⟨력(力)⟩ 견인력, 결단력, 공신력, 굴신력(屈伸力), 기판력(旣判力), 동원력, 박진력(迫眞力), 복원력, 선견력(先見力), 전단력(剪斷力), 정신력, 주선력(周旋力), 직관력, 추진력, 판단력, 표현력
⟨령(令)⟩ 동원령, 두문령(杜門令), 퇴군령, 행군령, 회군령(回軍令)
⟨론(論)⟩ 강신론(降神論), 개선론(改善論), 공간론(空間論), 구문론(構文論), 극단론, 낙관론, 다원론(多元論), 무신론, 보편론(普遍論), 어원론(語源論), 자본론, 정한론(征韓論)
⟨록(錄)⟩ 경신록(敬信錄), 고신록(考信錄), 구인록(求仁錄), 규한록(閨恨錄), 무원록(無冤錄), 사변록(思辨錄), 임진록(壬辰錄) [이상 고유명] 견문록(見聞錄), 공신록(功臣錄), 명신록(名臣錄), 발언록(發言錄), 조문록(弔問錄)
⟨로(路)⟩ 강변로, 간선로, 등산로, 접근로, 직선로
⟨로(爐)⟩ 분은로(分銀爐), 용선로(鎔銑爐), 침탄로(浸炭爐), 해탄로(骸炭爐)

〈료(料)〉 강연료, 계선료(繫船料), 공연료, 대전료, 보관료, 출연료, 할인료
〈류(類)〉 구근류(球根類), 동균류(動菌類), 두판류(頭板類), 모균류(帽菌類), 복균류(腹
菌類), 송진류(松津類), 진균류(眞菌類)
〈류(流)〉 발산류(發散流), 순환류(循環流), 연안류(沿岸流), 이안류(離岸流), 증산류(蒸
散流), 해안류(海岸流), 향안류(向岸流)
〈림(林)〉 보건림(保健林), 보관림(保管林), 보안림(保安林), 보존림(保存林), 호안림(護
岸林)

이와 달리 다음과 같이 지명, 벼슬명, 건물명, 음식명 등 특정한 대상의 이름을 나
타내는 경우에는 [ㄴㄹ→ㄹㄹ]로 발음되는 경향이 있다. 그 전체가 하나의 의미 단위
로 인식된 결과일 것이다.

[고개명] 〈령(嶺)〉 검산령(劍山嶺), 대간령(大間嶺), 대관령(大關嶺), 마천령(摩天嶺), 백
간령(白澗嶺), 부전령(赴戰嶺)
[벼슬명] 〈령(令)〉, 〈랑(郎)〉 종인령(宗人令), 해관령(奚官令), 궁문랑(宮門郎), 복근랑(服
勤郎), 봉훈랑(奉訓郎), 비변랑(備邊郎)
[건물명] 〈루(樓)〉 강선루(降仙樓), 광한루(廣寒樓), 수문루(水門樓)[86]
[역법명] 〈력(曆)〉 대연력(大衍曆), 시헌력(時憲曆)
[음식명] 〈로(露)〉, 〈로(爐)〉 금분로(金盆露),[87] 신선로(神仙爐)

이상과 같이 3음절어의 'ㄴㄹ'의 발음에 일정한 경향이 있는 것은 사실이지만 이는
화자의 인식에 기반하는 만큼 정확히 예측하기는 어렵다. 이를테면 특정한 대상의 이
름인데도 '경신록, 무원록' 등의 책 이름은 [ㄴㄴ]으로, '강선루, 광한루' 등 건물 이름
은 [ㄹㄹ]로 발음된다. '노근리(老斤里), 당인리(唐人里)' 등 행정 구역명도 [ㄴㄴ], [ㄹ
ㄹ] 발음이 혼재된 양상을 보이는데, 이는 그만큼 'ㄴㄹ'의 발음을 일정한 규칙에 따라
예측하기 힘들다는 점을 보여 준다.

---

83) 2음절어로서 능 이름인 '선릉(宣陵), 헌릉(獻陵)' 등의 경우 표준 발음은 [설릉], [헐:릉]이지만 이를 [선능],
[헌:능]으로 발음하는 화자가 적지 않은 것도 능 이름에서 '선(宣), 헌(獻)' 등은 그 독립적인 의미 기능이 강
하기 때문일 것이다.
84) 흔히 'ㄴㄹ'의 표준 발음이 무엇인가에 대하여 앞말의 자립성에 따라 결정된다는 설명을 종종 볼 수 있지만
이는 정확한 설명이라고 할 수는 없다. 앞말이 자립적일 때 대체로 [ㄴㄴ]인 것은 사실이지만 비자립적인

4.4.4. 위치 동화

화자에 따라서 '문법[문뻡]'을 [뭄뻡]으로 발음하기도 한다. 이는 받침 'ㄴ'과 다음 음절의 첫소리 'ㅃ'의 조음 위치가 달라, 앞의 받침소리를 뒤의 자음과 같은 위치로 동화시킨 결과이다. 이러한 발음은 표준 발음이 아니다.

즉 다음과 같이 받침소리를 뒤에 오는 연구개음(ㄱ, ㄲ, ㅋ)이나 양순음(ㅂ, ㅃ, ㅍ, ㅁ)의 조음 위치로 동화시켜 발음하는 것은 잘못이다.

> 옷감[옫깜/*옥깜], 앉게[안께/*앙께], 있고[읻꼬/*익꼬], 꽃길[꼳낄/*꼭낄], 젖먹
> 이[전머기/*점머기], 꽃밭[꼳빧/*꼽빧]

이러한 동화는 화자에 따라 '신고[싱꼬], 깨닫게[깨닥께], 신문[심문], 눈빛[눔삗]' 등처럼 흔하게 나타난다. 일상 대화에서 그 발음 차이가 크게 인식된다고 하기는 어렵지만 표준 발음에 따라 정확히 발음하는 것이 바람직하다.

4.4.5. 'ㅣ' 모음 순행 동화

'되어[되어], 피어[피어]'는 [되여], [피여]로 발음하는 것도 허용된다. 이는 앞의 'ㅣ' 모음 등에 동화되어 '어'가 [여]로 발음되는 것인데 표준 발음으로 인정되는 것이다. 이에는 모음 'ㅚ, ㅟ, ㅣ'로 끝난 용언 어간이 어미 '-어'와 결합하는 예들이 해당된다(아래에서 '되어, 꾀어, 쐬어'의 어간은 [뒈], [꿰ː], [쒜ː], '참되어'의 어간은 [참뒈]로도 발음할 수 있다). 표준어 규정에는 단음절 어간만 예로 제시되어 있지만, 복합어 어간에도 동일하게 적용된다.

말이 올 경우에도 [ㄴㄴ]으로 발음하는 예가 적지 않다.
85) '광희문'의 다른 이름.
86) '마천루(摩天樓)'[마철루]는 건물 이름은 아니지만 이들과 마찬가지로 [ㄹㄹ]로 발음된다. '마천'의 자립성도 약할뿐더러, '루(樓)'를 갖는 다른 단어들에 이끌렸을 가능성이 크다.
87) 술의 일종.

되어[되어/되여], 꾀어[꾀:어/꾀:여], 쐬어[쐬:어/쐬:여], 피어[피어/피여], 기어[기어/기여], 시어[시어/시여], 쉬어[쉬:어/쉬:여], 쥐어[쥐:어/쥐:여], 참되어[참뙤어/참뙤여], 틀어쥐어[트러쥐어/트러쥐여], 먹이어[머기어/머기여], 잡히어[자피어/자피여]

이에 준하여 '이오[이오], 아니오[아니오]'도 [이요, 아니요]로 발음하는 것이 허용된다.

이것은 책이오[채기오/채기요].
이것은 책이 아니오[아니오/아니요].

이와 같이 앞 모음의 영향으로 어미 '-어'가 [여]로 발음되는 것은 위 예들처럼 제한된 경우에만 허용된다. 즉 'ㅔ, ㅐ, ㅞ' 등으로 끝나는 용언 어간 뒤에서 '-어'를 [여]로 발음하는 것은 표준 발음이 아니다.

(풀을) 베어[베:어/*베:여], (끈을) 매어[매:어/*매:여], (실에) 꿰어[꿰:어/*꿰:여]

또 불규칙 용언의 활용형 '지어(짓-+-어), 이어(잇-+-어)' 등에서도 [여] 발음은 허용되지 않는다. 그 어간 '짓-, 잇-'이 자음으로 끝나 '기-, 시-' 등의 용언 어간과는 같지 않은 것이다.

(집을) 지어[지어/*지여], (줄을) 이어[이어/*이여]

참고로 '띄어, 씌어' 등은 [띠어/띠여], [씨어/씨여]와 같이 두 가지 발음이 허용된다. 어간 '띄-, 씌-'의 발음이 철자법과 무관하게 [띠], [씨]이기 때문이다. 이와 달리 '여의어'는 어간 '여의-'의 발음이 [여의/여이]이므로 [여의어/여이어/여이여]가 모두 허용된다. 그러나 [여의여]는 허용되지 않는다.

띄어[띠어/띠여], 씌어[씨어/씨여]
여의어[여의어/*여의여/여이어/여이여]

이상의 예는 사전의 발음 정보를 통해서 확인할 수 있지만, 다음 예들의 발음은 다소 불분명한 데가 있다.

가시어, 오시어
되었다, 쉬었다, 기었다
되어라, 쉬어라, 기어라
(꽃이) 피오, (사과가) 시오
오십시오, 가십시오

즉 어미 '-시-' 뒤의 어미 '-어', 'ㅚ, ㅟ, ㅣ'로 끝나는 어간 뒤의 어미 '-었-, -어라', '이오, 아니오'를 제외한 일부 용언 활용형에서의 어미 '-오', 어미 '-ㅂ시오'의 '오' 등도 [여], [요]로 발음되기도 하는데, 그 발음이 허용되는지는 해당 조항("제22항 다음과 같은 용언의 어미는 [어]로 발음함을 원칙으로 하되, [여]로 발음함도 허용한다.")에 '되어, 피어, 이오, 아니오'만 예시되어 있어 분명치 않다. 그러나 종전 해설(국어연구소 1988ㄴ) 및 새 해설(국립국어원 2018) 모두 이 조항에 대하여 어미가 '어간'에 결합하는 경우임을 밝히고 있고, 조항에서 그 결합하는 어미로 '-어'만, 그리고 조항 [붙임]에서 소급 적용하는 예로 '이오, 아니오'만 적시하였다는 점에서 위 예들은 모두 [여], [요]가 표준 발음이 아니라고 할 수 있다.

4.5. 경음화

국어는 'ㄱ, ㄷ, ㅂ' 소리 뒤에서 'ㄱ, ㄷ, ㅂ, ㅅ, ㅈ' 소리가 예외 없이 경음화되어 된소리로 발음된다. 또 용언 어간말의 비음('ㄴ, ㅁ') 뒤에서도 어미의 경음화가 일어난다.

〈'ㄱ, ㄷ, ㅂ' 뒤〉 국가[국까], 닫고[닫꼬], 국밥[국빱], 박수[박쑤], 덥지[덥찌]
〈용언 어간말 비음 뒤〉 안고[안꼬], 앉지[안찌], 감대[감때], 젊고[점꼬]

국어 화자들이 이 경우 된소리 발음에 어려움을 겪지는 않지만, 종종 예사소리로 발음할 것을 된소리로 잘못 발음하기도 한다.

신을 신기고[신기고/*신끼고].
둘도[둘도/*둘또] 없다.
여덟도[여덜도/*여덜또] 적다.

특히 한자어는 복잡한 면이 있어서 주의를 요한다. 우선, 한자어는 종성 'ㄹ' 뒤에서 'ㄷ, ㅅ, ㅈ'이 경음화되는 특징이 있다(같은 환경에서 'ㄱ, ㅂ'은 경음화되지 않는다. 발견[발견], 설비[설비] 등).

발달[발딸], 설득[설뜩], 결심[결씸], 달성[달썽], 발전[발쩐], 열정[열쩡]

그런데 3음절 이상의 한자어는 단어에 따라 다르다. 즉, '몰상식[몰쌍식], 미술사[미술싸], 누설죄[누설쬐]'처럼 경음화되는 것도 있고, '몰지각[몰지각], 발달사[발딸사], 쟁탈전[쟁탈전]' 등과 같이 경음화되지 않는 것도 있다.

그러다 보니 3음절 이상의 한자어는 화자에 따라 발음에 차이가 나타나기도 한다. 이와 같이 단어에 따라 또 화자에 따라 발음이 달라지는 단어들은 특히 표준 발음에 유의할 필요가 있다. 아래 예들은 흔히 된소리로 발음하지만 예사소리가 표준 발음인 단어들이다.[88]

실수요[실수요/*실쑤요], 송별식[송ː별식/*송ː별씩], 미괄식[미괄식/*미괄씩], 전달식[전달식/*전달씩], 철물점[철물점/*철물쩜]

이와 반대로 흔히 예사소리로 발음하지만 된소리가 표준 발음인 경우도 있다. '−적(的)'이 결합한 말들이 특히 그러한데 다음은 그 예들이다.

---

88) 이 예들을 비롯하여 이하 발음의 예들은 배주채(2003)를 주로 참조하였다. 배주채(2003)은 한국어의 발음을 체계적으로 정리하고 있어서 우리말의 발음 양상을 이해하는 데 큰 도움이 된다.

물질적[물찔쩍/*물찔적], 실질적[실찔쩍/*실찔적], 성찰적[성찰쩍/*성찰적], 역설적
[역썰쩍/*역썰적], 직설적[직썰쩍/*질썰적]

'-적(的)'은 3음절 이상의 단어에서 경음화되지 않지만('경제적, 개인적, 낭만적, 실험
적, 가정적' 등), 'ㄹ' 뒤에서는 경음화되는 특성이 있다('건설적, 능률적, 동물적, 신경질
적, 현실적' 등). 이에 따라 "표준국어대사전"은 위 예들에 대하여 경음화한 발음을
표준 발음으로 규정한다.

나아가 젊은 세대는 3음절어 이상 단어에서 자음 뒤의 '-적(的)'을 모두 경음화
하는 특성이 있는데(배주채 2003 : 279), 아래와 같이 대부분 예사소리가 표준 발음
이다.

개인적[개:인적/*개:인쩍], 결정적[결쩡적/*결쩡쩍], 내성적[내:성적/*내:성쩍],

모범적[모범적/*모범쩍], 양심적[양심적/*양심쩍], 정신적[정신적/*정신쩍]

다음으로, 한자어는 사이시옷이 개재하여 경음화를 일으키는 예들이 많다(아래
제2장 4.6.1. 참조). '내과(內科), 인권(人權)' 등은 [내꽈], [인꿘]처럼 된소리로 발음되
는데, 이는 이 단어들에 '내ㅅ과', '인ㅅ권'처럼 사이시옷이 들어 있기 때문이다. 한
자어에는 '가(價), 과(科/課), 권(權/圈/券), 격(格), 급(級), 기(氣), 법(法), 병(病/瓶), 성
(性), 세(稅), 장(狀), 점(點), 죄(罪), 증(症/證)' 등처럼 'ㅅ'을 잘 앞세우는 말들이 있어,
이들이 결합한 말들은 된소리로 발음되는 경우가 많다.[89]

'사건(事件), 조건(條件)' 등도 된소리로 발음한다. 한때 이 단어의 발음으로 [사:건],
[조건]이 옳다는 주장도 있었으나(이러한 주장에는 '물건(物件)'[물건]의 발음이 근거가 되기
도 하였으며, 실제로 이 예사소리의 발음이 방송에서 사용되기도 하였다), 이들은 '문건
(文件), 안건(案件)' 등처럼 '건(件)'이 사이시옷을 전치시킨 것으로서 된소리가 표준
발음이다. '사건[사:껀]'의 경우 '사사건건[사:사껀껀]'의 발음도 참조된다.

---

89) 물가, 매매가, 문과, 내과, 총무과, 인권, 주권, 수도권, 여권, 성격, 인격, 국보급, 장관급, 윤기, 화장기,
민법, 헌법, 경어법, 상사병, 전염병, 맥주병, 화염병, 경제성, 식물성, 전통성, 부가세, 지방세, 연하장, 도
전장, 초점, 출발점, 절도죄, 살인죄, 실어증, 불면증, 통증, 면허증, 신분증 등.

사건[사껀/*사ː건], 조건[조껀/*조건]

이와 달리 다음 단어들은 사이시옷이 개재되었다고 보기 어려운 예들이다. 따라서 이들은 예사소리로 발음하는 것이 원칙이라고 할 수 있고, 실제로 종전에는 예사소리만 표준 발음이었다. 그러나 2017년 "표준국어대사전"에서 현실 발음을 고려하여 '교과서, 효과, 관건, 반값'의 경우 된소리 발음도 표준 발음으로 인정하였다. 다만 '논조'는 여전히 예사소리만 표준 발음이다.

교과서(敎科書)[교ː과서/교ː꽈서], 효과(效果)[효ː과/효ː꽈], 관건(關鍵)[관건/관껀], 반값[반ː갑/반ː깝], 논조(論調)[논조/*논쪼]

다음 단어들은 사이시옷이 개재될 환경이 아닌데도 사이시옷이 있는 것처럼 흔히 된소리로 발음하는 예들이다. 이는 사이시옷이 개재된 '헌법[헌뻡], 민법[민뻡], 조세법[조세뻡]' 등에 이끌린 것이라고 할 수 있다. 그런데 이들 가운데 '범법(犯法), 준법(遵法), 탈법(脫法)'은 된소리가 표준 발음이고, '불법(不法)'은 예사소리와 된소리가 모두 표준 발음이다. '불법'은 원래 [불법]만 표준 발음이었으나, 역시 2017년 "표준국어대사전"에서 [불뻡]도 인정하였다.

범법[범ː뻡], 준법[준ː뻡], 탈법[탈뻡], 불법[불법/불뻡]

다음 단어들도 종종 된소리로 발음하는 예들인데[90] 예사소리가 표준 발음이라는 점에 주의할 필요가 있다.

등기(登記)[등기/*등끼], 창고(倉庫)[창고/*창꼬], 고가도로[고가도로/*고까도로], 현격하다[현ː겨카다/*현ː껴카다]

---

90) 한자어 가운데는 일정한 규칙성 없이 경음화가 일어나는 경우들이 있는데, '간단, 산보, 장기(長技), 점괘' 등은 그러한 된소리가 표준 발음인 예들이다. '진단, 진보, 연기(演技), 암기' 등과 비교해 보면 이들이 경음화가 되어야 할 특별한 이유를 찾기 어렵다.

이와 달리 원래 된소리가 표준 발음이었는데 현실적으로 주로 예사소리로 발음되는 경우도 있다. 아래는 이러한 현실을 반영하여 2017년에 예사소리도 표준 발음으로 인정한 예들이다.

안간힘[안깐힘/안간힘], 인기척[인끼척/인기척], 분수(分數)[분쑤/분수],91) 점수[점쑤/점수], 함수[함ː쑤/함ː수]

이상의 경음화 관련 예들은 평소 주의하여 발음할 필요가 있다. 이 외에 관형사형 어미 '-(으)ㄹ' 뒤에서 'ㄱ, ㄷ, ㅂ, ㅅ, ㅈ'을 된소리로 발음한다는 점도 덧붙여 둔다. 이는 발음의 오류가 거의 없는 일반적인 현상인데, 다만 끊어서 말할 적에는 예사소리로 발음한다는 점은 참조할 필요가 있다.

할 것을[할꺼슬], 할 바를[할빠를], 갈 곳[갈꼳], 올 듯하다[올뜨타다]

4.6. 음의 첨가

4.6.1. 'ㄴ' 첨가

'솜이불'과 '금요일'

합성어 및 파생어에서 앞 단어나 접두사의 끝이 자음이고, 뒤 단어나 접미사의 첫음절이 '이, 야, 여, 요, 유'인 경우에는 'ㄴ'을 첨가하여 발음한다(표준 발음법 제29항). 다음은 그 예들이다.

솜이불[솜ː니불/*소ː미불], 홑이불[혼니불/*호디불], 궂은일[구즌닐/*구즈닐], 막일[망닐/*마길], 군입[군ː닙/*구ː닙], 맨입[맨닙/*매닙], 밭이랑[반니랑/*바디랑], 앞이매[암니마/*아비마], 내복약[내ː봉냑/*내ː보갹], 늑막염[능망념/*능마겸], 색연필[생년필/*새견필], 색유리[생뉴리/*새규리], 눈요기[눈뇨기/*누뇨기], 복요리[봉뇨리/*보교리], 영업용[영엄뇽/*영어뵹], 덧입대[던닙따/*더딥따], 힘입다[힘닙따/*히밉따], 짓이기대[진니기다/*지디기다], 연이어[연니어/*여니어], 야옹야옹[야옹냐옹/*야옹야옹]

---

91) 수학 용어. '사물을 분별하는 지혜'인 '분수(分數)'는 긴소리 및 예사소리 [분ː수]로 발음한다.

표준 발음법은 '이, 야, 여, 요, 유'인 경우만 언급하지만, 국립국어원(2018)에서 언급하듯이 '얘, 예'인 경우도 마찬가지다(반모음 'ㅣ [j]'로 시작하는 모음이라는 점에서 앞의 모음들과 공통점이 있다).

　　뒷얘기[뒨:내기], 본예산[본녜산], 기본예절[기본녜절]

그런데 같은 음운 환경인데도 '눈인사, 첫인상, 산양(山羊)' 등 'ㄴ' 첨가가 일어나지 않는 단어들도 적잖이 있다. '금요일'도 'ㄴ' 첨가가 없는 [그묘일]이 표준 발음인데, 사람에 따라서 'ㄴ'을 첨가하여 [금뇨일]로 잘못 발음하기도 한다. 이와 같이 'ㄴ' 첨가 발음은 단어에 따라서 다르므로 주의할 필요가 있다.

한편, 아래의 예들은 '유럽(Europe), 예멘(Yemen)' 등 외래어가 결합한 경우로서, 'ㄴ'을 첨가하여 발음하기도 하고 그렇지 않기도 하지만 아직 표준 발음이 정해져 있지 않다. 외래어의 경우 표기법만 있을 뿐 발음법이 없기 때문인데(제4장 1.2. 참조) 결과적으로 화자들로서는 불편함을 느낄 수밖에 없다.

　　북유럽, 남유럽, 북예멘, 남예멘

아래 예들도 'ㄴ' 첨가를 하지 않는데 종종 'ㄴ'을 첨가하여 잘못 발음하는 경우가 있다.

　　선열(先烈)[서녈/*선녈], 운율(韻律)[우:뉼/*운뉼], 전율(戰慄)[저:뉼/*전뉼]

다음과 같이 'ㄴ' 첨가를 하거나 하지 않는 발음을 모두 표준으로 인정하는 경우도 있다. 두 발음이 모두 널리 쓰인다고 보기 때문이다.

　　야금야금[야금냐금/야그먀금], 이죽이죽[이중니죽/이주기죽], 검열[검:녈/거:멸],
　　금융[금늉/그뮹]

'설익다'

다음과 같이 'ㄹ' 받침 뒤에 첨가된 'ㄴ'은 다시 그 'ㄹ'에 동화되어 'ㄹ'로 발음한다.

솔잎[솔립/*소립], 설익다[설릭따/*서릭따], 물약[물략/*무략]

화자에 따라서는 아래 예들도 이와 같은 식으로 발음하지만, 이 단어들은 'ㄴ' 첨가를 하지 않는 것이 표준 발음이다.

절약[저략/*절략], 활약[화략/*활략], 촬영[촤령/*촬령], 활용[화룡/*활룡], 불용(不用)[부룡/*불룡]

이 예들처럼 2음절 한자어는 'ㄴ' 첨가가 없는 발음이 일반적이다. 즉 앞서 '검열, 금융' 등은 'ㄴ' 첨가가 예외적으로 인정된 경우이다.

한편 다음 단어들도 'ㄴ' 첨가 없이 발음한다. 이들을 'ㄴ'을 첨가하여 발음하는 것은 잘못된 발음이다.

월요일[워료일/*월료일], 일요일[이료일/*일료일], 송별연[송ː벼련/*송ː별련]

이 'ㄴ' 첨가의 발음을 규정한 '표준 발음법' 제29항이 지닌 문제점은 크게 두 가지 방향에서 지적될 수 있다.

하나는 이 규정의 내용이 현실 언어와 적지 않은 괴리를 보인다는 점이다. 많은 연구에서 지적되었듯이 'ㄴ' 첨가는 매우 불규칙하고 변화도 많은 음운 현상이다. 'ㅣ' 모음 앞에 국한해서, 현실 언어에서 이 현상은 다음과 같이 세 가지 유형으로 나뉠 수 있는데(엄태수 2012 : 16 참조),

ㄱ. 〈항상 'ㄴ'이 첨가되는 예〉 덧니, 헛일, 막일
ㄴ. 〈'ㄴ' 첨가가 수의적인 예〉 꽃이름[꼰이름~꼬디름], 호박잎[호방닙~호바깁], 솜

이불[솜니불~소미불]

ㄷ. 〈'ㄴ' 첨가가 일어나지 않는 예〉 약이름, 책읽기, 눈인사

　　(ㄴ)과 같이 두 가지 발음이 공존하는 경우(본문에서 든 '늑막염, 힙입어, 연이어' 등 많은 예들이 이에 해당한다) 다수의 화자들이 발음하는 것을 비표준어로 하는 것은 문제가 될 수 있다. 특히 '땅임자, 밤이슬, 밭이랑' 등은 표준 발음이 [땅님자], [밤니슬], [반니랑]이지만, "표준 발음 실태 조사 Ⅱ"(2003, 국립국어원)에 따르면 'ㄴ'을 첨가하지 않는 [땅임자], [바미슬], [바디랑]으로 발음하는 사람이 압도적으로 많을 정도로, 적지 않은 단어들이 표준 발음과 큰 차이를 보인다. 따라서 'ㄴ' 첨가가 수의적인 예들은 복수 표준어로 할 것이 제안되기도 하는데(엄태수 2012) 화자의 편의를 위해서도 고려해 볼 만할 것이다(위 예에서 '밤이슬'은 2017년에 [밤니슬]도 표준 발음으로 인정되었다).

　　또 다른 문제점은 예외가 많아 규정으로서의 의의가 약하다는 점이다. 사전에서 정한 표준 발음에 국한해 봐도 이 조항은 예외가 너무 많다. 합성어만 해도 규정과 달리 '눈인사, 월요일, 식물인간, 등장인물, 그림일기, 첫인사, 독약, 산양' 등 예외가 꽤 있으며, '안약, 석유, 죽염, 녹용, 끽연, 절약' 등 한자 형태소끼리 결합한 것도 합성어의 범주에 포함한다면 그 예외는 급격히 늘어난다. 파생어에도 다음과 같이 'ㄴ' 첨가 없이 발음하는 많은 예외가 있다.

〈접미 파생어〉 절름발이, 애꾸눈이, 왕눈이, 갑돌이, 영숙이, 나날이, 다달이, 더욱이, 일찍이, 반짝이다, 끄덕이다, 한국인(人), 일본인, 예술인, 상속인, 경축일(日), 국경일, 기념일, 독립일, 탄신일, 이십여(餘)[이:시벼] (년), 백여[배겨] (개), 암흑연(然)[암:흐견]

〈접두 파생어〉 경(輕)입자[경입짜], 덧인쇄[더딘쇄], 몰(沒)염치[모렴치], 몰인정[모린정], 몰인격[모린격], 몰인식[모린식], 약(弱)입자[야깁짜], 양(洋)약[양약], 역(逆)이용[여기용], 연(延)인원[여니눤], 정(正)일품[정:일품], 총(總)인원[총이눤], 풋인사[푸딘사]

　　위에서 든 접미사 '-이, -이다, -인, -일, -여, -연' 등은 제29항에서 드는 '-용

(用), -유(油)' 등과 달리 'ㄴ' 첨가 현상을 보이지 않는 예들이다.

동일한 접사가 결합했는데 단어에 따라 'ㄴ' 첨가가 불규칙하게 나타나기도 한다. 예를 들어, '몰-'이 결합한 단어('몰염치, 몰인정, 몰인격')는 대부분 'ㄴ' 첨가가 없지만 '몰이해[몰리해]'는 'ㄴ'이 첨가되어 발음된다. 또 위에서 든 '경입자, 덧인쇄, 약입자, 풋인사' 등은 'ㄴ'이 첨가되지 않고 발음되지만, '경양식, 경연극, 덧엎다, 덧입다, 덧양말, 약염기, 풋윷' 등 대부분 단어들은 'ㄴ'이 첨가되어 발음된다. 모 주류 회사의 상품명 '참이슬[차미슬]'이 'ㄴ' 첨가 없이 발음되는 것도 '참열매[참녈매]'와 비교할 때 'ㄴ' 첨가의 불규칙성을 보여 주는 한 예라고 할 것이다.

일반적으로 문제의 환경에서 파생어들은 'ㄴ'이 첨가되어 발음되지만('산업용, 애완용, 외출용, 식물유, 지방유, 혼합유, 실업률, 용적률, 인상률, 백분율, 할인율, 권력욕, 독점욕' 등), 위에서 본 것처럼 접사에 따라 'ㄴ' 첨가 현상을 전혀 보이지 않는다거나 불규칙하게 나타나기도 한다. 따라서 이 조항이 규정으로서의 엄격성을 갖추려면 여러 면에서 보다 세밀하게 보완될 필요가 있다.

'옷 입다'

아래 예들은 두 단어가 이어진 경우지만, 'ㄴ' 소리를 첨가하여 발음한다. 즉 한 단어 내부가 아닐지라도, 이 예들과 같이 '두 단어를 이어서 한마디로 발음하는 경우'에는 'ㄴ' 소리를 첨가하여 발음하는 것이다(표준 발음법 제29항 붙임2).

한 일[한닐], 서른여섯[92][서른녀섣], 1 연대[일련대], 잘 입고[잘립꼬], 잘 익혀[잘리켜], 옷 입고[온닙꼬], 못 이겨[몬니겨], 못 잊어[몬니저]

그런데 이 가운데 다음 예들은 'ㄴ' 첨가 없이 연음하여 발음할 수도 있다. 즉 화자가 '두 단어로 인식하고서' 발음하는 경우에는 이와 같이 연음하여 발음할 수 있는 것이다.

---

92) '서른여섯'은 단어일 가능성도 있지만, '두 단어'를 이어서 발음하는 예로 규정한 '표준 발음법'에 따라 제시한 것이다.

잘 입고[자립꼬], 잘 익혀[자리켜], 못 이겨[모디겨], 못 잊어[모디저]

결론적으로 '잘 입다, 잘 익히다, 못 이기다, 못 잊다' 등은 한 단어처럼 인식하느냐, 두 단어로 인식하느냐에 따라서 [잘립따/자립따], [잘리키다/자리키다], [몬니기다/모디기다], [몬닏따/모딛따]와 같이 두 가지로 발음할 수 있다.

'책요'

체언에 조사가 결합한 경우 'ㄴ' 첨가 없이 발음하는 것이 일반적이다(책이[채기] 등). 그런데 '요'가 결합한 경우에는 'ㄴ'을 첨가하여 발음한다.

화자 1 : 그것 좀 주세요.
화자 2 : 이 책요[챙뇨]?

그런데 하오체의 '책이오'가 줄어든 '책요'는 'ㄴ' 첨가 없이 발음한다(표준어 규정 제29항 [붙임2] 해설).

화자 1 : 그게 무엇이오?
화자 2 : 이건 책요[채교].

나. 사이시옷

사이시옷이 개재한 경우에는 환경에 따라 세 가지로 발음한다.

첫째, 'ㄱ, ㄷ, ㅂ, ㅅ, ㅈ'으로 시작하는 단어 앞에 사이시옷이 올 때는 이들 자음을 된소리로 발음하는 것이 원칙이다. 이때 사이시옷은 된소리의 일부가 된 것으로 보지만, [ㄷ]으로 발음하는 것도 허용된다.

냇가[내:까/낻:까], 콧등[코뜽/콛뜽], 깃발[기빨/긷빨], 햇살[해쌀/핻쌀], 뱃전[배쩐/뱓쩐]

참고로, 다음과 같은 단어는 'ㅅ'이 사이시옷이 아니므로 두 가지 발음이 허용되

133

지 않고 [ㄷ]으로 발음해야 한다.

엿기름[엳끼름], 옷값[옫깝], 숫돌[숟똘],93) 낫대[낟:때], 웃기대[욷:끼대]

둘째, 'ㄴ, ㅁ'으로 시작하는 단어 앞에서는 사이시옷을 [ㄴ]으로 발음한다.

콧날[콘날], 뱃머리[밴머리]

셋째, '이' 또는 '야, 여, 요, 유' 등이 결합하는 경우에는 [ㄴㄴ]으로 발음한다.

베갯잇[베갠닏], 깻잎[깬닙], 뒷윷[뒨:뉻]

합성어라고 해도 화자마다 발음이 달라 사이시옷이 개재했는지 아닌지 판단하기 어려운 경우가 있다. 다음 단어들은 사이시옷이 개재되지 않은 말을 표준으로 삼고 있다.

머리말[머리말/*머린말], 머리글[머리글/*머릳끌], 머리기사[머리기사/*머리끼사], 꼬리말[꼬리말/*꼬린말], 인사말[인사말/*인산말], 나라말[나라말/*나란말], 기와집[기와집/*기왇찝]

다만, 이 경우에도 표준 발음이 현실 발음과 다른 점은 여전히 문제이다. 예를 들어 '머리말'은 대다수 화자들이 'ㄴ'을 첨가하여 [머린말]로 발음하는데도94) [머리말]이 표준 발음이어서 화자들로서는 혼란스러울 수밖에 없다. 앞으로 현실 언어를 반영하는 문제는 표준어 정책의 큰 과제라고 할 것이다.

---

93) '숫-'은 옛말 '붗-, 쁫-'에 기원하는 동사로서, '숫돌'은 동사 어간+명사로 이루어진 단어이다.
94) "표준 발음 실태 조사 Ⅱ"(2003, 국립국어원)에 따르면, 20대~60대에 걸쳐 '머리말'을 [머리말]로 발음하는 사람이 53명(15%), [머린말]로 발음하는 사람이 297명(85%)로서 'ㄴ' 첨가 발음이 훨씬 우세하다.

1. 표준어의 필요성에 대하여 설명하시오. 나아가 표준어에 부정적인 면이 있다면 서술하고, 그 극복 방안을 제시해 보시오.

2. 정부는 현실적인 표준어 정책을 위하여 비표준어 가운데 국민들이 일상적으로 널리 쓰는 말을 표준어로 올리는 정책을 전개하고 있다. 그리하여 2011년에 39항목, 2014년에 13항목, 2105년에 11항목, 2016년에 6항목, 그리고 2017년에 5항목을 표준어 또는 표준형으로 추가하였다. 이러한 정책에 따라 2017년 이후 새로 표준어가 된 말이 있는지 조사하여 제시해 보시오.

3. 다음 글의 내용과 관련하여 자신의 의견을 자유로이 서술해 보시오.

  표준어의 형성과 함께 더욱 심화된 서울말과 지역말 사이의 차별 구조는 정치·경제·사회·문화 등의 거의 모든 분야가 서울을 중심으로 과도하게 집중되어 있는 우리나라의 특수한 상황을, 그로 인해 서울에 산다는 것 자체가 하나의 '특권계급'임을 드러내는 것으로까지 여겨질 수 있는 상황을 그대로 반영하고 있다. 이러한 의미에서, 표준어의 지역성(서울 중심주의)은 표준어의 계급성(중간계급 중심주의)을 지역적으로 표현하고 있을 뿐만 아니라, 그 자체로 '서울 대 지방', '특권지역 대 소외지역'이라는 유사계급적 차별의 구조를 재생산하는 데에도 기여하고 있는 것이다. (조태린, "계급언어, 지역언어로서의 표준어" 중에서)

4. 다음 지명의 표준 발음이 무엇인지 조사해 보고, 분명히 결정된 바가 없다면 어떻게 정하는 것이 좋을지 의견을 말해 보시오.

  노근리(老斤里) 학살 사건, 당인리(唐人里) 화력 발전소

5. 사라져 가는 지역어를 살리기 위한 우리 지역의 정책에 어떤 것이 있는지 조사해 보시오. 그러한 정책의 장점과 한계점을 말하고 더 효율적인 안을 자유롭게 제시해 보시오.

6. 다음 밑줄 친 말이 표준어인지 아닌지 답하시오.

장미가 <u>이쁘다</u>.	아기가 <u>고까옷</u>을 입었다.
곧 <u>오겠구만</u>.	갑자기 <u>사레</u>가 들어 기침을 해 댔다.
이건 저것과 <u>틀려</u>.	날이 저물어 <u>어둠침침하다</u>.
고무줄을 길게 <u>늘렸다</u>.	애완동물의 출입을 <u>삼가해</u> 주세요.
그의 화를 <u>돋구었다</u>.	<u>간지럽히지</u> 마.
꼭 성공하기를 <u>바래</u>.	몇 글자 <u>끄적거려</u> 놓았다.
이 병아리는 <u>숫놈</u>이다.	문제를 <u>두루뭉술하게</u> 봉합하였다.
그의 직업은 <u>미쟁이</u>다.	맑게 <u>개인</u> 날씨.
발에 <u>채이는</u> 게 남자다.	한번 입어 <u>보니깐</u> 편하더라.
<u>학생으로써</u> 본분을 지키자.	문을 굳게 <u>잠갔다</u>.
기분이 <u>께름칙하다</u>.	<u>그리고 나서</u> 잠이 들었다.
순금 <u>세</u> 돈.	실력이 <u>늘은</u> 것 같다.
<u>웃사람</u>을 만나면 인사해라.	집에 <u>갈려고</u> 한다.
<u>담</u>에 만나자.	사과 속에 <u>버러지</u>가 있다.
아까운 재주를 <u>썩인다</u>.	아랫목보다는 <u>윗목</u>이 따뜻하다.
난 너랑 달라.	<u>삼수갑산</u>으로 간다 한들 겁내겠느냐.
가다가 친구 집에 <u>들렀다</u>.	<u>아이쿠</u>, 아프구나.

7. 다음 중 잘못된 표현을 고르시오.

① 황무지를 <u>살진</u> 옥토로 가꾸었다. ② 아이의 <u>살진</u> 얼굴이 보기 좋다.
③ 생선이 <u>살져서</u> 먹음직스럽다. ④ 물이 많고 <u>살진</u> 과일이어서 맛있겠구나.

8. 다음 중 표준어인 것을 고르시오.

　① 얼마나 말을 잘하든지 정말 놀랐다.　② 사람은 분수에 맞게시리 살아야지.
　③ 올해에는 풍년이 들겠구만.　④ 차린 건 없지만 맛있게 드셔요.

9. 복수 표준어가 있다는 점에 유의하면서 다음 중 표준어가 아닌 것을 고르시오.

　① 참 가여운 애구나.　② 긴 장편시를 줄줄 외기 시작했다.
　③ 영이가 정답을 알아맞추었다.　④ 고양이가 그만 물병을 넘어트렸다.

10. 다음 중 표준어를 고르시오.

　① 학생 신분에 걸맞는 행동.　② 그는 학교에서 거의 사다시피 한다.
　③ 집에 갈려고 한다.　④ 떼려야 뗄 수 없는 관계이다.

11. 다음 중 표준어를 고르시오.

　① 비가 올 것 같애.　② 가던지 말던지 네 마음대로 해.
　③ 사랑스런 내 동생들.　④ 언제 도착할는지 모르겠다.

12. 다음 중 반드시 [의]로만 발음해야 하는 것을 고르시오.

　① 병원에서 의사를 만났다.　② 나무의 잎이 푸르다.
　③ 인도주의적 관점에서 보아야 한다.　④ 강의 시간이 즐겁다.

13. 다음 표준 발음에 대한 설명으로 잘못된 것을 고르시오.

　① '눈을 밟는 아이'는 [발른]이 올바른 발음이다.
　② '산에서 칡을 캤다'는 [칠글]이 올바른 발음이다.
　③ '나의 책'은 [나에]로 발음해도 된다.
　④ '큰 소리로 외치고'는 [웨치고]로 발음해도 된다.

14. 다음 밑줄 친 말의 표준 발음을 적으시오.

　고향 땅을 밟고 감회에 젖었다.　　[　　　　　　　　]
　큰아버지는 결막염을 앓고 계신다.　　[　　　　　　　　]
　항상 교과서를 열심히 읽어라.　　[　　　　　　　　]
　그는 늙지도 않는다.　　[　　　　　　　　]

정부가 <u>공권력을</u> 남용한다.   [   ]

<u>앞이마에</u> 주름이 졌다.   [   ]

이번 휴가에 <u>배낭여행을</u> 떠나자.   [   ]

15. 소리의 길이로 구분되는 동음이의어 10개를 찾아, 각각 적절한 예문을 제시하시
오. (단 이 책에 제시된 예는 제외).

제3장 한글 맞춤법

1. 맞춤법의 개념과 원리

1.1. 맞춤법의 개념과 필요성

우리는 말을 기록해 두기 위하여 문자를 사용하는데, 이때 문자로 표기하는 일정한 규칙을 **맞춤법**이라고 한다. 정서법(正書法), 정자법(正字法)이라고도 하며, "표준 국어대사전"은 철자법(綴字法)도 동일한 용어로 풀이하고 있다. 이 다양한 용어들은 '바르다' 곧 정오(正誤)의 개념을 공통적으로 내포하고 있다.

이와 달리 **표기법**(表記法)은 문자로써 언어를 표기하는 규칙이라는 점에서는 같지만 보통은 정오의 개념을 꼭 전제하지 않는다는 점에서 차이가 있다. 그래서 17세기의 우리나라에 '맞춤법이 없다'라고 할 수는 있어도, '표기법이 없다'라고 하기는 어렵다. 이 점에서 표기법은 맞춤법보다 더 포괄적인 개념이며 맞춤법은 규범으로서의 성격이 보다 구체화된 것이라고 할 수 있다.

한글 맞춤법은 한글로써 국어를 표기하는 규칙이다. 이를 공식적으로 정하여 현재 사용하고 있는 맞춤법은 '한글 맞춤법'(1988)이다.

맞춤법이 필요한 이유는 무엇보다도 표준어와 마찬가지로 원활한 의사소통을 하는 데 도움이 되기 때문이다. 하나의 말이 여러 가지로 표기된다면 독자에게 불편을 주게 되는 것은 당연하다.

> 학생이 책만 읽는다.
> 학생이 챙만 잉는다.

위와 같이 어떤 사람은 '책만, 읽는다'라고 쓰고, 어떤 사람은 '챙만, 잉는다'라고 쓰는 것보다는 어느 한쪽으로 표기가 고정되어 있는 것이 낫다. 따라서 편리한 언어생활을 하고자 한다면 한글 맞춤법은 꼭 있어야 한다.

1.2. 한글 맞춤법의 원리

한글로 우리말을 적는 방법은 크게 두 가지로 생각해 볼 수 있다.

> ㄱ. 꼳, 꼬치, 꼳도, 꼰만
> ㄴ. 꽃, 꽃이, 꽃도, 꽃만

(ㄱ)은 소리 나는 대로 적은 것이다. 이와 같이 언어를 소리에 따라 적는 표기 원리를 **표음주의**(phoneticism)라고 한다.[1] '꼰만'을 '꽃만'에 비교해 보면 알 수 있듯이 이 원리는 발음을 충실히 나타내는 것이 특징이다.

(ㄴ)은 이와 달리 말의 본모습을 밝혀서 적은 것이다. 즉 '꽃'은 '꽃이, 꽃을, 꽃으로'와 같이 뒤에 모음으로 시작하는 조사를 결합해 보면 단어의 본모습(원형)이 '꽃'임을 알 수 있는데, 이를 밝혀 적는 것이다. 이와 같이 말의 형태를 밝혀서 적는 표기 원리를 **표의주의**(ideographicism)라고 한다. 이 원리는 발음과는 다소 멀더라도 말의 본모습을 잘 보여 주는 것이 특징이다.

---

1) 이를 '음소주의'라고도 한다. 다만 민현식(1999 : 55 각주 20)에서는 음소주의가 단순히 음소대로만 적는다는 의미만을 지녀 한글처럼 음소문자인 경우에는 표의주의 방식대로 적어도 음소주의라고 할 수 있으므로 표기 원리로는 적절한 용어가 아니라고 하고 있다.

두 표기 원리는 무엇보다도 받침을 적는 법에서 뚜렷이 구별된다. 표음주의는 소리에 따라 적으므로 받침에 제한된 글자만 쓰게 된다. 즉 국어는 받침에서 'ㄱ, ㄴ, ㄷ, ㄹ, ㅁ, ㅂ, ㅇ'의 일곱 개의 소리만 나는데, 그에 따라 이 일곱 글자만 받침에 적고 나머지 'ㅅ, ㅈ, ㅊ, ㅋ, ㅌ, ㅍ, ㅎ, ㄲ, ㄸ, ㄶ, ㄺ, ㄼ, ㅄ' 등의 글자는 쓰지 않는다. 반면에 표의주의는 단어의 본모습을 밝혀 적으므로 받침에 쓰는 글자에 특별한 제한이 없다.

〈표음주의〉 온, 낟, 꼳, 부억, 받, 입, 삭, 갑
〈표의주의〉 옷, 낮, 꽃, 부엌, 밭, 잎, 삯, 값

두 원리는 받침소리가 뒤 음절의 첫소리로 발음될 때 적는 법에서도 차이가 난다. 표음주의는 이 경우, 예를 들어 '꽃+이'를 '꼬치'처럼 소리 나는 대로 뒤 음절의 첫소리로 적는다. 이러한 표기를 **연철(連綴)**이라고 한다. 반면에 표의주의는 '꽃+이'로 이루어졌다는 문법적 사실을 반영하여 '꽃이'처럼 나누어 적는다. 이를 **분철(分綴)**이라고 한다.

〈표음주의〉 오시, 나제, 꼬치, 부어케, 바틀, 이픈, 삭슬, 갑시
〈표의주의〉 옷이, 낮에, 꽃이, 부엌에, 밭을, 잎은, 삯을, 값이

이와 같이, 두 표기 원리를 나누는 기준은 (1)받침 글자에 제한이 있는지, 그리고 (2)연철/분철을 하는지에 있다. 한글이 처음 쓰였던 15세기에는 표음주의 원리에 따라 받침을 소리 나는 대로 적고 연철 표기를 하였다. 예를 들어, '곶, 빛, 밭, 깊-'은 다음과 같이 소리대로 받침을 표기하였고,

곳 잇는 싸홀 곤가 가시다가 〈월인석보 1:9〉
빗과 소리와 〈월인석보 2:15〉
받도 제여곰 는호며 〈월인석보 1:45〉
梵音이 깁고 〈석보상절 13:17〉

뒤 음절이 모음으로 시작할 경우에는 받침을 다음과 같이 뒤 음절의 첫소리로 이어 적었다.

〈체언—조사〉 사ᄅᆞ미, ᄆᆞᄅᆞᆯ, 도ᄌᆞ기, 고ᄌᆞᆯ, 니피, 비츨, 바티셔, 스스이, 갑시
〈어간—어미〉 머거, 자바, 니저, 조ᄎᆞ니, 기프니, 브틀, 안ᄌᆞ니, ᄆᆞᆯ군, 업스니라

연철 대신 분철하는 방식은 이미 15세기부터 보이기 시작하여 이후 19세기에 이르기까지 널리 쓰였지만('칙을, 쥬신이, 벼슬이, 말ᄉᆞᆷ이, 죵이, 닙어' 등), 이 경우에도 받침만은 변함없이 'ㄱ, ㄴ, ㄷ, ㄹ, ㅁ, ㅂ, ㅅ, ㆁ'의 제한된 글자만 썼다. 즉 'ㅈ, ㅊ, ㅋ, ㅌ, ㅍ, ㅎ' 등은 받침에 쓸 수 없어서, 이 소리를 받침에 지닌 단어들은 다음과 같이 연철하여 적거나, 두 글자를 이용하는 새로운 방식을 고안하여 적었던 것이다.

나지, 나츨, 비치
굿치게, 빗치, 솟테, 서녁킈
겻히, 닙흘, 서녁흐로, 붓허

이 점에서 표음주의와 표의주의를 가르는 핵심은 무엇보다도 '받침' 표기에 있다고 할 수 있다. 즉 받침을 자유롭게 적을 수 있느냐 아니냐에 따라 표기 원리가 크게 달라지는 것이다.

20세기에 들어서면서 한글 맞춤법은 새로운 전기를 맞아 그 표기 원리를 정립하기 위한 노력들이 이어지게 되는데, 역시 그 핵심은 바로 이 받침 표기에 있었다고 해도 과언이 아니다. 다음 절에서 특히 이 표기 원리를 중심으로 훈민정음 창제 이래 맞춤법의 변천 과정을 살펴보도록 한다.

2. 맞춤법의 성립과 변천

2.1. 15세기

한글의 맞춤법은 '훈민정음(訓民正音)'의 창제와 동시에 성립하였다. 세종은 1443년(세종 25년)에 문자를 만들고 1446년(세종 28년) 9월 상한에 그 운용 방법을 설명한 "훈민정음"을 간행함으로써 '훈민정음'을 반포하였다. "훈민정음"(해례본)의 구성은 다음과 같다.

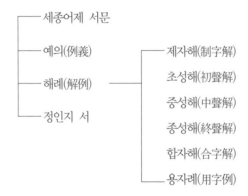

이 "훈민정음"은 특히 예의, 해례 등에서 제자 원리 등 문자에 대한 해설과 함께 그 표기법을 규정하고 있어 한글에 대한 최초의 공식적인 표기 규정이라고 할 수 있다. 이 책과 그 외 표기 자료들을 살펴볼 때 당시 표기법의 주된 내용은 다음과 같다.

- 글자는 자음 'ㄱ ㅋ ㆁ ㄷ ㅌ ㄴ ㅂ ㅍ ㅁ ㅈ ㅊ ㅅ ㆆ ㅎ ㅇ ㄹ ㅿ'의 17자, 모음 'ㆍ ㅡ ㅣ ㅗ ㅏ ㅜ ㅓ ㅛ ㅑ ㅠ ㅕ'의 11자 총 28자를 쓴다.
- 자음 글자는 'ㄲ ㄸ ㅃ ㅆ ㅉ ㅆ ㆀ ㆅ' 등과 같이 나란히 쓰거나 'ㅸ ㅱ ㆄ'과 같이 이어서 쓸 수 있다. 모음 글자도 'ㅔ ㅐ ㅓ ㅚ ㅟ ㅒ' 등과 같이 둘 이상의 글자를 합하여 쓸 수 있다.
- 글자는 음절 단위로 초성·중성·종성을 한 글자로 모아서 쓴다. 이때 'ㆍ ㅗ ㅜ ㅛ

143

ㅠ'등 둥글거나 가로로 된 것은 초성 글자의 아래쪽에 쓰고, 'ㅣ ㅏ ㅓ ㅑ ㅕ' 등 세로로 된 것은 오른쪽에 쓴다.
- 받침에는 소리 나는 대로 'ㄱ ㆁ ㄷ ㄴ ㅂ ㅁ ㅅ ㄹ'의 8글자만 쓴다.
- 조사와 어미 등 문법 형태소를 구별하지 않고 '고지, 기픈'처럼 소리 나는 대로 이어서 쓴다.
- 글자의 왼편에 ':무·르샤·디'처럼 방점을 찍어 성조를 나타낸다.

이러한 내용은 곧 맞춤법을 구체적으로 정한 것이다. 일부 글자('ㆁ, ㆆ, ㅿ, ㆍ' 등)는 오늘날 안 쓰이는 등 달라진 점도 없지 않지만, 오늘날 표기법의 기본적인 골격은 이 시기에 정해진 것이다.

이 규정 중 주목할 점 중 하나는 음절 단위로 초성, 중성, 종성을 한 글자로 모아쓰도록 한 것이다. "훈민정음"은 이를 다음과 같이 규정하고 있다.

凡字必合而成聲("무릇 글자는 합해야 소리가 난다.", 예의)
初中終三聲 合而成字("초·중·종성 세 소리가 합하여 글자를 이룬다.", 합자해)

예를 들어 '말쏨'을 적을 때, 'ㅁㅏㄹㅆㆍㅁ'처럼 풀어서 쓰는 것이 아니라 '말쏨'처럼 모아서 쓰도록 규정한 것이다.[2]

이러한 원리는 한자의 영향에 따른 것으로, 즉 '衆즁生싱'에서 보듯이 한자 한 글자에 하나의 글자를 대응시키고자 하였던 것일 텐데, 결과적으로 우리의 문자생활에 큰 편익을 주게 되었다(이익섭 1986/2000). '읽어서, 읽으면, 읽고'로 쓰면 기본형 '읽-'을 쉽게 파악할 수 있듯이 글자를 모아쓰는 것은 독서에 매우 편리하기 때문이다. 이 모아쓰기의 원칙은 한글을 사용하는 긴 역사 동안 한 번도 바뀐 적이 없다.[3]

---

2) 오늘날 '한글 맞춤법'은 모아쓰기를 너무나 당연한 것으로 여긴 나머지 그에 대한 명시적인 규정이 없다. 이익섭(1992)는 한글 맞춤법에서 이를 명시적으로 규정해야 한다고 지적한다.
3) 한때 타자 등 기계화의 어려움 때문에 로마자처럼 'ㅎㅏㄴㄱㅡㄹ' 또는 '하ㄴ그ㄹ'과 같이 풀어 쓰자는 방안이 주장되기도 하였다. 주시경 선생은 "국문연구의정안"에서, 최현배 선생은 "글자의 혁명"(1947)에서 풀어쓰기

표기 원리와 관련하여 특히 중요한 것은 받침에 8글자만 쓰도록 제한하였다는 점이다. "훈민정음"은 종성해에서 이를 다음과 같이 규정한다.

然ㄱㆁㄷㄴㅂㅁㅅㄹ八字可足用也("그러나 ㄱㆁㄷㄴㅂㅁㅅㄹ의 여덟 글자로 넉넉히 쓸 수 있다.", 종성해)

이 규정은 흔히 '8종성법'이라고 하는 것으로 받침에는 실제 소리 나는 대로 ㄱㆁㄷㄴㅂㅁㅅㄹ 여덟 글자만 쓰겠다는 뜻이다.[4] 이와 같이 받침을 소리대로 적는 것은 표음주의의 성격을 잘 보여 준다.

8종성법이 있는 한 '고지, 기픈'처럼 이어 쓰는 원칙은 당연하다. 만일 '곶이, 깊은'처럼 분철 표기를 한다면 받침에 'ㅊ, ㅌ' 글자를 쓰게 되어 8종성법을 어기게 되기 때문이다. 따라서 받침 글자를 제한하는 표음주의에서 연철 표기는 자연스럽게 따라오는 원칙인 셈이다.

이상의 표기법을 이해하기 위하여 15세기의 표기 예를 하나 보이면 다음과 같다 (한자음, 방점 표기 생략, 띄어쓰기 필자).

그저긔 世尊이 七寶床애 北녁 볘샤 올흔 녀브로 누보샤 그낤밦中에 괴외ᄒᆞ샤 般涅槃ᄒᆞ시니라 娑羅樹林이 네 雙ᄋᆞ로 ᄒᆞ야 七寶床ㅅ 四方애 各各 ᄒᆞᆫ 雙곰 셔엣더니 東西옛 두 雙이 어울오 南北엣 두 雙이 어우러 가지 드리워 如來ᄅᆞᆯ 둡ᅀᆞᆸ고 그 나못 비치 즉자히 白鶴ᄀᆞ티 두외오 가지와 닙과 곳과 여름괘 뻐러디며 거프리 뻐디며 읏드미 漸漸 이우러 ᄒᆞᆫ 것도 업긔 것드르니라 〈석보상절 23:17b−18a〉

의 방식을 보이고 있는데, 이 방식은 'ㅅ'을 'w'자처럼, 'ㅡ'를 'u'자처럼, 'ㅓ'를 'q'자처럼, 'ㅏ'를 'h'자처럼 로마자와 유사하게 변형하고 있어 한글의 고유한 자형을 파괴하는 문제가 있다(이익섭 1998 : 177). 이와 같이, 전통적인 한글의 모양을 유지하면서 풀어쓰는 방식(보수형)과 함께, 한글의 모양을 크게 변형하거나, 로마자나 키릴 문자의 모양을 뒤섞어 만드는 풀어쓰기 방식(개신형)도 다수 있었음을 김정수(1989)에서 소개하고 있다. 주시경 선생이 이러한 풀어쓰기를 제안한 것은 이른 시기에 당시 서양 선교사들이 한글을 로마자처럼 풀어쓰기를 시도한 것에 영향을 받은 것이라고 한다(신창순 2003 : 106).

4) 현대국어와 달리 당시에는 'ㅅ'과 'ㄷ'이 어말의 위치에서 변별되어(이기문 2000 : 147 참조) 받침소리로 여덟 개가 나타났다. 현대국어처럼 'ㅅ'이 'ㄷ'으로 합류되어 두 자음이 어말 위치에서 변별되지 않게 된 것은 16세기 후반에 이르러서이다.

이 초기의 표기법은 이후 근대국어에 이르기까지 점차적으로 변화를 겪은 채 쓰여 왔다. 각 시대마다 그 시대 표기의 경향이라 할 만한 것은 있었지만 일정한 표기 규정은 갖지 못한 채 문자 생활이 이어졌다. 그러다가 개화기 이후 새로운 질서의 국가 운영을 위하여 교육 등 사회 각 분야에서 보다 체계화된 표기법을 필요로 하게 되었다.

2.2. 개화기 이후

개화기 이후 체계화된 표기법이 나타나기 시작하였는데, 그 과정에서 문자의 취사선택, 표기 원리 등의 문제를 둘러싸고 표기법의 변화가 있었다. 간략히 그 표기법의 변천 과정을 살펴보기로 한다.

가. 신정국문(1905)

'신정국문(新訂國文)'은 지석영(池錫永)이 정부에 상소하여 1905년(광무 9년) 7월 19일에 시행된 규정이다.[5] 이 규정은 다음과 같이 받침의 자음을 제한하여 종래의 8종성법을 유지하는 것이 특징이다.

> 初聲終聲通用八字(초성, 종성에 두루 쓰는 8자) ㄱ, ㄴ, ㄷ, ㄹ, ㅁ, ㅂ, ㅅ, ㅇ
> 初聲獨用六字(초성에만 쓰는 6자) ㅈ, ㅊ, ㅋ, ㅌ, ㅍ, ㅎ

이와 같이 이 규정은 'ㅈ, ㅊ, ㅋ, ㅌ, ㅍ, ㅎ'의 여섯 글자는 종성에 쓰지 못하게 하여 여전히 표음주의의 원리를 따르고 있다.

이 신정국문은 당시 국민들 사이에 한글에 대한 의식이나 지식이 부족한 것을 일깨우기 위하여 한글 자모의 이름이나 용법 등을 정리하여 발표한 것이다. 이미 1894년에 '법률과 칙령을 모두 국문(한글)을 기본으로 하고 혹 국한문을 혼용한다(第十四條 法律勅令 總以國文爲本 漢文附譯 或混用國漢文)'는 한글 전용의 칙령(제1호 제14조)이

---

5) '신정국문'의 공고 과정에 대해서는 김민수(1963) 참조.

발표된 이후, 당시까지 체계적인 표기법이 모호한 상태에서 이를 지원하는 의미가 강하였던 것이다. 그러나 이 표기법은 전문 연구가들의 연구와 합의에 의한 것이 아니라는 한계가 있었고, 또 당시 실제 음은 사라진 채 ㅏ, ㅡ 등 여러 음을 관습에 따라 나타내던 아래아(ㆍ) 표기를 ㅣ와 ㅡ의 합음으로 해석하여[6] ㆎ라는 글자를 만들어 쓰자고 한 주장 등이 생소하여 실제 국어 정책으로 이어지지는 못하였다.

나. 국문연구의정안(1909)

지석영의 '신정국문' 이후 국문을 전문적으로 연구하기 위한 기관으로 1907년(광무 11년) 7월에 학부 안에 국문연구소가 개설되었다.[7] 이 연구소에서 1909년 새로운 표기법을 제안한 것이 '국문연구의정안(國文硏究議定案)'이다.

이 의정안은 한글의 이름이나 용법 등을 10가지 주제로 나누어 규정하고 있는데[8] 그 결과 표기법에서 다음과 같이 주목할 만한 변화가 생겼다.

---

6) 이는 지석영이 주시경의 학설(주시경 1906 : 27-30)에서 영향을 받은 것이다.

7) 국문연구소는 1909년 12월까지 약 2년 반 동안 운영되었는데, 처음에는 '윤치오(위원장), 장현식, 이능화, 현은, 권보상, 주시경, 우에무라'의 7인의 위원으로 시작하여, 이후 약간의 해임·위임을 거쳐 최종적으로 의정안을 작성 제출한 위원은 '윤치오(위원장), 어윤적, 이능화, 권보상, 주시경, 지석영, 송기용, 이민응, 윤돈구'의 9인이다.

8) 국문연구의정안의 10제(題)를 간략히 보이면 다음과 같다.
  1. 한글의 연원 등 제반 사항
  2. ㆁ, ㆆ, ㅿ, ◇, ㅱ, ㅸ, ㆄ, ㅹ의 8개의 옛글자를 사용하지 않는다.
  3. 초성의 된소리는 ㄲ, ㄸ, ㅃ, ㅆ, ㅉ으로 쓰고 ㅺ, ㅼ, ㅆ, ㅾ과 같이 쓰지 않는다. 단 ㆅ은 없는 소리이니 ㅎ으로만 쓴다.
  4. 'ㆍ'는 법령공문이나 일반 국민들 사이에서 관습적으로 널리 쓰므로 폐지를 보류한다.
  5. 초성에 쓰는 글자는 모두 종성에도 쓴다.
  6. 초성은 5음(아설순치후음)으로 분류하고 그 청탁도 청음격음탁음의 3음으로 분류한다.
  7. 종래의 사성 대신 장단(長短)만 인정하여 장음의 경우 글자의 왼쪽 위에 점 하나로 표시한다.
  8. 자모의 이름(아래 9항 참조)
  9. 자모의 배열 순서(ㅇ이응 ㄱ기윽 ㄴ니은 ㄷ디읃 ㄹ리을 ㅁ미음 ㅂ비읍 ㅅ시읏 ㅈ지읒 ㅎ히읗 ㅋ키윽 ㅌ티읕 ㅍ피읖 ㅊ치읓 ㅏ아 ㅑ야 ㅓ어 ㅕ여 ㅗ오 ㅛ요 ㅜ우 ㅠ유 ㅡ으 ㅣ이 ㆍ ᄋ)
  10. 철자법은 훈민정음 예의에 따른다.(모아쓰기)
  이러한 10제의 내용에 대하여 위원들이 모두 동일한 생각을 지녔던 것은 아니다. 국문연구소가 활동을 마치면서 낸 보고서에는 각 주제에 대한 위원 각각의 의견을 집필한 것이 있는데, 이를테면 주시경은 현실적으로 사라진 음인 아래아(ㆍ)를 쓰지 말 것을 주장하고 있다.

된소리 표기에 'ㅅ, ㅆ, ㅳ, ㅆ' 대신 'ㄲ, ㄸ, ㅃ, ㅉ'을 쓴다.

받침에 'ㅈ, ㅊ, ㅋ, ㅌ, ㅍ, ㅎ'도 쓴다.

위에서 보듯이 오늘날 된소리를 일관되게 'ㄲ, ㄸ, ㅃ, ㅉ'으로 적는 것은 바로 이 국문연구의정안에서 비롯되었다.

무엇보다도 이 의정안은 받침 글자를 소리가 아니라 단어의 본모습, 즉 기본형에 따라 적음으로써 표의주의를 처음으로 구현했다는 점에서 큰 의의를 지닌다. 즉 "훈몽자회"에서 종성에 'ㄱ, ㄴ, ㄷ, ㄹ, ㅁ, ㅂ, ㅅ, ㅇ'의 여덟 자만 쓰기로 한 것을 비판하고[9] 단어의 본모습을 나타내기 위하여 'ㅈ, ㅊ, ㅋ, ㅌ, ㅍ, ㅎ'의 여섯 글자도 사용하는 안을 제시한 것이다.

기존에 8종성법을 지키면서 분철을 하는 표기법은 자체적으로 모순을 지니고 있었다. 즉 'ㄱ, ㄴ, ㅅ, ㄹ, ㅁ, ㅂ, ㅇ'이 받침인 경우에는 '집도-집이, 먹고-먹어도'처럼 그 단어의 본모습을 일정하게 유지하는 데 반하여, 그 외의 종성인 경우에는 '빗, 비치', '놉고, 노파서'처럼 그 본모습을 일정하게 유지할 수 없는 불균형이 있었던 것이다. 이를 '빗치, 놉하서'와 같이 표기하는 방법도 있지만, 어느 쪽이든 '빛, 높-'이라는 단어의 본모습을 드러내지 못한다.

이러한 문제점은 8종성법의 그늘을 걷어내고 받침을 제한 없이 쓴다면 해결될 수 있다. 즉 '빛, 빛이', '높고, 높아서'처럼 받침에도 'ㅊ, ㅍ'을 씀으로써 '빛', '높-'이라는 단어의 본모습을 일정하게 보일 수 있는 것이다. 이러한 생각은 '집-과, 집

---

9) 국문연구의정안은 받침을 확대하면서 '종성은 초성을 다시 쓴다(終聲復用初聲)'는 훈민정음 예의(例義)의 규정을 근거로 제시하고 있다. 즉 훈몽자회 등에서 받침에 여덟 글자만 쓰도록 제한한 것은 초성 글자를 종성에도 쓰도록 한 이 규정에 어긋난다는 것이다. 그런데 훈민정음의 '종성부용초성'은 종성 글자를 따로 만들지 않는다는 제자(制字)의 규정이지 사용법 즉 표기의 규정은 아니다. 구체적으로 종성에 어떤 글자를 쓸 것인지는 훈민정음 종성해(終聲解)에서 'ㄱㅇㄷㄴㅂㅁㅅㄹ八字可足用也'라고 하여 별도로 규정하고 있다. 국문연구의정안이 '종성부용초성'만 근거로 제시한 이유는 당시에 훈민정음 해례본이 발견되지 않아(이 책은 1940년에 발견되었다) 그 내용을 알 수 없었기 때문이다. 다만 국문연구의정안이 이 받침을 확대한 데는 본질적으로 단어의 본모습을 분석해 내는 철저한 문법 의식에 근거를 두고 있다고 할 수 있다. 참고로 박승빈(1935 : 69)은 종성부용초성 규정에 대하여 "終聲으로 使用하겟는 音이 잇는 境遇를 前提로 하고 그 終聲의 音字를 쓸 때에는 다시 그 初聲의 音字를 씀이라는 意義로 解釋할 것이오 初聲에 잇는 音은 말금 반드시 終聲에 使用함이라는 意義로는 決定되야이슴이 아니라."라고 하여 보다 사실에 가까운 이해를 보여 주고 있다.

–을', '먹–고, 먹–으니'와 같이 체언과 조사, 용언 어간과 어미를 분석해 내는 문법관이 있어야 가능하다. 이와 같이 국문연구의정안은 단어의 본모습을 분석해 내는 치밀한 문법 의식을 바탕으로 이루어진 표기법이라고 할 수 있다.[10]

국문연구의정안(혹은 주시경)의 이러한 문법관이 완전히 새로운 것은 아니다. 세종 당대에 표음주의 표기법을 채택하였지만, 한편으로는 "용비어천가", "월인천강지곡"에서는 8종성이 아닌 글자를 받침으로 적고, 분철을 하여 표의주의의 정신을 보여 준다.

다숫 곶 두 고지 空中에 머믈어늘 〈월인천강지곡 7〉
太平之業이 빛나시니이다 〈용비어천가 80〉
놏 고비 빗여 드라 〈월인천강지곡 49〉
세 낟 붚 쏜 뼈여디니 〈월인천강지곡 40〉
믈 깊고 비 업건마른 〈용비어천가 34〉

즉 이 두 책은 위에서 보듯이 'ㅈ, ㅊ, ㅌ, ㅍ' 등 8종성 이외의 자음을 어간 말음으로 갖는 체언이나 용언을 그 어형을 밝혀 표기한다. 또 "월인천강지곡"은 분철 표기를 매우 적극적으로 하여 체언과 조사, 어간과 어미의 경계를 밝혀 표기하였다.[11]

---

10) 주시경은 그 이론적 배경을 제공했다고 할 수 있다. 주시경은 당시 혼란스럽던 맞춤법을 확립할 목적으로 1896년 5월에 그가 기자로 있던 독립신문사 안에 국문동식회(國文同式會)라는 모임을 조직하여 활동하였는데, 이때부터 주장하여 오던 그의 이론이 이후 1933년 한글 맞춤법 통일안까지 계승되었다고 한다(강신항 1983 : 133 참조). 또 주시경(1906)은 초성의 글자를 종성에도 써야 한다는 점을 역설하고 있다. 이 책은 '씻어도, 믿어도, 맡아도, 덮어도, 섯어도, 좇아도, 좋아도' 등만 원체와 본음과 법식에 맞으며, '씨서도/씻서도, 미더도/밋더도/밋어도, 마타도/맛하도/맛타도, 덥허도/덥퍼도, 써저도/썻저도, 조차도/좃차도, 조하도' 등은 그렇지 않다고 한다. 이와 같이 단어의 기본형(씻, 믿, 맡, 덮, 섯, 좇, 좋)을 분석한 결과 초성 글자를 제한 없이 받침에도 쓸 것을 내용으로 하는 새로운 주장을 하게 되었던 것이다.

11) 안병희(1992 : 261–2)는 '월인천강지곡'이 한글 전용의 가사여서 각 단어의 어원 표시를 분명하게 해 주기 위하여 분철 표기를 하였을 것으로 보고 있다.

世尊ㅅ 말을 듣줍고〈29〉, 눈에 보논가 너기ᅀᆞᆸ쇼셔〈2〉, ᄆᆞᅀᆞᆷ을 내시니〈44〉
고갤 안아 우르시니〈57〉, 그르세 담온〈122〉

위 예들은 분철을 함으로써 '말, 눈, 마ᅀᆞᆷ, 안-, 담-'의 본모습을 나타내고 있다. 이러한 분철이 이후 문헌의 분철과 마찬가지로 8종성 이내에서 이루어진 제한적인 것이기는 하였지만, 체언과 어간의 본모습을 밝혀 적으려는 정신에서 비롯한 것임은 분명하다.

20세기의 국문연구의정안에서 보이는 표의주의는 이러한 표기 정신과 맞닿아 있다. 실제로 국문연구의정안 표기법은 이 옛 표기로부터 시사받은 점이 없지 않으며 이와 더불어 당대의 발달된 문법 지식의 영향도 입었을 것이다. 예를 들어 언더우드(1890)에서 '여오(to be open)'의 어간을 '열'로 제시하는 데서 보듯이, 당시 기본형의 문법적 분석이 이미 자리 잡고 있었던 것이다.[12]

이와 같이 국문연구의정안은 체계적인 문법 의식을 바탕으로 표의주의를 제창함으로써 표기법의 새로운 길을 열었다. 이익섭(2000)은 뇌 손상을 입은 환자도 어간과 어미를 분석해 내는 능력이 있다는 연구 성과를 인용하면서 표의주의의 효용성을 강조하고 있는데, 이 점에서 이 의정안은 매우 합리적인 방향을 제시했다고 평가할 수 있다.

이 의정안은 당시 국가의 존망이 위태롭던 시기라서 어문 정책에 반영되지는 못하였다. 그러나 이에서 제안된 새로운 표기법은 주시경의 신철자법(혹은 새철자법)으로 알려지며, 이후 조선총독부의 언문철자법, 조선어학회의 한글맞춤법 통일안 그리고 현행 한글 맞춤법에 이르기까지 지대한 영향을 끼쳤다.

---

12) 언더우드(1890)은 한국어 명사는 자체로 불변하며 이에 다양한 조사(postposition)들이 결합하여 격 등을 나타낸다고 하여, 체언과 조사의 형태적 경계를 인식하고 있음을 보여 준다. 같은 책(94–5)에서 동사의 기본적 활용형은 어간(stem)과 시제 어근(tense root), 어미(termination)의 셋으로 나뉜다고 하면서, '가오, 먹소, 여오(to be open), 열니오(to be opened)'의 어간은 각각 '가, 먹, 열, 열니'라고 기술하고 있다. 자음이 탈락한 발음과 무관하게 기저형인 '열'을 어간으로 제시한 것이나, 파생어가 한 단어임을 인식하여 '열니'를 어간으로 제시한 것은 이 문법서가 매우 정제된 분석 체계를 지니고 있음을 보여 준다.

다. 보통학교용 언문철자법(1912)

1912년 4월의 '보통학교용 언문철자법(普通學校用 諺文綴字法)'은 조선총독부에서 당시 보통학교의 조선어 교육을 위하여 만든 표기법이다. 이 표기법은 국문연구의정안의 표의주의와 달리 표음주의적 표기 정신을 바탕으로 하고 있다.

이 철자법은 서언에서 다음과 같은 표기 방침을 제시한다(현대어로 옮김).

　ㄱ. 경성어를 표준으로 함.
　ㄴ. 표기법은 표음주의에 따르고 발음과 다른 역사적 철자법 등은 피함.
　ㄷ. 한자음으로 된 말을 언문으로 표기하는 경우에는 특별히 종래의 철자법을 채용함.

우선, 이 철자법에서 표준어가 처음으로 규정된 점은 중요한 특징이다. 또 발음과 다른 역사적 철자법을 피한다고 하여 현실음에 따라 적도록 한 것도 특징적이었다. 예를 들어, 비록 고유어에 국한된 것이기는 하지만 이미 그 소리가 사라진 아래아(ㆍ)의 표기를 없앰으로서 과거 습관에 따라 '하ᄂᆞᆯ'로 쓰던 것을 현실음에 따라 '하늘'로 쓰도록 하였다.

이러한 정신과 관련하여 위 서언에 '표음주의'라고 밝힌 것이 눈에 띈다. 표음주의는 두 가지 의미가 있는데, 첫째, 현실음과 맞지 않는 역사적 표기를 피한다, 둘째, '어법에 맞도록'에 대립하여 소리 나는 대로 적는다는 표기 원리이다(이익섭 1992). 이 서언의 표음주의는 첫 번째 의미로서[13] 우리가 이 책에서 말하는 두 번째 의미로서의 표음주의와는 다르다.

우리가 이 철자법의 원리를 표음주의라고 하는 것은 받침 표기에서 '어법'을 무시하고 '소리'대로만 적었기 때문이다. 즉 이 철자법은 표기 원리와 관련하여 다음의 두 가지 특징을 지니고 있다.

　분철 표기를 한다.
　받침은 ㄱ ㄴ ㄹ ㅁ ㅂ ㅅ ㅇ과 ㄺ ㄻ ㄼ의 10개만 쓴다.

---

13) 자세한 내용은 신창순(2003 : 275-7) 참조.

즉 이 철자법은 '눈이, 집에서, 버섯을, 먹엇소, 들어간다, 붉은빗'과 같이 체언과 조사, 용언 어간과 어미를 구별하여 적지만, 받침은 제한한다는 점에서 표음주의 표기법인 것이다. 그래서 'ㅌ, ㅍ, ㅊ' 등이 받침에 오는 것을 피하여 다음과 같이 적는다.

갓흔, 싯혜, 놉흔, 압흐로, 꼿츨, 빗츨

이러한 표기는 어간, 체언의 본모습(같-, 싙, 높-, 앞, 꽃, 빛)도 밝혀 적지 못하고, 어미, 조사의 본모습(-은, 에, 으로, 을)도 밝혀 적지 못한 결과가 된다. 이는 받침을 제한하였기 때문인데, 이 점에서 이 철자법은 표음주의의 표기법으로서 국문연구의정안의 표기 정신에서 볼 때 한걸음 후퇴한 것이었다.[14]

라. 보통학교용 언문철자법 대요(1921)

조선총독부의 1921년 '보통학교용 언문철자법 대요(普通學校用 諺文綴字法 大要)'는 보통학교용 언문철자법의 일부를 수정 보완한 것으로서[15] 기본적으로 둘은 큰 차이가 없다. 따라서 이 표기법은 분철 표기를 취하나 받침 표기는 7종성으로 제한함으로써 여전히 표음주의적인 표기법을 취하고 있다.

조선총독부에서 보통학교용 언문철자법을 개정하게 된 것은 당시 주시경의 새 철자법이 이미 국어학자나 국어교사들에 의하여 상당히 사용하고 있는 현실을 무시할 수 없었기 때문이다. 그런데 애초에 종전의 표기법을 크게 개정하려고 하였으나 실제 개정 작업에 들어가서는 새 철자법으로의 변환을 유보하였다. 즉 '밧, 밧헤, 꼿, 꼿치, 닙, 닙흔, 갑, 갑스로'의 표기 방안과 '밭, 밭에, 꽃, 꽃이, 닢, 닢은, 값, 값으로'의 표기 방안이 각각 타당성이 있다고 하면서, 최종 결정은 이후로

---

14) 권영민(2004)에 따르면 보통학교용 언문철자법에서 표음주의를 채택한 것은 일본어 교육에 궁극적인 목적이 있었기 때문이라고 한다. 즉 일본어 표기에는 표음주의가 더 유용하므로 국문연구의정안의 표의주의 대신 소리대로 적는 법을 택했다는 것이다. 이와 관련하여 이관규(2015)도 참조할 수 있다.

15) 이를테면 한자음의 두음이 'ㄹ'인 것은 '란초, 리익, 리일' 등처럼 두음 법칙과 무관하게 본음대로 적도록 한 것 등이다.

미루고 임시방편적으로 종래의 방식을 유지했던 것이다.[16] 표의주의 표기법에 대한 이러한 고민은 이후 언문철자법(1930)에서 새로운 표기 원리로 나타난다.

마. 언문철자법(1930)

기존의 보통학교용 언문철자법은 공식적인 규정이었음에도 불구하고 학계, 교육계 등에서 불만스럽게 여겼고, 이에 주시경의 새 철자법 등 비공식적 철자법이 널리 사용되고 있었다. 조선총독부는 이러한 상황에서 철자법을 개정할 필요를 느껴 1930년 '언문철자법(諺文綴字法)'을 새로 제정하였다.

이 철자법은 총설에서 다음과 같은 표기 원칙을 제시하고 있다(현대어로 옮김).

> 2. 용어는 현대 경성어로 표준함.
> 3. 언문철자법은 순수한 조선어거나 한자음임을 불문하고 발음대로 표기함을 원칙으로 함. 단 필요에 따라 약간의 예외를 둠.

우선 2항에서 표준어의 개념이 이전의 '경성어'와 달리 '현대 경성어'로 보다 구체화되었고, 3항은 현실적으로 그 소리가 없는 글자는 더 이상 쓰지 않겠다는 것이다.

이러한 원칙에 따라 이 철자법은 다음과 같은 변화를 보이게 되었다.

> '·'를 완전히 폐지하였다.
> 표의주의 원리를 취하였다.

---

16) 신창순(2003 : 297-299)은 이 표의주의 표기법이 채택되지 않은 이유로, 당시에 아직 새 철자법은 그 이론적인 면에서 아직 불완전한 것이었고, 새 철자법을 주장하는 측도 제대로 준비가 안 되어 있던 상황이었으며, 또 당시는 이 표기법이 매우 익히기 어려운 표기법으로 인식되어 있어서 총독부가 선뜻 채택하기 어려웠을 거라는 점을 들고 있다. 이는 결국 새 철자법에 대한 보다 체계화된 연구를 요구하게 되는데, 이 당시 새 철자법을 주장한 위원인 최두선, 권덕규 등이 그 회의의 약 8개월 뒤에 조선어연구회(1931년 이후 조선어학회)를 발족하는 것도 이 대요의 제8항의 숙제를 해결하기 위한 것이었다는, 즉 주시경의 철자법을 실현하기 위한 연구를 하기 위한 것이었다는 해석을 제시하고 있다.

앞의 3항에서 '발음대로 표기'한다는 것은 '텬디'와 같이 발음과 동떨어진 관습적 표기 대신 '천지'처럼 현실 발음에 맞게 적는다는 뜻이다(즉 이 책에서 말하는 표음주의 와는 다르다). 다시 말해 문자를 제 음가대로 쓴다는 뜻으로, 이러한 원칙에 따르면 더 이상 음가가 없는 'ㆍ'는 쓸 필요가 없다. 따라서 보통학교용 언문철자법에서 고유어에 한하여 안 쓰기로 하였던 '아래아(ㆍ)'를 한자어에도 안 쓰기로 한 것이다.

이 철자법은 표의주의 표기법이다. 즉 '사람이, 사람을, 먹으오, 먹엇소' 등처럼 어미, 조사를 구별하여 적는 분철 표기를 하고 있을 뿐만 아니라, 받침의 사용을 'ㄷ, ㅌ, ㅈ, ㅊ, ㅍ, ㄲ, ㄳ, ㄵ, ㄾ, ㄿ, ㅀ'까지 추가하여 총 21개로 크게 확대하 였다.

12항 종성(바침)은 종래 사용되든 ㄱ ㄴ ㄹ ㅁ ㅂ ㅅ ㅇ ㄺ ㄻ ㄼ 이외에 ㄷ ㅌ ㅈ ㅊ ㅍ ㄲ ㄳ ㄵ ㄾ ㄿ ㅀ을 가함.

이 규정에 따라 다음과 같이 새 받침 표기가 나타난다.

ㄷ	얻다
ㅌ	밭, 같다
ㅈ	낮, 짖다
ㅊ	숯, 쫓다
ㅍ	잎, 깊다
ㄲ	밖, 묶다
ㄳ	넋
ㄵ	앉다
ㄾ	핥다
ㄿ	읊다
ㅀ	곬

다만 이 안은 이후의 통일안이나 현행 한글 맞춤법에 비하여는 다소 불완전한 표의주의 표기법이다. 예를 들어 'ㄶ, ㅀ, ㅎ' 등은 받침으로 쓰지 않도록 하여 '많

다, 옳다, 좋다'는 '만타, 올타, 조타'로 적게 되어 어미 '-다'의 본모습을 밝혀 적지 못했고, '조타, 좃소'(좋다. 좋소)처럼 어간의 모습도 고정하여 적지 못하였다. 또 '밭치, 밭치오'(밭이, 밭이오)처럼 구개음화를 표기에 반영함으로써 조사 '이', '이다' 역시 본모습대로 적지 못하기도 하였다.

이와 같이 다소 불완전한 면이 있지만 이 표기법은 분철 표기에다가 기존의 8종성법에서 벗어나 받침 표기를 전면적으로 확대하였다는 점에서 명실상부한 표의주의 표기법이라고 할 수 있다.

바. 한글 맞춤법 통일안(1933)

언문철자법이 행정 기관인 조선총독부에 의해 제정된 공식적인 표기법이었다면, 1933년 10월 19일 조선어학회에서 제정한 '한글 맞춤법 통일안'은 민간 단체에 의해 수립된 비공식적 표기법이라고 할 수 있다.[17] 그러나 전자가 교과서 편찬 등 학교 교육에 제한된 범위에만 주로 관심을 둔 것인 반면에, 후자는 언론 등 사회 전반에서 요구했던 것으로서 오히려 더 공식적인 의의를 지니는 것이었다.

이 표기법은 총론에서 다음과 같은 원칙을 표명하고 있다.

> 1. 한글 마춤법(綴字法)은 표준말을 그 소리대로 적되, 어법에 맞도록 함으로써 원칙을 삼는다.
> 2. 표준말은 대체로 현재 중류 사회에서 쓰는 서울말로 한다.
> 3. 문장의 각 단어는 띄어 쓰되, 토는 그 웃 말에 붙여 쓴다.

우선 2항에서 지난 철자법에서 표준어의 개념으로 제시한 '현대 경성어'가 '현재 중류 사회에서 쓰는 서울말'로 더 구체화된 점이 눈에 띈다. 또 3항에서 이전 철자

---

17) 한글 맞춤법 통일안은 1930년 12월 13일 조선어학회 총회에서 제정하기로 결의한 이후, 1932년 12월에 원안 작성을 마치고(위원은 '권덕규, 김윤경, 박현식, 신명균, 이극로, 이병기, 이윤재, 이희승, 장지영, 정열모, 정인섭, 최현배' 이상 12인), 이후 몇 개월 간 수정 검토를 거쳐('김선기, 이갑, 이만규, 이상춘, 이세정, 이탁' 이상 6인의 위원 증선) 1933년 10월 19일 조선어학회 임시총회에서 그 시행이 결의되었다. 그 과정에서 총 125차례의 회의가 있었다고 한다.

법과 달리 띄어쓰기 규정을 처음으로 정한 점도 특징적이다.

그러나 무엇보다도 이 표기법은 1항에서 '소리대로 적되'라는 구절을 통하여 관습적인 표기가 아니라 제 음가대로 쓴다는 종전의 언문철자법의 표음주의를 재확인하는 한편, '어법에 맞도록' 한다고 하여 표의주의를 기본 원리로 한다는 점을 처음으로 명문화하였다는 점에서 큰 의의를 지닌다. 여기서 '어법'은 언어가 운용되는 내적 질서를 의미하는 것으로서, 어법에 맞게 적는다는 것은 체언과 조사, 어간과 어미 등을 따로 적어 단어의 본모습을 밝혀 적겠다는[18] 의미인 것이다.

결과적으로 '한글 맞춤법 통일안'(1933)은 그 표기의 기본 원리에 있어서 앞서의 언문철자법과 대동소이하다. 그러나 통일안은 언문철자법에 비하여 한결 표의주의에 철저하였다. 가장 핵심적인 문제로 'ㅎ' 받침을 들 수 있다. 'ㅎ'은 언문철자법에서도 받침 글자에서 제외되어 결과적으로 '조코, 좃소'처럼 어간의 모습을 일정하게 유지할 수 없는 문제를 야기하였는데, 통일안은 다음과 같이 'ㅎ' 받침을 인정하여 이러한 문제를 해결하였다.

낳다, 넣다, 놓다, 닿다, 땋다, 좋다

또 언문철자법에서 구개음화를 표기에 반영하여 조사의 본모습을 밝힐 수 없었던 것과 달리, 구개음화를 음운 현상으로 돌리고 표기에는 반영하지 않음으로써 문제를 해결하였다.

밭이, 굳이, 걷히다

궁극적으로 통일안은 'ㅋ, ㅎ, ㅆ, ㄶ, ㅀ, ㄻ, ㅄ'을 추가하여 받침 글자를 총 28개로 늘림으로써 보다 체계화된 표의주의의 면모를 갖추었다. 새로 추가된 받침 표기는 다음과 같다.

---

18) 통일안을 수정 개편한 한글학회의 '한글 맞춤법'(1980, 현행 '한글 맞춤법'(1988)과는 다른 것으로서 흔히 '통일안 새판'이라고 부르기도 한다)에서는 이를 '그 원형을 밝힘'이라고 더 분명히 표현하기도 하였다.

ㅋ	녘, 부엌
ㅎ	낳다, 넣다, 놓다, 닿다, 좋다, 찧다
ㅆ	겠다, 았다, 었다, 있다
ㄶ	괜찮다, 귀찮다, 끊다, 많다
ㅀ	곯다, 옳다, 잃다
ㄻ	굶, 닮19)
ㅄ	값, 가엾다, 실없다, 없다

결론적으로 이 통일안은 종전의 표음주의 표기법이 표의주의로 전환되어 완성된 표기법이라고 할 수 있다.

사. 한글 맞춤법(1988)

'한글 맞춤법'은 1988년에 문교부에서 개정한 현행 맞춤법이다(1988. 1. 19. 고시, 1989. 3. 1. 시행).20) 최근에 그 일부 내용이 개정되었다(2017. 3. 28. 고시). 통일안이 제정된 이후 약 50여 년이 지나면서 언어의 변화가 있어 표기와 현실 언어가 불일치하는 문제가 나타났다. 이에 현실 언어에 맞게 맞춤법을 개정할 필요가 있었던 것이다.

다만 그 표기의 기본 원리는 통일안과 대동소이하여, 표의주의 원리에 따라 분철 표기를 하고, 기저형에 따라 적음으로써 받침에 제한을 두지 않는다. 그러나 세부적으로 적지 않은 변화도 있었다. 현행 규정에 대한 구체적인 내용은 절을 달리하여 살펴보기로 한다.

---

19) 'ㄻ'의 종성은 현대에는 표준어에서 사라졌지만 통일안 당시에는 여전히 살아 있는 소리였다. '참죽낡 순이 나는 걸 보니깐(심훈, 상록수)' 등.

20) 최근에 정부는 한글 맞춤법 〈부록〉의 '문장 부호'를 개정하여 한글 맞춤법 일부 개정안을 고시하였다(2014. 10. 27. 고시, 2015. 1. 1. 시행). 문장 부호 규정의 구체적인 내용은 제3장 4.5. 참조.

3. 현행 맞춤법의 원리

3.1. 총칙의 규정

현행 '한글 맞춤법'(1988)의 원리는 다음과 같다. 이 총칙의 원리는 이미 '한글 맞춤법 통일안'(1933)에서 확립된 것으로서, 한글 맞춤법은 약간의 표현만 수정하였을 뿐 기본적으로 이를 계승한 것이다.

> 한글 맞춤법은 표준어를 소리대로 적되, 어법에 맞도록 함을 원칙으로 한다.(한글 맞춤법 총칙 제1항)

이 원리에서 '표준어', '소리대로', '어법에 맞도록', '원칙으로 한다'의 네 가지 사항이 주목된다. 우선 한글 맞춤법은 표준어를 대상으로 한다. 비표준어까지 한글 맞춤법의 대상으로 삼는다면 매우 복잡한 문제가 생길 수 있다. 예를 들어, 경남방언의 경우 다음과 같이 표준어에 없는 다양한 겹받침들이 있다(김정대 1998 용례 인용).

> 실이 잘 끊커진다(=끊어진다)
> 반틀(=반을) 농구다
> 달키(=닭이) 알로 낳았다
> 짐을 실꼬(=싣고)
> 돈 엄꼬(=없고)
> 영을 영꺼서(=엮어서)

이러한 자음군을 '없어, 늙어, 값을, 넋이'처럼 어간과 어미, 체언과 조사를 구분하여 적기 위해서는 'ㅥ, ㄽ, ㅀ, ㅒ'과 같은 겹받침 글자가 더 필요하게 된다. '실꼬, 엄꼬'의 경우에도 경음화를 일으키는 자음을 어떻게 표기할지도 문제다.

또 대다수의 방언에서 발견되는 '호래이, 어무이'처럼' 모음에 비음이 실현되는 경우나, 경남방언의 'ㅓ'와 'ㅡ'가 중화된 모음, 영동방언의 yø, yi와 같은 모음[21]

등도 현행 자모로는 표기할 수 없는 예들이어서 굳이 이들을 표기하려면 새로운 글자를 만들어야 할 것이다. 이와 같이 비표준어까지 모두 고려하는 것은 한글 맞춤법을 지나치게 비효율적으로 만들 우려가 있다.

'소리대로', 그리고 '어법에 맞도록' 적는다는 것은 무엇이며, 또 '원칙으로 한다'는 것은 무슨 뜻일까? 우선 '소리대로' 적는다는 것은 그 말의 발음에 따라 적는다는 뜻이다. 즉 [나무]라고 소리 나는 말은 '나무'라고 적지, '나모' 등으로 적지 않는다. 이 점에서 '구름, 나무, 하늘, 놀다, 달리다' 등은 모두 소리대로 적은 예들이다.

그런데 소리를 나타내는 데에만 너무 충실하다 보면 오히려 읽기에 불편한 표기가 나올 수 있다. 예를 들어 '늙고, 늙지, 늙는'을 다음과 같이 소리대로 적는다면 그것이 '늙-'과 관련된다는 것을 금방 알기 어렵다.

　　늘꼬, 늑찌, 능는

만일 이들을 단어의 본모습 '늙-'을 고정하여 '늙고, 늙지, 늙는'으로 적는다면 '늙-'의 형태를 한눈에 파악할 수 있다. 이와 같이 형태소의 본모습을 밝혀 적는 것이 '어법에 맞도록' 적는 것이다.

그런데 어법에 따라 적으면 소리를 제대로 전달하기 어려운 경우도 있다. 예를 들어 주격조사 '이, 가'의 형태 중 어느 하나, 이를테면 '가'를 기본형으로 고정하여 적는다면 다음과 같이 적게 되는데,

　　소가, 말가

이 경우 '말가'로는 [마리]라는 소리를 제대로 나타낼 수 없다. 따라서 소리를 제대로 전달하려면, '소가, 말이'처럼 '이, 가'를 각각 그 소리대로 적어야 한다. '(어법

---

21) 이익섭(1988 : 92-3)은 이를 각각 ㅚ, ㅢ로 표기하고 있다. yø는 출타하여 집에 없는 사람을 위하여 따로 남겨 두는 음식을 뜻하는 '뫼' 한 단어에만 나타나며, yi는 옹감(瓮監), 의부(輿否) 등에서 볼 수 있다.

에 맞도록 함을) 원칙으로 한다'는 것은 이와 같이 예외가 있음을 뜻하는 것이다.

3.2. '소리대로'와 '어법에 맞도록'의 관계

'소리대로'와 '어법에 맞도록'의 관계는 무엇일까? 얼핏 생각하면, '하늘, 놀다, 달리다'는 소리대로 적은 것이요, '꽃이, 꽃도, 꽃만'는 어법에 맞도록 적은 것이니, 둘 중의 하나를 선택하는 관계로 이해하기 쉽다.[22)]

그러나 이 둘은 표기에서 동시에 고려되는 원칙이다. 총칙에서 '소리대로 적거나, 어법에 맞도록'이라고 하지 않고, '소리대로 적되, 어법에 맞도록'이라고 한 것은, 두 원리가 양자택일이 아니라 공존하는 관계라는 것을 보여 준다. 이는 다음과 같은 표기에서 잘 드러난다.

들어, 물어
죽여, 기럭아
막았다, 먹었다

이 예들은 '듣-, 묻-', '죽이-, 기러기'의 본모습을 밝혀 적지 않았다는 점에서 어법에 맞도록 적은 것도 아니고, '드러, 무러', '주겨, 기러가'로 적지 않았다는 점에서 소리대로 적은 것도 아니다. 또, '막았다, 먹었다'의 어미 '았, 었'은 소리대로 적은 측면도 있지만, '막앋다, 먹얻다'로 적지 않았다는 점에서 어법에 맞게 적은 측면도 있다. 이와 같이 '소리대로'와 '어법에 맞도록'은 한 표기에서 동시에 고려되는 원칙이다.

---

22) 이익섭(1992)는 '소리대로'와 '어법에 맞도록'을 각각 표음주의와 표의주의로 해석하고, '더 이상적인 길이 없을 때는 표음주의에 의거하지만 만일 더 이상적인 길로 여겨질 때는 표의주의에 의거한다'는 뜻이라고 한다. 예를 들어 '소를, 나무도, 타고'는 소리대로(표음주의) 적은 것이고, '말을, 꽃도, 앉아'는 어법에 맞도록(표의주의) 적은 것이라는 것이다. 이는 '소리대로'와 '어법에 맞도록'을 양자택일의 관계로 본 것이다. 그런데 이와 같이 해석한다면 '소리대로 적되, 어법에 맞도록'은 '표음주의에 따라 적되, 표의주의에 맞도록'과 같이 모순된 의미를 지니게 되고 만다. 이 '소리대로'는 표음주의의 개념이 아니라 실제 발음에 맞게 적는다는 보다 단순한 의미로 받아들여야 할 것이다.

즉 '하늘, 나무도, 달리다'는 소리대로 적은 것이면서 동시에 어법에도 맞게 적은 것이다. 이 예들은 소리도 잘 반영할 뿐더러, '하늘'이 한 형태소라는, 그리고 '나무도, 달리다'는 '나무+도, 달리+다'로 구성된 말이라는 어법도 잘 반영하고 있다.

'꽃이, 꽃도, 꽃만'은 어법을 무시하고 '꼬치, 꼳도, 꼰만'으로 적는 방법과 어법을 반영하여 '꽃이, 꽃도, 꽃만'으로 적는 방법이 있다. 물론 전자는 소리를 잘 반영하지만, 후자와 같이 적어도 [꽃이 → 꼬치], [꽃도 → 꼳도 → 꼳또], [꽃만→꼳만→꼰만]과 같은 국어의 음운 규칙을 통하여 자연스럽게 그 발음을 유도할 수 있다. 이와 같이 둘 다 소리를 반영할 수 있다면 어법까지 반영하는 후자의 방법을 택하여 '꽃이, 꽃도, 꽃만'으로 적는 것이다.

그러나 어법에 맞게 적어서 소리를 예측할 수 없는 경우라면 어법을 무시하고 소리대로 적어야 한다. 예를 들어 '물어'를 어간의 본모습을 밝혀 '묻어'라고 적으면 [무더]로 읽히게 된다. 이와 같이 소리를 제대로 예측할 수 없는 비자동적 교체는 변이형태대로 적어야 소리를 제대로 전달할 수 있다. '-아, -어', '-았-, -었-', '이, 가', '을, 를', '와, 과' 등도 비자동적 교체이므로 각각 소리 나는 대로 적는다.

준말을 준 대로 적는 것도 이러한 원칙에 바탕을 둔다고 할 수 있다.

가지+어→가져, 나+는→난, 무엇+을→무얼, 기러기+아→기럭아

이들을 '가지어, 나는, 무엇을, 기러기아'와 같이 어법에 맞도록 적어서는 줄어든 소리를 제대로 전달하기 어렵다. 따라서 어법에 따라 적을 수는 없고 준 대로 적는다.

이와 같은 표기 예들은 '소리대로'가 한글 맞춤법의 기본적인 전제가 되고, 그 전제 아래 '어법대로' 적는다는 것을 보여 준다. 즉 소리를 반영할 수만 있다면 어법을 충실히 반영하여 적는 것이다. '기럭아'는 준 대로 적으면서도(즉 '소리대로') 어간과 어미를 나누어 적은 것인데(즉 '어법에 맞도록') 이는 소리를 전달할 수 있는 한에서 어법을 최대한 반영하는 한글 맞춤법의 표기 정신을 잘 보여 준다.

4. 한글 맞춤법의 실제

한글 맞춤법의 표기 원칙은 다음과 같이 총칙에 잘 나타나 있다.

> 제1항 한글 맞춤법은 표준어를 소리대로 적되, 어법에 맞도록 함을 원칙으로 한다.
> 제2항 문장의 각 단어는 띄어 씀을 원칙으로 한다.
> 제3항 외래어는 '외래어 표기법'에 따라 적는다.

제1항은 현행 맞춤법이 표의주의의 원리에 따르고 있음을 잘 보여 준다. 제2항은 띄어쓰기를 규정해 놓은 것이다. 여기에서 '원칙으로 한다'는 '예외도 있다'는 뜻인데, 이는 조사를 앞 말에 붙여 쓸 수 있음을 염두에 둔 것이다.

제3항은 외래어 표기법은 따로 규정한다는 뜻이다. 외래어 역시 한글로 표기하는 대상이니 그 성격상 한글 맞춤법의 일부가 되어야 한다. 다만 외래어는 그 범위도 넓고 고유어·한자어와 달리 독자적인 음운적 특성도 지니고 있어서 별도의 규정을 마련한 것이다. 한글 맞춤법은 이러한 기본 원칙 아래 구체적으로 각 표기 사항을 규정하고 있다. 그 구성은 다음과 같다.

〈한글 맞춤법〉

제1장 총칙
제2장 자모
제3장 소리에 관한 것
　　제1절 된소리
　　제2절 구개음화
　　제3절 'ㄷ' 소리 받침
　　제4절 모음
　　제5절 두음 법칙
　　제6절 겹쳐 나는 소리

4.1. 자모의 이름과 순서

4.1.1. 이름

한글 맞춤법(제4항)에서 정한 자모의 이름과 순서는 다음과 같다.

ㄱ(기역)	ㄴ(니은)	ㄷ(디귿)	ㄹ(리을)	ㅁ(미음)
ㅂ(비읍)	ㅅ(시옷)	ㅇ(이응)	ㅈ(지읒)	ㅊ(치읓)
ㅋ(키읔)	ㅌ(티읕)	ㅍ(피읖)	ㅎ(히읗)	
ㅏ(아)	ㅑ(야)	ㅓ(어)	ㅕ(여)	ㅗ(오)
ㅛ(요)	ㅜ(우)	ㅠ(유)	ㅡ(으)	ㅣ(이)

위 자모로써 적을 수 없는 소리는 두 개 이상의 자모를 어울려 적는다. 그 이름과 순서는 다음과 같다(한글 맞춤법 제4항 붙임1).

ㄲ(쌍기역)	ㄸ(쌍디귿)	ㅃ(쌍비읍)	ㅆ(쌍시옷)	ㅉ(쌍지읒)
ㅐ(애)	ㅒ(애)	ㅔ(에)	ㅖ(예)	ㅘ(와)
ㅙ(왜)	ㅚ(외)	ㅝ(워)	ㅞ(웨)	ㅟ(위)
ㅢ(의)				

기본 자모의 명칭은 전통적으로 불러 오던 이름을 존중한 결과이다. "훈민정음"
에는 자모의 음가에 대한 설명만 있고 그 명칭은 없다. 그런데 오늘날 이와 같은
이름을 사용하게 된 것은 1527년 최세진이 지은 "훈몽자회"의 범례에서 비롯한다.

훈몽자회 범례

諺文字母　俗所謂反切
　　　　　二十七字

初聲終聲通用八字

ㄱ 其　ㄴ 尼　ㄷ 池　ㄹ 梨　ㅁ 眉　ㅂ 非　ㅅ 時　ㆁ 異
　 役　 　隱　 　末　 　乙　 　音　 　邑　 　衣　 　凝

末衣兩字只取本字之釋俚語爲聲

其尼池梨眉非時異八音用於初聲

役隱末乙音邑衣凝八音用於終聲

初聲獨用八字

ㅋ 箕　ㅌ 治　ㅍ 皮　ㅈ 之　ㅊ 齒　ㅿ 而　ㅇ 伊　ㆆ 屎

箕字亦取本字之釋俚語爲聲

中聲獨用十一字

ㅏ阿 ㅑ也 ㅓ於 ㅕ余 ㅗ吾 ㅛ要 ㅜ牛 ㅠ由 ㅡ應 ㅣ伊 ㆍ思
　　　　　　　　　　　　　　　　　　不用 　　　只用 　　不用
　　　　　　　　　　　　　　　　　　終聲 　　　中聲 　　初聲

"훈몽자회(訓蒙字會)"는 아동의 한자 학습서이다. 이 책은 한자의 음과 훈을 한글
로써 나타내고자 하는데, 그러기 위해 먼저 독자가 한글을 익히도록 범례(凡例)에
한글의 음가를 소개하고 있다. 즉 이 책의 범례는 각 한글 자모의 이름이 아니라
그 음가를 당시 한자음을 이용하여 보인 것이다.

이를테면 '其役'의 其(기)는 ㄱ이 초성으로 쓰일 때, 役(역)은 종성으로 쓰일 때의

음가를 보인 것이다. '⒜'처럼 동그라미를 두른 것은 훈으로 읽는데, 이에 따라 ⒜는 '옷'의 종성 'ㅅ' 음가를 나타낸다. '钁, 治, 皮' 등 한 글자만 제시한 것은 그에 해당하는 소리 ㅋ, ㅌ, ㅍ 등이 종성에는 쓰이지 않아 초성 음가만 보이면 되었기 때문이다.

이와 같이 자모의 음가를 보인 것이 이후 자모의 이름으로 변하면서 이후 등장하는 자모 이름에 대한 다양한 안들에 영향을 미치게 되었다. "훈몽자회" 이후 한글 자모명의 주요 제안들은 다음과 같다.

신정국문 훈몽자회에 바탕을 둔 것으로서 ㅈ, ㅊ, ㅋ, ㅌ, ㅍ, ㅎ은 초성음만 보이는 형식의 이름을 취한다. 다른 자음들은 ㅣㅡ의 반복을 통한 규칙적인 형식을 취한다는 점에서 훈몽자회와 차이가 있다. 그러나 ㅅ은 여전히 '시옷'이라는 점에서 훈몽자회의 영향을 보여 주고 있기도 하다. 모음에서는 아래아(ㆍ) 대신 ᆖ를 새로 만든 점이 특기할 만하다.

> ㄱ기윽 ㄴ니은 ㄷ디읃 ㄹ리을 ㅁ미음 ㅂ비읍 ㅅ시옷 ㅇ이응 ㅈ지 ㅊ치 ㅋ키 ㅌ티 ㅍ피 ㅎ히
> ㅏ아 ㅑ야 ㅓ어 ㅕ여 ㅗ오 ㅛ요 ㅜ우 ㅠ유 ㅡ으 ᆖ읖 ᄉᆡᆸ이으 ㅣ이

국문연구의정안 당시 주시경으로 대표되는 표의주의의 정신을 실현한 자모 이름이다. 전통을 다소 변형하여 ㅣ와 ㅡ를 중심으로 자음의 명칭을 규칙화하였다는 점이 주목할 만하다.

> ㅇ이응 ㄱ기윽 ㄴ니은 ㄷ디읃 ㄹ리을 ㅁ미음 ㅂ비읍 ㅅ시읏 ㅈ지읒 ㅎ히읗 ㅋ키윽 ㅌ티읕[23] ㅍ피읖 ㅊ치읓
> ㅏ아 ㅑ야 ㅓ어 ㅕ여 ㅗ오 ㅛ요 ㅜ우 ㅠ유 ㅡ으 ㅣ이 ㆍ ᄋᆞ

---

23) 국문연구의정안에서 ㅌ은 '키읕'으로 되어 있는데 이는 '티읕'의 오류이다. 국문연구의정안의 완성 전 연구안으로 보이는 유인본(油印本) 국문연구의정안에는 '티읕'으로 바로 되어 있다.

대한문전 유길준의 "대한문전"(1909)은 1음절로써 초종성의 용법을 모두 보이는 독특한 방식으로 자음의 이름을 체계화하였다. 8종성법에 따라 ㅈ, ㅊ, ㅋ, ㅌ, ㅍ, ㅎ의 자음은 그 명명 체계가 다르다는 특징이 있다. ㆆ, ㅿ, ㆁ 세 글자는 쓰이지 않는 글자라고 하면서 이름을 제시하지 않았다.

ㅏ아 ㅑ야 ㅓ어 ㅕ여 ㅗ오 ㅛ요 ㅜ우 ㅠ유 ㅡ으 ㅣ이 ·ᄋ
ㄱ극 ㄴ는 ㄷ듣 ㄹ를 ㅁ믐 ㅂ븝 ㅅ슷 ㅇ응 ㅈ즈 ㅊ츠 ㅋ크 ㅌ트 ㅍ프 ㅎ흐 (ㆆ ㅿ ㆁ)

조선말본 김두봉의 "조선말본"(1916)에서 모음은 'ㅏ, ㅓ, ㅗ, ㅜ, ㅡ, ㅣ, ㅐ, ㅔ'가 그 자체로 이름이라 하였다. 자음의 경우는 전통에서 다소 변형하여 ㅣㅡ 모음의 반복을 통하여 규칙화하였다.[24] 이는 국문연구의정안과 동일한 방식이다.

ㄱ기윽 ㄴ니은 ㄷ디을 ㄹ리을 ㅁ미음 ㅂ비읍 ㅅ시읏 ㅇ이응 ㅈ지읒 ㅎ히읗

언문철자법 조선총독부의 '언문철자법'에는 모음은 없고 자음의 명칭만 부기(附記)에 정해져 있다.

ㄱ기역 ㄴ니은 ㄷ디귿 ㄹ리을 ㅁ미음 ㅂ비읍 ㅅ시옷 ㅇ이응 ㅈ지읒 ㅊ치읓 ㅋ키윽
ㅌ티읕 ㅍ피읖 ㅎ히읏

---

24) 현재 북한의 자모 이름은 김두봉의 자모 이름을 바탕으로 하는 것으로 보인다(안병희 2001 참조). 월북 국어학자인 김두봉은 북한의 어문 정책을 주도하는데 그의 '조선어신철자법'(1948/1950)은 (새 문자 6개는 논외로 하고) 자음 이름을 'ㄱ기윽, ㄴ니은, ㄷ디은, ㄹ리을, ㅁ미음, ㅂ비읍, ㅅ시읏, ㅇ이응, ㅈ지읒, ㅊ치읒, ㅋ키윽, ㅌ티읕, ㅍ피읖, ㅎ히읗'으로 하고 있다. 겹자음은 'ㄲ끼윾, ㄸ띠읃, ㅃ삐읍, ㅆ씨읏, ㅉ찌읒'과 같이 특이한 이름을 취한다. 이와 함께 'ㄱ그, ㄴ느, ㄷ드, ㄹ르, ㅁ므, ㅂ브, ㅅ스, ㅇ으, ㅈ즈, ㅊ츠, ㅋ크, ㅌ트, ㅍ프, ㅎ흐, ㄲ끄, ㄸ뜨, ㅃ쁘, ㅆ쓰, ㅉ쯔'도 허용하고 있다[김두봉의 '조선어신철자법'은 고영근(2000 : 1-115)에 그 원본이 복원되어 있다]. 이러한 김두봉의 자모 이름은, 비록 그의 숙청 이후 북한의 철자법 역사에서 그 기록은 삭제되지만 실질적으로는 1954년의 "조선어철자법", 1966년 및 1988년의 "조선어규범집"에 거의 그대로 계승되고 있다. "조선어철자법"부터 겹자음을 'ㄲ된기윾, ㄸ된디은, ㅃ된비읍, ㅆ된시읏, ㅉ된지읒'으로 고쳐 부르는 점과 'ㅇ이으'를 1988년 "조선어규범집"부터 'ㅇ이응'으로 부르는 차이만 있다.

ㅣㅡ를 규칙적으로 반복하는 국문연구의정안이나 김두봉의 안과 달리, 이 철자법은 '기역, 디귿, 시옷' 등에서 보듯이 훈몽자회의 전통을 수용하고 있다. 다만 8종성법에서 벗어났기 때문에 ㅈ, ㅊ, ㅋ, ㅌ, ㅍ, ㅎ도 2음절로 이름 짓고, 그 글자를 받침 표기에 나타내었다. ㅋ, ㅎ을 '키윽, 히읗'이라 하지 않고 '키윽, 히읏'이라고 한 것은 당시 언문철자법에서 'ㅋ, ㅎ'은 받침 글자에서 제외하였기 때문이다.[25]

한글 맞춤법 통일안 언문철자법의 자모 이름과 거의 대동소이하다. 다만 언문철자법에서는 받침으로 인정하지 않았던 'ㅋ, ㅎ' 등이 통일안에서는 모두 받침으로 인정되었으므로, 자연히 'ㅋ, ㅎ'의 자모 이름도 '키윽, 히읗'으로 달라졌다.

> ㄱ기역 ㄴ니은 ㄷ디귿 ㄹ리을 ㅁ미음 ㅂ비읍 ㅅ시옷 ㅇ이응 ㅈ지읒 ㅊ치읓 ㅋ키윽
> ㅌ티읕 ㅍ피읖 ㅎ히읗
> ㅏ아 ㅑ야 ㅓ어 ㅕ여 ㅗ오 ㅛ요 ㅜ우 ㅠ유 ㅡ으 ㅣ이

이상의 자모 이름을 보면 현행 한글 맞춤법의 자모 이름은 '통일안'의 그것과 동일하다는 것을 알 수 있다. 자음 글자 명명의 경향은 가능한 한 훈몽자회 식의 전통을 유지하려는 입장과 이를 유지하되 다소 불규칙한 것을 'ㅣㅡ'의 규칙적인 체계로 통일하려는 입장으로 나누어 볼 수 있다. 현행 맞춤법은 이러한 갈등 속에서 이미 언중 사이에 익숙하게 굳어진 점 등을 고려하여 전통적인 자모 명칭을 유지한 것이다.

---

25) '언문철자법' 원본은 없고 '普通學校 朝鮮語讀本卷一編纂趣意書'(1930)에 일본어판 '언문철자법'이 수록된 것이 남아 있는데(역대한국문법대계 제3부 제8책 재록) 이것이 가장 정확한 것으로 본문의 자모 이름은 이를 옮긴 것이다. '언문철자법'의 자모 이름은 문헌별로 차이가 있기도 하여 주의해야 한다. 김윤경(1932)에서는 해설을 곁들여 일본어판 언문철자법을 옮기고 있는데, '시옷'이 '시옷'으로, '키윽'이 '키윽'으로 되어 있다. 신창순(2003)의 부록에도 '키윽'으로 되어 있다. 'ㅋ' 받침은 언문철자법에서 제외한 글자이므로 이와 같을 가능성은 없어 보인다. 김윤경(1932)의 일문(日文)을 번역하여 옮긴 김민수(1973/1984)에서는 '시옷, 키윽'으로 앞의 잘못을 바로잡고 있다. 한편 역대한국문법대계에 재록한 '언문철자법'은 앞의 '普通學校 朝鮮語讀本卷一編纂趣意書'를 번역한 것인데, 여기서도 '히읏'을 '히읗'으로 잘못 옮기고 있다.

4.1.2. 순서

한글 맞춤법의 24개 자모의 순서는 앞에서(제3장 4.1.1.) 제시한 바와 같은데, 나머지 자모를 더한 40자모를 사전에 올릴 적의 순서는 다음과 같다(한글 맞춤법 제4항).

자음 : ㄱ ㄲ ㄴ ㄷ ㄸ ㄹ ㅁ ㅂ ㅃ ㅅ ㅆ
　　　 ㅇ ㅈ ㅉ ㅊ ㅋ ㅌ ㅍ ㅎ

모음 : ㅏ ㅐ ㅑ ㅒ ㅓ ㅔ ㅕ ㅖ ㅗ ㅘ ㅙ
　　　 ㅚ ㅛ ㅜ ㅝ ㅞ ㅟ ㅠ ㅡ ㅢ ㅣ

그리고 받침 글자의 순서는 다음과 같다.

ㄱ ㄲ ㄳ ㄴ ㄵ ㄶ ㄷ ㄹ ㄺ ㄻ ㄼ ㄽ ㄾ ㄿ ㅀ
ㅁ ㅂ ㅄ ㅅ ㅆ ㅇ ㅈ ㅊ ㅋ ㅌ ㅍ ㅎ

24 자모의 순서와 관련하여, 오늘날 'ㄱ, ㄴ, ㄷ, ㄹ, ……', 'ㅏ, ㅑ, ㅓ, ㅕ, ……'의 한글 자모 순서는 훈민정음 창제 당시의 순서는 아니다. 없어진 문자도 있고 그 순서도 다르다. "훈민정음"도 그 안에 여러 가지 자모의 배열이 보이는데, 그 가운데 기본이라 할 예의(例義)의 배열 순서는 다음과 같다.

자음 : ㄱ ㅋ ㆁ ㄷ ㅌ ㄴ ㅂ ㅍ ㅁ ㅈ ㅊ ㅅ ㆆ ㅎ ㅇ ㄹ ㅿ
모음 : ㆍ ㅡ ㅣ ㅗ ㅏ ㅜ ㅓ ㅛ ㅑ ㅠ ㅕ

오늘날과 비슷한 자모 순서는 "훈몽자회"에서 나타난다.

자음 : ㄱ ㄴ ㄷ ㄹ ㅁ ㅂ ㅅ ㆁ ㅋ ㅌ ㅍ ㅈ ㅊ ㅿ ㅇ ㅎ
모음 : ㅏ ㅑ ㅓ ㅕ ㅗ ㅛ ㅜ ㅠ ㅡ ㆍ ㅣ

이 훈몽자회의 순서는 16세기 초에 간행된 것으로 보이는 "진언집(眞言集)"에도 보여26) 이른 시기에 이러한 자모순이 있었음을 알 수 있다.27) 또 당시 그와 같은 순서를 보이는 반절이 이전 시기부터 존재하였을 가능성이 높으므로(김민수 1973/1984 : 149) 훈몽자회의 자모순은 비록 "훈민정음"의 그것과 다르다고 해도 나름대로의 전통성을 지닌 것이다.

훈몽자회 이후에도 19세기까지 다양한 자모순이 보인다.28) 특히 오늘날 자모순과 매우 흡사한 모습을 보이는 홍계희의 "삼운성휘(三韻聲彙)"(1751)의 경우 그 저자가 훈민정음의 자모순을 알고 있었음에도 일반에게 익숙한 순서로 자모를 배열하였다.29) 즉 저자는 현행과 거의 같은 자모순을 제시하면서 "이 그림이 훈민정음의 본래 순서가 아니라 속세의 소위 반절의 순서에 따른 것은 사람들로 하여금 쉽게 이해할 수 있도록 하기 위한 것(此圖不因訓民正音本次而俗所謂反切之次者欲使人易曉也)"이라고 밝히고 있는 것이다.

이와 같이 민간의 편의를 고려하여 자모를 배열하는 정신은 국문연구의정안(1909)에서도 나타난다. 당시 연구위원들은 훈민정음 예의의 자모순이 갖는 배열의 의미를 완전히 파악하고 있었으며, 훈몽자회 이후의 각 어학자들의 저술에 담긴 자모순의 내용도 충분히 검토한 후 다음과 같은 자모순을 제시하였다.

ㆁ ㄱ ㄴ ㄷ ㄹ ㅁ ㅂ ㅅ ㅈ ㅎ ㅋ ㅌ ㅍ ㅊ

ㅏ ㅑ ㅓ ㅕ ㅗ ㅛ ㅜ ㅠ ㅡ ㆍ ㅣ

이는 훈몽자회의 자모순을 상당 부분 수용한 것인데, 이 자모순에 대하여 연구

---

26) 선조 2년(1569)에 중간된 "진언집(眞言集)"의 범례에 보이는 자모순이 훈몽자회의 그것과 일치한다. "진언집"의 원간본의 간행 시기는 분명치 않으나 늦어도 16세기 초에 간행된 것으로 보이는 책이 전하고 있다(이희승·안병희·한재영 2010 : 33).

27) 모음자는 이미 신숙주의 "사성통고" 범례에서 "ㅏㅑㅓㅕ는 입을 펴는(張口) 모음이며 ㅗㅛㅜㅠ는 입을 오므리는(縮口) 모음이다"와 같이 ㅏㅑㅓㅕㅗㅛㅜㅠ ㆍㅡㅣ의 순서가 보이기도 한다.

28) 김민수(1973/1984)의 '자료'편 제4장은 1443년 훈민정음 창제 이후 1971년에 이르기까지 제안된 한글 자모의 명칭과 순서에 대한 73가지의 안을 제시하고 있다.

29) 이 책은 ㄱㄴㄷㄹㅁㅂㅅㅇ(초종성통용8자), ㅈㅊㅌㅋㅍㅎ(초성독용8자), ㅏㅑㅓㅕㅗㅛㅜㅠㅡ ㆍ ㅣㅘㅝㅣ의 자모 순서를 보인다.

위원이던 지석영은 연구안에서 다음과 같이 언급하여 민간의 전통을 존중한 것임을 잘 보여 준다.

　　以字順言之면 初聲을 訓民正音에 牙舌脣齒喉半舌半齒音으로 編次하얏슨즉 ㄱㅋㄷㅌㄴㅂㅍㅁㅈㅊㅅㅎㅇㄹ로 定하난 것이 可하나 ㄱㄴㄷㄹㅁㅂㅅㅇㅈㅊㅋㅌㅍㅎ[30]로 成習이 已久하야 童穉初學에도 口順易讀한즉 不必變更이요(자모의 순서로 말할 것 같으면 초성을 훈민정음에 아설순치후반설반치음으로 차례지었으므로 ㄱㅋㄷㅌㄴㅂㅍㅁㅈㅊㅅㅎㅇㄹ로 정하는 것이 옳겠으나 ㄱㄴㄷㄹㅁㅂㅅㅇㅈㅊㅋㅌㅍㅎ로 하는 습관이 이미 오래되어 갓 글을 배우는 어린아이들에게도 입에 붙어 쉬이 읽히므로 굳이 바꿀 필요가 없음이요) [하략]

　오늘날의 자모순과 같은 순서는 안마다 약간의 차이는 있지만 20세기에 들어서 거의 정립되어[31] 통일안(1933), 한글 맞춤법(1988)에서 현재 순서로 정착되었는데, 결국 현행 자모순은 이상과 같이 민간의 관습을 존중하는 정신을 바탕으로 한 것이다.

4.2. 소리에 관한 표기

4.2.1. 된소리

'어깨'

한 단어 안에서 뚜렷한 까닭 없이 된소리가 날 때는 된소리로 표기한다. 국어의

---

30) 이 순서는 국문연구의정안의 최종안과 다르다. 의정안 마련 당시 특히 자음의 순서에 관하여 연구위원들의 의견이 같지 않았는데, 최종안은 어윤적 위원의 안을 그대로 가져온 것이다. 다만 어윤적은 'ㆍ'의 폐지를 주장하였기에 모음자에 'ㆍ'가 빠져 있음이 다를 뿐이다(한동완 2006 : 114).

31) 예를 들어 ①ㅏㅑㅓㅕㅗㅛㅜㅠㅡㅣ/ ㄱㄴㄷㄹㅁㅂㅅㅇㅈㅊㅋㅌㅍㅎㆁㆆ (유길준 1909 대한문전) ②ㅣㅏㅓㅕㅗㅛㅜㅠㅡㅡㅣ/ ㄱㄴㄷㄹㅁㅂㅅㅇㅈㅊㅋㅌㅍㅎㆁㆆ (주시경 1910 국어문법) ③ㅏㅑㅓㅕㅗㅛㅜㅠㅡㆍㅣ/ ㄱㄴㄷㄹㅁㅂㅅㅇㅈㅊㅋㅌㅍㅎㆁㆆ (주시경 1913 조선어문법) ④ㄱㄴㄷㄹㅁㅂㅅㅇㅈㅊㅋㅌㅍㅎ / ㅏㅑㅓㅕㅗㅛㅜㅠㅡㆍㅣ(김규식 1909 대한문법 및 1912 조선어문법) ⑤ㄱㄴㄷㄹㅁㅂㅅㅇㅈㅊㅋㅌㅍㅎㄲㄸㅃㅆㅉ / ㅏㅑㅓㅕㅔㅐㅖㅒㅚㅟㅢㅟㅓㅕㅡㅣㆍㅚㅞㅙㅒㅖㅒ(김두봉 1922 깁더 조선말본, 마지막 'ㅟ'는 'ㅞ'의 오식으로 보임-저자) 등이 있다.

발음 규칙상 '가지, 산들, 줄기, 검불, 옹기종기' 등처럼 한 단어 안에서 모음이나 ㄴ, ㄹ, ㅁ, ㅇ 뒤에서는 된소리화가 일어나지 않는데, 따라서 다음 단어들은 뚜렷한 까닭 없이 된소리가 나는 경우이다. 이런 예는 본래부터 된소리를 지니고 있는 것으로 보아 표기할 때도 된소리 글자로 적는다.

  어깨, 으뜸, 아가씨, 잔뜩, 안쓰럽다, 살짝, 깜짝, 몽땅

'눈곱'

한 단어 안에서 나는 된소리일지라도 다음의 경우는 다르다.

  눈곱/*눈꼽, 눈살/*눈쌀, 안간힘/*안깐힘

'눈곱, 눈살'은 내부에 형태소 경계를 갖는 합성어라는 점에서 '어깨, 으뜸'과는 다르다. 이들 단어는 각각 '눈+ㅅ+곱', '눈+ㅅ+살'로 이루어진 것인데, 된소리 발음은 사이시옷 때문이라는 뚜렷한 이유가 있으므로 '곱', '살'을 된소리로 적지 않는다. 즉 '손바닥'의 '바닥'을 된소리로 적지 않는 것과 같다. '안간힘'[안깐힘/안간힘]은 '안간-힘'이 아니라 '안-간힘'('간힘'은 숨을 참으며 고통을 견디는 힘이다)으로 분석된다.

'눈썹'

다음 단어들은 형태소 경계가 있지만 된소리로 적는다.

  배꼽, 눈썹

이 단어들은 역사적으로 '빗복〉빗곱〉배꼽', '눈섭〉눈썹'으로 변화한 것인데, 현대 국어에서 이 '곱, 섭'이 여전히 인식된다고 하기는 어렵다. 즉 이 예들은 더 이상 '배+ㅅ+곱', '눈+ㅅ+섭'으로 분석될 수 없으므로 '뱃곱, 눈섭'과 같이 적을 수는

없다. 따라서 '배, 눈'에 이어지는 현대국어의 형태는 '꼽, 썹'으로 보아 된소리로
적는다.[32]

'혼꾸멍나다'

아래는 어원이 불분명하여 된소리로 적는 예이다.

    혼꾸멍나다/*혼구멍나다

'혼꾸멍나다'는 어원적으로 '구멍'과 관련될 가능성이 높은 편이다. 그러나 현재
사전은 '혼구멍나다'를 '혼꾸멍나다'의 잘못으로 규정하는데 이는 그 어원이 아직
불분명한 것으로 보았다고 할 수 있다. 이와 같이 어원이 불분명한 경우에는 '까닭
없이' 된소리가 나는 예들처럼 된소리로 적을 수밖에 없다.

'색시'

한 단어 안에서라도 'ㄱ, ㅂ' 등의 받침 뒤에서 나는 된소리는 된소리로 적지 않
는다. 원래 예사소리이던 것이 그 앞의 받침소리 'ㄱ, ㅂ' 때문에 된소리화 현상이
일어난 것이기 때문이다.

    색시, 각시, 깍지, 깍두기, 뚝배기, 갑자기, 몹시

그러나 한 단어 안에서 'ㄱ, ㅂ' 받침 뒤에서 나는 된소리일지라도 같은 음절이
나 비슷한 음절이 겹쳐 있는 경우에는 모두 된소리로 적어야 한다.[33] 동일한 소리
의 반복으로 보기 때문이다.

---

32) 다만 이 '꼽, 썹'의 문법적 지위를 무엇으로 규정해야 할지는 모호하다. "표준국어대사전"도 '배-꼽, 눈-썹'
   과 같이 형태소 경계를 표시하면서도 '꼽, 썹'을 별도의 표제어로 제시하지는 않고 있다.
33) 이는 겹쳐 나는 소리를 규정한 한글 맞춤법 제13항과 관련되는 것이나, 된소리 표기와도 관련되는 점이 있
   어서 여기에서 다루었다.

딱딱, 쌕쌕, 똑딱똑딱, 쓱싹쓱싹, 쌉쌀하다, 씁쓸하다, 짭짤하다, 찝찔하다

'강술'

어두의 예사소리를 된소리로 잘못 적는 경우를 종종 볼 수 있다. 이 경우는 구어에서 흔히 된소리로 발음되는 것들로서 비표준적인 된소리 발음이 그대로 표기에 반영된 것이다.

강소주/*깡소주, 강술/*깡술, 거꾸로/*꺼꾸로, 고깔/*꼬깔, 닦다/*딲다, (힘이) 달리다/*딸리다, (물이) 졸다/*쫄다, 졸병/*쫄병, 잘리다/*짤리다

어떤 단어들은 예사소리와 된소리가 모두 표준으로 인정되기도 한다. 예를 들어 '조금'도 표준어지만 '쪼금', '쪼끔'도 그 센말로서 모두 표준어이다(제2장 3.1.5. 참조).

'잇달다'와 '잇따르다'

두 단어는 동의어지만 각각 '달다'와 '따르다'에 기원을 두고 있다. 이러한 형태적 사실에 따라 '잇따르다'만 된소리 표기를 한다. 이를 종종 혼동하여 표기하는 일이 있어 주의해야 한다.

잇단/잇따른/*잇다른/*잇딴 사고

4.2.2. 구개음화

'맏이'

구개음화의 결과는 표기에 반영하지 않는다. 즉 다음과 같은 단어에서, 'ㄷ, ㅌ' 받침이 구개음화로 인하여 'ㅈ, ㅊ'으로 소리 나지만, 본모습대로 'ㄷ, ㅌ'으로 적는 것이다.

맏이, 해돋이, 굳이, 같이, 끝이, 핥이다, 벼훑이, 걷히다, 묻히다

이는 표의주의의 원리로 볼 때 당연한 것이다. 표의주의를 표방한 언문철자법
(1930)에서도 구개음화만큼은 표기에 반영하여 '밭치, 밭치오'와 같이 적었던 것인
데, 한글 맞춤법 통일안(1933)부터는 이를 음운 현상으로 돌리고 단어의 본모습을
밝혀 '밭이, 밭이오'와 같이 적었었다(제3장 2.2. '마', '바' 항 참조). 현행 맞춤법 역시
그 원리를 그대로 계승한 것이다.

4.2.3. 'ㄷ' 소리 받침

'덧저고리'
다음 단어들은 받침이 'ㄷ'으로 소리 나지만, 'ㅅ'으로 적는다.

　　덧저고리, 엇셈, 웃어른, 놋그릇, 빗장, 무릇, 사뭇, 자칫하면, 그까짓, 옛, 첫

이 단어들은 '덧, 엇, 웃, 놋, 빗, 무릇' 등의 본모습이 'ㅅ' 받침인지 'ㄷ' 받침인
지 뚜렷하지 않다. 따라서 소리대로 '덛저고리, 언셈' 등과 같이 적을 여지도 있지
만 이를 'ㅅ'으로 적는 것은 종래의 관용에 따른 것이다. 이들이 본래 'ㄷ' 받침을
지닌다는 근거가 있지 않은 이상 굳이 오래전부터 익숙한 표기를 바꾸지 않겠다는
뜻이다.

'곧장'
다음 단어들은 위 '덧저고리' 등과 달리 'ㄷ'으로 적는다.

　　걷잡다, 곧장, 낟가리, 돋보다

이 단어들의 경우 'ㄷ'으로 적는 이유는 본래 말이 'ㄷ' 받침을 지니고 있기 때문
이다. 즉 '거두어 붙잡다, 똑바로 곧게, 낟알이 붙은 곡식을 쌓은 더미, 도두 보다'

등처럼 각 단어는 본디 'ㄷ' 받침을 갖고 있다.

한편 다음 단어들은 'ㄹ' 받침소리가 'ㄷ'으로 바뀐 예들이다(바느질→반짇, 사흘→사흗, 술→숟). 따라서 이들 역시 그 받침을 'ㄷ'으로 적을 근거가 있으므로 그에 따라 'ㄷ'으로 적는다(제3장 4.3.5. '나' 항 참조).

반짇고리, 사흗날, 숟가락

'밭사돈'

다음 단어들은 받침이 'ㄷ'으로 소리 나지만, '밧, 받'이 아니라 '밭'으로 적는다. '밭'이 '바깥'과 연관되기 때문이다.

밭다리, 밭벽, 밭부모, 밭사돈, 밭상제, 밭어버이, 밭쪽

'밖'의 고형은 '밧'으로 옛말의 합성어에서 '밧잣(외성), 밧집(외관), 밧편(바깥쪽)'과 같이 적던 것이다. 따라서 위 단어들도 '밧다리, 밧벽, 밧부모, 밧사돈, …'과 같이 표기할 여지도 없지 않다. 그러나 화자들은 이를 '바깥'과 관련지어 인식하는 경향이 있고 국어연구소(1988ㄱ)도 '밭벽, 밭사돈'을 '바깥벽, 바깥사돈'의 준말로 본다. "표준국어대사전"에서는 '밭-'을 아예 접두사로 규정하고 있다.

4.2.4. 모음

가. '예'와 '에'

'핑계'

'계, 례, 몌, 폐, 혜'는 [계, 례, 몌, 폐, 혜]가 표준 발음이지만 흔히 [게, 레, 메, 페, 헤]로 발음되고, 표준 발음법도 이 가운데 [레]를 제외한('례'는 [례]만 표준 발음이다) 나머지 [게], [메], [페], [헤]를 표준 발음으로 허용하고 있다. 그러나 이러한 발음과 무관하게, 표기는 한자어나 고유어의 어원적인 면을 고려하여 '계, 례, 몌,

폐, 혜'로 적는다(한글 맞춤법 제8항).

계수(桂樹), 사례(射禮), 연몌(連袂), 폐품(廢品), 혜택(惠澤), 계집, 핑계, 계시다

'휴게실'

다음과 같이 'ㅔ'가 본음인 단어는 '게, 레, 메, 페, 헤'로 적는다. 종종 '게시판, 휴게실'을 다른 한자어의 '계'에 이끌려 '계시판, 휴계실'과 같이 잘못 적는 일이 있기도 하므로 주의해야 한다.

집게, 둘레, 메다, 헤살, 게송(偈頌), 게시판(揭示板), 휴게실(休憩室)

나. '의'

'씌어'

자음 뒤에서 모음 '의'는 '이'로 발음한다(표준 발음법 제5항). 그러나 현행 맞춤법은 발음대로 적기보다는 어법에 따라 적는 것을 원칙으로 하고 있다. '씌어'의 경우 '쓰이어'의 준말이므로 '씨어'가 아니라 '씌어'라고 적어야 그 어법을 나타낼 수 있다. 그러므로 발음대로 적지 않고 '의'로 적는 것이다.

씌어, 틔어

'희망'

한자어의 경우는 전통적인 표기를 존중하여 '의'로 적는다. 즉 아래의 '희'는 [히]로 발음나지만 전통에 따라 '희'로 적는다.

희망, 유희

'무늬'

어법과도 상관없고 한자어도 아닌 다음과 같은 고유어들은 표기의 전통과 현실

의 발음을 고려하여 '이'가 아닌 '의'로 적는다.

무늬, 보늬, 오늬, 하늬바람, 닐리리, 닝큼[34]

이 단어들은 [이]로 소리 나는데도 불구하고 '의'로 적는다. 왜냐하면 국어에서 '어머니, 가니' 등 'ㅣ' 모음 앞의 'ㄴ'은 경구개음 [ɲ]으로 발음되는데 이 단어들은 구개음화되지 않고 여전히 치경음 [n]으로 발음되기 때문이다. 즉 본모습은 '늬'인데 [니]로 발음된 것으로 본다.

4.2.5. 두음 법칙

가. 어두의 한자음

국어에서 한자음 '녀, 뇨, 뉴, 니, 랴, 려, 례, 료, 류, 리, 라, 래, 로, 뢰, 루, 르'는 어두에서 본음대로 발음되지 못하고 '여, 요, 유, 이, 야, 여, 예, 요, 유, 이, 나, 내, 노, 뇌, 누, 느'로 발음된다. 이를 두음 법칙(頭音法則)이라고 한다. 두음 법칙이 적용된 단어는 그 적용된 대로 적는다.

女子 녀자 → 여자	禮節 례절 → 예절	老人 로인 → 노인
尿素 뇨소 → 요소	龍宮 룡궁 → 용궁	雷聲 뢰성 → 뇌성
紐帶 뉴대 → 유대	流行 류행 → 유행	樓閣 루각 → 누각
匿名 닉명 → 익명	離別 리별 → 이별	陵墓 룽묘 → 능묘
良心 량심 → 양심	樂園 락원 → 낙원	
旅行 려행 → 여행	來日 래일 → 내일	

'연도'

두음 법칙이 적용된 단어는 다른 단어나 접사와 결합하여 복합어를 이룰 때도

---

34) '냉큼'과 같은 뜻의 말이다.

두음 법칙이 적용된 대로 적는다.

신-여성, 실-낙원, 역-이용, 중-노동, 연-이율, 몰-이해, 수학-여행

이 단어들을 '신녀성, 실락원, 역리용, 중로동, 연리율, 몰리해, 수학려행'과 같이 적지 않는 것은 이미 두음 법칙이 적용되어 만들어진 '여성, 낙원, 이용, 노동, 이율, 이해, 여행'에 '신-, 실-, 역-, 중-, 연-, 몰-, 수학' 등이 결합한 것이기 때문이다. 이에 따라 흔히 '년도, 년한, 년수'라고 잘못 적는 다음과 같은 예도 '연도, 연한, 연수'로 적어야 함을 알 수 있다.

출생 연도, 졸업 연도, 회계 연도, 생산 연도 (연도/*년도)
사용 연한, 보존 연한, 내구 연한 (연한/*년한)
근무 연수, 재직 연수, 내용 연수 (연수/*년수)

다음과 같은 단어는 두 명사의 결합이기 때문에 두 번째 명사는 두음 법칙이 적용된 대로 적는다.

부화-뇌동(附和雷同), 사상-누각(砂上樓閣), 평지-낙상(平地落傷)

참고로, 앞서의 예 가운데 '몰이해'는 표준 발음이 [몰리해]인데, 따라서 그 표기도 '몰리해'로 해야 한다고 생각할 수도 있다. 그러나 이는 '몰+이해'의 구조에서 'ㄴ' 소리가 덧난 것으로 보아(제2장 4.6.1. 참조) '몰이해'로 적는다.

'년도'
의존 명사인 경우에는 '년도'로 적는다.

2008년도, 몇 년도

'연도'가 자립명사인 것과 달리 위의 '년도'는 의존 명사이다. 의존 명사는 앞말과 연결되어 하나의 단위를 구성하는 의존성 때문에 두음 법칙의 예외로 인정된다.

몇 년(年), 만 냥(兩), 한 냥쭝(兩-), 몇 리(里), 그럴 리(理) (없다)

이 두음 법칙은 한자어에 관한 것이다. 고유어도 역사적으로 두음 법칙을 겪었지만('님금〉임금, 닢〉잎') 현대 국어에서는 이미 두음 법칙이 적용된 형태로 굳어져 있다. 다만 다음과 같은 의존 명사들은 두음 법칙의 예외로 남아 있다.

이 녀석, 몹쓸 년, 동전 한 닢

인명

인명의 성과 이름은 각각 단어이다. 따라서 성과 이름의 첫 글자를 두음 법칙에 따라 적는 것이 원칙이다. 즉 다음과 같이 'ㄹ'로 시작하는 성(姓)은 두음 법칙에 따라서 적는다.

羅나, 盧노, 魯노, 梁양, 呂여, 廉염, 柳유, 劉유, 陸육, 李이, 林임 등

다만 성은 호적과 관련되는 법률적인 문제가 있는데, 2007년 8월부터는 개인에 따라 호적에 두음 법칙과 무관하게 'ㄹ'로 표기하는 것을 허용하였다.[35] 개인의 표기 욕구와 무관하게 두음 법칙에 따라 적도록 하는 것이 기본권을 침해한다고 보았기 때문이다.

이름 역시 두음 법칙에 따라 적는다. 아래 이름의 첫 자는 본음이 '린, 륜, 량, 룡, 락'이지만 두음 법칙이 적용된 대로 적는다.

정인지(鄭麟趾), 이윤성(李倫成), 김양행(金亮行), 김용(金龍), 김낙용(金洛用)

---

35) 1996년부터 시행된 이전의 대법원 호적 예규는 한글 맞춤법에 따라 쓰도록 되어 있었다. 그런데 이에 대한 해당 성씨의 사람들의 반발이 심하여 2007년에 대법원의 호적 예규를 변경하였다.

그런데 외자로 된 옛사람의 이름 가운데는 성과 어울려 쓰일 적에 두음 법칙이 적용되지 않는 경우가 있다. 이 예들은 그 본음대로 발음하는 관습도 인정한다. 따라서 아래 인명들은 두 가지 표기가 모두 허용된다.[36]

신입/신립(申砬), 최인/최린(崔麟), 채윤/채륜(蔡倫), 하윤/하륜(河崙)

결국 위의 '신립, 최린, 채륜, 하륜'은 관습에 따른 예외적인 표기이다. 이 소수의 예를 제외하면 두음 법칙에 따라 적는 것만 올바른 표기이다.[37]

권염(權廉), 권남(權擘), 김늑(金玏), 임노(任魯), 유임(柳琳) 등

나. 비어두의 한자음

단어의 첫머리가 아닌, 즉 비어두의 한자음은 당연히 그 본음대로 적는다.

남녀(男女), 당뇨(糖尿), 쾌락(快樂), 연로(年老), 왕래(往來)

즉, 위 예들에서 '녀, 뇨, 락, 로, 래' 등은 비어두에 온 한자 '女, 尿, 樂, 老, 來'를 그 본음대로 적은 것이다. 이와 같이 비어두에 온 한자음 표기의 구체적인 예들을 살펴보자.

---

36) 이는 한글 맞춤법 제11항에서 '랴, 려, 례, 료, 류, 리'가 단어의 첫머리에 올 적에 관하여, '외자로 된 이름을 성에 붙여 쓸 경우에도 본음대로 적을 수 있다'고 규정한 것에 따른 것이다. 그런데, 이는 '냐, 뇨, 뉴, 니'가 단어의 첫머리에 올 적(제10항), '라, 래, 로, 뢰, 루, 르'가 단어의 첫머리에 올 적(제12항)에도 동일하게 규정되어야 하는데, '한글 맞춤법'은 이를 빠뜨리고 있다는 점을 이희승·안병희·한재영(2010)에서 지적하고 있다. 다만, 이와 별개로 "표준국어대사전"은 '한글 맞춤법' 제11항에서 명시한 인명(신립, 최린, 채륜, 하륜)들만 본음대로 적는 것으로 제한하고 있다[국립국어연구원(2000ㄱ:28) 참조].

37) 다만 현대인의 경우 개인에 따라 '최란(崔蘭), 오룡(吳龍)' 등 외자인 자신의 이름을 두음 법칙과 무관하게 적는 경우의 규범성은 여전히 모호하다. "외자로 된 이름을 성에 붙여 쓸 경우에도 본음대로 적을 수 있다."(한글 맞춤법 제11항 붙임 2)는 조항만으로 본다면 이러한 표기가 허용되지 않는다고 하기 어렵기 때문이다. 국어연구소(1988ㄱ)이나 표준국어대사전은 해당 조항을 역사적인 인물의 성명에 대해서만 적용하고 있지만 오늘날 일반인의 성명 표기와 관련해서도 분명한 해석이 제시될 필요가 있을 것이다.

'신년도'

아래의 3음절 한자어는 그 형태소 경계가 어디인지 알 필요가 있다.

  신년도(新年度), 고랭지(高冷地), 연륙교(連陸橋)

이 예들은 '신년-도, 고랭-지, 연륙-교'로 분석되는 단어들로서, 두 번째 한자 '年, 冷, 陸'은 비어두에 놓이므로 본음(년, 랭, 륙)에 따라 적어야 한다. '고랭지, 연륙교'의 경우 그 발음도 당연히 [고랭지], [열륙꾜]이며 [고냉지], [연뉵꾜]는 잘못된 발음이다.

다음 단어들도 이와 같은 예들이다.

  구년-도(舊年度), 전년-도(前年度), 금년-도(今年度), 내년-도(來年度), 한랭-지
  (寒冷地)

'소식란'

다음 예들에서 한자 '欄, 量, 龍'은 비어두이므로 본음대로 '란, 량, 룡'으로 적는다.

  소식란(消息欄), 생산량(生産量), 쌍룡(雙龍)

그런데 이 예들의 한자 '欄, 量, 龍'은 한자의 어근 형태소인 동시에, '난'이 넓다, '양'이 많다, '용'이 난다 등처럼 국어의 단어이기도 하다. 위 예처럼 '消息, 生産, 雙' 등 한자(어) 뒤에 결합한 경우에는 어근 형태소의 자격으로 결합한 것이고, 또 어두가 아니므로 본음대로 적는다.

  가정란, 부고란, 학습란, 독자란
  노동량, 강수량, 수확량
  청룡, 황룡, 흑룡, 와룡(臥龍), 수룡(水龍)

그러나 고유어나 외래어 뒤에서는 '欄, 量, 龍'이 국어 단어 '난, 양, 용'의 자격으로 결합한 것으로 보아 두음 법칙이 적용된 대로 '난, 양, 용'으로 적는다.

　　어린이난, 가십난, 구름양, 에너지양, 수용(수컷인 용)

아래도 모두 이러한 원칙에 따라 구별하여 적는 예들이다.

　　동양란, 문주란 / 수정란, 쌍란 / 백련, 수련 / 선릉, 정릉
　　거미난, 사철난38) / 모자이크난39) / 가시연, 개연 / 아기능40)

위와 같이 고유어, 외래어 뒤에서 두음 법칙에 따라 적는 것은 그 한자어가 단어의 자격을 지니기 때문이다. 독립적인 단어로 인식되지 않는 한자어는 당연히 고유어, 외래어 뒤에서도 본음에 따라 적는다.

　　점프력(-力), 율리우스력(-曆), 곰팡이류(-類),41) 제트류(-流), 테헤란로(-路),
　　에너지론(-論)

'늠름하다'
아래 예들은 동일한 한자가 겹쳐진 경우이다.

　　연년생(年年生), 늠름하다(凜凜-), 냉랭하다(冷冷-), 녹록하다(碌碌-), 적나라하다
　　(赤裸裸-), 희희낙락(喜喜樂樂)

동일한 한자라는 점과 비슷한 발음에 이끌려 이 예들을 '연연생, 늠늠하다, 냉냉하다, 녹녹하다, 적나나하다, 희희낙낙'과 같이 잘못 적을 가능성이 없지 않다. 그

---

38) 난초과의 식물.
39) 발생 과정에서 특정 기관만 만드는 동물의 알.
40) 어린 세자나 세손의 무덤.
41) '類'는 단어 '유'가 존재하지만 이 경우는 접미사 '-류'가 결합한 것이다.

러나 예를 들어 '연년생'의 경우 그 발음이 [여년생]이라면 '연연생'으로 적겠지만, 실제 발음이 [연년생]이므로 비어두의 음절은 본음대로 적는다.

예외적으로 다음 단어들은 본음이 아니라 소리 나는 대로 같은 글자로 적는다. 이들이 [여년], [유유], [누누]와 같이 발음되기 때문이다.

연연불망(戀戀不忘), 유유상종(類類相從), 누누이(屢屢-)

'파렴치'

본래 어두의 한자음이지만 복합어에서 사람들의 발음 습관이 본음의 형태로 굳어져 있는 것들이 있다. 이런 단어들은 예외적인 형태를 인정한다.

미립자, 소립자, 수류탄, 파렴치

이 단어들의 두 번째 음절은 본래 '입자, 유탄, 염치'의 어두음으로서 두음 법칙이 적용되는 것이나, 이 복합어에서 본음의 형태로 발음이 굳어져 있어 이를 인정하는 것이다. '총유탄(銃榴彈)[총유탄/*총뉴탄]'과 비교해 보면, '수류탄(手榴彈)[수류탄]'이 예외적으로 한자 본음대로 발음되는 단어임을 알 수 있다. 이를 '수유탄'으로 적을 수는 없으므로 소리 나는 대로 '수류탄'으로 적는 것이다.

준말

합성어가 줄어들어 한자음이 본음대로 나는 경우가 있다. 예를 들어 '대한 교육 연합회'가 줄어들 때 글자 그대로는 '대한교연'이나 실제로는 '대한교련'으로 줄어든다. 이와 같이 준말에서 본음으로 소리 나는 것은 본음대로 적는다.

국련(국제 연합), 대한교련(대한 교육 연합회), 전경련(전국 경제인 연합회), 경실련
(경제 정의 실천 연합), 국제 자유 노련(국제 자유 노동조합 연맹)

다. 비어두의 한자음 '렬', '률'

'실패율'과 '성공률'

비어두의 한자는 본음대로 적는 것이 원칙이지만 '렬, 률'은 예외적이다. 본음이 '렬, 률'인 한자가 비어두 위치에 올 때는 아래의 원칙에 따라 적는다.

> ㄱ. 모음이나 'ㄴ' 받침 뒤에서 본음대로 적지 않고 '열, 율'로 적는다.
> 　　나열, 선열, 비율, 운율, 사고율, 실패율, 득표율, 백분율, 출산율, 할인율
> ㄴ. 그 외는 본음대로 적는다.
> 　　격렬, 행렬, 법률, 확률, 성공률, 적중률, 출생률, 가독률, 손실률

즉 본음이 '렬, 률'인 모든 한자('列, 烈, 裂, 劣, …', '律, 率, 栗, 慄, …' 등)는 비어두에 오는 경우에도 모음이나 'ㄴ' 받침 뒤에서는 '열, 율'로 적어야 하는 것이다. 이는 이 한자들이 모음이나 'ㄴ' 받침 뒤에서 본음 대신 '열, 율'로 발음되는 현상이 있기 때문이다. 예를 들어 '羅列, 先烈'은 [나열], [서녈]로 발음된다. 위 표기 규정은 이러한 발음 현상을 반영하여 정한 것이다.

'출산율'

다음은 3음절 이상 단어로서 형태소 경계가 '열, 율' 앞에 놓이는 예들이다.

> 백분율, 출산율, 할인율, 불문율, 외환율, 환산율, 회전율, 기본열, 구순열(口脣裂), 개편열(開片裂)

이 단어들은 예외 없이 [-ㄴㄴ-]으로 'ㄴ' 소리가 덧난다. 예를 들어 '할인율'은 [하리뉼]이 아니라 [하린뉼]로 발음된다. 이는 '선열'이 [서녈]로 발음되는 것과는 다른 양상으로서, 이러한 발음은 '생산량[생산냥], 판단력[판단녁], 입원료[이뷘뇨]' 등 'ㄴ' 받침 뒤에 'ㄹ'이 이어질 때 나타나는 것이다. 따라서 그 발음으로 보면 '백분률, 출산률, 할인률' 등과 같이 적을 여지도 있겠으나, 이 경우에도 일관되게

'열, 율'로 적는다. 즉 'ㄴ' 받침 뒤에서는 '열, 율'로 적는다는 규정이 정해진 이상 그 발음이 어떻든 간에 규정에 따라 표기하는 것이다.

'서비스율'과 '슛률'

한자어 '率'의 경우, 위와 같은 표기 원칙이 외래어 뒤에서도 동일하게 적용된다(국립국어원 2018:32 참조).

서비스율(service率), 시엔율(CN率), 슛률(shoot率), 영률(Young率)

이는 새 해설에서 추가된 내용인데, 이 원칙은 고유어 뒤에서도 동일하다고 해야 할 것이다. 다음은 "표준국어대사전"에 수록된 예들이다.

원둘레율(-率), 고른율(-率),42) 일률(-率)43)

이 단어들을 각각 '율, 률'로 달리 표기하는 것은 모음이나 'ㄴ' 받침 뒤인가 아닌가에 따른 것이다. 즉 고유어도 같은 원칙이 적용되는 것이다.

또 '率'뿐만 아니라 본음이 '률'인 다른 한자어도 동일한 방식으로 적는다. 적은 예이지만, 아래와 같이 수학 용어 '맞선율, 맞섬률'을 '율, 률'로 달리 적는데 이 역시 모음이나 'ㄴ' 받침 뒤인지 아닌지에 따라 구별하여 적은 것이다. 즉 '率'뿐만 아니라 '律'도 같은 방식으로 표기하는 것이다.44)

맞선율(-律),45) 맞섬률(-律)

---

42) 평균한 비율.

43) 단위 시간에 이루어지는 일의 양.

44) "표준국어대사전"에 '율(律)'은 독립된 단어(수학 용어)로 올라 있는데, 그럼에도 불구하고 '맞섬율'이 아니라 '맞섬률'로 적는 것은 모음이나 'ㄴ' 받침 뒤가 아니라는 조건 때문이다. 독립된 단어라는 조건에 따라 적는다면 '맞섬율'이 되어야 한다.

45) a의 b에 대한 관계가 b의 a에 대한 관계와 같다는 법칙. =대칭률.

본음이 '렬'인 한자어도 같은 방식으로 적는지는 불확실하지만[46] 적어도 '률'은 외래어, 고유어 뒤에서 '비율, 선율', '확률' 등의 그것과 같은 방식으로 적는다고 할 수 있다.

그런데 이는 다른 경우와 비교하면 예외적이다. 예를 들어 '에너지양, 가시연' 등은 '양, 연'이 독립적인 단어이기 때문에 두음 법칙에 따라 적고, '점프력, 제트류' 등은 '력, 류'가 독립적인 단어가 아니기 때문에 본음대로 적는다. 그런데 '率, 律' 등은 앞말이 모음이나 'ㄴ' 받침으로 끝났는지 아닌지에 따라 '열' 또는 '률'로 적는 것이다.[47]

4.2.6. 속음의 한자어

'승낙'과 '허락'

한자어에 따라서 한자의 본음이 아니라 속음으로 읽히는 경우가 있다. 속음(俗音)은 한자 본래의 음이 아니라 우리나라의 관용으로 널리 통용되고 있는 본음 이외의 음이다(이희승·안병희·한재영 2010). 다음은 이 속음으로 된 한자어가 표준어로 인정되어 그에 따라 적는 예들이다.

> 허락(許諾), 수락(受諾), 곤란(困難), 논란(論難), 의령(宜寧), 회령(會寧), 대로(大怒), 희로애락(喜怒哀樂), 의논(議論), 모과(木瓜), 오뉴월(五六月), 유월(六月), 시왕(十王), 시월(十月), 초파일(初八日)

諾의 본음은 '낙'이며(承諾 승낙), 難은 '난'(萬難 만난), 寧은 '녕'(安寧 안녕), 怒는 '노'(忿怒 분노), 論은 '론'(討論 토론), 六은 '륙'(五六十 오륙십), 木은 '목'(木材 목재), 十은 '십'

---

46) 한자어 '률'을 이와 같이 적는다면 본음이 '렬'인 한자어도 같은 원리에 따라 적을 가능성이 있다. 다만 새 해설에 이에 대한 명시적인 언급이 없고, 사전에도 '코시열(Cauchy列), 펄스열(pulse列), 톱니바퀴열(-列)'의 세 단어만 올라 있어 단정하기 어렵다. 이 예만으로는 '列'이 모음으로 끝난 말 뒤에 붙어서 '열'로 적은 것인지, 독립적인 단어라서 '열'로 적은 것인지 알 수 없다.

47) 다만, 그 원칙에 따라 적어야 할 근거가 뚜렷하지 않다면(예를 들어 외래어, 고유어 뒤의 '율'은 독립된 단어일 가능성이 있다) 이는 '에너지양, 점프력' 등을 적는 원리와 모순되는 점이 있다.

(十日 십일), 八은 '팔'(八日 팔일)이다. 위에 예로 든 단어들은 이 본음과 달리 속음으로 발음되는 것들이다.

이 가운데 '의논'은 '어떤 일에 대하여 서로 의견을 주고받음'의 뜻을 지닌 단어이다. 이와 달리 '어떤 사안에 대하여 각자의 의견을 제기함'의 뜻으로 '의론'이 근래 새로 표준어로 인정되었다(제2장 2.3. 참조). 즉 '의논'과 '의론'은 뜻을 달리하는 별개의 단어이다. '모과(木瓜)'도 이와 유사한 예이다. 일반적으로 해당 열매를 가리킬 때는 속음인 '모과'이지만 한방에서 약재로서 가리키는 이름은 본음의 '목과'이다.[48]

이 외에는 위 예들을 본음에 따라 적는 것은 잘못이다. 예를 들어 '희로애락'을 '희노애락'으로 잘못 적는 일이 있고, '유월, 시월'도 아래와 같이 그 본음대로 잘못 쓰는 일이 종종 있다. 이는 '유월, 시월'만 올바른 표기이다.

> 육월 달 전기세가 오월에 쓴 건가요?
> 뒷면에는 '무인(戊寅) 십월(十月) 일(日) 북면달천계'라고 기록되어 있어 [하략]

4.3. 형태에 관한 표기

4.3.1. 체언과 조사

체언과 조사는 구별하여 적는다.

> 집이, 집을, 집에, 집도, 집만
> 값이, 값을, 값에, 값도, 값만

이와 같이 체언과 조사를 구별하여 적는 것은, 어법에 맞도록 적는 한글 맞춤법의 원리에서 볼 때 당연한 것이다. 여기에서는 일부 조사의 표기에 관한 문제만 보기로 한다.

---

48) '모란(牧丹)' 역시 속음의 '모란'과 본음의 '목단'이 모두 표준어이다.

'(으)로서'

'로서'는 '~의 자격으로'의 의미를 나타내는 조사이다. 흔히 [로써]와 같은 잘못 된 발음에 이끌려 '로써'라고 적는 경우가 흔한데 이는 잘못이다.

학생으로서/*학생으로써, 남자로서/*남자로써

'(으)로써'

'(으)로써'는 도구의 의미를 나타내는 조사이다. 조사는 명사 뒤에 결합하므로 '칼 로써'처럼 '(으)로써'의 앞에는 명사가 와야 한다. 만일 앞말이 용언이라면 그 어간 에 명사형 어미 '-음'을 붙여 명사형으로 만든 다음 조사 '(으)로써'를 결합한다. 예 를 들어 용언 '하다'의 경우 '하-+-음+으로써'와 같이 되어 '함으로써'로 표기한다.

운동을 <u>함으로써</u>/*하므로써 건강을 지킨다.

'하므로'로 적는 경우는 이유를 나타내는 어미 '-므로'가 결합한 때이다('철수가 착하 므로 상을 주어야겠다.'). 흔히 이 어미에 이끌려 '으로써'가 결합한 경우도 '하므로써'와 같이 잘못 적지 않도록 해야 한다.

4.3.2. 어간과 어미

어간과 어미는 구별하여 적는다. 한글 맞춤법의 원리에서 볼 때 이 역시 당연한 것이다.

먹다, 먹고, 먹어, 먹으니
젊다, 젊고, 젊어, 젊으니

이는 '넘어지다, 늘어나다, 엎어지다' 등 두 용언이 결합한 경우에도 마찬가지인 데, 앞말이 본뜻에서 멀어진 경우에는 그 원형을 밝혀 적지 않는다.

드러나다, 사라지다, 쓰러지다

또 어미 '-아/어'의 경우 모음조화에 따라 어간의 끝 음절 모음이 'ㅏ(ㅑ), ㅗ'일 적에는 '아'로 적고, 그 외의 모음일 적에는 '어'로 적는다.

나아, 막아, 얇아, 돌아, 보아
개어, 겪어, 되어, 베어, 쉬어, 저어, 주어, 피어, 희어

그리고 어미 뒤에 덧붙는 조사 '요'는 '요'로 적고,

읽어요, 좋지요

용언이 활용할 때 원칙에 벗어나면[49] 벗어난 대로 적는다.

놀다 ~ 노니, 긋다 ~ 그어, 그렇다 ~ 그러니, 푸다 ~ 퍼, 바쁘다 ~ 바빠, 걷다 ~ 걸어,
맵다 ~ 매워, 하다 ~ 하여, 푸르다 ~ 푸르러, 오르다 ~ 올라

이 가운데 '맵다' 등의 'ㅂ' 불규칙 용언들은 모음조화와 상관없이 'ㅂ'이 'ㅜ'로 바뀌는데, 그 바뀌는 대로 적는다. 다만 '돕-, 곱-' 등의 일부 단음절 어간은 'ㅂ'이 'ㅗ'로 바뀌는데, 역시 그 바뀌는 대로 적는다.

밉다 ~ 미워, 굽다 ~ 구워, 가깝다 ~ 가까워, 괴롭다 ~ 괴로워, 무겁다 ~ 무거워,
돕다 ~ 도와, 곱다 ~ 고와

---

49) 한글 맞춤법의 '원칙에 벗어나면'은 불규칙 활용이라는 뜻이다. 한글 맞춤법은 어간의 모양이 바뀌지 않고, 어미가 모든 어간에 공통적으로 결합하는 경우만 원칙(규칙 활용)으로 보고, 그 외는 원칙에서 벗어난 것(불규칙 활용)으로 본다. 즉 '놀다~노니'는 어간의 모양이 바뀌었으므로 원칙에서 벗어난 불규칙 활용이다. 이와 달리 학문 문법에서는 '놀다, 살다, 울다' 등 어간 끝소리가 'ㄹ'인 용언들은 '노니, 사니, 우니' 등처럼 일정한 환경에서 예외 없이 'ㄹ'이 탈락하므로 규칙 활용으로 보는 것이 일반적이다. 따라서 한글 맞춤법의 '원칙에 벗어나면'은 보다 전통적인 개념으로 오늘날의 불규칙 활용 개념과는 차이가 있다.

이상은 용언 어간과 어미에 대한 기본적인 규정이라고 할 수 있는데, 국어 화자들이 이와 관련하여 표기의 어려움을 느끼는 경우는 거의 찾아보기 어렵다. 아래에서는 보다 구체적인 표기 문제를 살펴보도록 한다.

가. 어미

'-이에요'와 '-예요'

"저는 학생이에요."와 같은 말에서 '이에요'가 흔히 [이예요]로 발음되는 데 이끌려 '이예요'로 잘못 적는 일이 있다. 그러나 이는 '이(다)' 뒤에 어미 '-에요'가 결합한 것으로 '이에요'로 적어야 한다. '-에요'는 '이다', '아니다'와만 결합하는 어미이다(제2장 3.2.4. 참조).

일반적으로 다른 용언에 쓰이는 어미는 '-어요'인데('먹어요, 붉어요' 등), 이 '-어요'는 '이다', '아니다' 뒤에도 결합할 수 있다. 즉 '이다', '아니다'에는 '-에요', '-어요' 모두 결합할 수 있다. 결국 '이다'의 경우 '이에요', '이어요'의 두 가지 표기가 모두 가능하다.

> 학생이에요/학생이어요, 책이에요/책이어요

그런데 모음으로 끝나는 말 뒤에서 '이에요'는 '예요'로 줄어지고, '이어요'는 '여요'로 줄어진다. 따라서 모음으로 끝나는 말 뒤에서는 '예요', '여요'로 적는다.

> 저예요/저여요, 친구예요/친구여요

'아니에요'

'아니다'도 '이다'와 마찬가지로 어미 '-에요'가 결합하고 그 표기는 '아니에요'가 된다. 또 '-어요'가 결합하면 '아니어요'가 된다.

> (학생이) 아니에요/아니어요

이 말이 각각 줄어지면 다음과 같이 적는다.

(학생이) 아녜요/아녀요

종종 '아니에요'를 '저예요'와 같이 모음으로 끝난 말 뒤에 '예요'가 결합한 것으로 생각하여 '아니예요'로 잘못 적기도 한다. 그러나 '저예요'는 체언 '저'에 '이-＋-에요'가 결합하여 '-예요'로 줄어진 것이고, '아니에요'는 어간 '아니-'에 '-에요'가 결합한 것이다. 따라서 '아니예요'로 적을 이유가 없다.

(학생이) *아니예요

'오십시오'

종결어미 '-ㅂ시오'를 '-ㅂ시요'로 잘못 적는 일이 흔히 있다. '읽어요' 등에 나타나는 '요'에 이끌렸을 가능성이 크다. 그러나 이 어미의 형태는 '-ㅂ시요'가 아니라 '-ㅂ시오'이다.

오십시오/*오십시요, 계십시오/*계십시요, 가시오/*가시요

'읽어요' 등에 나타나는 '요'는 존대의 조사로서 '읽어요, 갈까요, 오는군요, 좋던가요' 등처럼 어말어미 뒤에 결합한다는[50] 점에서 어말어미의 일부인 '오'와는 전혀 다른 것이다.

'있습니다'와 '있음'

'-습니다'는 하십시오체의 어미이다(제2장 3.1.4. 참조).

먹습니다, 있습니다, 없습니다

---

50) '-어요'는 그 쓰임이 굳어져 별개의 어미로 인정된다.

그런데 간혹 (보통 장년층 이상을 중심으로) 이 '-습니다'에 이끌려 '있음, 없음'의 명사형을 '있슴, 없슴'으로 잘못 적는 경우가 있다.[51] 그러나 '있음, 없음'에 결합한 어미는 명사형 어미 '-음'으로서 합쇼체의 '-습니다'와는 아무런 상관이 없다. 이는 '먹다'의 명사형을 '먹음'이라고 적지 '먹슴'이라고 적지 않는 것과 비교해 보면 쉽게 이해될 수 있다.

먹음, 있음, 없음

'갈게'와 '갈까'

'-ㄹ게, -ㄹ거나, -ㄹ걸, -ㄹ세라, -ㄹ지어다, -ㄹ지언정, -ㄹ진대'와 같이 관형사형 어미 '-ㄹ' 뒤에 형식형태소들이 결합된 어미에서, 그 형태소들이 비록 된소리로 발음되더라도 예사소리로 적는다.

갈게/*갈께, 갈거나/*갈꺼나, 갈걸/*갈껄, 넘어질세라/*넘어질쎄라, 말할지어다/ *말할찌어다, 죽을지언정/*죽을찌언정, 모를진대/*모를찐대

이 어미들은 관형사형 어미 '-(으)ㄹ' 뒤라는 환경 때문에 된소리로 실현되는 것으로 보아 예사소리로 적는 것이다. 더욱이 '-(으)ㄹ걸, -(으)ㄹ지'는 '-(으)ㄴ걸, -는지'와 연관성이 있으므로 일관되게 적을 필요가 있다(이희승·안병희·한재영 2010).

'-ㄹ까, -ㄹ꼬, -ㄹ쏘냐'의 경우도 이와 같은 해석이 가능하겠지만 이미 1957년 한글학회 총회에서 당시의 통일안을 수정 보완하면서 이와 같은 의문형 어미들은 된소리로 적기로 결정한 바 있다. 이것이 이미 널리 굳어져 있으므로 이 어미들은

---

51) 이러한 오류는 과거의 '통일안'에 익숙한 장년층 이상에서 주로 나타난다. 과거에는 '먹습니다, 먹읍니다'처럼 '-읍니다'도 있었다('-습니다'가 좀 더 친절한 표현이었다). 그러다가 '-읍니다'가 거의 쓰이지 않고 '-습니다'만 남게 되었는데, '있읍니다, 없읍니다, 갔읍니다, 가겠읍니다'처럼 '있-, 없-, -었-, -겠-' 등 받침이 ㅆ, ㅆ으로 끝나는 말 뒤에서는 여전히 '-읍니다'로 표기하는 경향이 있었다. 현행 규정에서는 '-읍니다'가 비표준어가 되면서 그 표기 '-읍니다'도 사라지게 되었다. 이 점을 '있음, 없음'에도 확대 적용하여 '음'을 '슴'으로 개정한 것으로 오해한 데서 이런 잘못이 생겨났던 것이다.

예외적으로 된소리로 적는다.

갈까, 말까, 질쏘냐, 그만둘쏘냐, 했을꼬, 사랑할꼬

'-ㄹ까'만 해도 '-나이까, -더이까, -리까, -습니까, -습디까' 등에서 보듯이 받침 'ㄹ' 뒤가 아닌 환경에서도 의문형 어미가 모두 '까'로 나타난다. 따라서 이 '-ㄹ까'도 '까'로 적는 것이 합리적이다.

'-(으)오'와 '-소'

하오체의 종결어미 '-(으)오'와 '-소'는 설명·의문의 뜻을 나타내는 경우 함께 쓰일 수 있다.[52] 즉 이 용법에서 둘은 복수 표준어이다.

물이 <u>끓소/끓으오</u>.
이 둘이 <u>같소/같으오</u>?

그런데 어미 '-었-', '-겠-' 뒤에는 '-소'만 결합한다. '-(으)오'는 어간, '-시-' 뒤에 쓰이는 어미로서 이들 어미와는 결합하지 않는다. 따라서 다음과 같은 예에서 '오'로 표기하는 것은 잘못이다.

수고가 <u>많았소/*많았오</u>.
그곳에는 누가 <u>가겠소/*가겠오</u>?

'만듦'

어간 말음으로 'ㄹ'을 갖는 용언에 명사형 어미 '-음'이 결합할 경우 그 어간의 말음 'ㄹ'이 발음되지 않더라도 밝혀서 적는다.

---

52) '-(으)오'는 '빨리 가오'처럼 명령의 뜻도 나타낸다. '-소'는 명령의 뜻이 없으며 '빨리 가소'와 같은 표현은 비표준적인 용법으로 규정된다.

(낙원에서) 삶, (물이) 줆, (물건을) 만듦, (땅이) 짊, (길이가) 긺

이것은 표의주의에 따른 자연스러운 표기이다. '살-, 줄-, 만들-, 질-, 길-' 등의 어간의 어형을 유지하여야 하기 때문이다.[53]

나. 원칙에 벗어난 활용형

'그러니'와 '그러네'

'그렇다, 까맣다, 동그랗다, 퍼렇다, 하얗다' 등은 결합하는 어미에 따라 '그런, 그러면'처럼 'ㅎ'이 줄어지는데, 이 경우 그 변한 대로 적는다. 이와 관련된 규정은 한글 맞춤법 제18항으로서 다음과 같다.

제18항 다음과 같은 용언들은 어미가 바뀔 경우, 그 어간이나 어미가 원칙에 벗어나면 벗어나는 대로 적는다.

3. 어간의 끝 'ㅎ'이 줄어질 적

그렇다 :	그러니	그럴	그러면	그러오
까맣다 :	까마니	까말	까마면	까마오
하얗다 :	하야니	하얄	하야면	하야오
동그랗다 :	동그라니	동그랄	동그라면	동그라오
퍼렇다 :	퍼러니	퍼럴	퍼러면	퍼러오

이 '그렇다, 까맣다' 등은 기원적으로 '그러하다, 까마하다' 등에서 온 말이다. 이들처럼 '하-'가 줄어져 어간의 'ㅎ' 받침이 된 형용사들은 '그렇게, 그렇다, 그렇소, 그렇지'처럼 'ㄱ, ㄷ, ㅅ, ㅈ' 등의 자음으로 시작하는 어미와 만나면 'ㅎ'이 그 존재를 분명히 드러내지만, '그러니, 그런, 그러면, 그러오, 그래, 그랬다'처럼 '-으니, -은, -으면, -으오, -아/어, -았/었-' 등 모음으로 시작하는 어미와 만나면 줄어

---

53) 참고로 '붇다'는 'ㄷ' 불규칙 용언으로, '묻다'의 경우 '(길을) 물음'이라고 하듯이 '(개울물이/라면이) 불음'이라고 하지 '(개울물이/라면이) 붉음'이라고 적지 않는다.

지고 만다.54) 이 경우 그 변한 대로 적는 것이다.

여기에서 '그러니, 까마니' 등 '-으니'가 결합한 어형에 주목할 필요가 있다. '-으니'는 연결어미와 의문형 종결어미가 있는데55) 둘 다 아래와 같이 그 활용형에서 어간의 'ㅎ'이 탈락한다.

〈연결형〉 색깔이 좀 <u>그러니/까마니</u> 다른 색으로 바꿔야겠다.
〈종결형〉 색깔이 좀 <u>그러니/까마니</u>?

특히 의문형 종결어미 '-으니'는 '-니'를 짝으로 갖는데, '깊으니/깊니', '좋으니/좋니'처럼 둘 다 'ㄹ'을 제외한 자음으로 끝난 형용사 어간에 결합할 수 있다. 따라서 '그렇다, 까맣다'도 '-니'와 결합하면 '그렇니, 까맣니'가 되고 화자에 따라서는 그렇게 말하기도 한다. 그런데 이는 '-으니'가 결합한 '그러니, 까마니'에 비하여 일반적이지 않다고 보아 표준어로 인정하지 않는다.

정말 <u>그러니</u>/*그렇니?
옷 색깔이 <u>까마니</u>/*까맣니?
얼굴이 <u>동그라니</u>/*동그랗니?

종결어미 '-네'도 이와 유사하다. '-네'는 그 짝으로 '-으네'가 없는 어미로서 '깊네', '좋네'와 같이 활용하는데, '그렇다, 까맣다'와 결합하면 어간의 'ㅎ'이 줄어져 '그러네, 까마네'가 된다. 그런데 이 경우에도 화자에 따라서 'ㅎ'을 탈락시키지 않고 '그렇네, 까맣네'처럼 말하기도 한다. 이 역시 그동안 표준적 활용형으로 인정받지 못하다가 최근(2015년)에 이르러 표준으로 인정되었다.

---

54) 이희승·안병희·한재영(2010:88–89)은 어미의 기본형을 '-니, -ㄴ, -면'으로 보고 '하얗니, 하얗ㄴ, 하얗면'에서 자음 'ㄴ, ㅁ'의 음성적 특성에 의해 'ㅎ'이 줄어지는 것으로 설명한다. 여기에서는 이와 달리 '-으니, -은, -으면'을 기본형으로 보는 관점에 따라 기술하였다. 표준국어대사전도 '-으니, -은, -으면'을 'ㄹ'을 제외한 받침으로 끝나는 어간에 결합하는 어미로 제시한다.

55) 한글 맞춤법(제18항)은 '그러니, 까마니' 등이 연결형인지 종결형인지는 구별하지 않았다. 따라서 이 어형은 연결형, 종결형 모두를 가리키는 것으로 보아야 한다.

정말 그러네/그렇네.
옷 색깔이 까마네/까맣네.
얼굴이 동그라네/동그랗네.

　결과적으로 '그렇니, 까맣니'는 여전히 표준어가 아닌 반면, '그렇네, 까맣네'는 표준어가 되었다. 이를 보이면 다음과 같다.

그러니, 까마니, 하야니, 동그라니, 퍼러니
그러네, 까마네, 하야네, 동그라네, 퍼러네
*그렇니, *까맣니, *하얗니, *동그랗니, *퍼렇니
그렇네, 까맣네, 하얗네, 동그랗네, 퍼렇네

　　현실 언어에서 의문형을 '그렇니, 까맣니'로 말하는 화자도 적지 않으므로 이를 표준어로 인정하는 방안도 고려할 필요가 있을 것이다. 무엇보다도 '그렇네, 까맣네'는 허용되면서 왜 '그렇니, 까맣니'는 허용되지 않는지 대중들이 이해하기가 쉽지 않다. 또 한글 맞춤법 제18항이 '그렇니, 까맣니'를 자동적으로 배제한 것도 아니다. 이 조항은 '그러니, 까마니'처럼 줄어지면 줄어진 대로 적으라는 것이지, '그렇니, 까맣니'처럼 줄어지지 않은 경우까지 규정한 것은 아니다. 줄어진 어형과 함께 줄어지지 않은 어형도 있다면 별도로 그 표기를 고려할 수 있다. 즉 '그러니, 까마니'와 함께 '그렇니, 까맣니'를 표준으로 인정한다고 해서 그것이 해당 조항에 어긋나는 것은 아니다.

'파래'와 '퍼레'

　'파랗다, 빨갛다' 등 'ㅎ' 받침을 갖는 용언 어간에 어미 '-아/어'가 결합한 형태는 다음과 같이 적는다.

파래, 빨개, 노래, 까매, 하얘, 동그래
파래지다, 빨개지다, 노래지다, 까매지다, 하얘지다, 동그래지다

퍼레, 뻘게, 누레, 꺼메, 허예, 둥그레
퍼레지다, 뻘게지다, 누레지다, 꺼메지다, 허예지다, 둥그레지다

즉 '파랗+아, 퍼렇+어'에서 'ㅎ'이 줄어지면 그 어미가 '-애, -에'로 나타나 '파래, 퍼레'가 되는 것이다.[56] '하얗+아, 허옇+어'도 마찬가지인데 다만 어간의 모음 'ㅑ, ㅕ'의 영향으로 '-얘, -예'로 나타나 '하얘, 허예'가 된다.

'파랗다, 퍼렇다'는 기원적으로 '파라하다, 퍼러하다'에서 온 말이다. 따라서 다양한 논의에서 지적되었듯이 '파래'는 '파라하여/파라해'가 축약된 말이고 그 어미 '애'는 '하여/해'에서 비롯한 것이라고 할 수 있다. 이와 같이 본다면 '퍼레'도 '퍼러하여/퍼러해'가 축약된 말이므로 '퍼래'로 적는 것이 논리적이다.

'퍼레, 누레'를 'ㅔ'로 적는 것은 '그렇다, 어떻다'의 활용형 '그래, 어때'를 'ㅐ'로 적는 것과 모순되는 문제도 있다. 이들은 모두 '퍼러하다, 누러하다, 그러하다, 어떠하다' 등 '-하다'의 형식에서 기원한 것이므로 '퍼래, 누래, 그래, 어때'와 같이 그 어미를 같게 적어야 할 것이다. '하얘, 허예'도 각각 '하야하여/하야해', '허여하여/허여해'가 축약된 것이므로 동일하게 '하얘, 허얘'로 적어야 할 것이다(임홍빈 1996ㄱ 참조). 이는 오래된 주장이지만 여전히 재고해 볼 필요는 있다.

'마/말아'와 '마라/말아라'

'말다'는 종결어미 '-아/어(라)'와 결합할 때 'ㄹ'이 줄어지기도 하고(아래 'ㄱ') 줄

---

[56] 이는 '파랗다' 등의 'ㅎ'이 줄어진 '파라니, 파랄, 파라면, 파라오' 등의 표기를 규정한 한글 맞춤법 제18항과 관련되는 내용이다. 다만 '파랗다' 등이 어미 '-아/어'와 결합하는 경우 어떻게 적을지는 본문 규정에는 없고 국어연구소(1988ㄱ)의 해설에서 다음과 같이 제시한 것이다.

3. 형용사의 어간 끝 받침 'ㅎ'이 어미 '-네'나 모음 앞에서 줄어지는 경우, 준 대로 적는다. 다만, 어미 '-아/-어'와 결합할 때는 '-에/-에'로 나타난다.
　　노랗다 － (노랗네) 노라네　　(노랗은) 노란
　　　　　　 (노랗으니) 노라니　(노랗아) 노래　(노랗아지다) 노래지다
　　허옇다 － (허옇네) 허여네　　(허옇을) 허열
　　　　　　 (허옇으면) 허여면　(허옇어) 허예　(허옇어지다) 허예지다
　어간 끝에 'ㅎ' 받침을 가진 형용사 중, '좋다' 이외의 단어는 모두 이에 해당된다.

197

어지지 않기도 한다(아래 'ㄴ'). 이 둘은 모두 표준어이다.

ㄱ. (하)지 마라, (하)지 마, (하)지 마요
ㄴ. (하)지 말아라, (하)지 말아, (하)지 말아요

과거에는 'ㄹ'이 줄어진 것만 인정하여 그 준 대로 적도록 하였지만 최근에(2015년) 'ㄹ'이 줄어지지 않은 '말아라, 말아, 말아요'도 표준으로 인정하였다.

가지 마라/말아라.
가지 마/말아.
가지 마요/말아요.

아래의 예들은 'ㄹ'이 줄어진 형태가 합성어나 어미의 일부로 굳어진 것이므로 그 줄어진 대로 적는다.

마지못하다, 마지않다, (하)다마다, (하)자마자

4.3.3. 접미사

가. 된소리의 접미사

'판자때기'
다음 접미사들은 된소리를 지니는 접미사들이다.

-꾼, -깔, -때기, -꿈치, -빼기, -쩍다

심부름꾼, 일꾼, 지게꾼
때깔, 색깔, 빛깔, 성깔
귀때기, 판자때기
팔꿈치, 뒤꿈치, 발꿈치

이마빼기, 코빼기, 곱빼기, 얼룩빼기
객쩍다, 겸연쩍다

'빛깔, 곱빼기, 객쩍다'의 경우 앞 음절의 받침소리 때문에 된소리화 현상이 일어난 것으로 보고 앞서 '색시, 깍두기'처럼 '빛갈, 곱배기, 객적다'의 예사소리로 적어야 하는 것으로 생각하기 쉽다. 그러나 '성깔, 이마빼기, 겸연쩍다'처럼 앞 말이 울림소리로 끝나는 경우에도 된소리로 발음되므로 이 접미사의 본모습이 '-깔', '-빼기', '-쩍다'임을 알 수 있다.

'판자때기, 뒤꿈치' 등은 사이시옷이 개재되었다고 생각하여 '판잣대기, 뒷굼치'로 적을 가능성도 있다. 그러나 사이시옷은 합성어에 개재하는 것이므로 이 예들처럼 접미사가 결합한 파생어와는 상관없다. 즉 이들은 모두 된소리를 지닌 접미사이고, 이에 따라 된소리 글자로 적는다.

'언덕배기'는 예외적으로 '빼기'가 아니라 '배기'로 적는다.

언덕배기/*언덕빼기

위 '이마빼기' 등의 표기법에 따르면 이는 '언덕빼기'로 적어야 것이다. 그러나 표준어 규정(제26항)에서 복수 표준어를 규정하면서 '언덕바지/언덕배기'로 표기해 놓은 데 따라 그 표기를 '언덕배기'로 정한 것이다. 국립국어원(2018:126)은 이를 '언덕바지'와의 형태적 연관성을 보이기 위한 것으로 해석한다.

참고로 아래 예들은 [배기]로 발음되는 단어들로서 이 경우에는 당연히 '배기'로 적는다. 결과적으로 '-배기'와 '-빼기'는 뜻이 유사한 면이 없지 않지만 별개의 접미사인 것이다.

공짜배기, 나이배기, 대짜배기, 육자배기(六字-), 진짜배기

또 아래의 단어들은 한 형태소 내부이므로 '-빼기'와 무관하고 따라서 '배기'로 적는다.

뚝배기, 학배기[蜻幼蟲]

나. 부사 파생 접미사 '-이'와 '-히'

'틈틈이'와 '꼼꼼히'

부사의 끝음절 '이', '히'의 표기는 까다로운 문제이다. 이 표기에 대한 한글 맞춤법의 원칙은 다음과 같다.

ㄱ. 분명히 '이'로만 소리 나는 것은 '-이'로 적는다.
ㄴ. '히'로만 소리 나거나 '이'나 '히'로 소리 나는 것은 '히'로 적는다.

(ㄱ)의 원칙에 따라 분명히 '이'로만 소리 나는 것은 '이'로 적는다.

깨끗이/*깨끗히, 따뜻이/*따뜻히, 일일이/*일일히, 틈틈이/*틈틈히

(ㄴ)의 원칙에 따라 '히'로만 소리 나거나 '이'나 '히'로 소리 나는 단어는 '히'로 적는다.

솔직히/*솔직이, 쓸쓸히/*쓸쓸이, 꼼꼼히/*꼼꼼이, 열심히/*열심이, 분명히/*분명이

다만 이러한 기준은 사람마다 발음이 달라 실제 적용에서 크게 효력을 발휘하지 못하는 문제가 있다. 그래서 약간의 보조적인 기준이 필요한데, 대체로 '-하다'가 붙지 않는 경우는 거의 대부분 '이'로 적는다. '밝히, 익히, 감히' 등 어기가 1음절인 경우 예외들이 좀 있으나, 이들은 혼동의 여지가 거의 없으므로 논외로 해도 좋다. 이 외에는 '-하다'가 붙지 않는 경우 '이'로 적으면 거의 틀림없다. 예를 들어 '번번이, 틈틈이' 등 겹쳐 쓰인 명사, '곰곰이, 일찍이' 등 부사 뒤에서 '이'로 적는다.
'-하다'가 붙는 경우라면 대부분 '히'로 적는다. 다만, 이 경우에는 주의해야 할 예외들이 있는데, 첫째, 어근이 'ㅅ' 받침으로 끝나는 '깨끗이, 따뜻이' 등은 '이'로 적는다. 둘째, 어근이 'ㄱ' 받침으로 끝날 때 '깊숙이, 고즈넉이, 끔찍이, 가뜩이,

멀찍이' 등 예외가 꽤 있다.

이와 같이 보조적인 기준은 약간의 도움은 될 수 있어도 일종의 경향일 뿐이다. 따라서 궁극적으로는 각 단어마다 표기를 익혀 두는 수밖에 없다.

4.3.4. 접미사가 결합한 말

접미사가 결합한 파생어는 어기(어간, 어근, 명사, 부사 등 접미사가 결합하는 대상)의 원형을 밝혀 적기도 하고, 밝혀 적지 않기도 한다.

> 〈원형을 밝혀 적은 예〉 끄덕이다, 먹이, 바둑이
> 〈원형을 밝혀 적지 않은 예〉 미덥다, 마개, 개구리

이와 같이 원형을 밝혀 적을지 말지 고민되는 경우는 특히 모음으로 시작하는 접미사가 결합할 때이다. 즉 '막+애'를 원형을 밝혀 '막애'로 적을지, 소리대로 '마개'로 적을지 정할 필요가 있는 것이다.

자음으로 시작하는 접미사가 결합할 때는 원형을 밝혀 적는 것이 원칙이다. 예를 들어 '덮개'를 소리대로 '덥개'로 적는 것보다는 원형을 밝혀 '덮개'로 적는 것이 뜻을 이해하는 데 도움이 되기 때문이다.

결국 모음으로 시작하는 접미사가 결합할 때 원형을 어떻게 적느냐가 핵심적인 문제라고 할 수 있는데, 접미사가 무엇으로 시작하든지 간에 그 표기의 기본 정신은 뜻을 이해하는 데 도움이 된다면 원형을 밝혀 적고, 그렇지 않으면 밝혀 적지 않는다는 것이다.

즉 '먹이, 죽음'의 '-이, -음'처럼 비교적 널리 쓰이는 접미사가 결합하는 경우, 또 이 '먹이, 죽음'처럼 어기의 본래 뜻이 유지되는 경우, 그리고 '깜짝이'처럼 그 어기가 '깜짝거리다, 깜짝하다, 깜짝이다' 등 다른 형식의 파생어에도 나타나는 경우에는 원형을 밝혀 적는다. 이 경우 그 어기나 접미사가 비교적 분명하게 인식되고 따라서 원형을 밝혀 적는 것이 독서에 도움이 되기 때문이다.

이와 달리, '마개, 꾸중'처럼 불규칙한(즉 널리 쓰이지 않는) 접미사가 결합하는 경

우, 또 '거름, 너비'처럼 어기의 본래 뜻에서 멀어진 경우, 그리고 '개구리'처럼 그 어기가 다른 파생어에 나타나지 않는(*개굴거리다, *개굴하다, *개굴이다) 경우에는 원형을 밝혀 적지 않는다. 이 경우 그 어기나 접미사가 분명하게 인식된다고 보기 어렵고 따라서 원형을 밝혀 적는 것이 뜻을 이해하는 데 도움이 되지 않기 때문이다.

이와 같이 어기에 접미사가 결합한 단어를 적는 기본적인 정신은 용언, 명사, 부사 등에 공통적으로 적용된다. 다만 그 세부적인 내용에서 품사별로 다소의 차이가 있으므로 이를 나누어서 살펴보도록 한다.

> '한글 맞춤법'이나 해설(국립국어원 2018)에 명기된 것은 아니지만, 어기의 본뜻에서 멀어졌다고 하여 항상 소리대로 적지는 않는다. 예를 들어 '굳이'는 '단단한 마음으로 굳게', '고집을 부려 구태여'의 두 가지 의미를 지니는데, 두 번째 의미로는 어간의 본뜻에서 멀어졌다고 할 수 있다. 하지만 이 경우도 소리대로 적지 않는다. 단어가 새 의미로 확장되는 데 따라 일일이 표기를 달리할 수는 없는 것이다. 이와 달리 '놀음, 노름'은 그 어간의 본뜻을 유지하고 있는지 아닌지에 따라 달리 적는데(4.3.3. '나' 항 참조) 이것이 오히려 예외적인 표기라고 할 만하다.

가. 접미사가 결합한 용언

'착하다'와 '끄덕이다'

접미사가 붙어서 파생된 용언(동사, 형용사)은 다음과 같은 경우에 그 어기(어간, 어근, 명사)의 원형을 밝혀서 적는다.

> ㄱ. '-하다'나 '-없다'가 붙어서 된 말
> 딱하다, 착하다, 부질없다, 열없다

> ㄴ. '-거리다'가 붙을 수 있는 시늉말 어근에 '-이다'가 붙어서 된 경우
> 꾸벅이다, 끄덕이다, 뒤척이다, 망설이다, 번쩍이다, 속삭이다, 울먹이다, 헐떡이다

ㄷ. '-기-, -리-, -이-, -히-, -구-, -우-, -추-, -으키-, -이키-, -애-, -치-, -뜨리-, -트리-'가 붙어서 된 경우

웃기다, 울리다, 쌓이다, 잡히다, 돋구다, 돋우다, 갖추다, 일으키다, 돌이키다, 없애다, 놓치다, 흩뜨리다/흩트리다

ㄹ. 자음으로 시작된 접미사가 붙어서 된 경우

값지다, 홑지다, 갉작거리다, 굵다랗다, 굵직하다, 넓적하다

(ㄱ)의 경우, 접미사 '-하다', '-없다'는 규칙적인 접미사이다. 따라서 화자들은 그 어근('딱, 착, 부질, 열')이 무엇인지 잘 모르더라도 이 접미사들은 잘 인식한다. 이를 반영하여 '딱하다, 부질없다'처럼 원형을 밝혀서 적는다.

(ㄴ)의 '-거리다'도 규칙적으로 널리 결합하는 접미사이고, 또 그 어근에 '-이다'가 결합하면 '꾸벅거리다, 꾸벅이다'처럼 서로 관련성이 생긴다. 따라서 어근 '꾸벅'의 모습을 밝혀 적고, 이렇게 어근을 고정하여 적음으로써 '꾸벅하다, 꾸벅거리다, 꾸벅이다', 나아가 '꾸벅꾸벅'와의 관계를 쉽게 파악할 수 있다.

(ㄷ)의 피사동 접미사(-기-, -리-, -이-, -히- 등)나 강세 접미사(-치-, -뜨리-, -트리-)는 규칙적인 형식으로 결합하는 접미사이고 그 어간과도 분명하게 구분된다. 이 경우 어간의 원형을 밝혀 적음으로써 본래 용언과 파생어 간의 관계가 쉽게 파악될 수 있다. 즉 '잡다, 잡히다'로 적는 것이 '잡다, 자피다'에 비하여 두 단어의 관련성을 잘 보여 주는 것이다.

(ㄹ)의 경우 원형을 밝혀 적는 것이 뜻을 이해하는 데 도움이 된다. '굵다랗다' 등에 대해서는 뒤에서 좀 더 구체적으로 살펴본다.

'미덥다'와 '납작하다'

다음 경우에는 어기의 원형을 밝히지 않고 소리 나는 대로 적는다.

ㄱ. '-업-, -읍-, -브-'가 붙어서 된 경우

미덥다, 우습다, 바쁘다

ㄴ. 어원이 불분명하거나 본뜻에서 멀어진 경우
골막하다, 납작하다
도리다, 드리다, 고치다, 바치다, 부치다, 미루다, 이루다

ㄷ. 겹받침의 끝소리가 드러나지 않는 경우
할짝거리다, 널따랗다, 널찍하다, 얄따랗다, 얄팍하다

화자가 어기나 접사를 잘 인식하고 있다면 그 원형을 밝혀 적는 것이 독서하는데 편하다. 그런데 (ㄱ)의 '미덥다, 우습다, 바쁘다'는 '-업-, -읍-, -브-'가 붙어서 된 말인데, 이 접미사들은 앞서의 '-하다, -거리다' 등과 달리 불규칙한 접미사여서 화자들이 거의 인식하지 못한다.

또 (ㄴ)의 '골막하다, 납작하다'는 그 어원이 불분명하고, '도리다, 드리다, 고치다, 미루다' 따위는 어원[돌-(廻), 들-(入), 곧-(直), 밀-(推)]은 분명하지만 그 본뜻에서 멀어졌다. 이와 같이 불규칙한 접미사가 결합하였거나, 어간의 본뜻에서 멀어진 경우에는 원형을 밝혀 적으면 오히려 혼란스럽기만 하다.

(ㄷ)의 '할짝거리다, 널따랗다' 등은 좀 다른 경우이다. 이들은 자음으로 시작하는 접미사가 붙어서 된 말이므로 원칙상 '핥작거리다, 넓다랗다'처럼 원형을 밝혀 적어야 한다. 그러나 이렇게 적으면, 예를 들어 '넓다랗다'의 경우 겹받침의 발음 양상이 전혀 다른 '넓적하다'[넙쩌카다]와 표기에서 구별되지 않는 문제가 생긴다. 그래서 불가피하게 소리대로 적는 것이다. 아래 '굵다랗다'와 '널따랗다'의 항목을 통하여 이를 좀 더 구체적으로 살펴보도록 한다.

'굵다랗다'
겹받침을 갖는 용언의 어간에 자음으로 시작된 접미사가 결합할 경우에는 그 어간의 원형을 밝혀서 적는다.

굵다랗다, 굵직하다, 넓적하다

위 단어들은 세 개의 자음이 이어지는데, 국어에서 세 자음은 연속하여 발음될 수 없다. 따라서 어느 한 자음이 탈락하게 되는데, 위 예들은 겹받침의 첫소리가 탈락하여 [국따라타], [국찌카다], [넙쩌카다]로 소리난다. 그러나 표기에서는 어법에 맞도록 적는다는 원칙에 따라 '굵-, 넓-'의 어간을 밝혀 적는다. '넓적다리'도 이와 같은 원리에 따라 적은 예이다.

다만 '넙죽, 넙치'은 이미 '넓다'는 어원과 멀어진 것으로 보아 그 어간의 원형을 밝혀 적지 않는다.

넙죽, 넙치

'널따랗다'

다음도 겹받침을 갖는 용언 어간이 자음으로 시작하는 접미사와 결합한 예이다. 그러나 이 경우는 예외적으로 소리 나는 대로 적는다.

널따랗다, 널찍하다, 얄따랗다, 짤막하다, 얄팍하다

만일 이 단어들을 '넓다랗다, 넓직하다'로 적으면 '넓적하다[넙쩌카다]'처럼 [넙따라타], [넙찌카다]로 읽힐 가능성이 있다. 그래서 소리 나는 대로 적는데, 이 경우 '널다랗다, 널직하다'로만 적으면 '-다랗다', '-직하다'의 첫소리가 된소리임을 제대로 나타낼 수 없다. 그래서 그 접미사까지 '-따랗다', '-찍하다'로 표기하게 된다.

'널따랗다, 널찍하다' 등은 '어법에 맞도록' 적지 못한 예이다. 즉 어간이나 접미사의 본모습('넓-', '-다랗다', '-직하다')을 밝혀 적지 못한 것이다. 이는 소리를 전달할 수 있는 범위 안에서 어법에 맞게 적는다는 한글 맞춤법의 원리를 상기시켜 준다. '굵+ 다랗다'와 '넓+다랗다'는 발음되는 양상이 다르므로, 둘 다 동일한 방식으로 적어서는 그중 하나는 발음을 잘못 예측하게 될 것이다. 따라서 소리를 제대로 전달하려면 하나는 어법에 맞게, 다른 하나는 어법을 무시하고 적을 수밖에 없는 것이다. 다만, '굵다렇다'를 어법에 맞게 적은 것은 겹받침의 첫소리가 탈락하는 것을 규칙적인 음운 현상으로 본 것인데 이는 표준 발음법과는 일치하지 않는다. 표준 발음법에 의하면 이 경우 겹받침의 끝소리가 탈락하는 것이 규칙이고 첫소리가 탈락하는 것이 오히려 예외적이다.

나. 접미사가 결합한 명사

'먹이'와 '오뚝이'

접미사가 붙어서 파생된 명사는 다음과 같은 경우에 그 어기(어간, 어근, 명사)의 원형을 밝혀 적는다.

ㄱ. 어간에 '-이'나 '-음'이 붙어서 된 경우
   길이, 높이, 달맞이, 먹이, 미닫이, 걸음, 얼음, 죽음, 삶

ㄴ. 명사 뒤에 '-이'가 붙어서 된 경우
   바둑이, 삼발이, 절름발이, 왕눈이, 외팔이

ㄷ. '-하다', '-거리다'가 붙는 어근에 '-이'가 붙어서 된 경우
   깔쭉이, 배불뚝이, 살살이, 더펄이, 오뚝이, 홀쭉이

ㄹ. 자음으로 시작하는 접미사가 붙어서 된 경우
   낚시, 덮개, 잎사귀, 집게

(ㄱ), (ㄴ)의 예들은 '-이, -음'이 규칙적으로 결합하는 접미사이고, 그 어간, 명사의 뜻이 유지되므로 원형을 밝혀 적는다.

(ㄷ)의 경우, '-하다, -거리다'는 규칙적인 접미사인 데다가 그 어근 '깜짝'은 '깜짝하다, 깜짝거리다, 깜짝이다, (눈)깜짝이'처럼 여러 형식의 파생어와 관련될 수 있다. 따라서 그 어근을 밝혀 적어 의미가 잘 파악되도록 하는 것이다.

(ㄹ)의 '낚시, 덮개, 잎사귀' 등은 자음으로 시작하는 접미사가 결합한 경우이다.

이와 같이 자음으로 시작하는 접미사가 결합하는 경우에는 원형을 밝혀 적는 것이 의미를 파악하는 데 도움이 된다. 이에 따라 둘 다 유일 형태소가 결합한 말이지만 '이파리'는 소리대로 적고 '잎사귀'는 원형을 밝혀 적는다.

'마개'와 '누더기'

어기의 원형을 밝혀 적지 않는 경우는 다음과 같다.

> ㄱ. 어간 뒤 '-이', '-음' 또는 명사 뒤 '-이' 이외의 모음으로 시작된 접미사가 붙어서 된 경우
> 〈어간 뒤〉 귀머거리, 까마귀, 꾸중, 나머지, 너머, 늘그막, 동그라미, 마감, 마개, 마중, 무덤, 쓰레기, 올가미, 주검, 코뚜레
> 〈명사 뒤〉 꼬락서니, 끄트머리, 모가치, 바가지, 바깥, 사타구니, 싸라기, 오라기, 이파리, 지붕, 터럭
>
> ㄴ. '-하다', '-거리다'가 붙을 수 없는 어근에 '-이'나 다른 모음으로 시작하는 접미사가 붙어서 된 경우
> 개구리, 깍두기, 꽹과리, 날라리, 누더기, 두드러기, 딱따구리, 매미, 뻐꾸기, 부스러기, 얼루기
>
> ㄷ. 어간의 본뜻에서 멀어졌거나 어원이 불분명한 경우
> 굽도리, 목거리, 무녀리, 코끼리, 거름, 고름, 노름, 넙치, 올무

(ㄱ)의 '귀머거리, 까마귀, 꼬락서니' 등에 결합한 접미사들은 현대국어에서 거의 쓰이지 않는 불규칙한 접미사들이다. 즉 '귀먹-어리, 깜-아귀, 꾸짖-웅, 남-어지, 넘-어, 늙-으막, 동글-아미, 막-암, 막-애, 맞-웅, 묻-엄, 쓸-에기, 옭-아미, 죽-엄, (코)뚫-에, 꼴-악서니, 끝-으머리, 몫-아치, 올-아기, 잎-아리, 집-웅, 털-억' 따위로 분석되는 이 접미사들은 앞서의 '-이, -음'과 달리 원형을 밝혀 적는 것이 뜻을 파악하는 데 도움이 되지 못한다.

예외적으로 다음 예들은 명사 뒤에 '-이'가 아닌 접미사가 결합한 경우지만 원형을 밝혀 적는다.

값어치, 벼슬아치, 반빗아치

이 단어들은 '값+어치, 벼슬+아치, 반빗+아치'('반빗'은 '반찬 만드는 일')로 구성된 것들로서, 원칙에 따르면 '갑서치, 벼스라치, 반비사치'로 적어야 한다. 그런데 '값어치, 반빗아치'는 그 발음이 [가버치], [반비다치]로 굳어져 있어 이와 같이 적기 어렵고, 또 '값어치, 벼슬아치'의 경우 화자들이 '값, 벼슬'의 형태 그리고 '한 푼어치, 십 원어치' 등에서 '어치'의 형태까지 분명하게 인식하고 있어서 소리대로 적기에 곤란한 점이 있다. 그래서 이들은 그동안의 관용에 따라 적는데 결과적으로 명사의 원형을 밝혀 적게 되었다.[57]

(ㄴ)은 그 어근을 화자들이 잘 인식하지 못한다고 보아 원형을 밝혀 적지 않는 경우이다. 즉 '꽹과리'의 경우 어근 '꽹괄'이 '-하다, -거리다'와 결합하지 못하여(*꽹괄하다, *꽹괄거리다) 다른 파생어와의 관련성이 약하므로 밝혀 적을 필요가 없다고 보는 것이다.

(ㄷ)의 '굽도리, 목거리, 무녀리, 코끼리, 거름, 고름, 노름' 등은 접미사 '-이, -음'이 결합한 예이지만, 이 예들 모두 어간이 본뜻에서 멀어진 경우이다. 이런 경우에는 원형을 밝혀 적는 것이 의미를 파악하는 데 도움이 되지 않는다. '넙치, 올무'도 물고기 이름, 사냥 도구 이름으로서 어간의 본뜻에서 멀어져 '넓-, 옭-'의 어원적 형태가 인식되기 어렵다. 따라서 원형을 밝혀 적지 않고 소리대로 적는다.

---

57) '모가치'(몫으로 돌아오는 물건)도 '몫+아치'로 구성된 단어로서 원칙에 따르면 '목사치'로 적어야 한다. 그런데 발음이 [모가치]로 굳어져 있어서 관용에 따라 '모가치'로 적는다. 결과적으로 '모가치, 값어치, 벼슬아치, 반빗아치'는 모두 관용에 따라 적었다는 공통점이 있으나 '모가치'는 나머지 예들과 달리 명사의 원형을 밝혀 적은 것이 아니라는 차이점이 있다.

'개구리, 뻐꾸기, 누더기, 매미, 얼루기' 등은 '개굴개굴, 뻐꾹뻐꾹, 누덕누덕, 맴맴, 얼룩, 얼룩얼룩, 얼룩소, 얼룩말' 등에서 그 어근이 드러나기도 한다. 따라서 아래 단어 계열에서 공통의 어근 '깜짝'을 밝혀 적듯이,

깜짝깜짝, 깜짝하다, 깜짝거리다, 깜짝이다, (눈)깜짝이

이 단어들도 '개굴, 뻐꾹, 누덕, 맴, 얼룩'의 원형을 밝혀 적는 방안도 생각해 볼 수 있다. 그러나, 그럴 경우 '까치'는 '깟깟'한다고 '깟이'로 쓰고, '제비'는 '젭젭' 한다고 '젭이'로 써야 한다는 주장까지 가능할 것이며, 또 같은 동물 이름이라 하여 '너구리'도 '너굴이', '개미'도 '갬이'로 적으려는 유추 작용까지 생길 우려가 있다(이희승·안병희·한재영 2010 : 112).

결국 '-하다', '-거리다'가 붙을 수 있느냐를 기준으로 삼음으로써 이러한 혼란을 막을 수 있다. 원형에 대한 인식 여부는 칼로 자르듯이 나누기 어려운 면이 있는데, 이와 같이 간명한 기준으로써 표기를 구분하는 것은 효과적일 수 있다.

다. 접미사가 결합한 부사

'멀찍이'와 '더욱이'

접미사가 붙어서 된 부사는 다음 경우에 그 어기의 원형을 밝혀서 적는다.

ㄱ. 용언 어간에 '-이'나 '-히'가 붙어서 된 경우
같이, 굳이, 높이, 익히, 작히

ㄴ. 명사 뒤에 '-이'가 붙어서 된 경우
곳곳이, 낱낱이, 앞앞이, 집집이

ㄷ. '-하다'가 붙는 어근에 '-이'나 '-히'가 붙어서 된 경우
급히, 꾸준히, 깨끗이, 고즈넉이, 멀찍이, 바특이, 깜찍이, 끔찍이

ㄹ. 부사에 '-이'가 붙어서 된 경우
　　더욱이, 일찍이

　이 (ㄱ)~(ㄹ)의 예들은 화자가 그 어기와 접미사를 쉽게 인식한다는 공통점이 있다. 즉 '-이', '-히', '-하다' 등 널리 쓰이는 접미사가 결합하였거나, '더욱이, 일찍이'의 '더욱, 일찍'처럼 어기가 독립적인 부사로 쓰인다. 이와 같은 어기나 부사는 그 원형을 밝혀 적는 것이 바람직하다.[58]

　참고로, '넌짓, 넌지시'는 '일찍, 일찍이'와 다른 경우이다. 이는 부사 '넌짓'에 '-이'가 붙은 것이 아니라, '넌지시'가 줄어들어 '넌짓'이 된 말이다.

'갑자기'와 '반드시'

다음 예들은 그 어기의 원형을 밝혀 적지 않는다.

　　ㄱ. 용언 어간에 '-이' 외의 모음으로 시작하는 접미사가 붙어서 된 경우
　　　거뭇거뭇, 뜨덤뜨덤, 주섬주섬, 너무, 마주, 자주, 도로, 비로소, 차마

　　ㄴ. '-하다'가 붙지 않는 어근에 '-이'가 붙어서 된 경우
　　　갑자기, 슬며시, 물끄러미, 사부자기

　　ㄷ. 어기가 본뜻에서 멀어진 경우
　　　반드시(꼭), 아무튼, 하여튼

　(ㄱ)의 예들은 어원적으로 '검-웃, 뜰-엄, 줏-엄, 넘-우, 맞-우, 잦-우, 돌-오, 비롯-오, 참-아'와 같이 분석되는데, '-웃, -엄, -우, -오, -아' 등 접미사는 불규

---

58) 이는 한글 맞춤법 제19항에서 "어간에 '-이'나 '-음/-ㅁ'이 붙어서 명사로 된 것과 '-이'나 '-히'가 붙어서 부사로 된 것은 그 어간의 원형을 밝히어 적는다."고 규정한 내용이다. 다만, '쉬이, 더러이, 가벼이, 아름다이' 등 'ㅂ' 불규칙 용언들은 원형을 밝혀 적지 않으므로(*쉽이, *더럽이, *가볍이, *아름답이) 이 규정의 예외가 된다. 따라서 해당 규정을 보다 정확히 다듬을 필요가 있다.

칙하여 '-이, -히'와 달리 화자들이 잘 인식할 수 없다. 따라서 '검웃검웃'처럼 원형을 밝혀 적지 않고 소리대로 '거뭇거뭇'과 같이 적는다.[59]

(ㄴ)의 예들은 '-하다'가 붙지 않는 어근을 화자들이 쉽게 인식할 수 없다고 보아 그 원형을 밝혀 적지 않는 경우이다. 이를테면, '갑작하다, 슬몃하다'라는 말이 없어 '갑작, 슬몃'의 어근이 인식되기 어려우므로 '갑작이, 슬몃이'와 같이 원형을 밝혀 적을 필요가 없다.

(ㄷ)의 '반드시, 아무튼, 하여튼'처럼 어기가 본뜻(또는 어원)에서 멀어진 경우에는[60] 그 원형이 인식되지 않으므로 소리대로 적는다. 이는 앞의 '드리다, 고치다', '굽도리, 목거리' 등 용언, 명사의 예와 같다.

'갑자기, 슬며시' 등 부사의 원형을 밝혀 적는 기준으로 '-하다'의 결합 여부만 따지는 것은 앞서 명사의 적기와 모순된다. 명사의 경우에는, '-하다, -거리다'가 붙는 어근이 '-이'와 결합하면 원형을 밝혀 적는데('깔쭉이, 더펄이' 등), 부사는 '-하다'가 붙는 어근일 때만 원형을 밝혀 적는 것이다.

이에 따라 어근에 '-거리다'가 결합하는 단어로서 명사 '더펄이'는 원형을 밝혀 적고, 부사 '사부자기'는 소리대로 적는다. '-거리다'의 어근으로서 '더펄'과 '사부작'이 인식되는 정도는 별반 다르지 않을 것인데, 이처럼 한쪽은 원형을 밝혀 적고 한쪽은 소리대로 적는 것은 불균형한 느낌이 있다. '사부작이'로 적어 '더펄거리다-더펄이(*더퍼리)', '사부작거리다-사부작이(*사부자기)'처럼 명사, 부사가 균형을 이루도록 하는 것이 더 바람직해 보인다.

---

59) '멀찍이, 일찍이'와 달리 '멀찌가니, 멀찌감치, 일찌감치'로 적는 것도 이와 같이 화자가 인식하지 못하는 접미사 '-아니, -암치'('멀찍-아니, 일찍-암치')가 붙어서 된 말이기 때문이다.

60) '반듯이'(반듯하게)는 본뜻을 지니고 있고, '반드시'(꼭)는 본뜻에서 멀어진 경우다. 이와 같은 차이를 보이는 예로서 '나붓이-나부시', '지긋이-지그시' 등이 있다. '나붓이'는 나부죽한 모양, '나부시'는 공손하게 고개 숙여 절하는 모양, '지긋이'는 나이가 많아 듬직한 모양, '지그시'는 슬며시 힘을 주는 모양이다.

4.3.5. 합성어 및 접두사가 붙은 말

가. 불분명한 어원의 표기

'며칠'

어원이 분명하지 않은 것은 소리 나는 대로 쓴다.

며칠/*몇 일

만일 '며칠'이 '몇 일'이라면 '몇 원, 몇 인분' 따위처럼 그 발음이 [며딜]이 되어야 할 것이다. 또 단어로서 '몇일'이라면 '꽃잎, 앞일' 등의 발음처럼 [면닐]로 소리 나야 할 것이다. 그러나 이 말의 발음이 [며칠]이므로 '몇 일'도, '몇일'도 아니라고 할 수 있다. 즉 '몇+일(日)'과 같이 '일(日)'에 그 어원이 있다고 하기 어렵고, 결과적으로 '몇'의 어원은 분명해도 '일'의 어원을 잘 알 수 없는 말이다. 그러므로 그 원형을 밝혀 적지 못하고 소리 나는 대로 적는 것이다.

이 외에 '골병, 골탕, 끌탕, 아재비, 오라비, 업신여기다' 등도 그 어원이 분명하지 않아 원형을 밝혀 적지 않는 예들이다. 즉 '골병, 골탕'은 '곯-병, 곯-탕'인지, '끌탕'은 '끓-탕' 또는 '끓-당'인지, 또 '오라비(올+아비)'의 '올'은 무엇인지, '없이-여기다'인지 등 그 어원을 정확히 알기 어렵다. '아재비'는 '아ᅀᆞ(弟)+아비(父) → 아ᄉᆞ비 → 아자비 → 아재비'의 변화를 겪었다고 할 수 있지만, 현대국어에서 '앛애비'로 적기에는 어려움이 있다(이희승·안병희·한재영 2010).

나. 'ㄹ' 소리의 탈락과 변화

'바느질'

합성어에서 앞말의 받침 'ㄹ'이 탈락되어 만들어진 말들이 있다. 이 경우 'ㄹ' 소리가 나지 않는 대로 적는다.

다달이(달-달-이), 따님(딸-님), 마되(말-되), 마소(말-소), 무자위(물-자위), 바느질(바늘-질), 부나비(불-나비), 부삽(불-삽), 싸전(쌀-전), 여닫이(열-닫이), 우짖다(울-짖다), 화살(활-살)

위 예들은 'ㄹ'이 'ㄴ, ㄷ, ㅅ, ㅈ' 앞에서 발음되기 어려운 조건 때문에 탈락한 것이다.[61] 그런데 이 경우 'ㄹ'이 탈락하지 않은 어형이 공존하기도 한다. '불나방, 솔나무'는 그러한 예로서 '부나방, 소나무'와 함께 복수 표준어이다.

'반짇고리'

이와 달리 'ㄹ'이 'ㄷ' 소리로 변한 경우가 있다. 이 경우 그 변한 소리대로 적는다.

반짇고리(바느질~), 삼짇날(삼질~), 섣달(설~), 숟가락(술~), 이튿날(이틀~), 잗주름(잘~), 푿소(풀~), 잗다듬다(잘~), 잗다랗다(잘~)

즉 이 단어들은 각각 괄호 속의 말에서 'ㄹ'이 'ㄷ' 소리로 바뀐 것으로 보고[62] 그 소리대로 표기하는 것이다.

다. 사이시옷 적기

'장밋빛'과 '핑크빛'

명사와 명사로 이루어진 합성어는 단어에 따라서 두 명사 사이에 사이시옷 즉 'ㅅ'을 적는 일이 있다. 예를 들어, '냇물'은 사이시옷을 적은 예이고, '고무신'은 적지 않은 예이다.

---

61) 이희승·안병희·한재영(2010 : 120)은 그 이유로 첫째, 혀끝을 진동시켜 발음하는 'ㄹ'이 다른 어느 소리보다 발음하기 어렵고, 둘째, 설단음(혀끝에서 발음되는 소리)인 'ㄹ'이 같은 설단음 'ㄴ, ㄷ, ㅅ, ㅈ'을 만날 때에 그 사이에 시간적 여유를 거의 허락하지 않아서 그 앞에 있는 'ㄹ' 소리가 자연 탈락한다는 점을 들고 있다.

62) 역사적으로는 'ㄹ'이 'ㄷ'으로 바뀐 것이라고 할 수 없다. 15세기 국어의 표기에 '이튿날'은 '이틄날'로서 사이시옷이 나타나는 합성어였고, '이틋날'로도 적히었다. 즉 'ㅅ' 앞에서 'ㄹ'이 탈락한 것이고, 이 형태가 오늘날의 '이튿날'이 된 것이다. 그럼에도 'ㅅ' 대신 'ㄷ'으로 적는 것은 '통일안' 이래 'ㄷ'으로 적어 왔고, '묻다, 물어'처럼 'ㄷ' 불규칙 용언에서와 같이 'ㄷ'과 'ㄹ'이 넘나드는 현상이 있어 'ㄹ'에서 'ㄷ'으로 변한 것으로 보았기 때문이다(이희승·안병희·한재영 2010 : 122 참조).

이와 같이 합성어에서 사이시옷을 적는 기준은 무엇일까? 우선 다음과 같은 조건에서 사이시옷을 적는다.

ㄱ. 다음 어원의 명사가 결합한 합성어로서 앞말이 모음으로 끝나고[63]
　　−고유어+고유어　　(예) 나룻배(나루+배)
　　−고유어+한자어　　(예) 가겟방(가게+房)
　　−한자어+고유어　　(예) 수돗물(水道+물)
ㄴ. 그 사이에 다음과 같은 음운 현상이 있는 경우
　　−뒷말의 첫소리가 된소리로 나거나　　(예) 나룻배
　　−뒷말의 첫소리 'ㄴ, ㅁ' 앞에서 'ㄴ' 소리가 덧나거나　　(예) 아랫니, 빗물
　　−뒷말의 첫소리 모음 앞에서 'ㄴㄴ' 소리가 덧나는 경우　　(예) 깻잎

그리고 한자어 여섯 단어의 경우 예외적으로 사이시옷을 적는다. 즉 아래의 단어들은 사이시옷을 쓴 형태가 워낙 익숙하여 비록 한자어지만 예외적으로 사이시옷을 쓰기로 한 것이다.

ㄷ. 여섯 단어의 한자어
　　곳간(庫間), 셋방(貰房), 숫자(數字), 찻간(車間), 툇간(退間), 횟수(回數)

이상의 기준에 따라 사이시옷을 적는 구체적인 예를 들면 다음과 같다.

〈고유어+고유어〉 고갯길, 고깃배, 구둣주걱, 낚싯대, 머릿돌, 시냇가, 국숫집, 김칫국, 배춧국, 뭇국, 보랏빛, 종잇조각 / 뒷날개, 멧나물, 뱃노래, 노랫말, 개숫물, 건넛마을, 바닷물, 깻묵 / 도리깻열, 뒷윷, 배갯잇, 깻잎, 나뭇잎, 댓잎, 두렛일, 뒷일

---

63) 사이시옷은 앞말이 자음으로 끝나는 경우에도 개재된다. '산돼지, 물고기' 등은 사이시옷이 개재되어 뒷말의 첫소리가 된소리로 발음된다. '잠자리'(곤충)와 '잠자리'(잠자는 곳)에서 보듯이 사이시옷은 의미를 구별해 주는 중요한 기능을 하기도 한다. 따라서 자음 뒤에도 사이시옷을 표기해야 한다는 주장이 일부에서 제기되어 오기도 하였다. 다만 그럴 경우 'ㅆ, ㄶ, ㄺ' 등 새로운 받침 표기를 써야 하는 등 복잡한 문제가 생길 수 있다. 따라서 현행 규정은 자음 뒤에는 사이시옷을 적지 않고 모음 뒤에만 적는 것으로 제한하고 있다.

〈고유어＋한자어〉 가겟방, 가짓수, 담뱃갑, 방앗간, 종잇장, 갯과, 고양잇과, 고사
　　릿과, 찻잔[64] / 가랫노 / 뒷욕
〈한자어＋고유어〉 등굣길, 하굣길, 전셋집, 횟집, 처갓집, 맥줏집, 장밋빛, 태곳적,
　　신붓감, 안줏감, 공붓벌레, 최솟값, 최댓값 / 곗날, 단옷날, 제삿날, 혼삿날, 시
　　쳇말, 존댓말, 팻말, 봇물 / 가욋일, 부좃일, 사삿일, 예삿일, 훗일

　이와 달리, 다음 예들은 외래어가 포함된 합성어로서 위 조건에 해당하지 않으
므로 사이시옷을 적지 않는다.

　　핑크빛/*핑큿빛, 오렌지빛/*오렌짓빛, 피자집/*피잣집, 호프집/*호픗집, 칸나과/*
　　칸낫과, 뒤가스(gas)/*뒷가스

　다음과 같이 한자어만으로 된 합성어들도 위 (ㄷ)의 여섯 단어에 해당하지 않으
므로 사이시옷을 적지 않는다.

　　〈한자어＋한자어〉 마구간(馬具間), 만화방(漫畵房), 전세방(傳貰房), 공부방(工夫
　　　房), 맥주병(麥酒瓶), 전기세(電氣稅), 초점(焦點), 대가(代價), 시가(時價), 수
　　　적(數的), 화병(火病)

　그리고 뒷말의 첫소리가 된소리나 거센소리인 경우에도 사이시옷을 적지 않는
다. 이러한 환경에서는 앞의 음운 현상, 즉 된소리가 되거나 'ㄴ' 또는 'ㄴㄴ' 소리
가 덧나는 현상이 없기 때문이다.

　　장미꽃/*장밋꽃, 아래쪽/*아랫쪽, 들깨탕/*들깻탕, 위층/*윗층

---

64) '찻잔'은 茶+盞으로 구성된 말이지만 '茶'는 '다'로 읽힐 경우에는 한자어로, '차'로 읽힐 경우에는 고유어로
　　취급한다. '차'는 더 이른 시기의 음으로서, "훈몽자회"나 "신증유합" 등에서 '茶 차 다'라고 한 것은 '차'가
　　이미 고유어화하였음을 보여 주는 것으로 이해된다(남광우 1973 : 26 참조). 한편 '수라상'[수라쌍]은 국어사
　　전에서 사이시옷 없이 표기하고 있는데, '水刺'는 몽고어 '술런šülen'에서 차용되었을 가능성이 높은 말로서
　　(이기문 1972, 조항범 1997 등 참조) 이러한 중세의 차용어(철릭, 사탕, 피리, 투구 등)를 '배추'(白菜)처럼
　　이미 고유어화한 것으로 본다면 '배춧국'과 마찬가지로 '수랏상'으로 적어야 할 것으로 보인다.

'인사말'

합성명사에 사잇소리 현상이 없으면 당연히 사이시옷을 적지 않는다. 다음 단어들은 사잇소리 현상이 없어 사이시옷을 적지 않는 예들이다.

　　기와집, 초가집, 인사말, 머리글, 머리말, 꼬리말

합성명사의 발음이 혼란스러워 사잇소리 현상이 있는지, 없는지 판단하는 것이 쉽지 않으므로, 단어 하나하나의 표준 발음을 익힐 필요가 있다.

　　사이시옷의 규정은 발음을 잘 나타내 준다는 점에서 효용성이 크다. 예를 들어 '내가'가 아니라 '냇가'로 적음으로써 [낻까/내까]의 된소리 발음을 나타낼 수 있다. 또 의미의 차이를 나타내 주는 장점도 있다. 예를 들어 '나무길(나무를 깔아 만든 길)'과 '나뭇길(나무꾼들이 나무하러 다녀서 생긴 좁은 산길)'을 사이시옷 표기로 구별할 수 있다.

　　그러나 이 사이시옷 규정은 어원에 따른 차이, 일부 예외 조항 등으로 인해 대중에게 매우 복잡하게 느껴지는 문제점도 있다. '가겟방'과 '공부방'을 예로 들면, 화자들이 '가게'는 고유어이고 '공부'는 한자어라는 지식을 아는 것이 쉽지 않다. 또 한자어라는 이유로 '공부방'으로만 표기함으로써, [공부방]은 영업 목적으로 운영하는 학습 시설, [공붇빵]은 공부를 하기 위해 마련한 방이라는 의미 차이를 나타내지 못한다(엄태수 2012).

　　또 이와 같이 어원별, 단어별로 차이를 둠으로써 아래와 같이 유사한 단어들의 표기가 서로 달라지게 되는 점도 부담스러운 문제가 된다.

　　　개숫간, 방앗간, 푸줏간 / 마구간, 세수간, 수라간
　　　전셋집, 셋방 / 전세방
　　　찻간 / 기차간, 열차간
　　　종잇장 / 백지장

이와 같은 점을 고려하면 고유어 합성어와 한자어 합성어를 동일하게 취급해야 한다(엄태수 2012)는 주장을 진지하게 고려할 필요가 있을 것이다. 즉 '제사상, 전세방' 등은 '제삿밥, 전셋집'과 마찬가지로 국어의 단어들로 구성된 것이므로 이들을 동일하게 표기할 필요가 있다. 한자어에 사이시옷을 적지 않도록 한 이유는 뚜렷하지 않지만, 결과적으로 '전셋-방, 전셋-집'으로 동일하게 적지 못하는 이유가 '방'과 '집'의 차이에서 비롯된다는 것은 이해하기 어려운 면이 있다. 고유어와 한자어를 구별하지 않는다면 현행 규정에서 구별해서 표기하는 다음 예들도 동일하게 적게 된다. 이것이 화자들에게 더 나을 것이다.

　　ㄱ. 진달랫과, 소나뭇과, 숭엇과, 올빼밋과, 제빗과, 갯과
　　ㄴ. 국화과, 난초과, 장미과, 연어과, 앵무과, 낙타과

외래어의 경우도 사이시옷을 적지 않음으로써 화자들이 발음을 예측하기 어려운 문제가 있다. 예를 들어 합성어 표기에서 '뒤, 위, 아래'와 '뒷, 윗, 아랫'은 단어의 발음 차이를 나타내는 효과가 있는데, 비록 사전에 오른 단어는 아니지만 아래의 경우 그 발음을 잘못 예측할 가능성이 생긴다.

　　뒤기어, 뒤라인, 위라인, 위버튼, 아래버튼

이 단어들에 사잇소리 현상이 있다면 '뒷기어, 뒷라인, 윗라인, 윗버튼, 아랫버튼'과 같이 쓰는 것이 바람직할 것이다. 그리고 실제 이러한 표기가 통용되고 있다.

또 예외적인 두 음절의 한자어 여섯 단어도 문제이다. 이 단어들은 갑자기 바꾸기 어려워서 사이시옷 표기를 그냥 둔 것이지만, 지나치게 예외적이어서 번거롭고 어렵게 느껴진다. 따라서 이들은 일관되게 사이시옷을 쓰거나, 쓰지 않는 방안을 생각해 볼 수 있다.

한편 사이시옷을 표기할 경우 단어의 표의성이 무너지는 점도 문제로 지적될 수 있을 텐데, 예를 들어, 아래에서 '등굣길'의 표기는 '등교길'에 비하여 '등교'의 식별성에서는 뒤떨어진다.

　　등굣길, 배춧국, 신붓감, 제빗과, 단옷날 : 등교길, 배추국, 신부감, 제비과, 단오날

다만 앞에서 말했듯이 사이시옷 표기는 현실음을 잘 반영하는 장점이 있다. 만일 사이시옷을 적지 않는다면 표기와 발음이 동떨어지는 문제가 생길 수 있는 것이다. 따라서 현재 규정은 표의성은 좀 훼손되더라도 현실 언어를 제대로 반영하는 방안을 선택한 것이다.

라. 덧나는 'ㅂ' 소리

'햅쌀'

두 말이 어울릴 적에 'ㅂ' 소리가 덧나는 경우에는 그 소리대로 적는다. 다음은 그 예들이다.

입때, 접때,65) 볍씨, 좁쌀, 햅쌀, 멥쌀, 찹쌀

위 단어들에서 뒷말 '때, 씨, 쌀'의 옛말은 '빼, 삐, 발'이다. 어두의 'ㅽ, ㅄ'은 각각 [pt'], [ps]의 발음을 지니는 자음군으로서 원래 'ㅂ'도 발음되었고, 이 'ㅂ' 소리가 현대국어에 화석으로 남아 있는 경우들이다(이러한 예들은 '부릅뜨다, 몹쓸, 휩쓸다, 댑싸리' 등에서도 볼 수 있다). 한글 맞춤법은 이 화석형으로 남은 'ㅂ' 소리를 표기에 반영하고 있는 것이다.

이러한 결과로 '햅쌀'의 경우는 그 뜻이 '그 해에 새로 난 쌀'이라는 뜻이면서도, '그 해에 새로 난'이라는 뜻의 접두사 '햇-'으로 쓰지 않고 '햅'으로 적는다. 그 외의 단어들은 '햇'으로 적되, 이어지는 자음이 거센소리나 된소리인 경우에는 '해'로 적는다.

햅쌀 / 햇곡식, 햇감자, 햇고구마 / 해콩, 해팥, 해쑥

---

65) '입때'는 '여태'의 의미이고, '접때'는 '오래지 아니한 과거의 어느 때'를 가리키는 말이다. 유사한 경우로 '입짝, 접짝'이 있는데, 이는 '이쪽, 저쪽'의 방언으로 처리되는 점이 다르다.

마. 덧나는 'ㅎ' 소리

'머리카락'

다음 단어들은 'ㅎ' 소리가 덧나는 대로 적는다.

> 머리카락(머리ㅎ가락), 살코기(살ㅎ고기), 수캐(수ㅎ개), 수탉(수ㅎ닭), 안팎(안ㅎ밖), 암캐(암ㅎ개), 암탉(암ㅎ닭)

이 단어들은 앞말 '머리, 살, 수, 안, 암' 등이 옛말에서 'ㅎ'을 받침소리로 지니던 말들인데, 이 소리가 뒷말의 첫 자음과 어울려 거센소리가 된 것이다. 이는 '나룻배, 냇물' 등 사이시옷 표기처럼 앞말에 그 형태를 밝혀 '머맇가락, 삻고기, 숳개, 앓밖, 앓닭'과 같이 적을 여지도 있으나, 사이시옷의 단어와 달리 일부의 단어에만 나타나므로 소리대로 적은 것이다. 또 '머리에([머리에/*머리헤]), 살이([사리/*살히])' 등에서 보듯이 현대국어에서 그 앞말들에 'ㅎ' 받침소리가 있는 것도 아니어서 'ㅎ'을 앞말의 받침으로 적기는 어렵다.

4.3.6. 준말

가. 단어 끝모음의 축약

단어의 끝모음이 줄어지고 자음만 남는 것은 그 앞의 음절에 받침으로 적는다(한글 맞춤법 제32항).

> 기러기야 → 기럭아, 어제그제 → 엊그제, 온가지 → 온갖, 가지고 → 갖고

이 원칙에 따르면 '아기야'의 준말은 '악아'로 적어야 할 것이나, 아기나 며느리를 부르는 말로 감탄사 '아가'가 따로 있다. 그 부르는 말로 이 감탄사가 쓰이는 것으로 보기 때문에 다음과 같이 적는다.[66]

아가, 이리 온.

나. 체언과 조사의 축약

체언과 조사가 어울려 줄어진 말은 준 대로 적는다(한글 맞춤법 제33항).

그것은-그건, 그것이-그게, 이것으로-이걸로, 그것으로-그걸로, 저것으로-저걸로, 개는-걘, 얘를-앨, 나는-난, 나를-날, 너는-넌, 무엇을-뭣을/무얼/뭘, 무엇이-뭣이/무에, 이리로-일로, 그리로-글로, 저리로-절로, 조리로-졸로

이에 대한 조항인 한글 맞춤법 제33항은 구체적인 예시로 대명사와 조사가 결합한 경우만 제시하고 있다. 그러나 규정에서 명사, 수사와 조사가 결합한 경우를 따로 배제한 것은 아니므로 다음도 규범적인 표기라고 해야 한다.

지원이는 <u>사괄</u> 좋아한다.
친구 <u>하날</u> 잘 두었다.

다만 이러한 표기는 독서에 불편을 줄 수 있으므로 꼭 필요한 경우가 아니라면 가려 쓰는 것이 좋다.

다. 어간과 어미의 축약

'가'와 '갔다'
'ㅏ, ㅓ' 뒤에 '-아/어-, -았/었-'이 어울리면 한 음절로 줄어드는데, 그 경우 준 대로 적는다.

가아 → 가, 가았다 → 갔다
서어 → 서, 서었다 → 섰다
펴어 → 펴, 펴었다 → 폈다

---

66) 다만, 화자에 따라서 '아기야'를 선택하고, 이를 줄여 말할 수도 있다는 점에서 '악아'도 잘못된 표기라고 하기는 어렵다.

국어에서 이러한 축약은 필수적이어서(줄어진 발음이 표준이다), '가아, 가았다, 펴어, 펴었다' 등의 표기는 허용되지 않는다.

그런데 'ㅅ', 'ㅂ' 불규칙 용언의 경우에는 어간의 'ㅅ', 'ㅂ'이 줄어진 다음 '아/어'가 줄어지지 않는 게 원칙이다.

　　나아 → *나,　나았다 → *났다 (낫다)
　　구워 → *궈,　구웠다 → *궜다 (굽다)

결론적으로 어간이 'ㅏ, ㅓ'로 끝나는 용언은 줄어진 대로 표기하되, 'ㅅ', 'ㅂ' 불규칙 용언은 줄어지지 않은 채로 표기한다.

　　이는 어간의 끝모음이 'ㅡ'인 경우에도 동일할 것으로 보인다. '쓰다, 끄다, 담그다' 등의 어간은 뒤에 '아/어'가 어울리면 '써, 꺼, 담가'와 같이 줄어지고, 준 대로 적는다.

　　그런데 'ㅅ' 불규칙 용언인 '긋다'의 경우에도 '그어, 그었다'와 같이 'ㅅ'이 줄어지는데, 문제는 그 다음에 '어'가 줄어지는 것이 인정되는가 하는 점이다. 현실 언어에서 '(줄 좀) 거, (줄 다) 겄다'와 같이 '어'가 줄어진 형태가 나타나기도 하지만, '나았다/*났다'(낫다) 등 'ㅅ' 불규칙 용언의 표기에 비추어볼 때 이러한 준말 표기는 허용될 수 없을 것이다.

　　　줄 좀 <u>그어</u>/*거.
　　　줄을 <u>그었다</u>/*겄다.

　　다만 표준어 규정, 한글 맞춤법에서 이에 대한 규정이 뚜렷하지는 않아 그 규범성을 분명히 명시할 필요는 있다.

'배어'와 '배'

어간의 모음 'ㅐ, ㅔ' 뒤에 '-어'가 어울려 줄어든 말은 그 준 대로 적는다.

개어→개 (날씨가 ~ 눈이 부시다)
내어→내 (돈을 ~ 주었다)
베어→베 (벼를 일찍 ~ 버렸다)
세어→세 (숫자를 ~ 두었다)

당연히 '-었-'이 결합하여 줄 적에도 준 대로 적는다.

개었다→갰다, 내었다→냈다, 베었다→벴다, 세었다→셌다

그러나 '째다(←짜이다), 패다(←파이다)'처럼 그 어간이 축약된 경우에는 뒤에 '-어'가 결합해도 줄어지지 않는 것이 원칙이다.

계획이 째어/*째 있다.
웅덩이가 패어/*패 있다.

'보아'와 '봐'

'ㅗ, ㅜ'로 끝난 어간에 어미 '-아/어'가 붙어서 'ㅘ, ㅝ'로 줄어들면 다음과 같이 준 대로 적는다. 이는 '-았/었-'이 결합할 때도 마찬가지다.

꼬아→꽈, 보아→봐, 쏘아→쏴, 주어→줘
꼬았다→꽜다, 보았다→봤다, 쏘았다→쏴다, 주었다→줬다

또 '-아라/어라', '-아서/어서' 등의 어미가 결합할 때도 이와 마찬가지로 적는다. 즉 '보아라, 보아서', '추어라, 추어서' 등이 줄어지면 '봐라, 봐서', '춰라, 춰서'와 같이 적을 수 있다.

'놓아'는 비록 자음으로 끝난 어간에 '-아'가 결합한 것이지만 'ㅎ' 탈락 및 축약이 모두 일어나기에('ㅎ'으로 끝난 다른 용언 '좋아'는 '*좌'처럼 축약이 일어나지 않는다) 그 준 대로 적는다.

놓아→놔, 놓아서→놔서, 놓아라→놔라

'되어'와 '돼'

'ㅚ' 모음이 '-어'와 어울려 줄 적에는 'ㅙ'로 적는다.

되어→돼, 뵈어→봬, 쐬어→쐐, 쬐어→쫴
되었다→됐다, 뵈었다→뵀다, 쐬었다→쐤다, 쬐었다→쬈다

현실 언어에서 'ㅚ'와 'ㅙ' 모음은 발음상 잘 구별되지 않는다. 물론 표준 발음은 각각 [ø]와 [wɛ]로서 다르지만 실제 이와 같이 구별하여 발음하는 사람은 매우 드물다. 따라서 이 둘의 표기는 발음에 의존해서는 구별하기 어렵고 그 어법적인 면을 잘 살펴보아야 한다.

이를테면 '되, 돼'의 경우, '되어, 되어라, 되었다' 등 '되어'의 형태로 환원될 수 있으면 그것의 준말이므로 '돼'로 적고, 그렇지 않으면 어간이므로 '되'로 적는다. 즉 '되고, 되니, 되자'는 어간에 어미 '-고, -니, -자'가 결합한 것이므로(즉 *되어고, *되어니, *되어자로 환원될 수 없다) '되'로 적고, 아래는 '되어, 되어라'로 환원될 수 있는 준말이므로 '돼'로 적는다.

안 돼!
훌륭한 사람이 돼라.[67]

한편 다음 예는 '되어'의 준말이 아니므로(*되어라고) '되'로 적어야 한다.

할머니는 훌륭한 사람이 되라고 말씀하셨다.

---

67) 이를 '되라'고 적는 것은 해라체로서 경어법의 등급이 다르다. 즉 '돼라, 먹어라, 잡아라' 등은 해체(반말체)이고, '되라, 먹으라, 잡으라'는 해라체이다. 물론 해라체가 쓰일 자리라면 '되라'고 적어야 하지만 흔히 쓰이는 대로 해체가 쓰일 자리라면 당연히 '돼라'고 적어야 한다.

'바뀌어'

'ㅟ' 모음이 '-어'와 어울려 줄 적에는[68] 그 준말을 적는 방법이 없다. 이러한 준
말은 존재하지만 이를 적을 표기법은 마련되어 있지 않은 것이다. 따라서 이들을
적을 때는 본말대로 표기하는 수밖에 없다.

바뀌어 → 바?, 바뀌었다 → 바?다, 사귀어 → 사?, 사귀었다 → 사?다

'가지어'와 '가져'

'가지어, 견디어, 막히어' 등 'ㅣ'로 끝난 어간 뒤에 '-어'가 와서 'ㅕ'로 줄 적에는
'가져, 견며, 막혀' 등 준 대로 적는다. 이 경우 '가져, 그쳐' 등과 같이 'ㅈ, ㅊ' 뒤
에 'ㅕ(jə)'가 올 때 반모음(j)이 탈락하여 [저], [처]로 소리난다.

따라서 '소리대로'의 원칙을 적용하면 '가저, 그처'와 같이 적어야 할 것이다. 이
를 '가져, 그쳐'로 적는 것은 '견며, 막혀, 먹여' 등 'ㅣ ㅓ → ㅕ'로 표기하는 예들과
일관되게 적기 위한 것이다.

다음과 같이 1음절 어간인 경우에도 준 대로 적는다.

(바닥을) 기어/겨, (방이) 비어서/벼서, (맛이) 시어서/셔서, (꽃이) 피었다/폈다,
(안개가) 끼었다/꼈다

'짓다, 잇다' 등 불규칙 용언이 활용한 '지어, 이어' 등은 줄어지지 않으므로 당연
히 '져, 여'와 같은 준말 표기는 없다.

한편, 'ㅣ'로 끝난 어간 뒤에 '-어'가 와서 'ㅕ'로 줄어지는 것은 규칙적인 현상이
지만 복합어에서는 그렇지 않다는 것을 유념할 필요가 있다. 즉 단어에 따라서 '가
져가다, 빌려주다, 쳐내다, 껴묻다'처럼 준말만 인정되기도 하고, '기어가다, 기어
들다, 피어나다, 미어지다'처럼 본말만 인정되기도 하며, '끼어들다/껴들다'처럼 둘

---

68) 이는 원순전설의 반모음 ɥ와 ə가 결합한 이중모음 'ɥə'다.

224

다 인정되기도 한다.

'싸이다'와 '쌔다'

다음과 같이 'ㅏ, ㅕ, ㅗ, ㅜ, ㅡ'로 끝난 어간에 '-이-'가 결합하여 줄 적에는 준 대로 적는다.

> 싸이다→쌔다, 펴이다→폐다, 보이다→뵈다, 누이다→뉘다, 쓰이다→씌다

이 가운데 '폐다'는 '펴다'의 피동형 '펴이다'의 준말로 '형편이 폐다'와 같이 쓰이는 말이다. 다만 이 '폐다'는 잘 쓰이지 않고 '피다'(꽃이/얼굴이/살림이 ~)가 널리 쓰여 흔히 '형편이 피다'와 같이 말한다. '폐다'와 '피다'는 별개의 단어이지만 '형편 등이 나아지다'라는 의미로는 같이 쓰일 수 있는 것이다.

> 형편이 폈다.
> 형편이 폈다.

다음과 같이 'ㅎ' 받침을 갖는 말도 줄어진 대로 적는다. 이 준말들 역시 그 형태가 잘 인식되는 말은 아니다('쌔다'는 흔히 '쌔고 쌘 것이 ○○'와 같은 표현에서 자주 쓰인다).

> (마음이) 놓이다/뇌다, (눈이) 쌓이다/쌔다

'씌어'와 '쓰여'

용언 어간의 'ㅏ, ㅗ, ㅜ, ㅡ' 뒤에 '-이어'가 어울려 줄어질 적에는 준 대로 적는다(한글 맞춤법 제38항). 예를 들어, '싸이어, 보이어, 누이어, 트이어'는 다음과 같이 두 가지 형식으로 줄어지는데, 각각 그 준 대로 적는다.[69]

---

69) '-었-'이 결합한 경우 즉 '-이었-'이 어울려 줄어진 경우에도 마찬가지다. '쌨었다/싸였다, 뵀었다/보였다, 뉘었다/누였다, 틔었다/트였다'.

쌔어/싸여(←싸이어), 뵈어/보여(←보이어), 뉘어/누여(←누이어), 틔어/트여(←트이어)

이 경우 '쌔어, 뵈어, 뉘어, 틔어'는 '이'가 앞 음절(어간)에 올라붙으면서 줄어진 것이고, '싸여, 보여, 누여, 트여'는 뒤 음절(어미)에 내리 이어지면서 줄어진 것이다(한글 맞춤법 제38항 해설). 아래도 그와 같은 예들이다.

깨어/까여(←까이어), 째어/짜여(←짜이어), 꾀어/꼬여(←꼬이어), 죄어/조여(←조이어), 뀌어/꾸여(←꾸이어), 씌어/쓰여(←쓰이어)

다만 '틔어/트여, 씌어/쓰여'와 달리 '(칸을) 띄어/*뜨여'는 '띄어'만 인정된다. 이는 '뜨이-+-어'가 아니라, '띄우다'의 준말 '띄다'가 활용한 '띄-+-어'로 된 말이기 때문이다. 당연히 '(눈이, 눈에) 뜨이어'의 준말로는 '띄어'와 '뜨여'가 모두 인정된다.

새벽에 눈이 <u>띄어/뜨여</u> 버렸다.
건물이 눈에 잘 <u>띄어/뜨여</u> 쉽게 찾았다.

아래는 어간이 'ㅎ' 받침으로 끝나는 예들이다. 이 '놓이어, 쌓이어'의 준말은 '이'가 앞 음절에 올라붙은 경우는 '뇌어, 쌔어'로 적지만, 뒤 음절로 내리붙은 경우는 '놓여, 쌓여'로 적는다.

(마음이) 뇌어/놓여, (눈이) 쌔어/쌓여

'싸이어, 보이어, 누이어, 트이어'가 앞의 두 음절이 어울려 줄어지면 '쌔어, 뵈어, 뉘어, 틔어'로, 뒤의 두 음절이 어울려 줄어지면 '싸여, 보여, 뉘어, 틔어'로 적는다는 것은 한글 맞춤법 제38항 및 그 해설의 설명이다(위 본문도 이러한 설명에 따라 기술하였다).

그러나 '싸여, 보여, 누여, 트여'는 '싸이어, 보이어, 누이어, 트이어'가 줄어진 것이 맞지만, '쌔어, 뵈어, 뉘어, 틔어'는 그렇지 않다. 이는 본말의 활용형이 줄어진 것이 아니라('싸이어→쌔어, 보이어→뵈어, 누이어→뉘어, 트이어→틔어'), 준말 '쌔다, 뵈다, 뉘다, 틔다'의 어간에 '-어'가 결합한 것이다('쌔-+-어→쌔어, 뵈-+-어→뵈어, 뉘-+-어→뉘어, 틔-+-어→틔어'). 공시적으로 'ㅏ+ㅣ→ㅐ'와 같은 음운 규칙을 설정하기 어렵고, 실재하는 준말이 활용하는 것으로 보는 것이 자연스럽기 때문이다. '뇌어, 쌔어'도 '놓이어, 쌓이어'가 줄어진 것이 아니라 '뇌다, 쌔다'의 활용형일 뿐이다. 따라서 규정 및 해설에서 '쌔어, 뵈어, 뉘어, 틔어' 등을 '싸이어, 보이어, 누이어, 트이어' 등이 줄어진 것으로 기술하는 것은 부정확한 설명이다.

라. 부정 표현의 축약

'-잖-'과 '-찮-'

'-지 않-', '-하지 않-'가 줄어진 말은 '잖, 찮'으로 적는다.

> 그렇지 않다 → 그렇잖다
> 적지 않다 → 적잖다
> 만만하지 않다 → 만만찮다
> 변변하지 않다 → 변변찮다

위의 준말들은 단어이지만(표준국어대사전에 표제어로 등재되어 있다) 아래와 같이 한 단어라고 하기 어려운 경우에도 역시 '잖, 찮'으로 적는다. 즉 어떤 경우에도 '잖, 찮'으로 적지 '쟎, 챦'으로 적지 않는다.

> 가지 않다 → 가잖다/*가쟎다
> 생각하지 않다 → 생각잖다/*생각쟎다
> 편안하지 않다 → 편안찮다/*편안챦다

이 예들은 '가지어, 그치어, 견디어, 다니어' 등을 '가져, 그쳐, 견뎌, 다녀'처럼 'ㅣ ㅓ→ㅕ'로 적는 것과 모순되는 점이 있다. '가져' 등처럼 원형과 결부하여 줄어진 과정을 밝혀 적는다면 '가지 않다, 편안하지 않다'도 '가쟎다, 편안챦다'로 적어야 하기 때문이다. 그러나 단어인지 아닌지 구별하는 것은 임의적인 해석에 따라 좌우되기 쉬워 표기에 혼란을 일으킬 가능성이 높다. 따라서 이를 구별하지 않고 모두 '잖, 찮'으로 적는 것이다.

'안'과 '않-'

'안'은 '아니'의 준말로서 부정을 나타내는 부사이다. 반면에 '않-'은 '안(아니) 하 -'가 줄어든 말로서 '않다, 않고, 않으니'처럼 활용하는 용언이다. 아래는 부사가 쓰인 경우이므로 당연히 '안'으로 적어야 한다.

> 싸우면 <u>안</u>/*<u>않</u> 된다.
> 건강이 <u>안</u>/*<u>않</u> 좋다.

'단언컨대'와 '생각건대'

용언 어간의 끝음절 '하'가 축약할 때 때로는 'ㅏ'가 줄기도 하고, 때로는 '하' 전체가 줄기도 한다. 이 경우 표기는 그 준 대로 적는다.

> 연구토록, 단정치, 일정치, 확실치, 예컨대, 단언컨대, 단념케, 다정타, 신청코자
> 생각도록, 넉넉지, 명확지, 섭섭지, 생각건대, 짐작건대, 생각다, 보답고자

언제 'ㅏ'만 줄어들고, 언제 '하' 전체가 줄어드는지 명확한 기준은 없다. 일반적인 경향으로는 앞말이 울림소리(모음, ㄴ, ㅁ, ㅇ, ㄹ)로 끝나면 'ㅏ'만 줄어들고, 안울림소리(ㄱ, ㄷ, ㅂ)로 끝나면 '하' 전체가 줄어든다(국어연구소 1988ㄱ).

실제로 현실 발음이 모두 그러한 규칙을 따르는지는 의문이지만(예를 들어 '보답고자, 생각고자'는 '보답코자, 생각코자'가 흔히 나타난다) 현재로서는 이를 원칙으로 삼아 적는 것이 정확한 표기이다.

참고로, 다음 예는 '하-'가 줄어든 말이 아니므로 이 표기 원칙과는 무관하다. 이는 '서슴다'의 활용형이므로 당연히 '서슴지'로 적는다.

그는 서슴지/*서슴치 않고 말했다.

4.3.7. 그 외

가. '예'와 '옛'

'예부터'

'예스럽다', '예부터'는 명사 '예' 뒤에 접미사 '-스럽다', 조사 '부터'가 결합한 것
이다. 당연히 그 발음도 [예스럽다], [예부터]로 하여야지, [옏쓰럽다], [옏뿌터]라
고 해서는 안 된다. 이를 '옛스럽다, 옛부터'와 같이 잘못 적는 경우가 있는데 이는
그 잘못된 발음에 이끌린 탓이다.

예스러운/*옛스러운, 예부터/*옛부터

'옛날'

관형사인 경우에는 '옛'으로 적어야 한다. 이 말은 체언 앞에 결합하는 관형사로
서 앞의 명사 '예'와는 다르다.

옛날, 옛이야기, 옛 생각, 옛 친구

나. 비변별적 발음의 형태

'끼어들기'

흔히 현실 발음에서 모음 간 구별이 없거나 모음동화나 자음동화 등으로 인하여
그 정확한 어형이 발음을 통해서는 구별되지 못하는 경우가 있다. 이 경우는 결국
발음보다는 그 어법적인 면을 정확하게 이해할 필요가 있다.

끼어들기/*끼여들기, 금세/*금새, 왠지/*웬지

'끼어들기'는 모음의 동화로 인하여 '끼여들기'와 잘 구별되지 않는다. 사전에서
는 '끼여들기'는 '끼어들기'의 잘못으로 처리하고 있다. 이는 합성 동사 '끼어들다'

에서 파생된 것으로 보았다고 할 것이다. '끼다'는 '끼이다'의 준말이므로 논리적으로는 '끼여들기(←끼이어 들다)'도 가능하겠으나 결과적으로 발음이 비슷한 말이므로 '끼어들기'만 인정하였다고도 할 수 있다.

'금세'는 '금시(今時)에'의 준말이므로 '세'로 적는다. '왠지'는 현대국어에서 '왜'와 '웨'의 발음이 제대로 구별되지 않음으로써 '웬지'로 잘못 적는 경우가 종종 있다. 그러나 이 말은 '왜인지'의 준말이므로 '왠지'로 적어야 한다. '웬'은 '어찌 된, 어떤'의 뜻을 지니는 관형사로서, '웬 일이니, 웬 영문인지, 웬 사람이' 등과 같이 쓰는 말이다.

'인마'

다음도 발음만으로 그 정확한 어형을 잘 알기 어려운 예들이다.

인마/*임마, 움큼/*웅큼, 오랜만/*오랫만

'인마'는 '이놈아'가 줄어든 말이므로 '인마'로 적어야 한다. '움큼'은 위치 동화에 의하여 [웅큼]으로 소리 나기도 하지만(표준 발음은 아니다) 옛말 '우훔'에 그 어원이 있는 것이므로 '움큼'으로 적는다. '오랜만'은 '오랫동안'에 이끌린 오표기일 수 있는데 이 말은 '오래간만'의 준말이므로 '오랜만'으로 적는다.

'아니요'

윗사람이 묻는 말에 부정의 뜻으로 대답하는 감탄사는 '아니요'이다. 그 준말은 '아뇨'이다. 이전에는 '예'와 짝을 이루는 말을 '아니오'라고 하였으나 실제 언어생활에서 하오체의 사용은 거의 없으므로 해요체의 '아니요'가 쓰인다고 보는 것이다.

예/아니요   *예/아니오

감탄사 '아니오'를 비표준어로 처리한 것은 해요체의 발화 상황에서 하오체가 적절하지 못하다는 데 근거를 둔다.

"아니요/⁇아니오, 제가 할게요."

그러나 이는 하오체 발화 상황에서는 '아니오'가 쓰일 수 있다는 점에서 문제가 될수도 있다. 물론 이 경우 '아니오'는 '아니지, 아니야, 아니네, 아니올시다, 아닙니다' 등처럼 '아니다'의 활용형일 뿐이라고 할 수도 있다. 그러나 하오체의 감탄사 '거보시오, 여보시오'가 존재하는 것처럼 감탄사로서 '아니오'도 인정할 여지가 없지 않다.

4.3.8. 구별하여 적어야 할 말

동일한 발음이지만 표기를 달리하여 구별되는 단어들이 있다. 일부 예를 보면 다음과 같다.

'가름'과 '갈음'

'가름'은 '가르다', '갈음'은 '갈다'의 어간에 '-음' 결합한 것이다. '가름'은 명사형이고, '갈음'은 '대신함'을 뜻하는 명사이다.

둘로 가름.
이것으로써 인사말을 갈음합니다.

한편 명사로서 '가름'은 가부 간의 분별을 뜻하거나, 승부를 정하는 일('판가름')을 뜻한다.

이 일은 가름이 안 된다.

'걷잡다'와 '겉잡다'

'걷잡다'는 치우치는 형세를 붙들어 잡다는 뜻으로, '걷'은 '거두-'의 준말이다.

‘겉잡다’는 대강 짐작하여 헤아리다는 뜻의 말이다.

   겉잡을 수 없는 상태.
   겉잡아서 이틀 걸릴 일.

‘너머’와 ‘넘어’
‘너머’는 명사, ‘넘어’는 ‘넘다’의 활용형이다.

   고개 너머에 있다.
   고개를 넘어 갔다.

‘이따가’와 ‘있다가’
‘이따가’는 부사, ‘있다가’는 ‘있다’의 활용형이다.

   이따가 오너라.
   돈은 있다가도 없다.

‘부딪히다’와 ‘부딪치다’
‘부딪히다’는 ‘부딪다’에 피동 접미사 ‘-히-’가 결합한 것으로서, 피동의 의미이다. ‘부딪치다’는 강세의 접미사 ‘-치-’가 결합한 것으로서 ‘부딪다’를 강조한 말이다.

   지나가는 차에 부딪혔다.
   힘껏 달려가 부딪친다.

‘조리다’와 ‘졸이다’
‘조리다’는 고기나 생선, 채소 따위를 양념하여 국물이 거의 없게 바짝 끓이다의 의미이다. 요리의 의미를 갖게 되어, ‘졸-＋-이-＋-다’의 어원을 밝혀 적지 않는다. ‘졸이다’는 ‘졸다’의 사동형으로, 찌개, 국, 한약 따위의 물이 증발시켜 분량이 적어지도록 하는 일이다. '속을 태우고 초조해하다'는 의미로도 쓰인다.

생선을 조린다.
찌개를 졸인다.
마음을 졸인다.

4.4. 띄어쓰기

띄어쓰기는 한글 맞춤법 총칙에 다음과 같이 규정되어 있다.

제2항 문장의 각 단어는 띄어 씀을 원칙으로 한다.

다만 조사는 단어이지만 의존형태소로서 앞 말에 의존하는 성격이 강하므로 그 앞의 단어에 붙여 쓴다. 띄어쓰기의 실제 예들을 살펴보자.

가. 단어와 구

띄어쓰기는 단어별로 하므로 표기할 대상이 단어인지 아닌지 판별할 필요가 있다. 아래는 특히 그러한 구별에 유의해야 할 예들이다. 왼쪽 예는 구(句)이지만 오른쪽 예는 특수한 의미로 굳은 합성어이거나 접미사에 의해 파생된 단어들이다.

거리에서 큰 소리가 들린다. / 그는 늘 큰소리만 친다.
그는 두 잔, 나는 한 잔 마셨다. / 술 한잔 합시다.
난 오페라를 겨우 한 번만 보았다. / 한번 믿어 보자.
규모가 큰 일이다. / 이번에 큰일이 났어.
일이 잘 안 되었다. / 다친 이를 보니 마음이 안되었다.

나. 접미사

접미사가 결합한 말은 단어이므로 붙여 써야 한다. 접미사 가운데는 용언에서 비롯한 것이 있어서 이를 용언으로 생각하고 띄어 쓰는 일이 적지 않으므로 유의할 필요가 있다.

'-하다'와 '-되다'

'생각하다, 자랑하다, 면제되다, 판단되다' 등은 어기에 접미사 '-하다, -되다'가 결합한 단어이다. 따라서 전체가 한 단어이므로 '-하다, -되다'는 앞말에 붙여 써야 한다.

> 극복 할(→ 극복할) 과제.
> 위험이 곳곳에 존재 한다(→ 존재한다).
> 문제가 해결 되어야(→ 해결되어야) 한다.
> 에너지 절약을 생활화 합시다(→ 생활화합시다).
> 현대화 된(→ 현대화된) 관공서 시설.

'-드리다'

'말씀드리다, 축하드리다, 사과드리다' 등은 '말하다, 축하하다, 사과하다'의 높임말로 객체를 높여 말하는 것이다. 이때 '-드리다'는 접미사이다. 즉 '책을 드리다, 말씀을 드리다'의 '드리다'는 동사로서 앞말과 띄어 쓰지만, 이 접미사 '-드리다'는 붙여 써야 한다.

> 선생님께 결과를 말씀 드렸다(→ 말씀드렸다).
> 할머니, 생신 축하 드려요(→ 축하드려요).

'-받다'

'강요받다, 인정받다, 사랑받다' 등의 '-받다'는 피동의 뜻을 지닌 접미사이다. 따라서 이 접미사가 결합한 말은 한 단어이므로 붙여 써야 한다.

> 그는 열심히 일하여 회사에서 인정 받게(→ 인정받게) 되었다.

'-당하다'와 '-시키다'

'거절당하다, 무시당하다, 이용당하다, 진정시키다, 화해시키다' 등의 '-당하다, -시키다'도 각각 피동과 사동의 접미사이다. 즉 이들이 결합한 말은 한 단어로서 붙여 써야 한다.

> 우리 측 제안은 상대방에게 거절 당했다(→ 거절당했다).
> 두 사람을 화해 시켰다(→ 화해시켰다).

다. 조사

조사는 단어지만 예외적으로 앞말에 붙여 쓴다.

'이다'

이른바 서술격조사 '이다'는 독립적으로 혼자 쓰이지 못하고 앞말에 매우 의존적 인 요소이므로 앞말에 붙여 쓴다.[70]

> 이것은 대안 이라고(→ 대안이라고) 하기 어렵다.
> 우리의 소원은 통일 이다(→ 통일이다).
> 내가 몰랐기 때문 이다(→ 때문이다).

'부터'

종종 조사를 앞말에 띄어 쓰는 경우가 있는데 당연히 붙여 써야 한다. 아래에서 '부터, 라고, 보다, 마저, 까지' 등은 모두 조사(보조사)이다.

> 자신 부터(→ 자신부터), 두 배 라고(→ 두 배라고), 능력 보다는(→ 능력보다는), 아 이들 마저도(→ 아이들마저도), 7월 까지의(→ 7월까지의)

---

70) '이다'의 문법적 지위는 논란거리 중 하나였다. 최근의 문법서에서는 이를 형용사로 규정하는 기술이 이루어 지고 있다.

이는 아래와 같이 용언의 활용형 뒤에 붙거나 조사 뒤에 다시 조사가 붙는 경우에도 마찬가지다. 이 경우 음절 수가 너무 길어져서 혹 띄어 써야 하는 것이 아닌가 하고 잘못 생각하기 쉽지만 이 역시 예외 없이 붙여 써야 한다.

내리면서 부터였다(→ 내리면서부터였다), 집에서 처럼(→ 집에서처럼), 경쟁이라기 보다는(→ 경쟁이라기보다는)

'밖에'

'밖에'는 조사인 경우와 단순히 명사+조사 구성인 경우가 있다. 그 둘을 잘 구별하여 띄어쓰기를 해야 한다. 아래에서 왼쪽은 조사가 아닌 경우, 오른쪽은 조사인 경우다. 조사 '밖에'는 '그것 말고는', '그것 이외에는'의 의미를 나타낸다.

집 <u>밖에</u> 누가 있니? / 역시 너<u>밖에</u> 없다.
이 <u>밖에</u> 지적할 점이 많다. / 이것<u>밖에</u> 못해?

'같이'

'같이'는 조사이지만 '같은'은 용언의 활용형이다. 따라서 '같이'는 앞말에 붙여 쓰지만 '같은'은 띄어 써야 한다. '같은'의 경우 '너와 같은'처럼 앞말에 조사가 올 수 있다는 점을 참조할 수 있다.

너 <u>같은</u> 친구는 없다. / 너<u>같이</u> 착한 사람도 없다.

라. 어미와 의존 명사

'-는데'와 '-는 데'

어미인 '-ㄴ데'는 당연히 붙여 쓰지만('눈이 오는데 여행을 떠나도 될까?') '-는 데'와 같은 의존 명사 구성은 띄어 써야 한다. 이 '데'는 의존 명사이므로 '-는 데에'처럼 뒤에 조사가 결합할 수 있다.

비 오는데 어딜 나가니? / 생각하는 데 집중해라.

길을 가는데 친구가 불렀다. / 이것이 결정하는 데 중요하다.

'-ㄴ지'와 '-ㄴ 지'

어미 '-ㄴ지'는 붙여 쓰지만, 경과한 시간을 나타내는 '-ㄴ 지'는 관형사형 어미 '-ㄴ' 뒤에 의존 명사 '지'가 결합한 것이다. 이는 띄어 써야 한다.

비가 오려는지 허리가 쑤신다. / 그를 만난 지 오래되었다.

기차가 떠났는지 모르겠다. / 그가 떠난 지 1년이 지났다.

'-ㄴ바'와 '-ㄴ 바'

의존 명사 구성 '-ㄴ 바'와 달리 그 전체가 하나의 어미 '-ㄴ바'로 굳어진 경우가 있다. 이 어미는 '~었더니' 정도의 의미로서 과거에 어떤 상황이 이루어졌음을 나타낸다. 또는 '~으니' 정도의 의미로서 원인이나 근거를 나타내기도 한다.

금강산을 본바 아름답더라. / 느낀 바를 말해라.

내 잘못이 큰바 책임지겠다. / 맡은 바 책임을 다한다.

마. 조사와 의존 명사

조사와 의존 명사의 형태가 같은 경우가 있어 잘 구별해야 한다. 아래 왼쪽 예는 '대로, 만큼, 뿐, 만'이 조사인 경우이고, 오른쪽은 의존 명사인 경우이다.

법대로 해라. / 도착하는 대로 전화해라.

나도 너만큼 할 수 있다. / 먹을 만큼 담아라.

줄 게 이것뿐이다. / 그저 웃을 뿐이다.

하나만 알고 둘은 모른다. / 화낼 만도 하다.

의존 명사 '만'은 관형사형 어미 '-(으)ㄹ'뿐만 아니라 체언 뒤에 쓰이는 경우도 있는데('시간이나 거리를 나타내는 말'), 이 경우도 당연히 띄어 쓴다.

　　떠난 지 사흘 만에 돌아왔다.

　보조 형용사 '만하다'는 의존 명사 '만'이 '하다'와 어울려 된 말이다. 이는 "참을 만하다"처럼 '-을 만하다'의 구성으로 쓰여 본용언의 의미를 도와준다.

　　이 정도는 참을 만하다.

　그런데 이 '만하다'와 혼동하여 조사 '만'이 '하다'와 어울린 경우 띄어쓰기를 잘못 하는 경우가 있다. 아래는 조사 '만'과 '하다'가 결합한 예이다. 보조 형용사 '만하다'가 관형사형 어미 '-(으)ㄹ' 뒤에 쓰이는 것과 달리 이 경우는 체언 뒤에 쓰이는 차이가 있다.

　　형만 한 아우 없다.
　　집채만 한 파도가 몰려온다.
　　날씨가 어제만 못하다.

바. 두 말을 이어 주거나 열거할 적에 쓰이는 말

　두 말을 이어 주거나 열거하는 다음의 '겸, 내지, 대, 및, 등, 등등, 등속, 등지' 등도 띄어 쓴다.

　　국장 겸 과장, 열 내지 스물, 청군 대 백군, 이사장 및 이사들
　　책상, 걸상 등
　　사과, 배, 귤 등등

　다음과 같이 하나만 제시하는 경우에 '등'을 쓸 때도 띄어 쓴다.

　　텃밭에 배추 등을 심었다.

사. 단음절 단어

단음절 단어가 연이어 나타날 때는 붙여 쓸 수 있다.

　　좀더 큰것, 이말 저말, 한잎 두잎, 물 한잔

단음절 단어를 원칙에 따라 '좀 더 큰 것'처럼 쓰면 오히려 독서에 불편을 준다. 따라서 독서의 효율을 위하여 이 경우 붙여 쓰도록 허용한 것이다. 그러나 단음절 단어를 붙여 쓰는 것은 자연스럽게 의미적으로 한 덩이를 이룰 수 있는 경우에만 허용된다. 아래와 같이 의미적 유형이 다른 경우에는 붙여 쓸 수 없다.

　　*꽤안 온다, *늘더 먹는다

아. 단위를 나타내는 명사

수량의 단위를 나타내는 명사는 앞말과 띄어 쓴다.

　　한 개, 소 한 마리, 열 살, 연필 한 자루, 신 두 켤레, 돈 천 원[71]

그런데 순서를 나타내는 경우에는 붙여 쓸 수 있다. 즉 아래의 경우 (ㄱ)과 같이 띄어 쓰는 것이 원칙이지만 (ㄴ)과 같이 붙여 쓸 수도 있다.

　　ㄱ. 두 시 삼십 분 오 초, 제일 과, 삼 학년, 육 층
　　ㄴ. 두시 삼십분 오초, 제일과, 삼학년, 육층

그러나 수효를 나타내는 '개년, 개월, 일(간), 시간' 등은 붙여 쓰지 않는다.

　　삼 (개)년 육 개월 이십 일(간) 체류하였다.

---

71) '천 원'에 접미사 '어치'가 결합하면 '천 원어치'와 같이 띄어쓰기를 한다. 흔히 '천원 어치'와 같은 적는 것은 잘못이다.

어떤 경우이든 아라비아 숫자 뒤에 붙는 의존 명사는 가독성을 위하여 모두 붙여 쓸 수 있다. 즉 아라비아 숫자 뒤에서는 아래 (ㄱ)과 같이 띄어 쓰는 것이 원칙이지만 (ㄴ)과 같이 붙여 쓰는 것도 허용되는 것이다. 이 경우 수효를 나타내는 '개년, 개월, 일(간), 시간' 등도 마찬가지다.

ㄱ. 35 원, 1443 년, 5 분, 42 마일, 26 그램, 3 년 6 개월 20 일(간)
ㄴ. 35원, 1443년, 5분, 42마일, 26그램, 3년 6개월 20일(간)

따라서 순서를 나타내는 말의 경우 띄어쓰기는 다음과 같이 매우 자유롭다.

두 시 삼십 분, 두시 삼십분, 2 시 30 분, 2시 30분
삼 학년, 삼학년, 3 학년, 3학년
제삼 공화국, 제삼공화국, 제3 공화국, 제3공화국

'제3공화국'의 경우 '제 3공화국'처럼 띄어 쓰는 경우가 종종 있다. 그러나 '제3'이 서수사로서 한 단어이기 때문에 '제 3'처럼 띄어 쓸 수는 없다.

한편 달의 순서를 나타내는 말은 그 자체로 단어이므로 붙여 써야 한다. 이를 아라비아 숫자로 적을 경우에도 붙여 써야 한다.

일월, 이월, 삼월, 사월, ……, 시월, 십일월, 십이월
1월, 2월, 3월, 4월, ……, 10월, 11월, 12월

수를 적을 때는 만 단위로 띄어 쓴다. 즉 '만, 억, 조, 경(京), 해(垓), 자(秭)' 단위로 띄어 쓰는 것이다.[72]

---

72) 결과적으로 이는 아라비아 숫자로 금액을 표기할 때는 세 자리 단위로 쉼표를 치는 것과 차이가 난다. 그러나 이를 맞추어 세 자리 단위로 띄어 쓰면 '십 이억삼천사백 오십육만칠천 육백구십팔'과 같이 되는데, '십'과 '이억', '사백'과 '오십육만'이 떨어지는 등 불합리한 형식이 되어 만 단위로 띄어 쓰기로 한 것이다.

십이억 삼천사백오십육만 칠천육백구십팔

12억 3456만 7698

자. 보조 용언

보조 용언은 본용언과 띄어 쓰는 것이 원칙이나 붙여 쓰는 것도 허용된다.

> 불이 꺼져 간다. / 불이 꺼져간다.
> 내 힘으로 막아 낸다. / 내 힘으로 막아낸다.
> 어머니를 도와 드린다. / 어머니를 도와드린다.
> 시간이 지나 버렸다. / 시간이 지나버렸다.
> 잠을 자 두었다. / 잠을 자두었다.
> 비가 올 듯하다. / 비가 올듯하다.
> 그 일은 할 만하다. / 그 일은 할만하다.
> 일이 될 법하다. / 일이 될법하다.
> 비가 올 성싶다. / 비가 올성싶다.
> 잘 아는 척한다. / 잘 아는척한다.

위 예는 '본용언+-아/어+보조 용언' 구성, '관형사형+보조 용언(의존 명사+-하다/싶다)' 구성이지만, 아래의 '명사형+보조 용언' 구성도 띄어 쓰는 것이 원칙이되, 붙여 쓸 수 있다.

> 사과를 먹었음직 하다. / 사과를 먹었음직하다.

이 '직하다'는 '어떤 일이 생길 가능성이 있다'는 뜻의 보조 용언이다. 이와 달리 접미사 '-음직하다'는 '그럴 만한 가치가 있다'는 뜻으로, '사과가 먹음직하다'와 같이 한 단어로서 붙여 쓴다.

앞말이 합성어나 파생어[73]인 경우에는 띄어 써야 한다. 이 경우에도 붙여 쓰면

---

73) 종전 해설(국어연구소 1988ㄱ)에서는 합성어만 해당하는 것이었다. 그래서 파생어에 보조 용언이 결합한

지나치게 여러 용언들이 이어져 의미를 파악하는 데 불편하기 때문이다.

> 네가 덤벼들어 보아라. / *네가 덤벼들어보아라.
> 보따리가 떠내려가 버렸다. / *보따리가 떠내려가버렸다.
> 연등을 매달아 놓았다. / *연등을 매달아놓았다.
> 한글 맞춤법을 공부해 보자. / *한글 맞춤법을 공부해보자.

다만, 그 합성어나 파생어의 활용형이 2음절인 경우에는 붙여 써도 너무 길지 않으므로 본용언과 보조 용언을 붙여 쓸 수 있다.

> 방에서 나가 버렸다. / 방에서 나가버렸다.
> 표를 구해 주었다. / 표를 구해주었다.

또 앞말에 조사가 결합되어 있는 경우에도 반드시 띄어 써야 하며, '척하다, 듯하다, 성싶다, 만하다' 등의 보조 용언 사이에 조사가 개입된 경우에도 당연히 띄어 쓴다.

> 잘도 놀아만 나는구나. / *잘도 놀아만나는구나.
> 노래를 불러도 보았다. / *노래를 불러도보았다.
> 잘 아는 체를 한다. / *잘 아는 체를한다.
> 사실을 알 만도 하다. / *사실을 알 만도하다.

본용언에 '-(으)ㄴ가, -나, -는가, -(으)ㄹ까, -지' 등 종결 어미가 결합되어 있는 경우에는 반드시 보조 용언을 띄어 쓴다.

'기억해 둔다'는 '기억해둔다'로 붙여 쓸 수 있다고 하였다. 새 해설(국립국어원 2018)에서는 파생어도 해당하는 것으로 수정되었고, 따라서 '기억해둔다'로 띄어 쓸 수 없게 되었다. 다만 이는 한글 맞춤법 제47항에서 '그릇을 깨뜨려버렸다'로 붙여 쓸 수 있다고 규정한 것과 상충되는 문제가 있다. 해설을 유지하려면 한글 맞춤법의 조항을 고쳐야 한다.

비가 오나 봅니다.
집에 갈까 보다.
아무래도 힘들겠지 싶었다.

또 본용언에 '-아/어'가 아닌 '-고'가 결합하는 '-고 싶다' 구성도 본용언과 보조
용언을 항상 띄어 쓴다.

집에 가고 싶다. / *집에 가고싶다.

이와 달리 '-아/어 하다, -아/어 지다'가 붙는 경우는 앞말에 붙여 쓴다. '하다,
지다'가 보조 용언이지만 본용언과 결합하여 한 동사처럼 쓰이기 때문이다.

형이 동생을 귀여워한다.
빵이 잘 구워졌다.

하지만 '-아/어 하다'가 구에 결합하는 경우에는 띄어 써야 한다. 예를 들어 '마
음에 들어 하다'는 그 구조가 [[마음에 들어]하다]인데, '마음에 들어하다'와 같이
'하다'를 앞말에 붙여 쓰면 그러한 구조를 제대로 나타낼 수 없다.

마음에 들어 하다. / *마음에 들어하다.
내키지 않아 하다. / *내키지 않아하다.

보조 용언이 거듭 나타날 경우에는 앞의 보조 용언만 붙여 쓸 수 있다.

적어 둘 만하다. / 적어둘 만하다.
되어 가는 듯하다. / 되어가는 듯하다.

차. 고유 명사 및 전문 용어

성과 이름은 '홍길동'처럼 붙여 쓴다. 다만 성과 이름을 분명히 구분할 필요가

있을 때는 띄어 쓸 수 있다. 이는 2음절 성인 경우 '황보(성)+인(이름)'을 '황(성)+보인(이름)'처럼 혼동하지 않도록 하기 위한 것이다.

남궁민 / 남궁 민, 황보인 / 황보 인

이름 뒤에 덧붙는 호칭어나 관직명은 띄어 쓴다.

채영신 씨, 이순신 장군, 최치원 선생

성 뒤에서도 마찬가지다. 즉 '김 군, 이 양, 김 박사, 한 선생' 등과 같이 띄어 써야 한다.

뒷일은 김 군에게 부탁하였다.
박 씨의 도움으로 무사히 일을 마쳤다.

다만, '씨'가 호칭어가 아니라 성씨 자체를 나타내는 경우에는 접미사이므로 붙여 쓴다.

그분의 성은 한씨이다.
박씨 부인은 고전 소설의 주인공이다.

성명 이외의 고유 명사 그리고 전문 용어는 단어별로 띄어 쓰는 것이 원칙이지만, 붙여 쓰는 것도 허용된다.

대한 중학교 / 대한중학교, 한국 대학교 사범 대학 / 한국대학교 사범대학
만성 골수성 백혈병 / 만성골수성백혈병

4.5. 문장 부호

　문장 부호는 '글에서 문장의 구조를 드러내거나 글쓴이의 의도를 전달하기 위해 사용하는 부호'이다.[74] 이와 같이 문장 부호는 글의 의미를 전달하는 데 중요한 역할을 하므로 그 내용을 규정으로 정할 필요가 있다.

　한글 맞춤법(1988)은 '부록'에서 문장 부호의 이름과 용법을 규정하는데, 근래에 그에 대한 개정이 이루어졌다. 이전의 문장 부호는 원고지 중심의 전통적인 글쓰기 환경에 맞춘 것이었으나, 이후 컴퓨터와 인터넷 중심으로 글쓰기 환경이 급격히 변화했기에 그에 맞추어 규정을 개정할 필요가 생겼던 것이다.[75] 이에 따라 정부는 2010년부터 개정 작업을 시작하여 2014년 10월 27일 문장 부호의 새 규정을 고시하였다.[76]

---

[74] 문장 부호의 개념이 무엇이냐에 따라서 문장 부호의 범위도 달라질 수 있다. 예를 들어, 김인균(2011)은 문장 부호를 "표기 체계에서 언어적 실체로서 구어와의 간극을 줄이기 위한 문자나 띄어쓰기의 보조적 수단"으로 정의하며, 인쇄 편집 부호 등과 엄격히 구분하여 기존 및 현행 규정의 문장 부호 중 가운뎃점, 쌍점, 빗금, 줄표 등을 제외하는 등 보다 좁은 개념으로 규정한다. 반면에 이선웅(2012)는 국어 정책적으로 문장 부호를 가능한 한 넓게 다루는 것이 좋다는 상반된 의견을 보인다. 신호철(2015)는 실제 글에서 쓰이는 수많은 부호들을 어디까지 문장 부호로 보아야 하는지는 어려운 문제라고 하면서 무엇보다도 문장 부호의 개념을 정립하는 것이 시급하다고 한다.

[75] 다만 단순히 글쓰기 환경의 변화만 그 요인이라고 하기는 어렵다. 기존 문장 부호에 대한 비판과 개정이 필요성은 매우 다양한 측면에서 제기되어 왔는데(민현식 1999, 임동훈 2002, 양명희 2002, 2013, 이승후 2006, 김봉국 2007, 박정규 2007, 신호철 2009, 김인균 2011, 최형용 2011 등), 이번 개정은 이러한 논의들에 큰 영향을 받았음을 부인할 수 없다. 다만 이 다양한 의견들의 상당 부분은 여전히 반영되지 않았기에 문장 부호에 대한 논란은 당분간 지속될 것으로 보인다. 한편, 이번 개정의 배경에 대해서는 김한샘(2013)을, 새 규정에 대한 설명 및 일부 문제점에 대해서는 신호철(2015)를 참조할 수 있다.

[76] 구체적인 개정 경과는 다음과 같다(2014. 10. 27. 문화체육관광부 보도 자료 참조).
　〈기초 연구〉
　• "문장 부호 규정 개정의 정책 효과 연구"(2010. 11. 문화체육관광부)
　• "문장 부호 지침서 연구 개발"(2011. 11. 국립국어원)
　〈개정안 초안 작성〉
　• 문장 부호 개선을 위한 전문가 검토 회의(3회, 2012. 6. 국립국어원)
　• 문장 부호 개선 실무위원회 운영(7회, 2012. 7.~11. 국립국어원)
　〈개정안 검증 및 심의〉
　• 문장 부호 개선 공청회 개최(2012. 10. 국립국어원)
　• 전문가 대상 1차 설문 조사 실시(2012. 11. 국립국어원)
　• 국어심의회 어문규범분과 1차 심의(2012. 11. 문화체육관광부)
　• 전문가 대상 2차 설문 조사 실시(2012. 12. 국립국어원)

이 개정안의 특징은 기존 규정에 더하여 부호 선택의 폭을 대폭 확대하였다는 데 있다. 즉 기존의 부호에 새로운 부호를 더한 것이기에, 기존 규정에 따라 써도 틀리는 일은 거의 없다고 할 수 있다. 예를 들어, 줄임표를 '…'로 세 개의 점만 찍어도 되도록 새로 규정했는데, 기존처럼 '……'로 여섯 개의 점을 찍는 것도 그대로 유지된다.

여기에서는 문장 부호 규정의 전문(全文)을 소개하고자 한다. 규정에서 정하는 문장 부호는 총 24개인데, 각 부호의 모양과 이름은 다음과 같다.

문장 부호	이름	문장 부호	이름
.	마침표(온점)	[ ]	대괄호
?	물음표	『 』, 《 》	겹낫표, 겹화살괄호
!	느낌표	「 」, 〈 〉	홑낫표, 홑화살괄호
,	쉼표(반점)	—	줄표
、	가운뎃점	–	붙임표
:	쌍점	~	물결표
/	빗금	˙, ___	드러냄표, 밑줄
" "	큰따옴표	○, ×	숨김표
' '	작은따옴표	□	빠짐표
( )	소괄호	……	줄임표
{ }	중괄호		

이 문장 부호의 체계와 이름은 기존의 규정과 꽤 달라진 점이 있다. 다음은 기

• 국어심의회 위원 설문(2012. 12. 문화체육관광부)
• 국어심의회 어문규범분과 2차 심의 및 전체 회의 보고(2013. 4. 문화체육관광부)
  −체계 및 표현의 완성도 제고를 사유로 전체 회의에서 재검토 결정
• 국어심의회 위원 대상 의견 수렴 실시(2013. 4.~5. 국립국어원)
• 쟁점 사항 논의 및 해결을 위한 '문장 부호' 전담팀 운영(2013. 7~현재, 국립국어원)
• 개정안에 대한 전문가 자문회의 개최(2013. 11. 국립국어원)
• 국어심의회 어문규범분과 3차 심의 및 전체 회의 보고(2014. 2. 문화체육관광부)
• 국어규범정비위원회에서 개정안 논의(2014. 7. 국립국어원)
• 국어심의회 어문규범분과 위원 대상 개정안 의견 수렴(2014. 7.~8. 문화체육관광부)
• 국어심의회 어문규범분과 4차 심의 및 원안 통과(2014. 8. 29. 문화체육관광부)
• 문장 부호의 규정을 개정한 '한글 맞춤법 일부 개정안' 고시(2014. 10. 27. 문화체육관광부)

존의 문장 부호들이다.

유형	문장 부호	유형	문장 부호
마침표 [終止符]	온점(.), 고리점(。)	묶음표 [括弧符]	소괄호(( ))
	물음표(?)		중괄호({ })
	느낌표(!)		대괄호([ ])
쉼표 [休止符]	반점(,), 모점(、)	이음표 [連結符]	줄표(─)
	가운뎃점(·)		붙임표(-)
	쌍점(:)		물결표(~)
	빗금(/)	드러냄표 [顯在符]	드러냄표(˙, ˚)
따옴표 [引用符]	큰따옴표(" "), 겹낫표(『 』)	안드러냄표 [潛在符]	숨김표(××, ○○)
			빠짐표(□)
	작은따옴표(' '), 낫표(「 」)		줄임표(……)

우선 기존 규정에서는 문장 부호들을 7개의 유형으로 나누었는데(이원적 체계), 현행 규정에서는 이를 없앴다(일원적 체계).

또 이렇게 함으로써 '마침표'는 기존의 온점(.)만 가리키는 이름으로, '쉼표'는 기존의 반점(,)만 가리키는 이름으로 쓰게 되었다. 국어 화자들이 흔히 '.'을 마침표로, ','을 쉼표로 부르는 현실을 반영한 것이다.[77]

기존의 고리점(。), 모점(、)은 세로쓰기에 쓰던 것인데 현행에서는 이를 없앴고, 겹낫표(『 』), 홑낫표(「 」) 역시 세로쓰기에 쓰던 것인데 현행에서는 그 용법을 다소 바꾸어 쓰도록 하였다(후술 참조). 다만, 문장 부호 규정에서 사라졌다고 해서 이를 쓸 수 없다는 뜻은 아니다. 즉 현실적으로 세로쓰기를 거의 하지 않는 데 따라서 따로 부호를 정하지 않은 것일 뿐, 세로쓰기 자체가 금지되는 것은 아니므로 만일 세로쓰기를 한다면 고리점(。), 모점(、) 등 이전의 부호를 자유롭게 쓸 수 있다.

이와 같이 규정에서 없어진 문장 부호가 있는가 하면, 겹화살괄호(《 》), 홑화살

---

77) 문장 부호의 명칭에 대해서도 그동안 다양한 의견이 개진되었다. 이에 대한 종합적인 검토는 최형용(2011) 을 참조할 수 있다.

괄호(〈 〉) 등 새로 추가된 부호도 있다. 실제 언어생활에서 이 부호들이 많이 쓰이는 현실을 반영하여 이름도 정하고 그 용법을 규정한 것이다.

한편, 새 규정은 문장 부호의 띄어쓰기에 관하여 규정한 점도 특징이다. 이전 규정에서는 문장 부호의 띄어쓰기에 대한 규정이 없어 앞뒤로 붙여야 할지 띄어야 할지 잘 알기 어려웠는데, 새 규정에서는 이를 분명하게 규정한 것이다. 각 문장 부호의 구체적인 용법은 아래와 같다.

가. 마침표(.)

'마침표'는 '온점'이라고도 한다. 그 용법과 예는 다음과 같다(아래는 문장 부호 규정을 그대로 인용한 것이다. 이하 같다).

---

(1) 서술, 명령, 청유 등을 나타내는 문장의 끝에 쓴다.

　예 젊은이는 나라의 기둥입니다.　　예 제 손을 꼭 잡으세요.
　예 집으로 돌아갑시다.　　예 가는 말이 고와야 오는 말이 곱다.

[붙임 1] 직접 인용한 문장의 끝에는 쓰는 것을 원칙으로 하되, 쓰지 않는 것을 허용한다.(ㄱ을 원칙으로 하고, ㄴ을 허용함.)

　예 ㄱ. 그는 "지금 바로 떠나자."라고 말하며 서둘러 짐을 챙겼다.
　　 ㄴ. 그는 "지금 바로 떠나자"라고 말하며 서둘러 짐을 챙겼다.

[붙임 2] 용언의 명사형이나 명사로 끝나는 문장에는 쓰는 것을 원칙으로 하되, 쓰지 않는 것을 허용한다.(ㄱ을 원칙으로 하고, ㄴ을 허용함.)

　예 ㄱ. 목적을 이루기 위하여 몸과 마음을 다하여 애를 씀.
　　 ㄴ. 목적을 이루기 위하여 몸과 마음을 다하여 애를 씀
　예 ㄱ. 결과에 연연하지 않고 끝까지 최선을 다하기.
　　 ㄴ. 결과에 연연하지 않고 끝까지 최선을 다하기
　예 ㄱ. 신입 사원 모집을 위한 기업 설명회 개최.
　　 ㄴ. 신입 사원 모집을 위한 기업 설명회 개최
　예 ㄱ. 내일 오전까지 보고서를 제출할 것.

ㄴ. 내일 오전까지 보고서를 제출할 것

다만, 제목이나 표어에는 쓰지 않음을 원칙으로 한다.
    예 압록강은 흐른다   예 꺼진 불도 다시 보자
    예 건강한 몸 만들기

(2) 아라비아 숫자만으로 연월일을 표시할 때 쓴다.
    예 1919. 3. 1.   예 10. 1.~10. 12.

(3) 특정한 의미가 있는 날을 표시할 때 월과 일을 나타내는 아라비아 숫자 사이에 쓴다.
    예 3.1 운동   예 8.15 광복

[붙임] 이때는 마침표 대신 가운뎃점을 쓸 수 있다.
    예 3·1 운동   예 8·15 광복

(4) 장, 절, 항 등을 표시하는 문자나 숫자 다음에 쓴다.
    예 가. 인명   예 ㄱ. 머리말
    예 Ⅰ. 서론   예 1. 연구 목적

[붙임] '마침표' 대신 '온점'이라는 용어를 쓸 수 있다.

연월일을 아라비아 숫자만으로 표시할 경우, 마침표는 '년, 월, 일'의 표기를 대신하는 기능을 한다. 따라서 '1919년 3월 1일'을 아라비아 숫자만으로 적을 때 '일'의 자리에도 마침표를 찍는 것이 당연하다. 흔히 이를 생략하는 경우가 많은데 반드시 찍어야 한다.

    2014. 8. 12 → 2014. 8. 12.

나. 물음표(?)

물음표의 용법은 다음과 같다.

---

(1) 의문문이나 의문을 나타내는 어구의 끝에 쓴다.

  예 점심 먹었어?   예 이번에 가시면 언제 돌아오세요?

  예 제가 부모님 말씀을 따르지 않을 리가 있겠습니까?

  예 남북이 통일되면 얼마나 좋을까?

  예 다섯 살짜리 꼬마가 이 멀고 험한 곳까지 혼자 왔다?

  예 지금?   예 뭐라고?

  예 네?

[붙임 1] 한 문장 안에 몇 개의 선택적인 물음이 이어질 때는 맨 끝의 물음에만 쓰고, 각 물음이 독립적일 때는 각 물음의 뒤에 쓴다.

  예 너는 중학생이냐, 고등학생이냐?

  예 너는 여기에 언제 왔니? 어디서 왔니? 무엇하러 왔니?

[붙임 2] 의문의 정도가 약할 때는 물음표 대신 마침표를 쓸 수 있다.

  예 도대체 이 일을 어쩐단 말이냐.

  예 이것이 과연 내가 찾던 행복일까.

다만, 제목이나 표어에는 쓰지 않음을 원칙으로 한다.

  예 역사란 무엇인가   예 아직도 담배를 피우십니까

(2) 특정한 어구의 내용에 대하여 의심, 빈정거림 등을 표시할 때, 또는 적절한 말을 쓰기 어려울 때 소괄호 안에 쓴다.

  예 우리와 의견을 같이할 사람은 최 선생(?) 정도인 것 같다.

  예 30점이라, 거참 훌륭한(?) 성적이군.

  예 우리 집 강아지가 가출(?)을 했어요.

---

(3) 모르거나 불확실한 내용임을 나타낼 때 쓴다.

　　예 최치원(857~?)은 통일 신라 말기에 이름을 떨쳤던 학자이자 문장가이다.

　　예 조선 시대의 시인 강백(1690?~1777?)의 자는 자청이고, 호는 우곡이다.

다. 느낌표(!)

느낌표의 용법은 다음과 같다.

(1) 감탄문이나 감탄사의 끝에 쓴다.

　　예 이거 정말 큰일이 났구나!　　　　예 어머!

[붙임] 감탄의 정도가 약할 때는 느낌표 대신 쉼표나 마침표를 쓸 수 있다.

　　예 어, 벌써 끝났네.　　　　예 날씨가 참 좋군.

(2) 특별히 강한 느낌을 나타내는 어구, 평서문, 명령문, 청유문에 쓴다.

　　예 청춘! 이는 듣기만 하여도 가슴이 설레는 말이다.

　　예 이야, 정말 재밌다!　　　　예 지금 즉시 대답해!

　　예 앞만 보고 달리자!

(3) 물음의 말로 놀람이나 항의의 뜻을 나타내는 경우에 쓴다.

　　예 이게 누구야!　　　　예 내가 왜 나빠!

(4) 감정을 넣어 대답하거나 다른 사람을 부를 때 쓴다.

　　예 네!　　　　예 네, 선생님!

　　예 흥부야!　　　　예 언니!

라. 쉼표(,)

'쉼표'는 '반점'이라고도 한다. 그 용법은 다음과 같다.

(1) 같은 자격의 어구를 열거할 때 그 사이에 쓴다.
  예 근면, 검소, 협동은 우리 겨레의 미덕이다.
  예 충청도의 계룡산, 전라도의 내장산, 강원도의 설악산은 모두 국립 공원이다.
  예 집을 보러 가면 그 집이 내가 원하는 조건에 맞는지, 살기에 편한지, 망가진 곳
    은 없는지 확인해야 한다.
  예 5보다 작은 자연수는 1, 2, 3, 4이다.

다만, (가) 쉼표 없이도 열거되는 사항임이 쉽게 드러날 때는 쓰지 않을 수 있다.
  예 아버지 어머니께서 함께 오셨어요.
  예 네 돈 내 돈 다 합쳐 보아야 만 원도 안 되겠다.

(나) 열거할 어구들을 생략할 때 사용하는 줄임표 앞에는 쉼표를 쓰지 않는다.
  예 광역시 : 광주, 대구, 대전……

(2) 짝을 지어 구별할 때 쓴다.
  예 닭과 지네, 개와 고양이는 상극이다.

(3) 이웃하는 수를 개략적으로 나타낼 때 쓴다.
  예 5, 6세기   예 6, 7, 8개

(4) 열거의 순서를 나타내는 어구 다음에 쓴다.
  예 첫째, 몸이 튼튼해야 한다.
  예 마지막으로, 무엇보다 마음이 편해야 한다.

(5) 문장의 연결 관계를 분명히 하고자 할 때 절과 절 사이에 쓴다.
  예 콩 심은 데 콩 나고, 팥 심은 데 팥 난다.
  예 저는 신뢰와 정직을 생명과 같이 여기고 살아온바, 이번 비리 사건과는 무관하
    다는 점을 분명히 밝힙니다.
  예 떡국은 설날의 대표적인 음식인데, 이걸 먹어야 비로소 나이도 한 살 더 먹는다
    고 한다.

(6) 같은 말이 되풀이되는 것을 피하기 위하여 일정한 부분을 줄여서 열거할 때 쓴다.

   예 여름에는 바다에서, 겨울에는 산에서 휴가를 즐겼다.

(7) 부르거나 대답하는 말 뒤에 쓴다.

   예 지은아, 이리 좀 와 봐.　　　　　예 네, 지금 가겠습니다.

(8) 한 문장 안에서 앞말을 '곧', '다시 말해' 등과 같은 어구로 다시 설명할 때 앞말 다음에 쓴다.

   예 책의 서문, 곧 머리말에는 책을 지은 목적이 드러나 있다.

   예 원만한 인간관계는 말과 관련한 예의, 즉 언어 예절을 갖추는 것에서 시작된다.

   예 호준이 어머니, 다시 말해 나의 누님은 올해로 결혼한 지 20년이 된다.

   예 나에게도 작은 소망, 이를테면 나만의 정원을 가졌으면 하는 소망이 있어.

(9) 문장 앞부분에서 조사 없이 쓰인 제시어나 주제어의 뒤에 쓴다.

   예 돈, 돈이 인생의 전부이더냐?

   예 열정, 이것이야말로 젊은이의 가장 소중한 자산이다.

   예 지금 네가 여기 있다는 것, 그것만으로도 나는 충분히 행복해.

   예 저 친구, 저러다가 큰일 한번 내겠어.

   예 그 사실, 넌 알고 있었지?

(10) 한 문장에 같은 의미의 어구가 반복될 때 앞에 오는 어구 다음에 쓴다.

   예 그의 애국심, 몸을 사리지 않고 국가를 위해 헌신한 정신을 우리는 본받아야 한다.

(11) 도치문에서 도치된 어구들 사이에 쓴다.

   예 이리 오세요, 어머님.　　　　　예 다시 보자, 한강수야.

(12) 바로 다음 말과 직접적인 관계에 있지 않음을 나타낼 때 쓴다.

   예 갑돌이는, 울면서 떠나는 갑순이를 배웅했다.

   예 철원과, 대관령을 중심으로 한 강원도 산간 지대에 예년보다 일찍 첫눈이 내렸습니다.

(13) 문장 중간에 끼어든 어구의 앞뒤에 쓴다.

　예 나는, 솔직히 말하면, 그 말이 별로 탐탁지 않아.

　예 영호는 미소를 띠고, 속으로는 화가 치밀어 올라 잠시라도 견딜 수 없을 만큼 괴로웠지만, 그들을 맞았다.

[붙임 1] 이때는 쉼표 대신 줄표를 쓸 수 있다.

　예 나는 ― 솔직히 말하면 ― 그 말이 별로 탐탁지 않아.

　예 영호는 미소를 띠고 ― 속으로는 화가 치밀어 올라 잠시라도 견딜 수 없을 만큼 괴로웠지만 ― 그들을 맞았다.

[붙임 2] 끼어든 어구 안에 다른 쉼표가 들어 있을 때는 쉼표 대신 줄표를 쓴다.

　예 이건 내 것이니까 ― 아니, 내가 처음 발견한 것이니까 ― 절대로 양보할 수가 없다.

(14) 특별한 효과를 위해 끊어 읽는 곳을 나타낼 때 쓴다.

　예 내가, 정말 그 일을 오늘 안에 해낼 수 있을까?

　예 이 전투는 바로 우리가, 우리만이, 승리로 이끌 수 있다.

(15) 짧게 더듬는 말을 표시할 때 쓴다.

　예 선생님, 부, 부정행위라니요? 그런 건 새, 생각조차 하지 않았습니다.

[붙임] '쉼표' 대신 '반점'이라는 용어를 쓸 수 있다.

　　기존 규정에서는 문장 첫머리의 접속이나 연결을 나타내는 말 뒤에 쉼표를 쓰도록 하면서도, 일반적으로 쓰이는 접속어('그러나', '그러므로', '그리고', '그런데' 등) 뒤에는 쓰지 않는 것을 원칙으로 하였었다.

　　그러나 너는 실망할 필요가 없다.

　　그런데 새 규정에서는 이 원칙이 삭제되었기에, 해당 접속어 뒤에서 쉼표의 사용에 크게 제약을 받을 필요가 없다. 쉼표를 쓰지 않아도 문제될 것이 없으며, 특별한 효과를 위해 끊어 읽는 경우라면 다음과 같이 쉼표를 쓸 수도 있다.

그러나, 너는 실망할 필요가 없다.

마. 가운뎃점(·)

가운뎃점의 용법은 다음과 같다.

---

(1) 열거할 어구들을 일정한 기준으로 묶어서 나타낼 때 쓴다.
> 예 민수·영희, 선미·준호가 서로 짝이 되어 윷놀이를 하였다.
> 예 지금의 경상남도·경상북도, 전라남도·전라북도, 충청남도·충청북도 지역을 예부터 삼남이라 일러 왔다.

(2) 짝을 이루는 어구들 사이에 쓴다.
> 예 한(韓)·이(伊) 양국 간의 무역량이 늘고 있다.
> 예 우리는 그 일의 참·거짓을 따질 겨를도 없었다.
> 예 하천 수질의 조사·분석
> 예 빨강·초록·파랑이 빛의 삼원색이다.

다만, 이때는 가운뎃점을 쓰지 않거나 쉼표를 쓸 수도 있다.
> 예 한(韓) 이(伊) 양국 간의 무역량이 늘고 있다.
> 예 우리는 그 일의 참 거짓을 따질 겨를도 없었다.
> 예 하천 수질의 조사, 분석
> 예 빨강, 초록, 파랑이 빛의 삼원색이다.

(3) 공통 성분을 줄여서 하나의 어구로 묶을 때 쓴다.
> 예 상·중·하위권   예 금·은·동메달
> 예 통권 제54·55·56호

[붙임] 이때는 가운뎃점 대신 쉼표를 쓸 수 있다.
> 예 상, 중, 하위권   예 금, 은, 동메달
> 예 통권 제54, 55, 56호

짝을 이루는 어구들 사이에 가운뎃점 대신 쉼표를 쓸 수 있지만, 어구를 나열하는 경우라고 해서 항상 쉼표를 대신 쓸 수 있는 것은 아니다. 예를 들어 다음과 같이 단어 또는 단어에 준하는 표현에서 짝을 이루는 말들을 가운뎃점으로 표시하는데, 이를 쉼표로 표시할 수는 없다.

아프로·아시아, 우랄·알타이 어족, 독일·오스트리아 전쟁, 보일·샤를의 법칙

한편, 공통 성분이 줄어 전체가 한 단어가 된 경우에는 가운뎃점을 쓰지 않는 것이 바람직하다. 예를 들어 '동서양'은 이미 한 단어이므로 굳이 두 단어가 묶인 '동·서양'과 같이 표기할 필요가 없다. 이 유형으로서 사전에 단어로 올라 있는 주요 예들은 다음과 같다.

근현대, 검인정, 경위도, 공사립, 관공립, 국한문, 금은화, 길흉사, 남북한, 내외신, 논밭일, 농어촌, 대소한, 동서양, 동서쪽, 미적분, 민형사, 밀썰물, 상하수도, 선후배, 세출입, 손발톱, 송수신, 신구약, 앞뒷집, 영호남, 온열대, 유소년, 육해공군, 인허가, 입출금, 전후방, 주야간, 주정차, 직간접, 책걸상, 출결석, 출퇴근, 통반장, 판검사, 훈포장 등

다만 이 유형이 단어인지 아닌지 판별하는 것은 쉽지 않다. 이 경우 사전이 기준이 될 수밖에 없는데, 사전에 올라 있지 않는 경우는 아직 단어가 아니라고 한다면 아래 예들은 두 단어의 결합으로 보아 가운뎃점으로 표시할 수 있다.

중·고등, 좌·우측, 영·유아, 신·구형, 유·무형

바. 쌍점(:)

쌍점의 용법은 다음과 같다.

> (1) 표제 다음에 해당 항목을 들거나 설명을 붙일 때 쓴다.
>
> 예 문방사우 : 종이, 붓, 먹, 벼루
>
> 예 일시 : 2014년 10월 9일 10시
>
> 예 흔하진 않지만 두 자로 된 성씨도 있다.(예 : 남궁, 선우, 황보)
>
> 예 올림표(#) : 음의 높이를 반음 올릴 것을 지시한다.
>
> (2) 희곡 등에서 대화 내용을 제시할 때 말하는 이와 말한 내용 사이에 쓴다.
>
> 예 김 과장 : 난 못 참겠다.
>
> 예 아들 : 아버지, 제발 제 말씀 좀 들어 보세요.
>
> (3) 시와 분, 장과 절 등을 구별할 때 쓴다.
>
> 예 오전 10 : 20(오전 10시 20분)   예 두시언해 6 : 15(두시언해 제6권 제15장)
>
> (4) 의존명사 '대'가 쓰일 자리에 쓴다.
>
> 예 65 : 60(65 대 60)   예 청군 : 백군(청군 대 백군)
>
> [붙임] 쌍점의 앞은 붙여 쓰고 뒤는 띄어 쓴다. 다만, (3)과 (4)에서는 쌍점의 앞뒤
> 를 붙여 쓴다.

흔히 세미콜론으로 부르는 '쌍반점(;)'은 국어의 문장 부호로는 규정되어 있지 않
다. 다만 사전에는 다음과 같이 풀이되어 있는데,

  쌍반점 가로쓰기에 쓰는 쉼표 ' ; '의 이름. 문장을 일단 끊었다가 이어서 설명을 더
  계속할 경우에 쓴다. 주로 예를 들어 설명하거나 설명을 추가하여 덧붙이는 경우에 쓴
  다. ≒반구절점·세미콜론.

이와 같이 문장 부호에 속하면서 해당 규정에는 포함되어 있지 않은 부호의 경
우, 그 규범성에 대하여는 불분명한 데가 있다.

사. 빗금(/)

빗금의 용법은 다음과 같다.

---

(1) 대비되는 두 개 이상의 어구를 묶어 나타낼 때 그 사이에 쓴다.

   예 먹이다/먹히다   예 남반구/북반구

   예 금메달/은메달/동메달   예 (   )이/가 우리나라의 보물 제1호이다.

(2) 기준 단위당 수량을 표시할 때 해당 수량과 기준 단위 사이에 쓴다.

   예 100미터/초   예 1,000원/개

(3) 시의 행이 바뀌는 부분임을 나타낼 때 쓴다.

   예 산에 / 산에 / 피는 꽃은 / 저만치 혼자서 피어 있네

다만, 연이 바뀜을 나타낼 때는 두 번 겹쳐 쓴다.

   예 산에는 꽃 피네 / 꽃이 피네 / 갈 봄 여름 없이 / 꽃이 피네 // 산에 / 산에 /
      피는 꽃은 / 저만치 혼자서 피어 있네

[붙임] 빗금의 앞뒤는 (1)과 (2)에서는 붙여 쓰며, (3)에서는 띄어 쓰는 것을 원칙으로 하되 붙여 쓰는 것을 허용한다. 단, (1)에서 대비되는 어구가 두 어절 이상인 경우에는 빗금의 앞뒤를 띄어 쓸 수 있다.

기존 규정에서는 다음과 같이 분수를 나타내는 경우도 빗금의 용법으로 규정하였었는데, 새 규정에서는 이를 삭제하였다.

   3/4 분기, 3/20

이는 그러한 용법을 없앤 것이 아니라, 이것이 수학이라는 특수한 분야에서만 쓰이는 부호로서 문장 부호에 해당하는 것이 아니라고 보아 규정에서 제외한 것이다. 이와 같이 해당 분야에서 특수하게 쓰이는 부호들은 당연히 기존 용법대로 쓸

수 있다.

아. 큰따옴표(" ")

큰따옴표의 용법은 다음과 같다.

---

(1) 글 가운데에서 직접 대화를 표시할 때 쓴다.

> 예 "어머니, 제가 가겠어요."
>   "아니다. 내가 다녀오마."

(2) 말이나 글을 직접 인용할 때 쓴다.

> 예 나는 "어, 광훈이 아니냐?" 하는 소리에 깜짝 놀랐다.
> 예 밤하늘에 반짝이는 별들을 보면서 "나는 아무 걱정도 없이 가을 속의 별들을 다 헬 듯합니다."라는 시구를 떠올렸다.
> 예 편지의 끝머리에는 이렇게 적혀 있었다.
>   "할머니, 편지에 사진을 동봉했다고 하셨지만 봉투 안에는 아무것도 없었어요."

큰따옴표는 이와 같이 대화나 인용의 경우 외에 책의 제목이나 신문의 이름을 나타낼 때도 쓰인다(아래 '파. 겹낫표와 겹화살괄호' 항 참조).

> 우리나라 최초의 민간 신문은 1896년에 창간된 "독립신문"이다.
> 윤동주의 유고 시집인 "하늘과 바람과 별과 시"에는 31편의 시가 실려 있다.

자. 작은따옴표(' ')

작은따옴표의 용법은 다음과 같다.

---

(1) 인용한 말 안에 있는 인용한 말을 나타낼 때 쓴다.

> 예 그는 "여러분! '시작이 반이다.'라는 말 들어 보셨죠?"라고 말하며 강연을 시작했다.

> (2) 마음속으로 한 말을 적을 때 쓴다.
>
>   예 나는 '일이 다 틀렸나 보군.' 하고 생각하였다.
>
>   예 '이번에는 꼭 이기고야 말겠어.' 호연이는 마음속으로 몇 번이나 그렇게 다짐하
>   며 주먹을 불끈 쥐었다.

작은따옴표는 이와 같이 인용이나 마음속 말 이외에 소제목이나 예술 작품의 제목 등을 나타낼 때도 쓰인다(아래 '하. 홑낫표와 홑화살괄호' 항 참조).

즉 큰따옴표와 작은따옴표는 제목 등을 나타낼 때에 쓰이는 용법이 있는데, 책 제목에는 큰따옴표를, 작품 제목에는 작은따옴표를 하는 점에 주목할 필요가 있다. 이러한 용법에 따르면, 장편 소설처럼 작품 제목이 곧 책의 제목인 경우는 문맥에 따라 구별해서 써야 한다.

이광수의 "무정"은 1918년에 출간되었다.
'무정'은 우리나라 최초의 근대소설로 평가받는다.

또 작은따옴표는 주의가 미쳐야 할 부분이나 중요한 부분을 특별히 드러내 보일 때도 쓴다(아래 '러. 드러냄표와 밑줄' 항 참조).

한글의 본디 이름은 '훈민정음'이다.

차. 소괄호(( ))

소괄호의 용법은 다음과 같다.

> (1) 주석이나 보충적인 내용을 덧붙일 때 쓴다.
>
>   예 니체(독일의 철학자)의 말을 빌리면 다음과 같다.
>
>   예 2014. 12. 19.(금)
>
>   예 문인화의 대표적인 소재인 사군자(매화, 난초, 국화, 대나무)는 고결한 선비 정
>   신을 상징한다.

(2) 우리말 표기와 원어 표기를 아울러 보일 때 쓴다.

> 예 기호(嗜好), 자세(姿勢)　　　　예 커피(coffee), 에티켓(étiquette)

(3) 생략할 수 있는 요소임을 나타낼 때 쓴다.

> 예 학교에서 동료 교사를 부를 때는 이름 뒤에 '선생(님)'이라는 말을 덧붙인다.
> 예 광개토(대)왕은 고구려의 전성기를 이끌었던 임금이다.

(4) 희곡 등 대화를 적은 글에서 동작이나 분위기, 상태를 드러낼 때 쓴다.

> 예 현우 : (가쁜 숨을 내쉬며) 왜 이렇게 빨리 뛰어?
> 예 "관찰한 것을 쓰는 것이 습관이 되었죠. 그러다 보니, 상상력이 생겼나 봐요."
> 　　(웃음)

(5) 내용이 들어갈 자리임을 나타낼 때 쓴다.

> 예 우리나라의 수도는 (　　　)이다.
> 예 다음 빈칸에 알맞은 조사를 쓰시오.
> 　　민수가 할아버지(　) 꽃을 드렸다.

(6) 항목의 순서나 종류를 나타내는 숫자나 문자 등에 쓴다.

> 예 사람의 인격은 (1) 용모, (2) 언어, (3) 행동, (4) 덕성 등으로 표현된다.
> 예 (가) 동해, (나) 서해, (다) 남해

　소괄호는 매우 자주 쓰이는 문장 부호 가운데 하나인데, 위 용법으로 명확히 규정하기 어려운 미묘한 경우도 있다. 한 예로, 아래와 같이 문장의 일부를 구성하면서도 생략될 수 있는, 그러면서 내용을 보충하는 경우가 있다.

> 　진정한 믿음의 토대인 쿠란은 (이론이나 추상이 아닌) 생생한 삶의 현장에서 인간을 망가뜨리는 거짓된 관념 및 전통과의 투쟁을 시작했다.

또 우리말 표기와 원어의 순서를 달리하여 보이는 경우도 있다.

1930년 영국 언어학자 찰스 케이 오그던은 영어로부터 발전된 국제 언어를 선보입니다. BASIC(베이식) 영어였습니다.

이와 같은 용법들은 각각 규정의 (3), (2)의 용법에 매우 가깝기는 하지만, 다소의 차이점도 있다. 이 점에서 소괄호의 용법이 좀 더 세밀하게 규정될 필요도 있을 것인데, 그렇다고 해도 위 용례들은 규정의 기본적인 정신에서 벗어나지 않는 규범적인 쓰임으로 이해된다.

카. 중괄호({ })

중괄호의 용법은 다음과 같다.

---

(1) 같은 범주에 속하는 여러 요소를 세로로 묶어서 보일 때 쓴다.

   예 주격 조사　　　{ 이 }
   　　　　　　　　　{ 가 }

   예 국가의 성립 요소　{ 영토 }
   　　　　　　　　　　{ 국민 }
   　　　　　　　　　　{ 주권 }

(2) 열거된 항목 중 어느 하나가 자유롭게 선택될 수 있음을 보일 때 쓴다.
   예 아이들이 모두 학교{에, 로, 까지} 갔어요.

타. 대괄호([ ])

대괄호의 용법은 다음과 같다.

---

(1) 괄호 안에 또 괄호를 쓸 필요가 있을 때 바깥쪽의 괄호로 쓴다.
   예 어린이날이 새로 제정되었을 당시에는 어린이들에게 경어를 쓰라고 하였다.[윤석중 전집(1988), 70쪽 참조]
   예 이번 회의에는 두 명[이혜정(실장), 박철용(과장)]만 빼고 모두 참석했습니다.

---

(2) 고유어에 대응하는 한자어를 함께 보일 때 쓴다.

　예 나이[年歲]　　　　　　　예 낱말[單語]

　예 손발[手足]

(3) 원문에 대한 이해를 돕기 위해 설명이나 논평 등을 덧붙일 때 쓴다.

　예 그것[한글]은 이처럼 정보화 시대에 알맞은 과학적인 문자이다.

　예 신경준의 ≪여암전서≫에 "삼각산은 산이 모두 돌 봉우리인데, 그 으뜸 봉우리

　　를 구름 위에 솟아 있다고 백운(白雲)이라 하며 [이하 생략]"

　예 그런 일은 결코 있을 수 없다.[원문에는 '업다'임.]

괄호 안에 괄호를 쓸 때 다음과 같이 모두 소괄호로 하면,

　(윤석중 전집(1988), 70쪽 참조)

그 묶이는 관계를 쉽게 파악하기 어렵다. 따라서 그 관계를 명확히 보이기 위하여 바깥쪽은 소괄호 대신 대괄호를 쓰는 것이다.

　[윤석중 전집(1988), 70쪽 참조]

한자를 병기하는 경우, 소괄호와 대괄호의 용법을 분명히 알아둘 필요가 있다. 소괄호는 우리말 표기와 원어를 아울러 보이는 경우에, 대괄호는 고유어 표기와 그에 해당하는 한자어의 표기를 보이는 경우에 쓴다.

　학교(學校), 부모(父母)

　나래[國家], 큰아버지[伯父]

대괄호의 용법 중 (3)의 용법은 소괄호의 그것과 구별된다. 즉 아래에서 소괄호를 쓴 (ㄱ)은 문장 전체가 동일한 화자의 말이지만, 대괄호를 쓴 (ㄴ)은 원문 즉 다

른 화자의 말에 편집자의 말이 끼어든 경우이다.

　ㄱ. 니체(독일의 철학자)의 말을 빌리면 다음과 같다.
　ㄴ. 그것[한글]은 이처럼 정보화 시대에 알맞은 과학적 문자이다.

　남의 글을 인용하면서 '[이하 생략]', '[원문에는 '업다'임.]'과 같은 표현을 덧붙이는 경우도 이와 마찬가지인데, 따라서 이 경우 소괄호를 써서는 안 된다.

파. 겹낫표(『 』)와 겹화살괄호(≪ ≫)

겹낫표와 겹화살괄호의 사용법은 다음과 같다.

책의 제목이나 신문 이름 등을 나타낼 때 쓴다.
　예 우리나라 최초의 민간 신문은 1896년에 창간된 『독립신문』이다.
　예 『훈민정음』은 1997년에 유네스코 세계 기록 유산으로 지정되었다.
　예 ≪한성순보≫는 우리나라 최초의 근대 신문이다.
　예 윤동주의 유고 시집인 ≪하늘과 바람과 별과 시≫에는 31편의 시가 실려 있다.

[붙임] 겹낫표나 겹화살괄호 대신 큰따옴표를 쓸 수 있다.
　예 우리나라 최초의 민간 신문은 1896년에 창간된 "독립신문"이다.
　예 윤동주의 유고 시집인 "하늘과 바람과 별과 시"에는 31편의 시가 실려 있다.

　책의 제목 등에 겹낫표를 쓰는 것은 학술 분야 등에서 보이는 오랜 관습인데, 이 경우 흔히 겹화살괄호도 쓰여 동일한 용법의 부호로 인정한 것이다. 여기에 큰따옴표도 인정하는데, 결과적으로 책의 제목을 문장 부호로 나타내는 데는 세 가지 방법이 있다.

　톨스토이의 『부활』, 톨스토이의 ≪부활≫, 톨스토이의 "부활"

　만일 다음과 같이 큰따옴표로 표시하는 말 안에 책의 제목이 포함되어 있다면,

그 제목은 큰따옴표 대신 다른 부호로 적절히 표시할 수 있을 것이다.

철수가 "난 《부활》을 읽었어."라고 말했다.

하. 홑낫표(「 」)와 홑화살괄호(〈 〉)

홑낫표와 홑화살괄호의 사용법은 다음과 같다.

소제목, 그림이나 노래와 같은 예술 작품의 제목, 상호, 법률, 규정 등을 나타낼 때 쓴다.

예 「국어 기본법 시행령」은 「국어 기본법」에서 위임된 사항과 그 시행에 필요한 사항을 규정함을 목적으로 한다.

예 이 곡은 베르디가 작곡한 「축배의 노래」이다.

예 사무실 밖에 「해와 달」이라고 쓴 간판을 달았다.

예 〈한강〉은 사진집 《아름다운 땅》에 실린 작품이다.

예 백남준은 2005년에 〈엄마〉라는 작품을 선보였다.

[붙임] 홑낫표나 홑화살괄호 대신 작은따옴표를 쓸 수 있다.

예 사무실 밖에 '해와 달'이라고 쓴 간판을 달았다.

예 '한강'은 사진집 "아름다운 땅"에 실린 작품이다.

작품의 제목이나 규정의 이름 등을 나타날 때 홑낫표를 쓰는 것도 학술 분야 등에서 보이는 오랜 관습인데, 이 경우 흔히 홑화살괄호도 쓰여 동일한 용법의 부호로 인정한 것이다. 여기에 작은따옴표도 인정하는데, 결과적으로 작품의 제목 등을 문장 부호로 나타내는 데는 세 가지 방법이 있다.

김소월의 「진달래꽃」, 김소월의 〈진달래꽃〉, 김소월의 '진달래꽃'

만일 다음과 같이 작은따옴표로 표시하는 말 안에 책의 제목이 포함되어 있다면, 그 제목은 작은따옴표 대신 다른 부호로 적절히 표시할 수 있을 것이다.

이번 과제는 '김소월의 〈진달래꽃〉 암송하기'이다.

거. 줄표(—)

줄표의 사용법은 다음과 같다.

제목 다음에 표시하는 부제의 앞뒤에 쓴다.
　예 이번 토론회의 제목은 '역사 바로잡기 — 근대의 설정 —'이다.
　예 '환경 보호 — 숲 가꾸기 —'라는 제목으로 글짓기를 했다.

다만, 뒤에 오는 줄표는 생략할 수 있다.
　예 이번 토론회의 제목은 '역사 바로잡기 — 근대의 설정'이다.
　예 '환경 보호 — 숲 가꾸기'라는 제목으로 글짓기를 했다.

[붙임] 줄표의 앞뒤는 띄어 쓰는 것을 원칙으로 하되, 붙여 쓰는 것을 허용한다.

기존 규정에서 줄표는 이미 말한 내용을 다른 말로 부연하거나 보충함을 나타낼 때 쓰였다. 아래 (ㄱ)은 문장 중간에 앞의 내용에 대해 부연하는 말이 끼어든 경우, (ㄴ)은 앞의 말을 정정하는 경우이다.

　ㄱ. 그 신동은 네 살에 — 보통 아이 같으면 천자문도 모를 나이에 — 벌써 시를
　　지었다.
　ㄴ. 어머님께 말했다가 — 아니, 말씀드렸다가 — 꾸중만 들었다.

그런데 현행 규정은 제목 다음의 부제에 쓰는 것으로 국한하여 새 용법을 부여하고, 기존의 용법은 삭제한 것이다. 이에 따라, 위 (ㄱ)은 현행 규정에서 소괄호로, (ㄴ)은 쉼표로 쓸 수 있을 것이다.

ㄱ´. 그 신동은 네 살에(보통 아이 같으면 천자문도 모를 나이에) 벌써 시를 지었다.

ㄴ´. 어머님께 말했다가, 아니, 말씀드렸다가, 꾸중만 들었다.

다만, 위 (ㄴ´)과 같이 끼어든 어구 안에 다른 쉼표가 들어 있으면 어느 부분이 끼어든 어구인지 금방 알기 어렵다. 이 경우 기존의 규정이라면 앞서 (ㄴ)과 같이 줄표를 쓰면 되겠지만, 현행 규정에서는 마땅한 대안을 찾기 곤란한 문제가 남는다.

한편, 다음과 같이 긴소리를 나타내는 경우도 줄표의 용법으로 규정되어 있지 않다. 따라서 원칙상 이는 규정에 어긋난다고 하겠지만, 관습을 고려해서 이를 포괄하는 방안도 생각할 수 있을 것이다.

에―야, 어그여지야…….

너. 붙임표(-)

붙임표(-)는 그 모양이 줄표(―)와 비슷한데, 줄표에 비하여 반 정도의 길이로 쓴다. 그 용법은 다음과 같다.

---

(1) 차례대로 이어지는 내용을 하나로 묶어 열거할 때 각 어구 사이에 쓴다.
   예 멀리뛰기는 도움닫기-도약-공중 자세-착지의 순서로 이루어진다.
   예 김 과장은 기획-실무-홍보까지 직접 발로 뛰었다.

(2) 두 개 이상의 어구가 밀접한 관련이 있음을 나타내고자 할 때 쓴다.
   예 드디어 서울-북경의 항로가 열렸다.
   예 원-달러 환율   예 남한-북한-일본 삼자 관계

---

(2)에서 보듯이, 붙임표는 두 개 이상의 어구가 '밀접한 관련'이 있을 때 쓴다. 이 경우, 아래와 같이 '짝을 이루는' 어구(이 경우 가운뎃점을 쓴다)도 밀접한 관련이 있다고 생각할지 모른다.

빨강·초록·파랑이 빛의 삼원색이다.

그러나 밀접한 관련이 있다는 것은 상호 대응 관계를 지닌다는 뜻으로 이해할 필요가 있다. 즉 아래 예에서 '서울—북경'은 '서울에서 북경으로, 북경에서 서울로'와 같이 상호 관련성을 지니지만,

드디어 서울—북경의 항로가 열렸다.

앞의 예에서 '빨강·초록·파랑'은 단순히 짝만 이룰 뿐 그러한 관련성을 지니지는 않는다. 따라서 붙임표보다는 가운뎃점이 적절하다.

이와 같이 붙임표와 가운뎃점은 둘 이상의 어구를 연결해 주는 점에서 기능이 유사하지만, 전자는 그 어구들이 밀접한 관련을 지닐 경우에, 후자는 그러한 관련성 없이 단순히 짝을 이루는 경우에 쓰는 차이가 있다.

더. 물결표(~)

물결표의 사용법은 다음과 같다.

기간이나 거리 또는 범위를 나타낼 때 쓴다.

   예 9월 15일~9월 25일   예 김정희(1786~1856)

   예 서울~천안 정도는 출퇴근이 가능하다.

   예 이번 시험의 범위는 3~78쪽입니다.

[붙임] 물결표 대신 붙임표를 쓸 수 있다.

   예 9월 15일-9월 25일   예 김정희(1786-1856)

   예 서울-천안 정도는 출퇴근이 가능하다.

   예 이번 시험의 범위는 3-78쪽입니다.

러. 드러냄표(˙)와 밑줄(＿＿＿)

드러냄표와 밑줄의 사용법은 다음과 같다.

문장 내용 중에서 주의가 미쳐야 할 곳이나 중요한 부분을 특별히 드러내 보일 때 쓴다.

 예 한글의 본디 이름은 훈민정음이다.
 예 중요한 것은 왜 사느냐가 아니라 어떻게 사느냐이다.
 예 지금 필요한 것은 지식이 아니라 실천입니다.
 예 다음 보기에서 명사가 아닌 것은?

[붙임] 드러냄표나 밑줄 대신 작은따옴표를 쓸 수 있다.

 예 한글의 본디 이름은 '훈민정음'이다.
 예 중요한 것은 '왜 사느냐'가 아니라 '어떻게 사느냐'이다.
 예 지금 필요한 것은 '지식'이 아니라 '실천'입니다.
 예 다음 보기에서 명사가 '아닌' 것은?

밑줄은 이전 규정에는 '＿＿＿' 외에 '〜〜〜'도 있었으나, 새 규정에서는 삭제되었다. 즉 이는 더 이상 문장 부호가 아니다.

머. 숨김표(○, ×)

숨김표는 알면서도 고의로 드러내지 않음을 나타내는 문장 부호이다. 그 용법은 다음과 같다.

---

(1) 금기어나 공공연히 쓰기 어려운 비속어임을 나타낼 때, 그 글자의 수효만큼 쓴다.
 예 배운 사람 입에서 어찌 ○○○란 말이 나올 수 있느냐?
 예 그 말을 듣는 순간 ×××란 말이 목구멍까지 치밀었다.

(2) 비밀을 유지해야 하거나 밝힐 수 없는 사항임을 나타낼 때 쓴다.

예 1차 시험 합격자는 김○영, 이○준, 박○순 등 모두 3명이다.

예 육군 ○○ 부대 ○○○ 명이 작전에 참가하였다.

예 그 모임의 참석자는 김×× 씨, 정×× 씨 등 5명이었다.

버. 빠짐표(□)

빠짐표는 글자의 자리를 비워 둠을 나타내는 문장 부호이다. 그 용법은 다음과
같다.

(1) 옛 비문이나 문헌 등에서 글자가 분명하지 않을 때 그 글자의 수효만큼 쓴다.

예 大師爲法主□□賴之大□薦

(2) 글자가 들어가야 할 자리를 나타낼 때 쓴다.

예 훈민정음의 초성 중에서 아음(牙音)은 □□□의 석 자다.

서. 줄임표(……)

줄임표의 용법은 다음과 같다.

(1) 할 말을 줄였을 때 쓴다.

예 "어디 나하고 한번……." 하고 민수가 나섰다.

(2) 말이 없음을 나타낼 때 쓴다.

예 "빨리 말해!"

"……."

(3) 문장이나 글의 일부를 생략할 때 쓴다.

예 '고유'라는 말은 문자 그대로 본디부터 있었다는 뜻은 아닙니다. …… 같은 역사
적 환경에서 공동의 집단생활을 영위해 오는 동안 공동으로 발견된, 사물에 대
한 공동의 사고방식을 우리는 한국의 고유 사상이라 부를 수 있다는 것입니다.

(4) 머뭇거림을 보일 때 쓴다.

예 "우리는 모두…… 그러니까…… 예외 없이 눈물만…… 흘렸다."

[붙임 1] 점은 가운데에 찍는 대신 아래쪽에 찍을 수도 있다.

예 "어디 나하고 한번......." 하고 민수가 나섰다.

예 "실은...... 저 사람...... 우리 아저씨일지 몰라."

[붙임 2] 점은 여섯 점을 찍는 대신 세 점을 찍을 수도 있다.

예 "어디 나하고 한번…." 하고 민수가 나섰다.

예 "실은... 저 사람... 우리 아저씨일지 몰라."

[붙임 3] 줄임표는 앞말에 붙여 쓴다. 다만, (3)에서는 줄임표의 앞뒤를 띄어 쓴다.

이 줄임표는 여러 유형을 허용한 것이 특징인데, 기본적으로 사용자의 편의를 위한 것이다. 특히 타자의 편의를 위하여 가운데가 아니라 아래쪽에도 찍을 수 있도록 하였는데, 다만 이 경우 문장의 끝 부분에서는 마침표와 잘 구별되지 않게 되어 불편하게 느껴질 수도 있다.

아마 그럴지도.......
"어디 나하고 한번......." 하고 민수가 나섰다.

따라서 이 경우에는 가운데에 찍어 구별하거나, 직접 인용한 문장의 끝에서 아예 마침표를 생략할 수도 있을 것이다(위 '가. 마침표' 항 참조).

아마 그럴지도…….
"어디 나하고 한번……" 하고 민수가 나섰다.

1. 한글 맞춤법의 성립 과정을 간략히 설명하시오.

2. 표음주의 표기법과 표의주의 표기법의 장단점에 대하여 간략히 설명하시오.

3. 다음 두 예의 표기 원리에 대하여 간략히 설명하시오.

　가) 끄덕이다, 번쩍이다 / 더펄이, 오뚝이 / 멀찍이, 끔찍이

　나) 미덥다, 우습다 / 깍두기, 누더기 / 갑자기, 슬며시

4. 다음 각 예의 틀린 표기를 바로잡으시오.

① 잇딴 사고가 났다.	② 주위의 눈쌀이 따갑다.
③ 졸업 년도가 언제지요?	④ 높은 적중율을 자랑한다.
⑤ 학생으로써 본분을 다하자.	⑥ 어서 오십시요.
⑦ 내가 먼저 전화할께.	⑧ 누가 먼저 가겠오?
⑨ 얼굴이 벌개졌다.	⑩ 가지 말아요.
⑪ 떠난 지 몇 일 되었니?	⑫ 등교길에 친구를 만났다.
⑬ 가방이 서로 바꼈네요.	⑭ 은혜에 보답코자 한다.
⑮ 숫적으로 우세하다.	⑯ 살림이 넉넉치 않다.
⑰ 그렇게 하면 되요.	⑱ 오른발부터 내딛어라.
⑲ 그렇찮아도 떠날 참이다.	⑳ 안이 가결되므로써 종결됐다.

5. 다음 중 어원에서 멀어지면 소리 나는 대로 적는다는 표기 원리가 잘못 적용된 것은?

① 너<u>부터</u> 해라. ② 그는 <u>노름</u>에 빠져 있다.

③ <u>마개</u>를 닫았다. ④ 아기가 <u>오뚜기</u>를 좋아한다.

6. 다음 중 잘못된 표기를 고르시오.

① 그게 아니에요. ② 제 조국은 한국이에요.

③ 네, 저에요. ④ 제 친구여요.

7. 다음 중 잘못된 표기를 고르시오.

① 고양잇과   ② 호프집   ③ 전깃세   ④ 인사말

8. 다음 중 잘못된 표기를 고르시오.

① 하늘이 <u>노래지는</u> 느낌이었다. ② <u>시퍼레진</u> 바닷물에 다들 놀랐다.

③ 옷 색깔이 너무 <u>까마니</u>? ④ 빛이 바래서 <u>하얘졌다</u>.

9. 다음 중 한자에 속음에 따라 적은 예를 고르시오.

① 작열(灼熱)   ② 작렬(炸裂)   ③ 한란계(寒暖計)   ④온난화(溫暖化)

10. 다음 중 띄어쓰기가 올바른 것을 고르시오

① 밥을 <u>두그릇</u>이나 먹었다.

② 지금 시각은 <u>두시</u> 반이다.

③ 김 선생님이 <u>은퇴하신지</u> 2년이 되었다.

④ 내가 사랑하는 사람은 너 <u>밖에</u> 없다.

11. 다음 각 예문의 띄어쓰기를 바로잡으시오.

- 나는 꿈 많은 대학생 이다.
- 그것은 스포츠라기 보다는 싸움에 가까웠다.
- 우리 나라 같이 노인을 공경하는 나라도 드물다.
- 그는 커피를 두잔, 나는 한잔 마셨다.

12. 다음 각 예의 문장 부호 중 잘못된 것이 있다면 바로잡으시오.

- 2015. 4. 8(수)
- 주요 항목마다 반드시 밑줄을 칠 것
- 나는 "일이 잘 되겠구나." 하고 생각했다.
- 오누이(男妹)는 기약 없이 헤어졌다.
- 『감자』는 김동인의 대표작이다.
- 그는 "그럼… 어디 한번… 가 볼까?"라고 말했다.

13. 다음은 인터넷에 게재된 글들이다. 이를 어문 규범에 맞게 고쳐 보시오.

글쓴이 1 : 정말 따뜻한 글 잘 읽었습니다. 가슴이 훈훈해 지내요

글쓴이 2 : 남을 위한 배려, 자기와의 약속, 정말 대단하십니다. 그런 삶을 살아
보도록 열심히 노력할께요~

글쓴이 3 : 저도 부끄럽고 작은 장학금이지만 더 늘여야 할것같아요

글쓴이 4 : 아침에 훈훈한 이야기를 읽으며 삶이 행복해 집니다 건강하십시요

글쓴이 5 : 좋은일 많이 하실려면 건강하시고 행복하세요

글쓴이 6 : 앞으로 어려운 분들에게 더 큰 희망이 될 수 있기를 바래봅니다

글쓴이 7 : 세상을 따뜻하게 만들어 주는 당신, 정말 복 많이 받으실껍니다. 건
강하세요.

글쓴이 8 : 아이참… 눈물이 날라하네요… 사무실이라.좀 ….

글쓴이 9 : 이 글을 읽으면서 맘이 찡해지네요.. 저두 나중에 결혼하면 서로 아끼며
감사하는 맘과 존경하는 맘으로 살렵니다. 배우고 갑니다.

제4장 외래어 표기법

1. 외래어 표기법의 개념과 성립

1.1. 외래어의 개념과 표기 대상

'외래어 표기법'은 국어의 외래어를 한글로 적는 방법을 규정한 것이다. 그 대상이 되는 외래어는 다른 언어에서 들어와 국어에 동화되어 쓰이는 말을 가리킨다.[1] 이와 같이 다른 언어 즉 외국어에 기원을 두고 있다는 점에서 국어에 기원을 두는 고유어와 대립된다.

외래어는 국어 문맥에서 쓰이므로 국어의 음운 및 문법 체계에 동화되어 쓰이는 특징을 지닌다. 예를 들어 'srike'는 원어에서 1음절어이지만 국어에서는 '스트라이크'처럼 5음절어로 쓰이고 'smart'는 '스마트하다'와 같이 '하다'와 결합하여 쓰인다.

그런데 국어에 동화된 정도는 단어마다 차이가 있어서 어디까지 외래어로 볼 것인지는 간단한 문제가 아니다. 아래와 같이 우리말에 완전히 동화되어 외국어에서

---

[1] 외래어는 언어학적 용어로는 차용어(borrowed word)라고 한다. 다른 언어에서 빌려다 쓰는 말이라는 뜻이다. 김민수(1973), 정희원(2004) 등처럼 차용어를 외래어와 구별하여 아직 외래어만큼 국어에 동화되어 쓰이지는 않는 말을 가리키는 뜻으로 쓰기도 한다.

들어왔다는 의식이 없는 말에서부터 우리말의 일부라기보다는 외국어에 가깝게 여겨지는 말들까지 다양한 층위가 존재하는 것이다.

외국어 의식이 없음	외국어 의식이 있음	
	외국어 의식이 약함	외국어 의식이 강함
① 붓, 먹, 김치, 배추, 고구마, 구두, 가방, 부처	② 버스, 라디오, 커피, 뉴스, 바나나, 스마트하다	③ 컬처, 뷰티, 마켓, 어시스턴트, 유니크하다

이 가운데 ①은 기원적으로 차용어지만 외국어에서 온 말이라는 의식이 사라진 말들이다. 즉 국어 화자들은 '붓, 가방' 등을 외국어라고 생각하지는 않으며 따라서 '어머니, 나무' 등 고유의 말들과 구별하지 않는다. 이와 같이 국어에 완전히 동화된 말들을 **귀화어**라고 하는데, 이전의 어느 시기에 이 말들은 외래어였지만 오늘날에는 고유어 또는 그와 가까운 부류[2]로 분류된다.

②도 대체로 국어에 들어온 시기도 오래되고 국어에 동화되어 널리 쓰이지만, ①과 달리 외국어에서 온 말이라는 의식이 여전히 남아 있는 말이다. 즉 '붓, 가방' 등과 비교하여 '버스, 라디오' 등은 다른 언어에서 들어온 말이라는 의식이 뚜렷하다. 이와 같이 국어에 동화되어 널리 쓰이면서도 외국어에서 온 말이라는 인식이 여전히 남아 있는 ②의 말들은 가장 전형적인 외래어에 속한다. 그래서 국어사전도 다음과 같이 외래어를 '국어처럼' 쓰이는 말이라고 정의한다.

외래어 외국에서 들어온 말로 국어처럼 쓰이는 단어(표준국어대사전)

③은 외국어에서 온 말이라는 의식이 보다 뚜렷한 말들이다. 즉 ②에 비해서는 국어에 동화된 정도가 약해 보이고 아직 외국어라는 느낌이 강하여, 일반적으로 이들은 외국어 또는 그와 가까운 무엇으로 분류된다.[3] 보통 이 ③의 예들은 ②의

---

2) 김슬옹(2008)은 토박이말을 고유어와 귀화어로 나누기도 한다.
3) '외래어'와 '외국어'를 가르는 기준은 논자에 따라 차이가 있다. 일반적인 견해로는 아직 국어에 동화되지 않은 말들은 외국어로 분류하는 것이다. 예를 들어 이희승(1959)에서는 외래어에 대하여 '외국어라는 인식이 조

예들과 달리 국어사전에 오르지 않는다.

이와 같이 본다면 외래어 표기법의 대상은 원칙적으로 ②의 외래어라고 할 수 있다. ①의 고유어는 한글 맞춤법의 대상이고[4] ③의 외국어 또는 그와 가까운 무엇에 해당하는 말은 국어의 일부가 아니므로 우리말 표기법의 대상이 될 수 없는 것이다.

그런데 이와 같이 (고유어는 당연히 제외하더라도) 외래어와 외국어를 나누어서 외래어만 표기 대상으로 삼는 것은 바람직하지 않다. 우선 외래어가 '국어처럼' 쓰이는 말이라고 해도 그 기준만으로 외래어와 외국어의 경계를 명확히 가르는 것도 쉽지 않고, 또 외국어라고 해도 현실적으로 국어에 쓰이고 있다면 그 표기를 정해 주는 것이 낫기 때문이다.

이를테면 한 번도 국어 문맥에서 쓰인 적이 없는 외국의 지명이나 인명이 뉴스 등에서 쓰일 수 있는데, 국어에 동화된 말이 아니라고 해서 이들을 외래어 표기의 대상에서 제외한다면 언론사에 따라서 제각각 표기하여 매우 혼란스러운 양상으로 이어질 것이다. 어문 규범이 질서 있는 언어생활을 위한 것이라면 이러한 단어들이 외래어든 아니든 그 표기법을 정해 주는 것이 바람직하다.[5]

금도 없이 자유자재로 사용하는 말'이라고도 하였으며, 김민수(1973)에서는 동화의 정도에 따라 외래어, 차용어로 나누기도 하였다. 이러한 관점에서는 '컬처, 뷰티, 마켓, 어시스턴트, 유니크하다' 등은 아직 국어에 동화되지 않은 외국어일 뿐이다. 그런데 이와 달리 외래어의 범주를 보다 넓게 보아 이런 예들까지 외래어에 포함시키기도 한다. 대표적으로 임홍빈(2008)은 "외래어의 범위에 드는 것은 우리말에 들어온 연대가 오래되거나 전 국민적으로 보급되어 거의 외래어 의식이 없어진 것만이 포함되는 것은 아니다."라고 하면서 '우리말 문맥에 현행 한글 자모로 적히는 것만으로도 혹은 그러한 자모에 의하여 대표되는 한국어 음운으로 발음되는 것만으로도 그것은 이미 한국어에 동화된' 외래어라고 한다. 이러한 관점에서는 이제 막 국어에 들어와 소수의 사람에 의해서 쓰인 것도 외래어가 될 수 있으며 당연히 이 '컬처, 뷰티, 마켓' 등의 예들도 외래어의 범주에 든다. 여기에서는 일반적인 견해를 좇아 이와 같이 국어에 동화되었다고 보기 어려운 말들은 외래어가 아닌 것으로 분류하였다.

4) 한자어는 고유어와 함께 한글 맞춤법의 대상이다. 한자어는 (소수의 예를 제외하고는) 외국어에서 들어왔다는 점에서 외래어에 속하지만 외래어 표기법이 아니라 한글 맞춤법에서 다룬다. 한자어는 그 기반이 되는 한자가 외국어의 음이 아니라 우리 음으로 읽히는 특징이 있다. 또 그 음운 현상의 특성도 서구 외래어 등과는 뚜렷한 차이가 있다. 무엇보다도 한자어는 외래어로 보지 않는 시각도 있는 등 인식 면에서 서구 외래어 등과는 분명히 구별된다. 이와 같이 한자어는 일반적인 외래어와는 다른 특성을 지니고 있어서 외래어 표기법이 아니라 한글 맞춤법에서 다룬다.

5) 외래어 표기법에는 '베이드(bathe), 앱트(apt), 행잉(hanging)' 등 이전까지 국어의 문맥에서 한 번이라도 쓰였는지 의심스러운 예들까지도 다수 포함되어 있다. 이들은 ③의 부류와도 달라서 그야말로 '외국어'인 예들

따라서 현행 외래어 표기법은 외래어뿐만 아니라 아직 외래어라고 할 수 없는 외국어(즉 잠재적인 외래어)까지 표기 대상으로 삼고 있다. 결과적으로 실제 외래어보다 외래어 표기법의 대상은 더 넓은 범주를 지니는 것이다.

1.2. 외래어 표기법의 기능

외래어 표기법은 이름 그대로 외래어를 '표기'하는 방법을 정한 규정이다. 이 '표기'는 외래어 표기법의 고유의 기능이다.

그런데 외래어 표기법이 표기 외에 표준어와 발음까지 규정하는 것처럼 보이기도 한다. 예를 들어 외래어 표기법에 따라 적은 아래 예들은 표준어일뿐더러 그 발음까지 나타내 주는 것이다.[6] 즉 표기, 표준어, 발음이 일치하는 경우이다.

> 컴퓨터, 배터리, 스크린, 바이올린, 게르마늄, 게스트, 사이다, 킬로그램, 프로그램, 베트남, 시뮬레이션, 뢴트겐, 컨디션, 하이라이트

그러나 외래어 표기법에 따라 적은 말이지만 표준어가 아닌 경우가 있고, 또 표기만으로는 발음을 알 수 없는 경우도 있다. 예를 들어 아래와 같이 '글로시하다, 헤어, 플라워'와 같은 말을 단지 표기법에 따라 적었다고 해서 표준어라고 하기는 어렵다. 이들은 외국어에 가까운 말로서 아직 우리말이 아니기에 국어사전에도 오르지 않는다.

이다. 이와 같이 국어 문맥에 쓰이지 않는 외국어 단어를 외래어 표기법의 예로 제시하는 것은 바람직하다고 할 수 없다(임동훈 1996, 정국 2002, 정희원 2004).

6) 외래어의 표준어는 따로 사정된 바는 없고 현재 "표준국어대사전"이 이를 대신한다. 표준국어대사전은 표준어와 비표준어 여부를 분명히 밝히는 것을 원칙으로 하는데, '-의 잘못', '-의 방언', '-의 북한어', '-의 옛말'로 뜻풀이된 표제어는 모두 비표준어이며 그 외는 모두 표준어이다. 이 점에서 표준국어대사전에 '-의 잘못' 따위의 뜻풀이 없이 수록된 위 본문의 외래어들은 모두 표준어이다. 그리고 외래어의 표준 발음도 사정된 바 없지만 적어도 본문의 이 외래어들은 철자가 곧 발음이라고 할 수 있다. 즉 외래어 표기는 발음을 기초로 하여 정하는 것이므로 '컴퓨터'라는 표기는 그 발음도 [컴퓨터]라는 것을 함의하는 것이다.

글로시하다, 라이트하다, 내추럴하다, 러블리하다, 보이시하다, 핫하다, 슈즈, 마
켓, 스킬, 라이프스타일, 헤어, 플라워, 셀러브리티, 스트라이프, …

또 표기가 꼭 발음을 나타내는 것도 아니다. 예를 들어, '온라인(on-line), 먼로
(Monroe), 다운로드(download)' 등은 글자 그대로 [온라인], [먼로], [다운로드]로 발
음한다고 할 수 없고7) '버스'도 표기대로 [버스]가 그 발음이라고 하기 어렵다.8)
그러므로 표기와 별개로 외래어의 표준 발음을 정해 줄 필요가 있는데(이를테면
[올라인]인지 [온나인]인지), 아직 그 작업은 이루어지지 못하고 있는 상태이다. 아래
의 한자어 표제어와 달리 현재 국어사전의 외래어 표제어에 발음 정보가 없는 것
도 아직 표준 발음이 정해져 있지 않기 때문이다.

천리02(天理)[철-] 「명사」 천지자연의 이치. 또는 하늘의 바른 도리.
온라인(on-line) 「명사」 『컴퓨터』 컴퓨터의 단말기가 [이하 생략]

이와 같이 외래어 표기법의 고유의 기능은 '표기'에 있을 뿐이며, 표준어를 정하
거나 발음을 정하는 데 있는 것은 아니다. 물론 표기가 정해진 많은 단어들의 경우
표준어로 인정되고 그 표기가 표준 발음을 보여 주기도 하지만, 이는 어디까지나
일부 단어에 국한된 것이다. 외래어 가운데 무엇이 표준어이며, 그 표준 발음은 무
엇인지는 앞으로 전체 단어를 대상으로 따로 정해 주어야 한다.9)

---

7) 이 예들은 [ㄴㄴ], [ㄹㄹ], [ㄴㄹ] 발음이 혼재되어 나타난다. 국어는 일반적으로 [ㄴㄹ]의 발음이 허용되지 않
   는데 외래어의 특수성으로 [ㄴㄹ] 발음도 적잖이 나타난다. '다운로드'의 경우에는 [ㄴㄹ] 발음이 가장 우세하
   게 나타나기도 한다(최혜원 2001 : 20, 66 참조).
8) 국어의 외래어에서 어말의 '스'는 예외 없이 [쓰]로 발음되기 때문에('버스, 가스, 뉴스, 바캉스, 찬스, 제임스'
   등) [버스]는 가능성이 거의 없는 발음이다.
9) 김정우(2002)에서는 표준어 규정에서 표준어를 정하면 이를 한글 맞춤법에서 표기하듯이 외래어의 경우도 외
   래어 표준을 사정하는 별도의 규정이 있어야 하며, 외래어 표기법은 이렇게 결정된 표준어를 대상으로 표기
   만 하는 것으로 기능을 국한해야 한다고 강조한다.

1.3. 외래어 표기법의 성립

외래어는 국어의 이른 시기부터 있었고, 그에 대한 표기도 한자, 한글 등을 이용한 여러 가지 방식으로 이루어졌다. 예를 들어 향가, 이두문, 언해문 등에서 쓰인 한자어는 우리말 문맥에서 쓰인 것이라는 점에서 외래어라고 할 수 있으며,10) 따라서 외래어 표기의 양상은 매우 오랜 역사를 지니는 것이다. 그러나 본격적인 외래어 표기법이 성립하는 것은 근대에 이르러서라고 할 수 있다.

외래어의 표기법이 제정되기 이전 근대의 외래어 표기는 매우 혼란스러운 모습을 보인다. 예를 들어 개화기에 'Shakespeare'의 표기는 '쇠스비아, 쇠익스피야, 쇠익쓰피여, 쉐익쓰피어', 'Europe'은 '요롭고, 유로바, 유로부, 유롭, 유롭파, 유로파, 유로바' 등 다양한 표기가 혼재되어 나타난다.11)

여기에 더하여 가능한 한 원음에 더 가깝게 적고자 새 문자를 이용하는 경향까지 나타나 표기 양상은 더 복잡해졌다. 당시 아래와 같은 표기들은 쉽게 볼 수 있는 것이었다.

father ᅄ아써, silver 씰ᄫᅢ, Voltaire 볼테르, France �란쓰

이와 같은 상황에서 일정한 표기 방향을 제시하는 규정이 필요하게 되었다. 특히 1930년대는 서구 외래어가 급속히 들어오기 시작한 시기로서 그 필요성이 더욱 절실했다. 그리하여 1933년 '한글 맞춤법 통일안'은 다음과 같이 외래어 표기의 원칙을 규정하였다.

---

10) 외래어 표기의 역사적 모습은 임홍빈(1996ㄴ)을 참조할 수 있다. 여기에서는 이른 시기부터의 외래어 표기의 양상에 대하여 상술하고 있는데, 서기체, 향가, 이두문, 구결문, 언해문 등 유사 국어 문맥 및 국어 문맥의 외래어를 선별하는 기준을 제시함으로써 외래어 표기의 역사적 모습을 체계적으로 정리하고 있다.

11) 박영섭(1997) 참조. 표기 규범이 없는 상황에서 다양한 외래어 표기가 나타나는 것은 불가피한 일이다. 일례로, 이극로(1940)는 메이지 시대의 일본에서 '괴테(Goethe)'의 가나 표기가 29 종류에 이른다는 자료를 인용해 보이고 있다.

제60항 외래어를 표기할 적에는, 다음의 조건을 원칙으로 한다.
    1. 새 문자나 부호를 쓰지 아니한다.
    2. 표음주의를 취한다.

그런데 한글 맞춤법 통일안은 이 한 개 조항으로 된 '원칙'만을 제시하였을 뿐 구체적 내용을 규정하지는 않았다. 따라서 실제 적용에서는 유명무실하다고 할 정도로서 별다른 효력을 발휘하지 못하였다. 일례로 이종극은 "모던 조선 외래어 사전"(1937)의 서문에서 외래어의 발음이 매우 다양하여 혼돈의 양상을 보인다고 언급하기도 하였다. 이 사전은 실제 쓰이는 표기를 모두 표제어로 올리고 있는데, 그 한 예로 'block'의 표기는 '뿔록, 뿌록, 뿔낙, 뿔락, 뿔라크, 뿔러크, 뿌럭, 불로크, 뿌로크' 등 매우 다양하게 나타난다.

또 이 사전은 당시 흔히 보이는 표기 방식대로 'vitamine 애이타민, fashion 애순' 등 새 문자를 사용하는데, 이러한 표기 예는 새 문자나 부호를 쓰지 않는다는 '한글 맞춤법 통일안'의 표기 원칙에 정면으로 배치되는 것이어서 당시 통일안의 선언적 조항이 크게 효력이 없었음을 보여 주기도 한다. 따라서 보다 구체적이고 실질적인 표기법이 필요했으며, 이로부터 '외래어 표기법 통일안'(1940)을 시작으로 이후 몇 차례에 걸쳐 보다 체계적인 표기법을 제정하려는 노력이 이어져 왔다.

가. 외래어 표기법 통일안(1940)

1940년에 제정된 조선어학회의 '외래어 표기법 통일안'은 최초의 외래어 표기법이다. 이 규정에서는 외래어의 표기 원칙이 좀 더 구체적으로 제시된다.

제1장 총칙
1. 외래어를 한글 표기함에는 원어의 철자나 어법적 형태의 어떠함을 묻지 아니하고 모두 표음주의로 하되, 현재 사용하는 한글의 자모와 자형만으로써 적는다.
2. 표음은 원어의 발음을 정확히 표시한 만국음성기호를 표준으로 하여, 아래의 대조표에 의하여 적음을 원칙으로 한다.[12]

이 1940년 안은 표기 원칙에서 통일안의 규정과 크게 다르지 않다. 통일안에 비해 좀 더 구체적으로 기술한 점은 있으나 기본적으로 '표음주의'에 따라 적으며 '현재 사용하는 한글 자모만으로 적는다'는 원칙은 일관되게 유지하고 있다.[13]

'표음주의'는 원어의 어법과 무관하게 소리대로 적는다는 것이다. 이는 어법에 따라 적는 한글 맞춤법의 표의주의와 기본 원리 면에서 달리하는 것이다. 즉 국어 화자들이 '먹이'의 어원 '먹-, -이'를 인식하는 것과 달리, 외래어인 'runner'는 원어의 'run-, -er'의 어원을 인식하지는 않으므로 '런어'가 아니라 소리대로 '러너'와 같이 적는다는 것이다.

'현재 사용하는 한글 자모만으로 적는다'는 것은 원어의 발음과 무관하게 국어화한 발음을 적겠다는 것이다. 예를 들어 영어 'family'를 원음에 따라 적는다면 국어에 없는 [f] 소리를 적기 위하여 '홰밀리'의 'ㅎㅍ'과 같은 새 글자가 필요하게 된다. 이와 달리 현재 사용하는 한글 자모만으로 적는다는 것은 국어화된 발음대로 '패밀리'와 같이 적겠다는 것이다.

이 두 원칙은 외래어의 표기의 기본 방향을 제시한 것으로서, 현행 외래어 표기법도 기본적으로 이러한 표기 정신을 바탕으로 하고 있다. 이 규정에 따른 표기 예를 제시하면 다음과 같다.

ㄱ. film 필름, stove 스토브, Hamlet 햄플레트, 孔子 공자
ㄴ. game 게임, bonus 보너스, Dante 단테, handbag 핸드백그
ㄷ. Cambridge 케임브리지, Tolstoy 톨스토이, Peru 페루, alkali 알칼리,
   Einstein 아인슈타인, Espania 에스파냐
ㄹ. mark 마크, George 조지

---

12) '만국음성 기호와 한글과의 대조표'의 구체적인 내용은 김민수(1973/1984 : 119) 등 참조.
13) 이는 현행 표기법에서도 지켜지는 원칙이다. 다만 영어, 독일어, 프랑스어, 중국어 등은 발음을 대상으로 표기하는 데 비하여 그 외 표기법의 대상이 되는 17개 언어는 자모 즉 철자를 바탕으로 적는다는 점에서 '원어의 철자나 어법적 형태의 어떠함을 묻지 아니하고' 적는 외래어 표기법 통일안(1940)의 원칙과 다른 점이 있다. 그러나 이 언어들 역시 철자와 발음이 규칙적으로 대응되어 발음과 무관하게 적는다고 하기는 어렵다.

나. 들온말 적는 법(1948)

1948년 문교부(학술용어 제정위원회)의 '들온말 적는 법'은 원음에 따라 표기한다는 점에서 앞의 규정과 크게 다르다. 앞에서 보았듯이 통일안 이전 외래어 표기는 '뽈테르, 쁘란쓰' 등처럼 원어의 발음을 중시하는 경향이 있었는데, 이것이 다시 등장한 것이다. 이 48년 안에는 구체적으로 명시된 원칙이 없지만 머리말을 통해서 그 표기 정신을 엿볼 수 있다.

외국말이 우리 나라에 들어와 쓰이는 것의 소리냄(發音)을 똑바로 적어내기는, 어떻게 보면, 아주 쉬운 듯하지마는, 그 실은 극히 어려운 일에 붙는다. 각 나라의 소리냄이 각각 유다름이 있고, 또 그것을 듣는 우리 각계 사람의 귀도 또한 그의 경험과 지식과 버릇, 들을 따라, 서로 다름이 크다. 그러므로, 이 문제를 처결함에는, 각 개인이 가지고 있는 주관적 견해로써 할 것이 아니라, 모름지기, 첫째로, 한글(우리말의 소리) 그것의 본연의 바탈과 로오마 자 및 나라사이의 소리표(國際音聲記號 International phonetic signs)의 본연의 바탈과 그 역사적 사용법을 밝히고, 둘째로 서양인 동양인 학자들의 한글과 외국음과의 비교 연구의 결과를 참조하여서, 객관적으로 두루따맞음성(普遍妥當性)이 있도록 규정하지 아니하면 안 될 것이다. 왜냐하면, 대저 말소리란 것은 객관적 자연 과학적 사실이기 때문에 내 나라말이라고 해서, 그에 대한 나의 견해가 반드시 외국인의 견해보다 바르다고 말할 수는 없는 까닭이다. [이하 생략, '들온말 적는 법' 머리말]

한마디로 외국어의 원음에 따라야 한다는 것인데, 이로써 이 규정은 새 문자나 부호를 쓰고, 파열음의 된소리 표기를 하며, 장음 표기를 하는 특징을 지닌다. 다음은 구체적인 표기 예들이다.

ㄱ. film 앨름, stove 스또우액, Hamlet 함렡, 孔子 콩스

ㄴ. game 께임, bonus 뽀우너스, Dante 딴떼, handbag 핸드백

ㄷ. Cambridge 게임브리찌, Tolstoy 돌스또이, Peru 베루, alkali 알칼리, Einstein 아인슈따인, Espania 에스빠냐

ㄹ. mark 마악, George 쬬오지

(ㄱ)은 [f], [v], [l], [z] 소리를 위하여 각각 'ㆄ, ㅸ, ㅀ, ㅿ'의 새 문자를 쓰고 있고,[14] (ㄴ)은 유성 파열음 g, d, b를 어두에서는 된소리, 어중에서는 예사소리로 달리 표기하고, (ㄷ)은 무성 파열음 k, t, p가 어두에 올 때는 예사소리, 어중에 올 때는 된소리로 역시 달리 표기하고 있으며, (ㄹ)은 앞 모음을 더 달아 적어 장음을 표기하고 있다. 이는 전반적으로 이전의 규정과 많이 다른 모습인데, 이는 궁극적으로 기본 원칙을 달리하여 원어의 발음에 충실하게 적고자 하였기 때문이다.[15]

다. 로마자의 한글화 표기법(1958)

'들온말 적는 법'(1948)은 국어 화자들의 발음과 거리가 멀고, 그 원칙도 복잡하여 정착하기 어려웠다. 이 표기법이 지닌 문제점을 바로잡기 위하여 1958년 문교부는 '로마자의 한글화 표기법'을 제정하였다. 이 표기법은 '외래어 표기법 통일안'(1940)의 정신으로 되돌아간 것으로 그 표기 원칙은 다음과 같다.

1. 외래어 표기에는 한글 정자법(正字法)에 따른 현용 24자모만을 쓴다.
2. 외래어의 1음운은 원칙적으로 1기호로 표기한다. 곧 이음(異音, allophone)이 여럿이 있을 경우라도 주음(主音, principal member)만을 표기함을 원칙으로 한다.
3. 받침은 파열음에서는 'ㅂ, ㅅ, ㄱ', 비음(鼻音)에서는 'ㅁ, ㄴ, ㅇ', 유음(流音)에서는 'ㄹ'만을 쓴다.
4. 영어, 미어(美語)가 서로 달리 발음될 경우에는 그것을 구별하여 적는다.
5. 이미 관용된 외래어는 관용대로 표기한다.

---

14) 'Versailles ㅹㅔㄹ사이유, France ㆄ랑스, left ㄹㅔㆄㄸ, 老子 ㄹ라오스, jaquette(jacket) 샤껱, Chales 쟈알스' 등을 더 들 수 있다. '孔子, 老子'는 역사적 인물로서 '공자, 노자'로 적는 것이 원칙이지만, '현재에 문제를 던지는 사람'으로서 원음에 따라 적도록 허용한 것이다.

15) 영국의 언어학자인 다이엘 존스(Daniel Jones)는 1959년 최현배의 두 차례 서신 질의에 대한 답변에서, 영어의 [g], [d], [b]는 어두에서 'ㄲ, ㄸ, ㅃ'으로, 어중에서 'ㄱ, ㄷ, ㅂ'으로 표기한다면 상당한 정확한 표기일 거라고 하면서도, 이는 언중에게 매우 복잡할 것이므로 간단히 모두 'ㄱ, ㄷ, ㅂ'으로 적는 것이 낫겠다고 제안하고 있다. 이는 결국 원어가 지닌 다양한 이음까지 구별하여 적을 것인가 말 것인가의 문제인데, 이 1948년 안은 원음을 변이음까지 충실하게 적는 입장이다. 반면에 이전의 1940년 안은 원음의 변이음을 무시하고 간단히 적는 방식이라고 할 수 있다.

기본적인 대원칙은 1항에 담겨 있는데, 이 원칙에 따라 새 문자나 부호는 더 이상 쓰지 않고 'g, d, b' 및 'k, t, p'를 환경에 따라 다양하게 적던 것을 단일화하여 적는 등 앞서 표기와 달라지게 되었다. 구체적인 표기 예는 아래와 같다.

ㄱ. film 필름, stove 스토우브, Hamlet 햄릿, 孔子 공자

ㄴ. game 게임, bonus 보우너스, Dante 단테, handbag 핸드백

ㄷ. Cambridge 케임브리지, Tolstoy 톨스토이, Peru 페루, alkali 알칼리, Einstein 아인쉬타인, Espania 에스파냐

ㄹ. mark 마아크, George 조오지

다만 위 (ㄹ)에서 보듯이 장음 표기는 1948년 안과 같이 유지하였다.[16]

라. 외래어 표기법(1986)

'로마자의 한글화 표기법'(1958)을 좀 더 보완하여 제정한 규정이 현행 '외래어 표기법'(1986)이다(1986. 1. 7. 고시).[17] 이 표기법은 영어 등 7개 언어의 표기 세칙만 있었으나, 이후 동유럽 5개 언어(1992), 북유럽 3개 언어(1995), 동남아시아 3개 언어(2004), 그리고 포르투갈어·네덜란드어·러시아어의 3개 언어(2005)의 표기법이 추가되었고, 최근에 그 일부 내용이 개정되었다(2017. 3. 28. 고시). 현행 표기법의 표기 원칙은 다음과 같다.

---

16) 다만 "장모음은 동일 모음을 거듭하여 표기함을 원칙으로 하되 안 적을 수도 있다."라고 하여 선택적임을 규정하고 있다. 이 규정으로 인하여 '뉴우스, 뉴스', '마아치, 마치'가 혼재하는 등 혼란이 생겨나 이에 대한 비판(금수현 1968)이 있기도 하였다.

17) 이 앞에 문교부의 '외래어의 한글 표기법'(1969)가 있었으나 공표되지는 못하였다(김민수 1973 : 683). 이 표기법은 이전의 '로마자의 한글화 표기법'의 개정안으로, 그 원칙에서는 거의 대동소이하지만 동일 모음을 거듭하여 적는 장음 표기가 사라진 점은 특징적이다. 한편, 이후 문교부의 '외래어 표기법안'(1979), 학술원의 '외래어 표기법 개정안'(1983)이 있었는데, 1979년 안에서 장음 표기를 하지 않고('team 티임 → 팀'), 중모음 [ou]를 '오우'가 아니라 '오'로 적으며('boat 보우트 → 보트'), 1983년 안에서 유무성 파열음을 구별하여 적는('zigzag 지그잭 → 지그재그') 등 이 안들에서 중요한 내용의 변화가 보인다(임동훈 1996 참조). 이 두 안은 1958년 안의 문제점을 수정 보완한 성격의 것으로 더 이상 구체적인 소개는 생략한다.

제1항. 외래어는 국어의 현용 24자모만으로 적는다.

제2항. 외래어의 1음운은 원칙적으로 1기호로 적는다.

제3항. 받침에는 'ㄱ, ㄴ, ㄹ, ㅁ, ㅂ, ㅅ, ㅇ'만을 쓴다.

제4항. 파열음 표기에는 된소리를 쓰지 않는 것을 원칙으로 한다.

제5항. 이미 굳어진 외래어는 관용을 존중하되 그 범위와 용례는 따로 정한다.

제1항에서 이 표기법의 대원칙을 볼 수 있는데 그 원칙은 곧 원음 대신 국어음 중심으로 적겠다는 것이다. 이는 1948년 안을 제외하고는 외래어 표기법의 역사 내내 일관되게 지켜져 온 대원칙이다.

이 표기법에 따른 표기 예는 다음과 같은데, (ㄹ)에서 보듯이 장음 표기가 사라진 특징이 있다.

ㄱ. film 필름, stove 스토브, Hamlet 햄릿, 孔子 공자

ㄴ. game 게임, bonus 보너스, Dante 단테, handbag 핸드백

ㄷ. Cambridge 케임브리지, Tolstoy 톨스토이, Peru 페루, alkali 알칼리, Einstein 아인슈타인, Espania 에스파냐

ㄹ. mark 마크, George 조지

지금까지 살펴본 외래어 표기법의 역사에서, 가장 눈에 띄는 대립점은 원음에 따라 적느냐 마느냐의 문제이다. 1948년 안을 제외하고는 모두 국어음 중심으로 표기하는 원칙을 세우고 있다. 그러나 자음과 모음 표기 등 세부적인 면에서 차이점을 지니기도 하는데, 아래에서는 현행 외래어 표기법의 원칙을 구체적으로 살펴보고 세부적인 표기 규칙은 절을 달리하여 살펴본다.

1.4. 외래어 표기법의 원리

1.4.1. 기본 정신

원어의 발음 중시

외래어를 표기하는 것은 외국어에 기원하는 말을 적는 것이므로 기본적으로 원어의 발음을 중시하는 특성을 지닌다. '리듬, 레저, 뉴스, 뉘앙스' 등의 '리, 레, 뉴, 뉘' 등은 국어의 어두음으로는 없는 소리이고, '섀미, 블라인드, 쬔, 뷔페' 등의 '섀, 블, 쬔, 뷔' 등은 국어에 없는 음절이다. 이러한 글자를 사용하는 것은 외래어 표기법이 원어의 발음을 중시하기 때문이다.

국어의 특성 중시

외래어 표기법(1986/2017)은 원어의 발음을 중시하면서도 한편으로는 국어의 특성도 중시한다. 원어에는 한국인이 발음하기 어려운 소리들이 다수 포함되어 있는데, 이를 한글로 적기도 어렵거니와 그와 비슷하게 발음하기도 어렵다. 1948년 안처럼 '옐름, 콩스'와 같이 원어의 발음을 최대한 반영하고자 하는 노력도 있었으나 이는 국어의 현실과 거리가 멀어 성공할 수 없었다.

음절 구조도 국어의 특성에 따라 적는다. 예들 들어 영어의 'strike[straɪk], film [film]'는 영어에서 1음절이지만 국어에서는 이와 같이 어두나 어말에 자음이 연속해서 올 수 없다. 따라서 'ㅡ' 모음을 받쳐 각각 '스트라이크, 필름'과 같이 적는데 이는 국어의 특성을 중시한 것이다. 이와 같이 외래어 표기법은 원어의 발음을 중시하면서도 국어의 특성에 맞게 표기하는 것을 기본 정신으로 삼고 있다.[18]

1.4.2. 표기의 원칙

외래어 표기의 원칙은 외래어 표기법에서 다섯 조항에 걸쳐 제시되어 있다. 각 표기의 원칙을 살펴본다.

---

18) 외래어 표기법의 이러한 표기 정신은 이호권·고성환(2007) 등을 참조할 수 있다.

외래어는 국어의 현용 24자모만으로 적는다(제1항)

국어의 현용 24자모만으로 적는다는 것은 외래어의 원음을 최대한 반영하기보다는 국어 음운 체계에 맞게 적겠다는 것이다. 국어의 현용 24자모는 다음과 같다.

ㄱ, ㄴ, ㄷ, ㄹ, ㅁ, ㅂ, ㅅ, ㅇ, ㅈ, ㅊ, ㅋ, ㅌ, ㅍ, ㅎ (자음 14자)
ㅏ, ㅑ, ㅓ, ㅕ, ㅗ, ㅛ, ㅜ, ㅠ, ㅡ, ㅣ (모음 10자)

외래어 표기는 기본적으로 원어의 발음을 대상으로 삼지만, 이 경우 원음을 충실히 반영할 것인가, 아니면 국어 특성에 맞게 적을 것인가가 문제 된다. 이 제1항 원칙은 국어의 특성에 따라 적도록 규정한 것으로, 예를 들어 '옐름'처럼 새 문자까지 만들어 원음에 가깝게 적는 것이 아니라 국어의 특성에 맞게 '필름'처럼 현행 자모만으로 적도록 한 것이다.

이와 같이 외래어 표기법은 국어에 없는 외국어 소리, 예를 들어 'f, v, θ, ð' 등은 따로 문자를 만들지 않고 'ㅍ, ㅂ, ㅅ, ㄷ'의 국어의 소리에 따라 표기한다. 외국어에는 수많은 소리들이 있는데, 일일이 새로운 문자를 만들어 이 소리들을 표기하고 또 그에 따라 발음하는 것은 불가능하기도 하거니와 불필요한 일이다.

한편 현용 24자모만으로 적는다는 것이 'ㄲ, ㄸ, ㅃ, ㅆ, ㅉ'이나 'ㅐ, ㅒ, ㅔ, ㅖ, ㅘ, ㅙ, ㅚ, ㅝ, ㅞ, ㅟ, ㅢ' 등의 글자를 쓰지 않는다는 뜻은 아니다. 이 글자들은 24자모를 어울려 적은 것(한글 맞춤법 제4항 붙임1)이므로 24자모만으로 적는다는 것은 이 글자들도 사용한다는 뜻을 내포하고 있다.[19]

외래어의 1음운은 원칙적으로 1기호로 적는다(제2항)

외래어의 한 음운을 한 기호로써만 적는다는 것은 원어의 다양한 이음을 구별하지 않고 한 가지로 적겠다는 것이다. 즉 원음을 충실히 반영하고자 한 1948년 안에서는

---

19) 이 제1항의 원칙은 '현용 24자모'로 명시되어 있어 이와 같이 포괄적으로 이해하는 것이 비전문가인 국어 화자에게는 어렵다는 지적이 있어 왔다(연규동 2006, 김선철 2008). 즉 비전문가인 국어 화자들을 위한다면 'ㄲ, ㄸ, ㅃ, ㅆ, ㅉ', 'ㅐ, ㅒ, ㅔ, ㅖ, ㅘ, ㅙ, ㅚ, ㅝ, ㅞ, ㅟ, ㅢ' 등 나머지 겹자모들도 모두 제1항에 예시하는 것이 낫다고 보는 것이다.

'Tolstoy 톨스또이'처럼 't' 음을 위치에 따라 'ㄷ', 'ㄸ'으로 달리 적었는데[20] 이러한 방식을 지양하고 '톨스토이'처럼 'ㅌ' 한 가지 글자로 적는 것이다.

다만 이 경우 '원칙적으로'라고 한 것은 모든 음운과 표기를 일대일로 대응시키기는 어려워 일부 예외를 인정한다는 뜻이다. 첫째, 둘 이상의 음운을 한 글자로 적는다. 예를 들어 'p'와 'f'가 국어의 음운으로 구별되기 어려우므로 'ㅍ' 한 가지로 적는다.

party 파티, file 파일

둘째, 한 음운을 둘 이상의 글자로 적는다. 예를 들어, 'p'는 국어에서 어두, 자음 앞, 어말 위치에 따라 달리 소리 나는데, 그에 따라 'ㅍ, ㅂ, 프'의 세 가지로 적는다.

party 파티, option 옵션, stamp 스탬프

받침에는 'ㄱ, ㄴ, ㄹ, ㅁ, ㅂ, ㅅ, ㅇ'만을 쓴다(제3항)

국어 외래어의 받침소리에는 'ㄱ, ㄴ, ㄹ, ㅁ, ㅂ, ㅅ, ㅇ'의 일곱 가지만 있는데, 이에 따라 외래어의 받침은 이 일곱 글자로만 적겠다는 것이다.

book [북], can [캔], ball [볼], dam [댐], gap [갭], cat [캣], ring [링]

예를 들어 아래 단어들은 원어에서 어말 자음이 'p, t, k'이지만 국어에서는 받침소리 'ㅂ, ㅅ, ㄱ'으로 바뀐다. 즉 이 단어들에 조사 '이, 을'이 결합하면 [커피쇼비, 커피쇼블], [디스케시, 디스케슬], [토피기, 토피글]처럼 발음되므로 그 받침소리가 'ㅂ, ㅅ, ㄱ'임을 알 수 있다. 따라서 '커피숖, 디스켙, 토픽'이 아니라 '커피

---

20) 1948년 안은 [f]에 대하여 그 환경에 따라 'ㅈ, ㅉ, 지, 찌, 쮜'의 다섯 가지 방안이나 마련할 정도로 원어의 이음을 정확히 반영하고자 하였다.

숍, 디스켓, 토픽'으로 적게 된다.

coffee shop 커피숍, diskette 디스켓, topic 토픽

'디스켓, 슈퍼마켓, 인터넷' 등이 홀로 쓰일 때는 [디스켇, 슈퍼마켇, 인터넫]처럼 받침소리가 'ㄷ'으로 나타난다. 그런데도 이를 'ㄷ'이 아닌 'ㅅ'으로 적는 이유는 앞서 [디스케시, 디스케슬]에서 보았듯이 이 단어들의 본모습이 'ㅅ' 받침소리를 갖기 때문이다. 해당 표기는 이 본모습을 반영하여 적은 것이다.

국어 외래어는 이와 같이 받침소리로 'ㄱ, ㄴ, ㄹ, ㅁ, ㅂ, ㅅ, ㅇ' 일곱 개만 나타난다. 따라서 그 외 'ㄷ, ㅈ, ㅊ, ㅋ, ㅌ, ㅍ, ㅎ'이나 쌍받침, 겹받침 글자 등을 적을 필요가 없다.

외래어 받침은 'ㄷ' 소리가 나는 경우에도 'ㅅ'으로 적는데, 이 'ㅅ'의 표기는 두 가지 이유를 지니고 있다. 하나는, 위 본문의 '디스켓'에 대한 설명처럼 그 단어의 본모습이 'ㅅ' 받침소리를 갖기 때문이다.

둘째는 'ㄷ' 소리를 'ㅅ'으로 적는 관습에 따라서이다. 한글 맞춤법에서 '덧저고리, 짓밟다, 옛, 첫, 얼핏, 걸핏하면' 등 'ㄷ' 소리를 'ㅅ'으로 적는 것은 관습에 따른 것인데, 이와 마찬가지로 외래어 표기법에서 '삿포로(サッポロ), 돗토리(トットリ)' 등 일본어의 촉음(促音) [ッ(ㄱ)]를 'ㅅ'으로 적는 것도 관습에 따른 것이라고 할 수 있다(이 단어들의 기저형이 'ㅅ'을 갖는다고 볼 수는 없다).

외래어 표기법에서 받침 'ㅅ'의 모든 표기를 종래의 관습에 따른 것으로 이해하기도 했을(배양서 1969, 1970) 정도로, 이러한 'ㅅ' 표기의 관습은 우리말 표기에서 깊숙이 자리 잡은 것이었다. 아래 단어들도 기저형이 'ㅅ'이라는 근거가 없는 것으로서 관습에 따른 표기라고 할 수 있다.

싯인, 핫도그, 셧다운

파열음 표기에는 된소리를 쓰지 않는 것을 원칙으로 한다(제4항)

일반적으로 외국어의 파열음은 **유성 파열음**(g, d, b)과 **무성 파열음**(k, t, p)의 둘로 나뉘고, 국어의 파열음은 **예사소리**(ㄱ, ㄷ, ㅂ), **된소리**(ㄲ, ㄸ, ㅃ), **거센소리**(ㅋ, ㅌ, ㅍ)의 셋으로 나뉜다. 따라서 외국어의 두 소리와 국어의 세 소리를 일대일로 대응시키는 데 어려움이 있다.

또 외국어에 따라 음성적인 차이가 있는 점도 표기에 어려움을 더한다. 예를 들어 프랑스어, 이탈리아어, 에스파냐어 등 로맨스어의 'k, t, p'는 무기음으로서 Cataluña[까딸루냐], tortilla[또르띠야], Paris[빠리]와 같이 된소리에 가깝고, 영어, 독일어의 'k, t, p'는 유기음으로서 Kartell[카르텔], tape[테이프], party[파티]와 같이 거센소리에 가깝다.

이에 더하여 외국어의 한 음운이 환경에 따라 음성적 차이를 보이기도 한다. 예를 들어 표준영어의 'k, t, p'는 어두에서 국어의 'ㄱ, ㄷ, ㅂ' 소리에 가깝고, 어중에서는 국어의 'ㄲ, ㄸ, ㅃ' 소리에 가깝다. 그리고 단어에 따라 국어 화자들이 동일한 음운을 달리 받아들이기도 한다. 예를 들어, 영어의 'g, d, b'를 gas, dollar, bus에서는 된소리로, gear, desk, boom에서는 예사소리로 흔히 받아들인다.

이와 같이 한 가지 음운을 언어에 따라서, 환경에 따라서, 단어에 따라서 달리 적는다면 국어 화자들로서는 매우 불편할 수밖에 없다. 따라서 이 규칙은 외국어의 유성 파열음은 국어의 'ㄱ, ㄷ, ㅂ'으로, 무성 파열음은 'ㅋ, ㅌ, ㅍ'으로 적도록[21] 단순화한 것이다. 따라서 된소리 표기를 하지 않는다.

다만 이 조항은 타이어와 베트남어에는 적용될 수 없다. 이 언어들은 예사소리, 거센소리, 된소리가 변별되기 때문이다. 따라서 이 언어들의 파열음 된소리는 다음과 같이 된소리 글자로 표기한다.[22]

---

21) 다니엘 존스(D. Jones)는 국어의 'ㅋ, ㅌ, ㅍ'은 유기성이 너무 강해 영어(나아가 유럽어)의 'k, t, p'를 적는 데 부적합하다고 의견을 피력한다. 따라서 'g, d, b'를 'ㄱ, ㄷ, ㅂ'으로 적는다면 'k, t, p'는 'ㄲ, ㄸ, ㅃ'으로 적을 것을 제안한다. 그런데 국어 화자들은 유기성이 있는 영어의 'k, t, p'를 국어의 'ㅋ, ㅌ, ㅍ'에 더 가까운 것으로 받아들이는 경향이 있다. 외래어 표기법은 'k, t, p'를 거센소리로 표기하도록 함으로써 국어 화자들의 인식에 부합하고 있다.

22) 이는 파열음에만 국한되는 것이 아니다. 'Caolaw 짜올라우(타이어), xanh 싸인, cha 짜(이상 베트남어)' 등

Phuket 푸껫, Satun 사뚠, Pimai 삐마이 (이상 타이어)
kiêt 끼엣, têt 뗏, put 뿟 (이상 베트남어)

이 제4항의 원칙은 '파열음'인 경우에 된소리 표기를 하지 않는다고 규정한 것이다. 이와 같이 파열음으로 제한한 까닭은 마찰음, 파찰음에는 일부 언어에서 된소리 표기가 허용되기 때문이다.

일본어의 'ツ'(쓰) : 쓰시마 섬(大馬島)
중국어의 'ㄗ'(쯔), 'ㄙ'(씨) : 장쩌민(江澤民), 쓰촨(四川)

그런데 동남아시아 3개 언어에 대한 표기법(2004년)을 추가하면서 타이어, 베트남어의 경우 파열음도 된소리로 적을 수 있도록 하였으므로, 마찰음, 파찰음, 파열음 모두에서 된소리 표기가 허용되었다.

따라서 더 이상 '파열음 표기에는 된소리를 쓰지 않는 것을 원칙으로 한다'(제4항)와 같이 파열음만 고려한 별도의 규정은 필요 없다. 이 제4항의 표기 원칙은 삭제되거나, 파열음·마찰음·파찰음을 아우르는 내용으로 수정되어야 할 것이다.

외래어 표기에 된소리를 제한하는 것에 대하여 국어 화자들이 불만을 제기하는 일이 많았고, 학계의 비판도 지속적으로 이어져 왔다(김세중 1993, 1995, 임동훈 1996, 김상준 1996, 엄익상 2002, 김정우 2002, 연규동 2006, 김슬옹 2008 등). 실제로 많은 소리들이 된소리로 쓰이는데도 규범은 된소리 표기를 막고 있기 때문이다.

아래는 흔히 된소리로 발음되는 예들인데, 이들을 예사소리로 적고 또 그렇게 발음하라는 것은 화자의 언어생활에 대한 지나친 제약이 될 수 있다.

버스[뻐씨], 가스[까씨], 댄스[땐씨], 사인[싸인], 서비스[써비씨], 재즈[째즈], 잼[쨈]

마찰음, 파찰음도 된소리 표기가 있다.

외래어 표기법에서 유독 된소리를 꺼리는 데는 몇 가지 이유가 있다. 첫째, 표기의 일관성이다. 예를 들어, 영어의 무성 파열음(p, t, k)은 우리말의 거센소리에 가깝고, 프랑스어는 된소리에 가까운데 이를 굳이 구별하여 적기보다는 일관되게 하나로 적는 것이 낫다는 것이다. 둘째, 우리말에서 된소리가 거센소리보다 기능 부담량이 적다는 것이다. 셋째, 된소리 표기를 할 경우 '빠, 뿌, 꼐' 등처럼 국어 음절에 없는 표기들이 생겨나 인쇄에 불편을 준다는 것이다(문교부 1988). 여기에 더하여, 된소리를 상스러운 느낌의 부정적인 소리로 보는 인식도 그 이유라고 할 수 있다(김상준 1996, 연규동 2006).

그러나 된소리를 제한하는 표기법에 대한 비판론자들은 대체로 이러한 이유들은 근거가 약하며, 된소리 표기 글자가 있는데도 이를 표기에 사용하지 않을 이유가 없다고 주장한다. 원어가 된소리에 가깝고, 언중들도 그렇게 사용한다면 된소리로 표기하는 것이 자연스러울 것이다. 그래서 대원칙에서 된소리를 쓰지 않는다고 선언하기보다는, 언어에 따라서 각각 달리 규정하는(이를테면 영어는 된소리를 쓰지 않고, 프랑스어는 쓰는 식으로) 것이 바람직하다고도 한다(김정우 2002).

이와 같이 된소리를 둘러싼 규범과 현실 언어의 괴리 문제는 고유어에도 널리 보이는 것인데(제2장 3.1.5. 참조), 외래어 표기법 역시 이는 해결해야 할 숙제로 남아 있다. 어느 경우이든 국어 화자들이 좀더 편리한 어문 생활을 누릴 수 있는 방향으로 나아가는 것이 바람직할 것이다.

이미 굳어진 외래어는 관용을 존중하되 그 범위와 용례는 따로 정한다(제5항)

외래어 표기는 기본적으로 원어의 발음을 대상으로 삼는다. 그런데 이와 같이 원음에 따라서 적는다면 '라디오, 카메라, 바나나'처럼 완전히 국어화한 말도 원어의 발음에 따라 '레이디오, 캐머러, 버내너'와 같이 적어야 하는 문제가 있다.

이는 국어 화자들에게 매우 불편한 일이다. 따라서 원어의 발음과 달리 국어화하여 굳어진 단어들은 '라디오, 카메라, 바나나'처럼 그 관용적인 형태를 인정한다는 것이다.

다음과 같이 파열음에 된소리 표기를 하는 것도 관용을 인정한 결과이다.

껌, 빵, 삐라, 빨치산, 히로뽕, 짬뽕

어떤 단어를 관용 표기를 인정할 것인지는 단어별로 정하게 된다(제4장 2.4. 참조).

1.4.3. 절충적 표기 원리

외래어 표기법은 표음주의와 표의주의의 특성을 모두 지니고 있다. 즉 절충적 표기 원리를 지닌다고 할 수 있다.

'한글 맞춤법 통일안'(1933), '외래어 표기법 통일안'(1941)은 외래어 표기 원칙으로 표음주의를 명시하였다. 그런데 '로마자의 한글화 표기법'(1958), '외래어 표기법'(1986)에서는 이 '표음주의'의 표현이 사라져 더 이상 보이지 않는다. 그 이유는 잘 알 수 없으나, 외래어 표기법을 표음주의로만 규정하기 어려우며 표의주의의 속성도 일부 지닌다는 점을 인식할 필요는 있다.

우선 외래어 표기법이 기본적으로 표음주의인 것은 분명하다. 이는 'luck-y, runn-er, technic-al' 등을 원어의 어법에 따라 '럭이, 런어, 테크닉얼'로 적는 것이 아니라 그 형태소 경계를 무시하고 '러키, 러너, 테크니컬'로 적는 데서 잘 드러난다.

그런데 외래어 표기법은 표의주의의 특성도 지닌다. 무엇보다도 앞서 '디스켓, 슈퍼마켓, 인터넷' 등의 경우 받침 표기를 그 본모습에 따라 'ㅅ'으로 적는 데서 이를 알 수 있다. 만일 표음주의에 따른다면 '꼳, 꼳도, 꼳만'(꽃, 꽃도, 꽃만)처럼 '디스켇, 디스켇도, 디스켇만'와 같이 적어야 할 것이다. 이와 달리 단어의 본모습을 밝혀 적음으로써 어형이 일정하게 유지되도록 한 것은 표의주의의 특성이다.

또 합성어를 적을 때 그것을 구성하고 있는 말이 단독으로 쓰일 때의 표기대로 적는[23] 것도 표의주의 방식이다. 즉 '북엔드(bookend), 픽업(pickup)' 등의 표기는 이 합성어들이 '북(book)＋엔드(end), 픽(pick)＋업(up)'으로 이루어졌다는 원어의 어법을 반영한 것으로 표의주의적인 표기이다. 만일 소리대로 적는다면 '부켄드, 피

---

23) 외래어 표기법 제3장 제1절(영어의 표기) 제10항. 해당 규정에서는 '합성어'를 '복합어'로 표현한다.

컵'이나 '부겐드, 피겁'과 같이 적어야 할 것이다.

또 외래어가 조사 등과 어울리는 경우 표의주의에 따를 수밖에 없다.

컵이 테이블에 있다.

위 예들은 외래어의 받침소리를 '커비, 테이브레'처럼 다음 음절에 이어 적지 않는다는 점에서 표음주의가 아니다. 조사를 표의주의에 따라 적는 한 외래어도 같은 원리에 따라 적을 수밖에 없다. 이상과 같이 외래어 표기법은 표음주의를 기본으로 하되 표의주의가 혼합된 표기 원칙을 지닌다고 할 수 있다.

2. 외래어 표기의 실제

외래어의 표기는 2014년 현재 21개 언어의 표기 세칙이 마련되어 있으며,[24] 지명·인명의 표기 원칙을 별도로 정하여 두고 있다. '외래어 표기법'의 전체 구성은 다음과 같다.[25]

제1장 표기의 기본 원칙
제2장 표기 일람표
제3장 표기 세칙
제4장 인명, 지명 표기의 원칙

---

[24] 각 언어의 표기 세칙은 1986년 이래 지속적으로 추가되어 온 것들이다. 이미 표기 세칙이 완성된 21개 언어는 영어, 독일어, 프랑스어, 에스파냐어, 이탈리아어, 일본어, 중국어, 폴란드어, 체코어, 세르보크로아트어, 루마니아어, 헝가리어, 스웨덴어, 노르웨이어, 덴마크어, 말레이인도네시아어, 타이어, 베트남어, 포르투갈어, 네델란드어, 러시아어이다. 구체적인 내용은 국립국어원 홈페이지(www.korean.go.kr)를 참조할 수 있다.

[25] 제2장 표기 일람표는 '국제 음성 기호와 한글 대조표'를 비롯하여 각 언어의 자모와 한글 대조표를 제시하고 있고, 제3장 표기 세칙은 '영어의 표기'를 비롯하여 각 언어의 표기 세칙을 제시하며, 제4장 인명, 지명 표기의 원칙은 그 표기 원칙을 비롯하여 동양의 인명, 지명 표기, 그리고 바다, 섬, 강, 산 등의 표기 세칙을 제시하고 있다. 구체적인 내용은 국립국어원 홈페이지(www.korean.go.kr)를 참조할 수 있다.

기본적으로 외래어 표기는 다음의 국제 음성 기호와 한글 대조표를 바탕으로 하며, 각 언어별 자모와 한글 대조표, 표기 세칙에 따라 표기가 정해진다.

국제음성기호와 한글 대조표

자음			반모음		모음	
국제음성기호	모음 앞	자음 앞 또는 어말	국제음성기호	한글	국제음성기호	한글
p	ㅍ	ㅂ, 프	j	이*	i	이
b	ㅂ	ㅂ	ɥ	위	y	위
t	ㅌ	ㅅ, 트	w	오, 우*	e	에
d	ㄷ	드			ø	외
k	ㅋ	ㄱ, 크			ɛ	에
g	ㄱ	그			ɛ̃	앵
f	ㅍ	프			œ	외
v	ㅂ	브			œ̃	욍
θ	ㅅ	스			æ	애
ð	ㄷ	드			a	아
s	ㅅ	스			ɑ	아
z	ㅈ	즈			ɑ̃	앙
ʃ	시	슈, 시			ʌ	어
ʒ	ㅈ	지			ɔ	오
ʦ	ㅊ	츠			ɔ̃	옹
dz	ㅈ	즈			o	오
ʧ	ㅊ	치			u	우
ʤ	ㅈ	지			ə**	어
m	ㅁ	ㅁ			ɚ	어
n	ㄴ	ㄴ				
ɲ	니*	뉴				
ŋ	ㅇ	ㅇ				
l	ㄹ, ㄹㄹ	ㄹ, ㄹㄹ				
r	ㄹ	르				
h	ㅎ	흐				
ç	ㅎ	히				
x	ㅎ	흐				

* [j], [w]의 '이'와 '오, 우', 그리고 [ɲ]의 '니'는 모음과 결합할 때 제3장 표기 세칙에 따른다.
** 독일어의 경우에는 '에', 프랑스어의 경우에는 '으'로 적는다.

그런데 일반 국민이 이와 같은 원칙을 적용하여 외래어를 표기하기에는 어려움이 많고, 원칙과 다른 예외적인 표기도 많다. 따라서 정부는 용례집을 통하여 외래어 표기의 실제 예를 제시해 준다. 그 주요 용례집은 다음과 같다.

외래어 표기 용례집(인명·지명) (국어연구소, 1986)

외래어 표기 용례집(일반 용어) (국어연구소, 1988)

외래어 표기 용례집(전문 용어) (국어연구소, 1988)

외래어 표기 용례집(동구권 지명·인명) (국립국어연구원, 1993)

외래어 표기 용례집(북구권 지명·인명) (국립국어연구원, 1995)

외래어 표기 용례집(일반 용어) (국립국어원, 2002)

외래어 표기 용례집(인명) (국립국어원, 2002)

외래어 표기 용례집(지명) (국립국어원, 2002)

동남아시아 3개 언어 외래어 표기 용례집 (국립국어원, 2004)

외래어 표기 용례집(포르투갈어·네덜란드어·러시아어) (국립국어원, 2005)

외래어 표기 용례집 (국립국어원, 2012)

외래어 표기 용례 자료(일반 용어) (국립국어원, 2014, 텍스트 파일)

외래어 표기 용례 자료(로마자 인명과 지명, 일본 인명과 지명) (국립국어원, 2013, 텍스트 파일)

외래어 표기 용례 자료(중국 인명과 지명) (국립국어원, 2013, 텍스트 파일)

여기에서는 일상생활에서 주로 쓰이는 영어를 중심으로 외래어 표기의 실제를 살펴보기로 한다.

　　국제음성기호와 한글 대조표에서 보듯이 현행 외래어 표기법은 원어의 발음에 따라 적는다. 그래서 현행 외래어 표기법의 기본 정신을 '원음주의'라고 한다. 물론 [f], [v], [θ] 등 국어에 없는 소리까지 구별하여 옮기는 수준은 아니지만 기본적으로 원어에 가깝게 적고자 하는 것이다. 예를 들어 'angel, sherbet'을 표기할 때, 국어 화자들이 '앤젤, 샤베트'라고 하더라도 원어의 발음 [eindʒl], [ʃɜ:rbət]을 중시하여 '에인절, 셔벗'으로 적는 것이다.

　　물론 지나치게 원음에 이끌리는 것을 막기 위해 관용에 따라 적기도 한다. 예를 들어 'radio, camara, model' 등은 원음에 따라 '레이디오, 캐머러, 마들'과 같이 적지 않고 국어 화자들이 널리 쓰는 대로 '라디오, 카메라, 모델'로 적는다. 그러나 이는 어디까지나 예외적인 것이고 기본 정신은 원음에 따라 적는 것이다.

이 원음주의에 대한 비판은 곳곳에서 제기되어 왔다. 외래어는 국어 화자들이 쓰는 말이므로 당연히 원어 발음이 아니라 국어 발음을 대상으로 해야 한다는 것이다(김정우 2002, 최경봉 2008 등). 원음주의에 따르다 보니 '에인절, 셔벗, 버킷(bucket), 로브스터(lobster)' 등 현실 언어와는 거리가 먼 표기로 인해 언중들이 오히려 불편을 느끼기도 한다('로브스터'는 2016년 인터넷판 표준국어대사전에서 '랍스터'도 표제어로 추가되었다). 따라서 원어민들이 어떻게 발음하든 간에 국어 화자들이 쓰는 대로 표기하는 것이 더 중요하다고도 할 수 있다.

물론 모든 외래어를 국어 발음에 따라 적을 수는 없다. 새로 들어오는 말들은 아직 국어 발음이 형성되지 않아 원음에 따라 적을 수밖에 없기 때문이다. 특히 인명, 지명 등처럼 즉시적인 표기를 해야 할 경우, 그것이 국어 화자들 사이에서 쓰이기를 기다린 후에 정할 수는 없으므로 원어를 대상으로 표기를 결정해야 한다. 지구상의 다양한 언어의 표기법을 마련해 두는 것도 이와 같이 새로 들어오는 말에 대한 표기 기준이 필요하기 때문이다.

결론적으로 외래어 표기법은 국어 발음과 원음을 조화롭게 안배하여 적어야 할 숙제를 지니고 있다. 현재는 원음주의를 표방하여 지나치게 많은 외래어들을 원음에 따라 적는 경향이 비판의 대상이 되는 것인데, 이를 국어 화자들에게 익숙한 발음을 중시하는 방향으로 전환하는 방안도 고민해 볼 필요가 있을 것이다.[26]

2.1. 자음

2.1.1. 파열음

파열음은 기류의 흐름이 막혔다가 일시에 터지며 나는 소리이다. 성대의 진동

---

26) 김선철(2008)은 현행의 표기 원칙을 유지하면서 더 많은 단어를 국어 발음대로 적는 방안으로 외래어 표기법의 '제5항 이미 굳어진 외래어는 관용을 존중하되 그 범위와 용례는 따로 정한다'의 원칙을 주된 기준으로 삼을 것을 제안하고 있다. 즉 이를 예외적인 것이 아니라 가장 중심적인 원칙으로 올림으로써 국어 화자들이 실제 쓰는 어형을 중시하여 외래어 표기법을 정하도록 하자는 것이다.

여부에 따라 무성 파열음과 유성 파열음으로 나뉘는데 외래어 표기에서 이 두 소리를 달리 적는다.

가. 무성 파열음

무성 파열음에는 [p], [t], [k]가 있다. 이 소리들은 그 위치에 따라서 달리 적는다. 우선 모음 앞에서 이 소리들은 'ㅍ, ㅌ, ㅋ'으로 적는다. 언어에 따라서 이 소리가 된소리에 가깝기도 하여 '빠리, 꼬냑'처럼 된소리 글자로 적는 경우도 볼 수 있다. 그러나 이를 구별하지 않고 모두 거센소리로 적는 것이 원칙이다(아래 제시하는 예들에서 원어의 발음을 보이는 것이 원칙이겠으나 해당 음을 충분히 짐작할 수 있는 경우에는 일일이 발음을 제시하지 않는다. 이하 마찬가지다).

> [p] pass 패스, Paris 파리, spike 스파이크, reportage 르포르타주
> [t] tape 테이프, tank 탱크, stop 스톱
> [k] key 키, skirt 스커트, cognac 코냑

자음 앞 또는 어말에서 이 소리들을 적는 데는 두 가지 방법이 있다. 먼저 다음의 경우에는 받침으로 적는다.

> - 짧은 모음 다음의 어말에 오는 경우.
>   book[buk] 북, tip[tip] 팁, gap[gæp] 갭
>
> - 짧은 모음과 유음[l, r]이나 비음[m, n] 이외의 자음 사이에 오는 경우.
>   lipstick[lipstik] 립스틱, napkin[næpkin] 냅킨

이 원칙에 따라 robot의 표기는 '로봇/로보트' 중 '로봇'이 올바른 표기가 된다. 즉 이 단어의 발음은 [rəubɒt]으로[27] 짧은 모음 다음의 어말에 오는 't'는 받침으

---

27) 이는 영국 발음이다. 이 단어의 미국 발음은 [roubaːt]으로 어말 자음 앞 모음이 장음이지만 외래어 표기법은 영국 발음을 원칙으로 한다.

로 적는다.

이 외의 경우에는 어말과 자음 앞에서 무성 파열음은 '으'를 붙여서 적는다. 다음은 그 예들이다.

- 긴 모음 다음의 어말에 오는 경우. soup[su:**p**] 수프
- 중모음 다음의 어말에 오는 경우. make[mei**k**] 메이크
- 자음 다음의 어말에 오는 경우. belt[bel**t**] 벨트
- 짧은 모음과 유음이나 비음 사이에 오는 경우. apple[æ**p**l] 애플, picnic [pi**k**nik] 피크닉
- 중모음과 자음 사이에 오는 경우. recital[risai**t**l] 리사이틀
- 자음과 자음 사이에 오는 경우. spring[s**p**riŋ] 스프링

이 원칙에 따라 아래 예들은 '_'를 받쳐 적는 것이 올바른 표기이다. 이를 흔히 '플룻, 숏커트, 테잎, 케잌, 콘셉/컨셉' 따위로 적기도 하지만 모두 잘못된 표기이다.

flute[flu:**t**] 플루트/*플룻, short cut[ʃɔ:**t** −] 쇼트커트/*숏커트, tape[tei**p**] 테이프/ *테잎, cake[kei**k**] 케이크/*케잌, concept[kɔnsep**t**] 콘셉트/*콘셉/*컨셉

이상의 원칙과 무관하게 단어에 따라서는 예외적인 표기가 허용되기도 한다.

만화나 영화의 한 장면을 '컷'이라고 한다.
탁구에서 '커트'는 중요한 기술이다.
그 작가는 오래된 '타이프'로 글을 쓴다.
그 사람은 내 '타입'이 아니다.

표기 원칙에 따르면 cut는 '컷', type는 '타이프'이지만, 분야에 따라서 '커트, 타입'이 널리 쓰여 이 관용 표기를 인정한다. 그래서 '커트'는 미용('커트 머리')이나 운동 분야에서 쓰이고, '컷'은 만화나 영화의 장면의 가리키는 말로 쓰인다.[28] '타이프'는 타자기, '타입'은 유형 따위를 가리키는 말이다.

특히 짧은 모음 다음의 어말에 무성 파열음이 오는 경우 예외적인 단어들이 많다. 아래 단어들은 원칙에 따르면 받침으로 적어야 하지만, 예외적으로 '으'를 받쳐 적는 예들이다.29) 이러한 예외가 많으므로 단어별로 익혀 둘 필요가 있다.

net 네트, jet 제트, set 세트, mat 매트, bit 비트, dot 도트, nut 너트, hit 히트, knot 노트, knit 니트, shock 쇼크, knock 노크, check 체크, lock 로크,30) hip 히프

한편 영어와 달리 프랑스어나 독일어는 어말의 무성 파열음을 '으'를 붙여 적는 것이 원칙이다.31) 즉 짧은 모음 뒤에서도 '으'를 붙여 적는다.

avec[av**ɛk**] 아베크, enquê**te** 앙케트, pale**tte** 팔레트 (이상 프랑스어)
Stadt[ʃtat] 슈타트, Arbei**t** 아르바이트, Mar**k** 마르크 (이상 독일어)

나. 유성 파열음

유성 파열음 'b, d, g'는 모음 앞에서 'ㅂ, ㄷ, ㄱ'으로 적는다. 외국어의 무성음과 유성음을 구별하여 적는 것이다. 종종 '빠리(Paris), 땐스(dance), 까스(gas)'처럼 무성음이든 유성음이든 모두 된소리로 발음하고 적기도 하지만 외래어 표기법은 원칙적으로 파열음에는 된소리를 쓰지 않는다.

bus 버스, **b**ag 백, **b**all 볼, **d**am 댐, **d**ollar 달러, **g**as 가스, **g**oal 골

---

28) '커트'를 '*컷트'와 같이 불필요하게 'ㅅ'을 받쳐 적기도 한다. 이와 같이 잘못 표기하는 예로 *컷터, *셋트, *맛사지' 등이 있다. '커터, 세트, 마사지'가 올바른 표기이다.

29) 예시의 단어들은 박용찬(2007)을 참조했다. 박용찬(2007)은 각 유형별로 외래어의 다양한 예들을 제시하고 있어 이 책에서 다수의 예들을 참조하였다.

30) 레슬링의 공격 기술의 일종. 음악 용어 또는 등반 용어의 rock은 '록'이다. '하드 록(hard rock), 록클라이밍(rock-climbing)' 등. 한편 같은 레슬링 기술이지만 'headlock'은 '헤드록/*헤드로크'이다.

31) 독일어와 프랑스어는 기본적으로 영어의 표기 원칙을 준용하지만 각 언어의 독특한 특성을 살려 표기하는 부분도 있다.

유성 파열음이 어말이나 자음 앞에 올 때는 항상 '으'를 붙여 적는 것이 원칙이다. 이는 영어를 비롯하여 표기 대상의 모든 언어에 원칙적으로 적용된다. 다음은 영어의 예를 보인 것이다.

gag 개그, herb 허브, bug 버그, mug 머그, mud 머드, pad 패드, tag 태그, tab 태브, pub 퍼브, lobster 로브스터, hot dog 핫도그, bulldog 불도그, zigzag 지그재그, log-in 로그인, Cupid 큐피드, Robin Hood 로빈 후드, pyramid 피라미드

일부 단어의 경우 '택을 떼다, 탭 키를 누르다, 불독한테 물리다' 등과 같이 흔히 받침으로 쓰기도 한다. 외래어 표기법에 따른다면 이는 '태그를 떼다, 태브 키를 누르다, 불도그한테 물리다' 등으로 써야 한다. '로빈 훗, 피라밋' 등도 흔히 잘못 쓰는 표기여서 유의할 필요가 있다.

다만 단어에 따라서 받침으로 적는 관용이 있어서 이를 따르는 예외적인 표기도 있다.[32]

bag 백, lab 랩, web 웹, good morning 굿모닝,[33] flash mob 플래시 몹, mob scene 몹신, Bob 밥,[34] Chicago Cubs 시카고 컵스[35]

2.1.2. 마찰음

마찰음은 입 안이나 목청 등의 조음 기관이 좁혀진 사이로 공기가 비집고 나오면서 마찰하여 나는 소리이다. [s], [z], [f], [v], [θ], [ð], [ʃ], [ʒ] 등이 있다.

---

32) 원칙에 따라 '으'를 붙여 적는 단어들도 언어 현실에서 '으' 없이 받침으로 소리 내는 경향이 커지고 있어서 'tab' 등 단어에 따라서 그 관용을 인정할 필요성이 있음을 박용찬(2007 : 65-66)에서 언급하고 있다.

33) 국어사전에는 등재되지 않았지만 국립국어원(http://www.korean.go.kr)의 외래어 표기 용례로 등재된 단어이다. 'good'의 표기는 '굿'으로서 고유명사 Goodman, Goodyear 등도 '굿맨/*굿맨, 굿이어/*굳이어'로 적는다.

34) 영미인의 인명.

35) 미국의 프로 야구 팀.

[s], [z]

이 소리들은 모음 앞에서 각각 'ㅅ, ㅈ'으로 적는다. 그리고 어말 또는 자음 앞에서는 '스, 즈'로 적는다. 이 소리들을 된소리로 적는 경우가 종종 있지만 올바른 표기가 아니다. 파열음에 된소리를 쓰지 않는 것이 표기의 원칙이지만 마찰음, 파찰음의 경우에도 된소리를 거의 쓰지 않는다.

> [s] sign 사인, size 사이즈, sauna 사우나, circle 서클 (이상 모음 앞), virus 바이러스 (어말), sports 스포츠 (자음 앞)
> [z] zero 제로, buzzer 버저, Salzburg 잘츠부르크 (이상 모음 앞), lens 렌즈 (어말), netizen 네티즌 (자음 앞)

위 예들 중 '사인, 사이즈, 사우나, 서클' 등은 특히 '싸인, 싸이즈, 싸우나, 써클'과 같이 된소리로 말하고 그렇게 적는 경우가 많다. 이러한 표기는 모두 잘못된 것이므로 주의할 필요가 있다.

[f], [v]

이 소리들은 모음 앞에서 각각 'ㅍ, ㅂ'으로 적는다. 이 가운데 [f]를 'ㅎ'으로 적는 경우가 있지만36) 올바른 표기가 아니다.

> [f] family 패밀리, ferry 페리, fighting 파이팅, file 파일, frypan 프라이팬
> [v] violin 바이올린, vinyl 비닐, video 비디오

특히 '파이팅, 프라이팬' 등은 일상의 언어생활에서 '화이팅, 후라이팬'이 매우 널리 쓰이기도 한다. 어떤 면에서 이를 관용으로 인정해도 될 정도이지만 이러한 예외적 표기는 인정되지 않으므로 유의할 필요가 있다.

말을 할 때 외래어의 'f, v'를 국어의 'ㅍ, ㅂ'이 아닌 원어 발음에 가깝게 소리

---

36) [f]는 윗니와 아랫입술을 맞닿아 내는 소리로 국어에는 없는 소리이다. 원어의 발음에 가깝게 표현하고자 하여 이를 'ㅎ'으로 적는 관행이 오랫동안 있어 왔다.

내는 경우가 종종 있으나(근래 아나운서들의 발음에서도 그러한 경향이 보인다) 이는 해당 단어를 외국어로서 말한 것일 뿐이다. 국어의 외래어로서 해당 단어를 [f], [v]로 발음하는 것은 올바른 발음이라고 할 수 없다.

[θ], [ð]
이 소리들은 모음 앞에서 각각 'ㅅ, ㄷ'으로 적는다.

> [θ] th**rill** 스릴, Macbe**th** 맥베스, O**th**ello 오셀로, Ar**th**ur 아서
> [ð] fea**th**er 페더(급), Ne**th**erlands 네덜란드, bro**th**er 브라더

이 가운데 과거의 표기에 이끌려 '오셀로, 아서 왕'을 '오델로, 아더 왕'처럼 'ㄷ'으로 적는 경우가 종종 있으나 올바른 표기가 아니다. 다만 한국전쟁 참전 장군인 Douglas MacArthur[məkɑ:rθər]의 경우는 원칙에 따르면 '머카서'로 적어야 할 것이나 관용 표기를 인정하여 '맥아더'로 적는다. 또 아래의 예도 예외적으로 [θ]를 'ㄷ'으로 적는 경우이다.

> Go**th**ic 고딕, mammo**th** 매머드

이상의 [s], [z], [f], [v], [θ], [ð]가 어말 또는 자음 앞에 올 때는 '으'를 붙여 적는다.

> servi**ce** 서비스, ja**zz** 재즈, gol**f** 골프, sto**ve** 스토브, boo**th** 부스, smoo**th** 스무드 (이상 어말) **s**ports 스포츠, **f**loor 플로어, th**r**ill 스릴 (이상 자음 앞)

이는 크게 문제 될 것이 없다. 다만 [f]가 어말에 오는 'staff 스태프'는 흔히 '스탭'으로 쓰기도 하지만 올바른 표기가 아니라는 점은 유의할 필요가 있다.

[ʃ]

모음 앞의 [ʃ]는 뒤따르는 모음에 따라 '샤, 섀, 셔, 셰, 쇼, 슈, 시'로 적는다.

[ʃɑ] **sh**amanism 샤머니즘

[ʃæ] eye **sh**adow 아이섀도

[ʃə]/[ʃɜ] fa**sh**ion 패션 / **sh**irts 셔츠

[ʃe] **Sh**akespeare 셰익스피어

[ʃɔ] **sh**opping 쇼핑

[ʃu] **s**uit 슈트

[ʃi] leader**sh**ip 리더십

이 경우의 음절은 '섀, 셰' 등 국어 화자들에게 다소 익숙지 않게 느껴지는 것이 있어 잘못된 표기가 종종 나타난다. 아래는 특히 유의할 만한 예들이다.

chamois[37) 섀미, **sh**areware[38) 셰어웨어, **sh**epherd 셰퍼드, milk **sh**ake 밀크세이크, **s**uit 슈트, **s**uperman 슈퍼맨, leader**sh**ip 리더십

이 가운데 '섀미'는 구어에서 '새무'가 흔히 쓰이다 보니 생소한 느낌을 주기도 하는데 그 바른 표기에 유의할 필요가 있다. '세'로 적어야 할 '셰퍼드, 밀크세이크' 등도 '쉐퍼드/세퍼드, 밀크쉐이크/밀크세이크'와 같이 '쉐, 세'로 잘못 적는 일이 적지 않다. '슈트, 슈퍼맨'은 미국식 영어 발음 [su]에 이끌려 '수퍼맨'으로 적는 일도 있으나 영국 영어의 [ʃu]에 따라 '슈퍼맨'으로 적는다. 'i' 모음 앞의 [ʃ]를 '리더쉽, 멤버쉽, 쇼맨쉽' 등처럼 '쉬'로 적는 일도 많으나 이 역시 '리더십, 멤버십, 쇼맨십'처럼 '시'로 적어야 한다.

언어에 따라 [ʃ]에 다양한 모음들이 뒤따르기도 한다. 이에 따라 프랑스어의 [ʃə]는 '슈'로 적고(chemise 슈미즈) 독일어와 프랑스어의 [ʃø]는 '쇠'로 적는다(Schönberg

---

37) 무두질한 염소나 양의 부드러운 가죽. '섀미'는 프랑스어가 아니라 영어를 어원으로 한 표기이다.

38) 정식 제품 구매 전에 먼저 체험해 볼 수 있도록 사용 기간이나 특정 기능에 제한을 둔 소프트웨어.

쇤베르크, fâcheux 파쇠).

[ʃ]가 어말에 올 때는 '시'로 적는다.

smash 스매시, rush 러시, sash 새시

이 경우 아래와 같이 '쉬'로 잘못 적는 경우가 흔하므로 주의할 필요가 있다.

dash 대시/*대쉬, cash 캐시/*캐쉬, English 잉글리시/*잉글리쉬, brush 브러
시/*브러쉬, flash 플래시/*플래쉬

자음 앞에서는 '슈'로 적는다.

shrimp (pizza) 슈림프 (피자)

영어가 아닌 다른 언어의 경우 어말과 자음 앞을 구분하지 않고 모두 '슈'로 적
는 것이 원칙이다. 다음은 독일어와 프랑스어 등의 예들이다(〈프〉: 프랑스어, 〈독〉:
독일어).

gouache〈프〉 구아슈, scaramouche〈프〉 스카라무슈, Dämonisch[39]〈독〉 데모
니슈, Frisch[40] 프리슈
Schweitzer 슈바이처, Einstein 아인슈타인, Tashkent 타슈켄트

> [ʃ]의 표기 예들은 각 언어의 발음을 고려한 결과이지만 국어의 발음에 얼마나 부
> 합하는가 하는 문제도 안고 있다. 이를테면 'ㅖ'는 국어에서 자음 뒤에서 제약되는 현
> 상이 있어서 '셸(shell), 셰이크(shake)' 등의 '셰' 표기는 단순히 시각적 기호로서의 의

---

39) '귀신이 들린'이라는 뜻으로, 사람의 내부에서 사람의 의지를 무시하고 어떤 행동으로 몰아대는 초인간적인
　힘을 이르는 말.
40) 독일어권 인명.

미만 지니게 된다. 원어의 발음을 의식한 화자들이 오히려 '셸, 쉐이크'처럼 '쉐'의 표기를 선호하는 점은 이러한 표기가 갖는 문제의 일면을 보여 준다.

[ʒ]

이 소리는 어말 또는 자음 앞에서는 '지'로 적고, 모음 앞에서는 'ㅈ'으로 적는다.

mirage[mirɑːʒ] 미라지, vision[viʒən] 비전

그러나 프랑스어는 어말 또는 자음 앞에서 '주'로 적는다.

rouge 루주, montage 몽타주, reportage 르포르타주, camouflage 카무플라주, sabotage 사보타주, corsage 코르사주, dégeler 데줄레

2.1.2. 파찰음

파찰음은 파열음처럼 공기의 흐름을 일시적으로 막았다가 터뜨린 후 마찰음처럼 마찰시키면서 내는 소리이다. [ts], [dz], [tʃ], [dʒ] 등이 있다.

[ts], [dz]

이 소리들은 모음 앞에서 'ㅊ, ㅈ'으로 적는다(〈러〉 : 러시아어, 〈이〉 : 이탈리아어).

Zürich〈독〉 취리히, Mozart〈독〉 모차르트, tsar〈러〉 차르, canzone〈이〉 칸초네, Lindsey 린지[41]

흔히 이 소리를 '쮜리히, 모짜르트, 짜르'와 같이 된소리로 적는 경우가 있는데 이는 모두 잘못된 표기이다. 파찰음의 된소리 표기는 중국어('江澤民 장쩌민, 毛澤東 마오쩌둥'), 타이어('Caolaw 짜올라우'), 베트남어('cha 짜') 등 일부 언어에서만 허용되고

---

41) 영미인의 인명.

대부분의 언어에서는 허용되지 않는다.

어말 또는 자음 앞에서는 '츠, 즈'로 적는다(⟨스⟩ : 스웨덴어).

Keats 키츠, beads 비즈, Potsdam⟨독⟩ 포츠담, ombudsman⟨스⟩ 옴부즈맨

[ʧ], [ʤ]

이 소리들은 모음 앞에서 각각 'ㅊ, ㅈ'으로 적는다.

check[ʧek] 체크, digital[diʤitl] 디지털, jazz[ʤæz] 재즈

이 가운데 '재즈'는 흔히 '째즈'로 적기도 한다. 그러나 이와 같은 된소리 표기는 올바른 표기가 아니다.

이 소리들이 모음 'ㅏ, ㅓ, ㅗ, ㅜ'와 어울릴 때 '차, 처, 초, 추', '자, 저, 조, 주'로 적는다. 이들이 구개음42)이라는 점을 의식하여 '챠, 쳐, 쵸, 츄'[ʧ], '쟈, 져, 죠, 쥬'[ʤ]와 같이 이중모음으로 적기도 하는데 이는 잘못이다. 국어의 'ㅊ, ㅈ'은 구개음이어서 이 음들이 'ㅊ+ja', 'ㅈ+ja'와 같이 어울릴 적에 반모음(j)이 탈락한다. 즉 국어에서 'ㅊ, ㅈ' 뒤에서 'ㅑ, ㅕ, ㅛ, ㅠ'는 'ㅏ, ㅓ, ㅗ, ㅜ'로 발음되고 따라서 그 표기도 '차, 처, 초, 추', '자, 저, 조, 주'로 적는다.

이 점은 앞의 [ʒ]도 마찬가지로 이 소리 역시 구개음이어서 '쟈, 져, 죠, 쥬'와 같이 적지 않는다.

[ʧ] charming 차밍, Christian 크리스천, voucher 바우처, chalk 초크, poncho 판초, chocolate 초콜릿, situation 시추에이션

[ʤ] disc jockey 디스크자키, journal 저널, just 저스트, junk 정크, joke 조크, Jupiter 주피터, Julia 줄리아, jukebox 주크박스

[ʒ] television 텔레비전, visual 비주얼, Jean Valjean 장발장

---

42) 즉 이 소리는 치경음인 [ts], [dz]과 달리 혀끝이 입천장에 닿아 나는 소리이다.

결과적으로 국어의 외래어 표기에서 '챠, 쳐, 쵸, 츄', '쟈, 져, 죠, 쥬'와 같은 표기는 없다. 그런데 과거 표기법에서 이와 같이 적었던 탓에 여전히 이러한 표기를 쉽게 목격할 수 있다. 아래는 그 잘못 쓰는 대표적인 예라고 할 수 있는데 어떤 경우이든 '차, 처, 초, 추', '자, 저, 조, 주'로 적어야 한다.

chart 차트/*챠트, chance 찬스/*챤스, juice 주스/*쥬스, junior 주니어/*쥬니어, genre〈프〉장르/*쟝르, vision 비전/*비젼

이는 중국어도 마찬가지다. 중국어의 주음부호 'ㄐ, ㄓ', 'ㄗ', 'ㄑ, ㄔ, ㄘ'는 각각 'ㅈ, ㅉ, ㅊ'으로 표기되는데, 이 뒤에 'ㅑ, ㅖ, ㅗ, ㅠ(ㄧㄚ, ㄧㄝ, ㄧㄛ, ㄧㄡ)가 결합하면 'ㅏ, ㅖ, ㅗ, ㅜ'로 적는다. 이를테면 'ㄐㄧㄚ 쟈→자', 'ㄐㄧㄝ 졔→제'와 같이 적는다.

蔣介石 장제스/*쟝제스,43) 南煎丸子 난젠완쯔/*난졘완쯔44)

어말 또는 자음 앞에서는 '지, 치'로 적는다.

sausage 소시지, switch 스위치, Hotchkiss 호치키스

2.1.3. 비음과 유음

비음은 비강으로도 공기가 나가는 소리이다. [m], [n], [ŋ] 등이 있는데, 각각 'ㅁ', 'ㄴ', 'ㅇ'으로 적는다.

mark 마크, nut 너트, steam 스팀, hint 힌트, ink 잉크

이 표기에는 예외가 거의 없지만 '마네킹(mannequin[mænikin])'은 예외적 표기로서 어말의 'n'을 'ㅇ'으로 적는다.

───────────

43) 한국 한자음으로 읽은 '장개석'도 허용된다.
44) 흔히 쓰는 '난자완스'도 올바른 표기가 아니다.

유음은 [l], [r]의 두 가지가 있는데, 모두 'ㄹ'로 적는다.

hotel 호텔, pulp 펄프, **rh**ythm 리듬

어중의 [l]이 모음 앞에 오거나 모음이 따르지 않는 비음 앞에 올 때는 'ㄹㄹ'로 적는다.[45)]

slide 슬라이드, blind 블라인드, film 필름

2.2. 모음

2.2.1. 단모음

외래어 표기법의 국제 음성 기호와 한글 대조표에서 표기 대상으로 제시하는 외국어의 모음은 총 19개이다(제4장 2. '국제음성기호와 한글 대조표' 참조). 그런데 한글의 단모음 글자 수는 10개에 불과하여 외국어 모음 가운데 비모음($\tilde{\epsilon}$, $\tilde{œ}$, $\tilde{ɑ}$, $\tilde{ɔ}$) 4개를 제외하더라도 15개의 외국어 모음을 적기에는 부족하다.[46)] 그래서 한글의 모음자 하나로 둘 이상의 외국어 모음을 적기도 한다.

외국어 모음	한글	외국어 모음	한글	외국어 모음	한글
i	이	ø, œ	외	ʌ, ə, ɚ	어
y	위	æ	애	ɔ, o	오
e, ɛ	에	a, ɑ	아	u	우

---

45) 어중의 [l]이 모음 앞에 온다고 모두 'ㄹㄹ'로 적는 것은 아니다. 'Hamlet 햄릿, Henley 헨리'와 같이 비음 뒤에서는 'ㄹ'로 적는다. 또 'headlight 헤드라이트'의 경우는 'head+light'의 합성어이기 때문에 '헤들라이트'와 같이 'ㄹㄹ'로 적지 않는다.

46) '으'는 외국어 모음 표기에 사용되지 않으므로 실제로는 9개에 불과하다. '으'는 '르네상스'처럼 프랑스어의 [ə]를 표기하는 데 이용되기도 하지만 그 쓰임은 매우 제약적이다.

[i]

'이'로 적는다.

    internet 인터넷, building 빌딩, digital 디지털

[y]

'위'로 적는다. 주로 프랑스어와 독일어에 이 발음이 보인다.

    buffet 뷔페, début 데뷔, München 뮌헨, Zürich 취리히

[e]와 [ɛ]

둘 다 '에'로 적는다. [ɛ]는 [e]보다 조금 더 낮은 모음이지만 구별하지 않고 동일하게 적는다. 국어 화자들은 외국어의 이 [e]와 [ɛ]를 동일하게 받아들이는 경향이 있다.

    [e] energy[enəʤi] 에너지, set 세트, lemon 레몬, Genom 게놈
    [ɛ] aerobic[ɛəroubik] 에어로빅, restaurant 레스토랑, Berlin 베를린

[ø]와 [œ]

둘 다 '외'로 적는다. [œ]는 [ø]보다 조금 낮은 모음이지만 구별하지 않고 동일하게 적는다. 두 발음은 국어에서 크게 구별되지 않고 '외'로 받아들이는 경향이 있다. 이 발음들은 주로 프랑스어와 독일어에서 보인다.

    [ø] Föhn〈독〉 푄, milieu〈프〉[47] 밀리외
    [œ] fleuret〈프〉 플뢰레, Köln 쾰른

---

47) 소설에서의 배경, 분위기 따위를 이르는 말.

[æ]

'ㅐ'로 적는다. 이는 [ε]보다 더 낮은 모음으로 국어에는 없는 소리이나 영어 등 외국어에는 흔하다. [e]와 [ε]를 '에'로 적는 것과 구별하여 [æ]는 '애'로 적도록 한 것이다.48)

apple 애플, taxi 택시, stamp 스탬프, classic 클래식, dance 댄스

이 소리의 경우 단어의 철자나 일본식 외래어에 이끌려 '아'로 적는 예가 많다. 이러한 표기는 일부 단어에서 관용 표기로 인정되기도 한다. 다음은 그 예들이다.

gas 가스, accent 악센트, balcony 발코니, tabloid 타블로이드

따라서 위 예의 '악센트'를 원어의 발음에 따라 '액센트'로 적는 것은 오히려 잘못된 표기가 된다.

그러나 이러한 관용 표기는 소수이고 대부분은 원칙에 따라 적는다.

accelerator 액셀(러레이터), calendar 캘린더, balance 밸런스, mammoth 매머드, dash 대시, lacquer 래커, battery 배터리

위 예들은 현실 언어에서 '악셀, 칼렌다, 발란스, 라카, 맘모스, 밧데리'와 같이 철자나 일본식 외래어에 이끌린 말이 여전히 쓰이지만 올바른 표기가 아니다. '대시'의 경우도 "285-9862-○○○○"와 같은 일련번호에서 '-' 부호를 읽을 때 흔히 '다시'로 통용되기도 하지만 역시 허용되지 않는다.

---

48) [ε]와 [æ]는 영어권에서도 쉽게 구별되지 않는다고 한다. 예를 들어 air는 [εər]로도 소리 나고 [æər]로도 소리 난다. 이와 같이 둘 다로 소리 날 수 있는 경우에는 [ε]에 근거하여 '에'로 적는다.(박용찬 2007 : 125 참조)

[a]와 [ɑ]

둘 다 '아'로 적는다. [a]는 [ɑ]보다 더 앞에서 나는 소리지만 국어 화자들에게 두 발음은 거의 구별되지 않는다.

[a] sign[sain] 사인, guide[gaid] 가이드, title[taitl] 타이틀[49]
[ɑ] mart 마트, card 카드, party 파티, RADAR 레이다/레이더

'RADAR(radio detecting and ranging)'는 '레이더'가 표준이었는데, 원어 발음이 [reidɑːr)]인 데 따라 '레이다'가 기본적인 표기로 새로 인정되었다(2014. 8. 29. 국어심의회). 다만 그동안 교과서 등에서 널리 써온 '레이더'도 관용적인 표기로 인정된다.

[ə]/[ɚ]와 [ʌ]

[ə]/[ɚ]는 '어'로 적는다. [ɚ]는 [ə]에 r음이 붙은 소리인데 [ə]와 동일하게 적는다.[50]

[ə] condition 컨디션, consortium 컨소시엄, community 커뮤니티,
  computer 컴퓨터, air conditioner 에어컨, interval 인터벌,
  penalty 페널티, barrel 배럴
[ɚ] zipper 지퍼, poster 포스터, boiler 보일러

이 발음은 철자에 이끌리거나 일본어의 영향으로 잘못 적는 일이 흔하므로 주의해야 한다. 특히 '아'로 적는 관습은 오래되고 여전히 국어에 널리 혼재되어 있으므로 정확한 표기를 익혀 둘 필요가 있다. 아래는 그 대표적인 예들이다.

---

[49] 영어에서 [a]는 [ai], [au] 등 중모음의 첫소리로만 쓰이는 특징이 있다. 따라서 이 단어들은 뒤의 중모음 표기에서 규정될 것이지만 [a]를 'ㅏ'로 적는다는 점을 보이기 위해서 여기에서도 제시하였다.

[50] [ə]를 독일어의 경우에는 '에', 프랑스어의 경우에는 '으'로 적는다('Neurose 노이로제', 'Renaissance 르네상스'). 독일어의 [ə]는 [e]/[ɛ]가 약화된 변이음이고, 프랑스어의 [ə]는 흔히 생략되는 소리로서 국어 화자들에게는 '으'로 인식되기 때문이다(박용찬 2007 : 133).

terminal 터미널/*터미날, original 오리지널/*오리지날, moral 모럴/*모랄,
vertical 버티컬/*버티칼, portal 포털/*포탈, negative 네거티브/*네가티브, air
에어/*에아, center 센터/*센타

아래의 예 역시 철자 등에 이끌려 '우', '오' 등으로 잘못 적는 대표적인 단어들이
다. 이들도 원칙에 따라 '어'로 적어야 한다.

symposium 심포지엄/*심포지움, remote control 리모컨/*리모콘, control 컨
트롤/*콘트롤, directory 디렉터리/*디렉토리, carol 캐럴/*캐롤

[ə] 모음이 약화된 경우로서 다음 예들은 철자에 이끌려 '에, 오'로 적는 일이 많
다. 그러나 이들도 원칙에 따라 '어'로 적는 것이 옳다. 즉 '라이센스, 심볼'은 흔히
쓰이기는 하지만 잘못된 표기이며 '라이선스, 심벌'이 올바른 표기이다.

license 라이선스, symbol 심벌

그런데 이 [ə]/[ɚ] 모음들은(특히 [ɚ]) 예외적으로 인정하는 관용 표기들이 있으므
로 주의해야 한다. 아래는 그 예들이다. 흔히 원어에서 이 모음이 약화되어 발음되
는 데 이끌려 '아, 오' 등으로, 또 어말에서는 대체로 '아'로 적는 경향이 있는데,
이를 인정한 것이다.

announcer 아나운서, collar 칼라, combine 콤바인
bacteria 박테리아, Asia 아시아, antenna 안테나, mania 마니아[51]

[ʌ]도 '어'로 적는다. 이 발음은 국어 화자들에게 '어'와 '아'의 중간 정도로 들린
다. 그래서 종종 '아'로 적기도 하는데 잘못이다. 또 철자에 이끌려 '오'나 '우'로 적

---

51) 어말 위치의 경우, '아'로 적는 것이 오히려 일반적이며, 'media 미디어, data 데이터, idea 아이디어,
salvia 샐비어' 등 '어'로 적는 단어들이 오히려 소수의 예들이다.

는 것도 잘못이다.

> compass[kʌmpəs] 컴퍼스, color[kʌlə] 컬러, honey 허니, touch 터치,
> monkey 멍키, front 프런트

따라서 '콤파스, 칼라, 타치, 하니, 몽키, 프론트'와 같은 표기는 모두 올바른 표기가 아니다. 다만 이들과 달리 '오븐 oven[ʌvn]'은 철자에 이끌린 표기가 예외적으로 인정된 경우이다.

[ɔ]와 [o]
모두 '오'로 적는다. [ɔ]는 [o]보다 더 아래에서 나는 소리지만 국어 화자들이 두 소리를 구별하기는 어렵다.

> [ɔ] dogma 도그마, stop 스톱, motif〈프〉 모티프
> [o] Hof〈독〉 호프, manteau〈프〉 망토52)

그런데 [ɔ]는 잘못 적는 일이 흔하다. 우선 다음 단어들은 'condition 컨디션, computer 컴퓨터' 등 '어'로 적는 단어들과 철자가 유사하여 동일하게 '어'로 잘못 적기가 쉽다. 그러나 'condition, computer' 등은 [ə] 발음인 반면 이들은 [ɔ] 발음의 단어이므로53) '오'로 적어야 한다.

> concept 콘셉트, condenser 콘덴서, concert 콘서트, contents 콘텐츠,
> contact lens 콘택트렌즈, complex 콤플렉스, compact 콤팩트

---

52) 영어의 [o]는 'home[houm]'과 같이 중모음 [ou]의 첫 모음으로만 나타난다. 영어의 중모음 [ou]도 '오'로 적는다.
53) 이는 영국 영어의 발음이다. 미국 영어에서는 [ɑ]이다. 이 con-, com-의 단어들은 영국 영어의 발음에 따라 적은 것이다.

이 가운데 '콘셉트'는 어말의 자음 발음까지 생략하여 흔히 '컨셉'으로 널리 쓰이는 경향이 있지만 원칙에 따른 '콘셉트'가 올바른 표기이다.

영어의 'con-, com-'의 형태를 갖는 단어들은 이와 같이 단어에 따라 발음이 다른데, 국어 화자들로서는 이를 구별하여 적기가 쉽지 않으므로 단어별로 일일이 표기를 익혀 둘 필요가 있다. 즉 'computer 컴퓨터'와 'comedy 코미디'를 각각의 [ə]와 [ɔ] 발음에 따라 구별할 수는 없고 그 표기형에 익숙해져야 하는 것이다.

[ɔ]는 미국 영어에서 [ɑ]로 발음되는 일이 흔하여 'ㅏ'로 발음하거나 적는 일이 종종 있다. 그러나 일부 예를 제외하고는 대부분 잘못이다. 아래는 그 대표적인 예들이다.

top 톱/*탑, rock 록/*락, spot 스폿54)/*스팟, workshop 워크숍/*워크샵, shop 숍/*샵

다만 다음 단어들은 '아'로 적는 관용을 인정한다.

hot dog 핫도그, shot 샷,55) nonsense 난센스

[u]
'우'로 적는다.

boots 부츠, blues 블루스, mousse〈프〉 무스

---

54) 'spot'은 '스폿 뉴스'처럼 '스폿'이 표준형이다. 그런데 'spotlight'는 '스폿라이트'가 아니라 '스포트라이트'이다. 이는 관용을 인정한 경우이다.
55) '샷'은 골프 용어이며, 영화 용어로서는 '숏'이다. 의미에 따라 둘을 구별한 것이다.

2.2.2. 중모음

가. 이중모음

이중모음(diphthong)으로는 [ai], [au], [ei], [ɔi], [ou] 등이 있다. 이들은 두 개의 단모음이 결합한 것이지만 뒤 모음은 음절을 이루지 못하고 매우 짧고 약하게 발음되어 전체가 한 음절을 이룬다.

그런데 이 가운데 [ai], [au], [ei], [ɔi]의 경우는 각각의 단모음을 살려 '아이, 아우, 에이, 오이'의 두 음절로 적는다.56)

time[t**ai**m] 타임, house[h**au**s] 하우스, skate[sk**ei**t] 스케이트, oil[**ɔi**l] 오일

그러나 [ou]는 '오'로 적는다. 영어에서 이 모음은 강세가 없는 위치에서 뒤 모음이 탈락하기도 한다. 즉 이 모음은 [o]와 다를 바 없다고 할 정도로 이중모음으로서의 성격이 약하다.57) 이러한 특성을 반영하여 '오우'가 아닌 '오'로 적는 것이다.

boat[b**ou**t] 보트, coat[k**ou**t] 코트, snowboard[sn**ou**bɔrd] 스노보드, window
[wind**ou**] 윈도, yellow[jel**ou**] 옐로

따라서 '스노우, 윈도우, 옐로우' 등 '오우'로 적는 것은 모두 올바른 표기가 아니다. 이전의 표기법에서는 '보우트'와 같이 '오우'로 적기도 하였지만 더 이상 이러한 표기는 허용되지 않는다.

나. 삼중모음

영어의 경우 이중모음 뒤에 [ə]가 뒤따르는 삼중모음(triphthong)으로 [eiə], [ouə],

---

56) 이는 [ai], [au], [ei], [ɔi]의 뒤 모음이 반모음으로서 하향이중모음인데 반하여 국어에는 하향이중모음이 없어 적당한 표기 방법이 없는 데서 기인한다.

57) 즉 [ou]를 [o]로 발음해도 뜻의 차이가 없다. 따라서 Keynon 등 영어학자에 따라서 [ou]를 이중모음이 아니라 [o]와 한 음소로 묶기도 한다. 반면에 Jones나 Trager처럼 [o]와 구별하여 이중모음으로 다루는 학자도 있다(양동휘 1967 : 70 참조).

[aiə], [ɔiə], [auə]가 있다.58)

　　player[pleiə], mower[mouə], tire[taiə], destroyer[distrɔiə], tower[tauə]

　외래어 표기법은 이 가운데 'auə'의 경우만 '아워'로 적도록 규정하고 있다.

　　tower[tauə] 타워, towel 타월, power 파워, shower 샤워, flower 플라워,
Eisenhower 아이젠하워59)

　그 외의 삼중모음에 대한 명시적인 규정이 없는 것은 각각의 단모음을 살려 표
기하는 것으로 해석된다.60)

　　player 플레이어, mower 모우어, tire 타이어, destroyer 디스트로이어

2.2.3. 반모음

[w]

반모음 [w]는 뒤따르는 모음과 합쳐 다음과 같이 적는다.

원어 발음	한글 표기	예
[wə], [wɔ], [wou]	워	word[wəːd] 워드, walking[wɔːkiŋ] 워킹, woe[wou] 워
[wɑ]	와	Hawaii[hɑːwɑːi] 하와이
[wæ]	왜	wagon[wægən] 왜건
[we]	웨	wedding[wediŋ] 웨딩
[wi]	위	wit[wit] 위트
[wu]	우	woman[wumən] 우먼

---

58) 이 모음들은 [ouə], [aiə], [ɔiə], [auə]처럼 'r'음이 뒤따르는 경우가 많다. 이를테면 tower는 [tauə]로도
　　발음되고 [tauɚ]로도 발음된다. 다만 이는 수의적이어서 편의상 한 가지로 나타낸다.

59) 독일어권의 경우는 'Schopenhauer 쇼펜하우어, Bauer 바우어'와 같이 '아우어'로 적는다.

60) 이 점에서 'royal[rɔiəl], Tom Sawyer[sɔiə]'를 '로이얼, 톰 소이어'가 아닌 '로열, 톰 소여'로 표기하는 것
　　은 관용에 따른 표기라고 할 수 있다.

그런데 한 단어가 [wɔ]와 [wɑ] 둘 모두로 발음되기도 한다. 이 경우에는 단어에 따라 그중 어느 하나를 선택하여 표기를 결정한다.

> [wɔ] watch[**wɔ**:ʃ] 워치, Washington[**wɔ**ʃiŋton] 워싱턴
> [wɑ] watt[**wɑ**:t] 와트, waffle[**wɑ**:fl] 와플

[wa], [wʌ] 등은 규정에 따로 예시된 바가 없다. 따라서 이 경우는 [wɑ], [wə]에 준하여 적을 수밖에 없다. a는 ɑ와, ʌ는 ə와 같게 적기 때문이다. 따라서 [wa]는 '와'로, [wʌ]는 '워'로 적는다.

> [wa] wife[**wa**if] 와이프, wire[**wa**iə] 와이어
> [wʌ] wonderful[**wʌ**ndəfl] 원더풀, one[**wʌ**n] 원

자음 뒤에 [w]가 올 때는 두 음절로 갈라 적는다. 그러나 [gw], [hw], [kw]는 한 음절로 붙여 적는다. 이 표기의 혼란은 거의 찾아볼 수 없다('휠체어, 퀴즈, 스콜, 스쿼시, 스퀴즈' 등).

> swing[**sw**iŋ] 스윙, twist[**tw**ist] 트위스트
> penguin[pen**gw**in] 펭귄, whistle[**hw**isl] 휘슬, quarter[**kw**ɔ:tə] 쿼터

한편 다음은 예외적 표기이다. 이들은 각각 [-kwe-](aquarium), [-gwɑ:-](iguana, guava)의 발음을 가져 '퀘, 과, 과'로 적어야 할 것들이나 관용을 인정한 것이다.

> a**qua**rium 아쿠아리움, i**gua**na 이구아나, **gua**va 구아버

[j]

반모음 [j]는 뒤따르는 모음과 합쳐 다음과 같이 적는다.

원어 발음	한글 표기	예
[jɑ]	야	yard[jɑːrd] 야드
[jæ]	얘	yank[jænk] 앵크
[jə]	여	yearn[jəːn] 연
[je]	예	yellow[jelou] 옐로
[jɔ]	요	yawn [jɔːn] 욘
[ju]	유	you[juː] 유
[ji]	이	yeast[jiːst] 이스트, year[jiə] 이어

[jʌ], [jou] 등은 규정에 따로 예시된 바가 없다. 이 경우 [jʌ]는 [jə]에 준하여 '여'로 적을 수밖에 없다. ʌ는 ə와 같게 적기 때문이다. 또 [jou]는 [ou]를 '오'로 적는 데 따라 [jɔ]처럼 '요'로 적게 된다.

yuppie[**jʌ**pi] 여피, yodel[**jou**dl] 요들, yogurt[**jou**gərt] 요구르트

한편 다음 단어들의 표기는 예외적인 표기이다. 규정에 따르면 이들은 각각 '야트, 얘크'로 적어야 할 것이지만 관용을 인정한 것이다.

yacht[**jɑ**ːt] 요트, yak[**jæ**k] 야크

[d], [l], [n] 뒤에 [jə]가 올 경우에는 두 음절로 갈라 적는다. 즉 각각 '디어', '리어', '니어'로 적는다.

Indian[ind**jə**n] 인디언, million[mil**jə**n] 밀리언, union[juːn**jə**n] 유니언

2.2.4. 장모음

외래어 표기법에서 장모음은 따로 표기하지 않는다.

beaker 비커, mirra 미라,[61] Keats 키츠, Turkey 터키, オオサカ(大阪) 오사카, キュウシュウ(九州) 규슈, トウキョウ(東京) 도쿄

과거에는 '비이커, 미이라, 키이츠, 터어키, 오오사카'와 같이 장모음을 표기하기도 하였고 그 관습의 영향으로 여전히 장모음의 표기가 보이기도 한다. 그러나 이러한 표기는 더 이상 허용되지 않는다.

다만 아래 단어들은 예외적으로 장음을 인정한 경우이다.[62] 즉 이 단어들은 오히려 '알콜, 말타제, 요드'가 잘못된 표기이다.

alcohol 알코올, Maltasea〈독〉 말타아제, Jod〈독〉 요오드

2.3. 합성어

합성어[63]는 그것을 구성하고 있는 말이 단독으로 쓰일 때의 표기대로 적는다.

bookend 북엔드, headlight 헤드라이트

'bookend', 'headlight'는 발음 대조표대로는 각각 '부켄드', '헤들라이트'가 되지만, '북+엔드', '헤드+라이트'와 같이 각 구성 요소가 단독으로 쓰일 때의 형태를 유지하여 적는다. 이렇게 적는 것이 단어를 이해하는 데 더 도움이 되기 때문이다.

합성어는 붙여 쓰는 것이 원칙이다. 그런데 외래어 표기법은 '원어에서 띄어 쓴 말은 띄어 쓴 대로 한글 표기를 하되, 붙여 쓸 수도 있다'(제3장 제1절 제10항 2.)라고 규정하면서 아래와 같이 두 가지 띄어쓰기가 모두 허용된다고 한다.

---

61) 'mirra'의 어원은 포르투갈어이다. 그러나 포르투갈어 발음으로는 [미하]이므로 '미라'는 일본어의 'ミイラ'에서 온 관용적 표기로 생각된다. 일본어의 경우에도 장음 표기를 하지 않으므로 '미이라'가 아니라 '미라'가 올바른 표기가 된다.

62) '알코올'은 '-ol'이 화학 성분을 나타내는 말이어서 이를 따로 독립하여 적은 것으로 알려져 있다(김세중 1997ㄴ 참조). '메탄올, 에탄올'의 경우 '올'을 밝혀 적는 것이 그것이다. '말타아제' 역시 '-ase'가 효소 성분을 나타내는 말이어서 이를 밝혀 쓴 것이다. 이는 '디아스타아제, 아밀라아제, 락타아제, 뉴클레아제'와 같은 표기에서 볼 수 있다. '요오드'는 관용적인 표기라고 할 수 있다. 이 단어의 동의어인 '아이오딘(iodine)'은 관련 전문 분야와 정부에서 영어식 화학 용어를 채택하면서 도입된 말이다.

63) 해당 규정에서는 '복합어'라는 용어를 쓰고 있다.

Los Alamos 로스 앨러모스/로스앨러모스, top class 톱 클래스/톱클래스

그러나 원어에서 어떻게 띄어 쓰든지 간에 국어에서 한 단어라면 한글 맞춤법에
따라 붙여 쓰는 것이 타당하다. 만일 단어인 '톱클래스'를 띄어 쓴다면 이는 단어별
로 띄어 쓰는 한글 맞춤법의 원칙에 어긋나게 된다. '외래어 표기법'과 달리 "표준
국어대사전"은 국어의 한 단어로 인정되는 것은 원어의 띄어쓰기와 무관하게 모두
붙여 쓰고 있다.[64]

Los Alamos 로스앨러모스, top class 톱클래스, fair play 페어플레이, eye
shopping 아이쇼핑, show window 쇼윈도, snow tire 스노타이어

2.4. 관용과 복수 표기

외래어는 국어에 들어온 말이므로 원어의 발음과 멀어진 경우들이 있다. 외래어
표기법이 비록 그 원어 자체를 적는 것이 아니라 국어의 일부로 귀속된 외래어를
적는 것이지만 기본적으로 원어의 음운 체계를 고려한다.

그런데 이 원어의 발음과 매우 멀어져 굳어진 경우에는 원어의 발음에 따라 적
어야 할지, 흔히 쓰이는 대로 적어야 할지 망설여진다. 이 경우 개별 단어에 따라
관용 표기를 인정하기도 하고 원어의 발음에 따라 적기도 한다.

ㄱ. 관용 표기만 인정하는 경우
라디오, 카메라, 껌, 카레, 요구르트 (*레이디오, *캐머러, *검, *커리, *요거트)

---

64) "표준국어대사전"은 일반어의 경우 '리어카, 백미러, 아이스크림, 커피숍, 콜택시, 핫도그' 등 원어에서 띄어
쓰는 말일지라도 붙여 쓰는 것을 원칙으로 한다. 전문어의 경우는 표제어에 따라 다른데, '뉴스쇼, 월드컵,
팝송, 코너킥, 홀인원' 등처럼 붙여 쓰기도 하고, '홈런 더비, 룸펜 인텔리겐치아' 등처럼 띄어 쓰기도 한다.
후자는 구 구성에 해당한다고 할 수 있는데 이들은 붙여 쓰는 것도 허용된다. '로스앤젤레스'의 경우는 외국
지명, 인명 등에서 'Las, Los, New, San' 등 생산적으로 결합하는 단위가 있는 말은 '라스베이거스(Las
Vegas), 로스앤젤레스(Los Angeles), 뉴델리(New Delhi), 산마르코(San Marco)'처럼 붙여 쓰기로 한 데
따른 것이다(국립국어연구원 2000ㄱ).

ㄴ. 관용 표기를 인정하지 않는 경우

　　텔레비전, 셔터, 브래지어, 버킷 (*테레비, *샷다, *브라자, *바게쓰)

ㄷ. 표기 원칙에 의한 표기와 관용 표기를 모두 인정하는 경우

　　셔츠/샤쓰, 점퍼/잠바, 필로폰/히로뽕, 파르티잔/빨치산(〈프〉partisan)

외래어는 유입 경로에 따라 둘 이상의 표기가 통용되는 경우가 있다. 예를 들어 독일어에서 들어온 '겔(Gel)'과 영어에서 들어온 '젤'(gel)은 혼용되어 쓰인다.

　　이 의약품은 겔 상태의 연고제이다.
　　액체나 젤 상태의 물품을 반입할 수 없습니다.

이와 같은 경우 단어에 따라서 둘 다 인정되는 경우도 있고 어느 하나만 인정되기도 한다. 다음은 둘 다 인정되는 예들이다(〈포〉: 포르투갈어, 〈체〉: 체코어, 〈아〉: 아랍어, 〈네〉: 네덜란드어).

　　벨벳(velvet) － 비로드(←〈포〉veludo)

　　포크커틀릿(pork cutlet) － 돈가스(豚カツ)

　　아이오딘(iodine) － 요오드(〈독〉Jod)

　　거즈(gauze) － 가제(〈독〉Gaze)

　　젤(gel) － 겔(〈독〉Gel)

　　노말(normal) － 노르말(〈독〉Normal)[65]

　　말테이스(maltase) － 말타아제(〈독〉Maltase)

　　필하모닉(Philharmonic) － 필하모니(〈독〉Philharmonie)

　　프라그(Prague) － 프라하(〈체〉Praha)

　　할로젠(halogen) － 할로겐(〈독〉Halogen)

　　갈락토젠(galactogene) － 갈락토겐(←〈프〉galactogène)

　　로맨스(romance) － 로망(〈프〉roman)

---

65) 용액의 농도를 나타내는 단위.

로맨스어(Romance語) － 로망어(〈프〉roman語)

호른(Horn) － 코르(〈프〉cor)

태피스트리(tapestry) － 타피스리(〈프〉tapisserie)

푸가(〈이〉fuga) － 퓌그(〈프〉fugue)[66]

코란(Koran) － 쿠란(〈아〉qurān)

퀴닌(quinine) － 키니네(〈네〉kinine)

그러나 다음과 같이 어느 한 표기만 인정되기도 한다. '에네르기, 앨러지, 레알리슴'은 표준국어대사전에 등재되지 않은 말로서 이는 곧 이들이 국어의 외래어로 인정되지 않는다는 뜻으로 이해된다.

에너지(energy) － *에네르기(〈독〉Energie)

알레르기(〈독〉Allergie) － *앨러지/*알러지(allergy)

리얼리즘(realism) － *레알리슴(〈프〉réalisme)[67]

2.5. 인명·지명의 표기

2.5.1. 표기 원칙

인명·지명은 특히 외래어 표기에서 중요한 의미를 갖는다. 이는 고유명사이므로 당연히 원어의 발음에 충실하게 표기하는 것을 원칙으로 한다.

외국의 인명·지명의 표기도 앞에서 든 '셰익스피어, 장제스, 잘츠부르크' 등에서 알 수 있듯이 일반 어휘와 같은 원리에 따라 적는다. 그런데 아직 표기 세칙이 마련되지 않은 언어의 인명·지명을 적어야 할 때도 있다. 이때는 원지음을 따라 적는 것이 원칙이다.

---

66) 악곡의 한 형식.
67) 초현실주의를 뜻하는 '쉬르레알리슴(〈프〉surréalisme)'은 인정된다.

Ankara 앙카라, Gandhi 간디

원지음이 아닌 제3국의 발음으로 통용되고 있는 것은 관용을 따른다. 그리고 번역명이 널리 쓰이는 경우라면 그 번역명을 관용으로 인정한다.

Hague 헤이그, Caesar 시저
Pacific Ocean 태평양, Black Sea 흑해

2.5.2. 동양의 인명, 지명 표기

오늘날 특히 중국과의 교류가 우리 사회에서 큰 비중을 차지하고 있는데 중국어는 한자를 사용한다는 점에서 그 지명·인명을 우리 한자음으로 표기할 것인지 원어의 발음대로 표기할 것인지 문제가 된다.

중국(·대만·싱가포르 등 한자권) 인명은 과거인과 현대인을 구분하여 과거인은 종전의 한자음대로 표기하는 것이 원칙이다. 과거인과 현대인은 신해혁명(1911)을 기준으로 하여, 신해혁명 이전에 사망한 이는 과거인, 그 외는 현대인으로 본다[이를테면 魯迅(1881-1936)은 현대인이다]. 이에 따라 '공자, 왕안석, 이태백, 두보, 조조, 이홍장' 등 과거인은 우리 한자음으로 표기한다. 그리고 현대인은 원칙적으로 중국어 표기법에 따라 표기한다.

江澤民 장쩌민, 高行健 가오싱젠, 鞏利 궁리, 郭沫若 궈모뤄, 梁啓超 량치차오, 李光耀 리콴유, 成龍 청룽, 習近平 시진핑, 吳淸源 우칭위안, 袁世凱 위안스카이, 劉德華 류더화, 周恩來 저우언라이, 胡耀邦 후야오방, …

다만 현대인일지라도 한자음 인명이 관용적으로 굳어진 경우에는 원음과 함께 둘 다 허용한다. 관용적으로 굳어진 정도는 객관적으로 판단하기 어렵지만 현재 국립국어원(2013)에서는 중국 인명의 경우 아래 예만 인정하고 있다.[68]

---

68) 한자어 인명으로 베트남의 정치가 胡志明도 '호찌민/호지명'의 복수 표기가 허용된다. 동일한 인명이 언어권

魯迅 루쉰/노신, 鄧小平 덩샤오핑/등소평, 毛澤東 마오쩌둥/모택동, 孫文 쑨원/손문, 劉少奇 류사오치/유소기, 蔣介石 장제스/장개석, 蔣經國 장징궈/장경국

중국의 지명은 원음에 따라 표기하는 것이 원칙이다. 그러나 역사 지명으로서 현재 쓰이지 않는 것은 우리 한자음대로 하고, 현재 지명과 동일한 것은 중국어 표기법에 따라 표기한다.

燕京 연경, 金陵 금릉, 長安 장안, 明州 명주
西安 시안, 松花(江) 쑹화(강), 四川(省) 쓰촨(성), 哈爾濱 하얼빈

일본의 인명과 지명은 과거와 현대의 구분 없이 일본어 표기법에 따라 표기하는 것을 원칙으로 한다. 특히 인명의 경우, 중국 인명은 과거인 및 현대인 중 일부에 대하여 우리 한자음으로 표기하도록 한 것과 대조된다. 일본어 표기법에 따른 인명이나 지명이 그동안 익숙하게 써 온 한국 한자음 인명, 지명과 달리 생소한 느낌을 줄 경우에는 한자를 병기하도록 한다.

川端康成 가와바타 야스나리, 伊藤博文 이토 히로부미, 大江健三郎 오에 겐자부로, 德川家康 도쿠가와 이에야스, 豊臣秀吉 도요토미 히데요시
鹿兒島 가고시마, 九州 규슈, 名古屋 나고야, 別府 벳푸, 富士(山) 후지(산)

그러나 중국(·대만·싱가포르 등 한자권) 그리고 일본의 지명일지라도 한국 한자음으로 읽는 관용이 있는 경우에는 이를 허용한다.

北京 베이징/북경, 延吉 옌지/연길, 延邊 옌볜/연변, 間島 젠다오/간도, 上海 상하이/상해, 臺灣 타이완/대만, 黃河 황허/황하

에 따라 달리 발음되어 복수의 표기가 인정되는 것은 비한자권에서도 볼 수 있다. 예를 들어, 라틴어 고유
명사 '카이사르(Caesar), 유피테르(Jupiter), 유노(Juno), 바쿠스(Bacchus)' 등은 영어명으로서 '시저, 주피
터, 주노, 바커스'도 인정된다.

東京 도쿄/동경, 京都 교토/경도, 關東 간토/관동, 法隆寺 호류사/법륭사, 北海道
홋카이도/북해도, 玄海灘 겐카이나다/현해탄

2.5.3. 바다, 섬, 강, 산 등의 표기

외국의 지명에서 '해', '섬', '강', '산' 등이 앞말에 붙을 때에는 모두 붙여 쓴다.
이는 앞말이 외래어든(아래 'ㄱ') 우리말이든(아래 'ㄴ') 모두 같다.

ㄱ. 카리브해, 발트해, 발리섬, 나일강, 후지산
ㄴ. 북해, 남중국해, 지중해, 목요섬,69) 양자강, 감람산

종전에는 위 'ㄱ'과 같이 앞말이 외래어인 경우에는 '해', '섬', '강', '산' 등을 띄
어 쓰도록 하였다. 종전의 규정은 다음과 같다.[외래어 표기법(1986) 제4장 인명, 지명
표기의 원칙 제3절 바다, 섬, 강, 산 등의 표기 세칙]

제1항 '해', '섬', '강', '산' 등이 외래어에 붙을 때에는 띄어 쓰고, 우리말에 붙을 때에
는 붙여 쓴다.
카리브 해, 북해, 발리 섬, 목요섬

그러나 이 규정은 한글 맞춤법의 정신과 맞지 않는 등 혼란이 있어 왔다. 이에
따라 최근에 해당 조항을 삭제함으로써 어떤 경우든 모두 붙여 쓰도록 규정을 개
정한 것이다(2017. 3. 28.). 예를 들어 종전에 '양쯔 강, 양자강'으로 띄어쓰기를 달
리하던 것을 모두 '양쯔강, 양자강'으로 붙여 쓴다.

이와 같이 '해', '섬', '강', '산' 등을 붙여 쓰는 것은 다른 지명 표기에도 두루 적용
된다. 즉, 현재 "표준국어대사전"에 '나폴리-만, 바이칼-호, 나가노-현, 윈저-성,
호류-사' 등으로 제시되어 있듯이, '곶(串), 만(灣), 호(湖)' 등 자연 지명, '시(市), 주(州),
성(省), 현(縣)' 등 행정 구역명, 그 외 '사(寺), 성(城)' 등의 경우도 모두 붙여 쓴다.

---

69) 오스트레일리아 퀸즐랜드 주 북쪽 연안 토러스 해협에 있는 섬.

베르데곳, 나폴리만, 바이칼호
뉴욕시, 워싱턴주, 쓰촨성, 나가노현
호류사, 윈저성

이 지명들은 종전에 '해', '섬', '강', '산' 등을 띄어 쓰는 데 따라 '베르데 곳, 뉴욕 시, 호류 사'처럼 모두 띄어 쓰던 예들이다.[70] 그러나 이제 '해', '섬', '강', '산' 등을 붙여 쓰는 것으로 개정한 데 따라 이 '곳, 만, 호, 시, 주, 성, 현, 사, 성' 등도 붙여 쓰는 것이 당연하다.[71]

바다는 '해(海)'로 통일하여 부르고(아래 'ㄱ'), 섬은 우리나라를 제외하고('제주도, 울릉도') '섬'으로 통일하여 부른다(아래 'ㄴ').

ㄱ. 홍해, 발트해, 아라비아해
ㄴ. 타이완섬, 코르시카섬

한자 사용 지역(일본, 중국)의 지명이 하나의 한자로 되어 있을 경우, '강', '산', '호', '섬' 등은 겹쳐 적는다.

온타케산(御岳), 주장강(珠江), 도시마섬(利島), 하야카와강(早川), 위산산(玉山), 황허강(黃河), 타이후호(太湖])

지명에 산맥, 산, 강 등의 뜻이 들어 있는 것 역시 '산맥', '산', '강' 등을 겹쳐 적는다. 아래 예에서 Rio는 강, Monet, Mont는 산, Sierra는 산맥을 뜻하는 말이다.

---

70) 종전에도 이는 지명 표기에 국한되며 다른 경우에는 확대하여 적용하지 않았다. 예를 들어 '가(家), 파(派), 교(敎), 법(法), 당(黨), 호(號)' 등이 붙는 경우는 지명이 아니므로 '메디치가, 아리우스파, 라마교, 이슬람법, 휘그당, 메이플라워호' 등처럼 붙여 써 왔다.
71) 종전 규정의 제시 예 '시에라마드레 산맥'을 개정된 규정에서 '시에라마드레산맥'으로 수정한 것도 이러한 태도를 보여 준다.

Rio Grande 리오그란데강, Monte Rosa 몬테로사산, Mont Blanc 몽블랑산, Sierra Madre 시에라마드레산맥

중국의 인명, 지명을 원음에 따라 표기하는 원칙은 논란의 대상이다. 예를 들어 '이소룡, 성룡, 주윤발, 유덕화, 오청원' 등은 국어 화자들에게 매우 익숙한 우리식 한자음 인명인데 이를 모두 비표준으로 돌리는 것은 언어 현실과의 괴리감이 크다. 최경봉(2008)은 '금문도/진먼다오(金門島), 천안문/톈안먼(天安門), 장강/츠앙지앙(長江)'의 고유명을 예로 들면서, 원음에 따라 표기할 경우 한자의 구성이나 '문', '강' 등의 의미를 파악하기 힘들어지는 문제가 있다고 한다. 이와 반대로 엄익상(2002, 2008)은 간결하면서도 체계적인 표기법을 위하여 모두 원음 중심으로 적을 것을 제안하기도 한다. 이러한 논란은 과거에 주로 우리 한자음으로 읽던 것을 원음 중심의 표기로 전환하면서 야기된 것인데, 이러한 과도기의 혼란을 극복하는 과정에서 지나친 원음 중심의 표기를 재고할 필요는 있을 것이다.

종전에 '해', '섬', '강', '산' 등이 외래어에 붙을 경우에 띄어 쓰도록 했던 것은 한글 맞춤법과 상충되는 문제가 있었다. 특히 이 가운데 '-해(海)'는 접미사로서 단어가 아닌데, 이를 띄어 쓰는 것은 문장의 각 단어는 띄어 쓴다는, 즉 단어별로 띄어 쓰도록 하는 한글 맞춤법의 규정에 어긋난다. 이 말이 결합한 '발트해, 카리브해' 등이 단어이므로 당연히 이들은 붙여 써야 한다. 이는 '섬', '강', '산'이 결합한 예도 마찬가지다. '양자강(揚子江)'이 단어라면 '양쯔강'도 단어일 수밖에 없고, '발리섬, 나일강, 후지산' 등도 모두 단어라고 해야 한다. 한글 맞춤법의 정신에 따르면 이들은 붙여 써야 한다.

그러므로 외래어 표기법에서 이들을 모두 붙여 쓰도록 개정한 것은 타당한 조치이다. 외래어 표기법이 한글 맞춤법과 별개의 규정이라고 해도, 단어별로 띄어 쓴다는 원칙에서 다르지 않기 때문이다. 이를테면 '스키장, 발레단, 골대, 종이컵, 선크림(sun cream), 블랙박스(black box)' 등은 한글 맞춤법의 다른 예들과 마찬가지로 단어이기 때문에 붙여 쓰는 것이다.

이와 같이 보면, 표준국어대사전에서 접미사 '-인, -족, -어' 등이 결합한 말들을

'프랑스 인, 게르만 족, 헝가리 어'로 띄어 쓰는 것을 원칙으로 하면서, '프랑스인, 게르만족, 헝가리어'처럼 붙여 쓸 수도 있도록 한 것은 매우 예외적인 것이다. 개정된 외래어 표기법에서 더 이상 '해', '섬', '강', '산' 등을 띄어 쓰지 않도록 하였으니, '-인, -족, -어' 등도 앞말이 외래어이든 우리말이든 항상 붙여 쓰는 것으로 수정해야 할 것이다. 개정된 외래어 표기법에서 종전의 '프랑스 어' 등 언어명의 표기를 '프랑스어'처럼 붙여 쓰도록 일괄적으로 수정한 것은 이러한 방향을 보여 주는 것으로 이해된다.

1. 외래어 표기법의 성립 과정을 간략히 설명하시오.

2. 다음의 세 가지 표기형에 대하여 각각 그 표기의 특성을 간략히 설명하고 어느 것이 가장 바람직한 표기형일지 의견을 말하시오.

〈대상 단어〉 banana[bənǽnə]

가) 버내너   나) 바나나   다) 빠나나

3. 다음은 외래어 표기가 잘못된 예들이다. 이를 바로잡으시오.

① 이따가 커피숖에서 만나자.	② 3시에 터미날에 도착했다.
③ 아무런 비젼이 없다.	④ 쇼윈도우에 진열된 상품.
⑤ 넌센스 퀴즈를 풀어 보세요.	⑥ 그는 째즈 연주자이다.
⑦ 답안은 싸인펜으로 쓰시오.	⑧ 계란 후라이를 맛있게 한다.
⑨ 밧데리를 교환해야 한다.	⑩ 내 동생은 피씨방에 갔다.
⑪ 이 신문은 황색 져널이다.	⑫ 그는 크리스챤이다.
⑬ 그 가수는 10대에 데뷰했다.	⑭ 단어의 액센트에 주의해라.
⑮ 어떤 컨셉으로 할 거니?	⑯ 3월에 심포지움이 열린다.
⑰ 팔에 기브스를 했다.	⑱ 잉글리쉬 전문 학원이다.
⑲ 입술에 루즈를 발랐다.	⑳ 용액을 비이커에 담는다.

4. 다음 중 올바른 표기를 고르시오.
① 짜장면   ② 뻐스   ③ 까스   ④ 뻬찌

5. 다음 중 잘못된 표기를 고르시오.

① 이탈리아 요리 전문점　　　② 컨소시엄 협약서

③ 바이얼린 연주자　　　　　④ 네거티브 전략

6. 다음 중 잘못된 표기를 고르시오.

① 로봇　　　② 냅킨　　　③ 립스틱　　　④ 테잎

7. 다음 중 잘못된 표기를 고르시오.

① 잠바　　　② 추리닝　　　③ 히로뽕　　　④ 샤쓰

8. 다음 중국(①∼⑥) 및 일본(⑦∼⑩)의 지명을 외래어 표기법에 따라 적으시오. 복수의 표기가 있으면 모두 적으시오.

① 北京　　　　　　　② 延吉
③ 延邊　　　　　　　④ 西安
⑤ 上海　　　　　　　⑥ 黃河
⑦ 京都　　　　　　　⑧ 北海道
⑨ 關東　　　　　　　⑩ 法隆寺

9. 다음 중 띄어쓰기가 잘못된 것을 고르시오.

① 크레타 섬은 고대 그리스 문명의 요람이다.
② 그는 러시아어를 유창하게 구사한다.
③ 우리는 일본의 후지산 정상에 올랐다.
④ 샹폴리옹의 별명은 이집트인이었다.

제5장 국어의 로마자 표기법

1. 로마자 표기법의 성립과 원리

1.1. 개념과 과제

국어의 로마자 표기법은 한글을 모르는 외국인을 위하여 국어를 로마자로 적는 방법을 규정한 표기법이다. 예를 들어 '종로'는 'Jongno'로, '세종'은 'Sejong'으로 적도록 규정하는 것이다.

그런데 '종로'를 'Chongno'나 'Jongro'로 적을 수도 있듯이 국어를 로마자로 어떻게 적을지는 간단한 문제가 아니다. 따라서 어떤 방식으로 로마자 표기를 할 것인지를 결정해야 하는데 여기에는 구체적으로 다음과 같은 문제들이 있다.

첫째, 소리에 따라 적을 것인가? 철자에 따라 적을 것인가?

예를 들어 '신라'를 표기할 경우, 그 소리인 [실라]에 따라서 'Silla'와 같이 적을 수도 있고, 그 철자에 따라서 'Sinra'와 같이 적을 수도 있다. 이와 같이 무엇에 따라 적느냐에 따라서 로마자 표기의 기본 원리가 나뉜다. 소리에 따라서 적는 법을 전사법(轉寫法, transcription)이라고 하고('표음법(表音法)'이라고도 한다), 철자에 따라서 적는 법을 **전자법**(轉字法, transliteration)이라고 한다. 이 두 원리는 각각 장단점을 지니고 있어서 선택의 문제가 뒤따른다.

둘째, 국어 화자의 관점에서 적을 것인가? 외국인의 관점에서 적을 것인가?

예를 들어, '제주'의 두 'ㅈ'은 각각 무성음과 유성음으로 다른데, 외국인은 그 차이를 잘 인식하지만 국어 화자는 그렇지 못하다. 이 경우 외국인의 관점에서는 'Cheju'과 같이 두 소리를 달리 적고, 국어 화자의 관점에서는 'Jeju'와 같이 하나로 적게 된다. 이 가운데 어느 방식을 택할지 결정해야 한다.

셋째, 로마자는 26 글자밖에 안 되는데 40개나 되는 우리말의 자모음을 어떻게 적을 것인가?

예를 들어 '설악'을 적을 때 모음 '어'를 어떻게 적을지 생각해 보자. 만일 'a, e, i, o, u' 다섯 글자를 이용하여 '아, 에, 이, 오, 우'를 적었다고 하면, '어'를 적을 적당한 글자가 없게 된다. 마땅한 글자가 없으니 'ŏ'와 같이 특수한 부호를 새로 고안할 것인지, 아니면 'eo'처럼 글자를 겹쳐서라도 26 글자 내에서 적을지 결정해야 한다.

이와 같은 문제들은 우리말을 로마자로 적을 때 고민할 수밖에 없게 되는 기본적인 문제들이다. 이에 대한 생각의 차이만으로도 로마자 표기법은 매우 다양한 모습으로 나타나게 된다.

1.2. 표기법의 역사

국어의 로마자 표기는 1830년대 이후 서양인, 일본인 등에 의하여 다양하게 표기되다가[72] 1939년 매큔(G. S. McCune)과 라이샤워(E. O. Reischauer)가 고안한 표기법73)이 대표적인 표기법으로 자리 잡았다. 이 표기법에서부터 이후 주요 표기법의 특징을 간략히 살펴보기로 한다.

가. 매큔—라이샤워 표기법(1939)

이 안(약칭 'MR 안')은 소리에 따라 적는 전사법의 표기법이다.

신라 Silla, 국민 kungmin, 독립 tongnip, 값 kap, 좋다 chot'a, 밭이 pach'i

이 표기법은 소리를 정밀하게 반영하여 'ㄱ, ㄷ, ㅂ, ㅈ'의 무성음과 유성음을 각각 'k, t, p, ch'와 'g, d, b, j'로 구별하여 표기한다. 국어 화자가 아닌 외국인의 귀에 구별되는 소리를 표기에 반영한 것이다.

고기 kogi, 독 tok, 무당 mudang, 발 pal, 사발 sabal, 제자 cheja

또 어깻점(')과 반달표(˘)의 특수 부호(daicritics)를 사용하는 것이 특징인데, 'ㅋ, ㅌ, ㅍ, ㅊ'을 어깻점을 이용하여 'k', t', p', ch''로, 모음 'ㅓ, ㅡ'를 반달표를 이용하여 'ŏ, ŭ'로 적었다.

김치 kimch'i, 팔 p'al, 조선 chosŏn, 그릇 kŭrŭt

---

72) 이 당시 표기는 개국하여 서양인의 입국이 허용된 1880년을 기준으로 전후 시기로 나눌 수 있다. 1880년 이전은 외국인이 국어를 직접 접하기 어려운 시기로서 Siebold(1832), Gutzlaff(1833), Medhurst(1835), Dallet(1874), Ross(1877) 등의 표기법이 있으며, 1880년 이후는 서양인들이 직접 국어를 접하고 표기법을 고안한 시기로서 Missionnaires(1881), Ross(1882), Scott(1887), A. L. Baird(1896), Gale(1897), Hodge(1897), Eckardt(1923) 등이 있다(김민수 1973, 최현배 1961, 도형수 1994 등 참조). 김민수(1973/1984 : 289)에서 小倉進平(1934)를 인용하여 언급한 바에 따르면 1920년대까지 27개 안의 표기법이 있었다고 하며, 이조차도 전부가 아니라고 한다. 이 시기를 전후하여, 20세기 초에는 前間恭作(1925) 등 일본인 학자들도 표기안을 만들었으며, 국내 학자로는 정인섭이 1935년에 '조선어음의 만국 음성부호 표기'를 발표하기도 하였다.

73) 김민수(1973/1984 : 292)은 이 표기법이 '어, 으'는 P. A. Eckard, 'ㅊ, ㅋ, ㅌ, ㅍ'은 J. S. Gale, 'ㄲ, ㄸ, ㅃ, ㅉ'는 불어계의 표기법을 혼용한 것으로 생각된다고 하였다.

ㄱ	ㅋ	ㄲ	ㄷ	ㅌ	ㄸ	ㅂ	ㅍ	ㅃ	
k, g	k'	kk	t, d	t'	tt	p, b	p'	pp	
ㅈ	ㅊ	ㅉ	ㅅ	ㅆ	ㅎ	ㄴ	ㅁ	ㄹ	ㅇ
ch	ch'	tch	s, sh	ss	h	n	m	r, l	ng

ㅏ	ㅓ	ㅗ	ㅜ	ㅡ	ㅣ	ㅐ	ㅔ	ㅚ	ㅟ
a	ŏ	o	u	ŭ	i	ae	e	oe	wi
ㅑ	ㅕ	ㅛ	ㅠ	ㅒ	ㅖ	ㅘ	ㅙ	ㅝ	ㅞ	ㅢ
ya	yŏ	yo	yu	yae	ye	wa	wae	wŏ	we	ŭi

나. 조선어음 라마자 표기법(1940)

이 표기법은 조선어학회에서 만든 것으로서('외래어 표기법 통일안'의 부록 2) 그 명 칭에서도 알 수 있듯이 소리에 따라 적는 전사법의 표기법이다. 다만 예외가 많아 MR 안만큼 철저한 전사법은 아니며 일부 전자법의 특성도 보인다.

아래에서 '값, 좋다, 밭이'는 소리대로만 적은 것이지만, '신라, 국민, 독립'은 소 리대로만 적은 것은 아니다. 즉 '독립[동닙]'처럼 두 자음이 만나 소리가 변할 때 뒤 음절의 첫소리만 변한 소리대로 적는 것이다.

값 gab, 좋다 zot'a, 밭이 baczi
신라 Sinla, 국민 gugmin, 독립 dognip

이 표기법은 소리에 따라 적더라도, MR 안처럼 'ㄱ, ㄷ, ㅂ, ㅈ'의 무성음과 유 성음을 구별하지는 않고 'g, d, b, z'의 한 가지로 적는다.

가게 gage, 다리 dari, 곧아 goda, 발 bal, 입을 ibŭl, 자 za, 완주 Wanzu

또 특수 부호도 'ŏ(어), ŭ(으), ĕ(애)' 등 모음에만 쓰고 자음에는 쓰지 않는다.

김치 gimczi, 팔 pal, 언양 Ŏnyang, 장흥 Zanghŭng, 동래 Dongnĕ

조선어음 라마자 표기법(1940)

ㄱ	ㅋ	ㄲ	ㄷ	ㅌ	ㄸ	ㅂ	ㅍ	ㅃ	
g	k	gg	d	t	dd	b	p	bb	
ㅈ	ㅊ	ㅉ	ㅅ	ㅆ	ㅎ	ㄴ	ㅁ	ㄹ	ㅇ
z	cz	zz	s	ss	h	n	m	r, l	ng

ㅏ	ㅓ	ㅗ	ㅜ	ㅡ	ㅣ	ㅐ	ㅔ	ㅚ	ㅟ
a	ŏ	o	u	ŭ	i	ě	e	oe	wi
ㅑ	ㅕ	ㅛ	ㅠ	ㅒ	ㅖ	ㅘ	ㅙ	ㅝ	ㅞ	ㅢ
ya	yŏ	yo	yu	yě	ye	wa	wě	wŏ	we	ŭi

다. 한글을 로오마 자로 적는 법(1948)

이는 문교부의 표기법으로서, 정부에서 공식적으로 만든 최초의 안이다. 이 안은 전자법과 전사법이 절충된 성격의 표기법이다.

아래와 같이 '부엌, 앞, 밖, 좋다' 등을 철자에 따라 적는 것은 전자법이지만, 한편으로는 '지게, 옷, 밭이, 독립, 물약, 값' 등 많은 예들을 소리에 따라 적음으로써 전사법의 특성도 강하게 보인다.[74]

> 부엌 puŏkh, 앞 aph, 밖 pagg, 좋다 chohta
>
> 지게 chige, 옷 ot, 밭이 pachh i, 독립 toknip, 물약 murlyak, 값 kap

이 안은 위 '지게 chige'처럼 한 단어 내의 유성음도 표기함으로써 제한적이기는 하지만 무성음과 유성음을 구별하는 표기법이기도 하다.

또 40년 안과 마찬가지로 특수 부호를 자음에는 사용하지 않고 'ŏ(어), ŭ(으)' 등 모음에만 사용하였다.[75]

---

[74] 40년 안, 48년 안을 모두 전자법과 전사법의 절충적 표기로 볼 수 있다(정희원 1997 : 33). 다만 이 두 표기법은 기본 원리에서는 차이를 지닌다. 40년 안은 '칼'과 '부엌'의 'ㅋ'이 달리 소리 나므로 'kal, buŏg'으로 달리 적고, '꿈'과 '밖'의 'ㄲ'도 달리 소리 나므로 'ggum, bag'으로 달리 적는다. 이는 전사법의 정신이다. 반면에 48년 안은 '칼'과 '부엌'의 'ㅋ'이 같은 철자이므로 'khal, puŏkh'으로 같게 적고, '꿈'과 '밖'의 'ㄲ'도 같은 철자이므로 역시 'ggum, pagg'으로 같게 적는다. 이는 전자법의 정신이다. '극락'을 예로 들면, 40년 안은 'gŭgnag'으로 적고 48년 안은 'kŭknak'으로 적는데, 기본 원리에서 본다면 전자는 '극 gŭg'이 예외적 표기이고, 후자는 '락 nak'이 예외적 표기인 셈이다. 다만 결과적으로 볼 때 두 표기법 모두 전사법, 전자법이 혼합된 절충적 표기의 성격을 지닌다고 할 수 있다.

김치 kimchhi, 팔 phar, 언양 Önyang, 장흥 Changhŭng

앞서 40년 안이 전사법이면서 예외가 있었듯이, 이 48년 안은 전자법을 기본으로 하면서도 예외가 많은 표기법으로서 철자와 소리를 절충하여 적는 성격을 지닌다.

한글을 로오마 자로 적는 법(1948)

ㄱ	ㅋ	ㄲ	ㄷ	ㅌ	ㄸ	ㅂ	ㅍ	ㅃ	
k, g	kh(k')	gg	t, d	th(t')	dd	p, b	ph(p')	bb	
ㅈ	ㅊ	ㅉ	ㅅ	ㅆ	ㅎ	ㄴ	ㅁ	ㄹ	ㅇ
ch, j	chh(ch')	dch	s	ss	h	n	m	r, l	ng

ㅏ	ㅓ	ㅗ	ㅜ	ㅡ	ㅣ	ㅐ	ㅔ	ㅚ	ㅟ
a	ŏ	o	u	ŭ	i	ai	e	oe	wi
ㅑ	ㅕ	ㅛ	ㅠ	ㅒ	ㅖ	ㅘ	ㅙ	ㅝ	ㅞ	ㅢ
ya	yŏ	yo	yu	yai	ye	wa	wae	wŏ	we	ŭi

라. 예일 체계(1954, 1968)

예일 체계(Yale System)는 예일 대학의 마틴(Samuel E. Martin) 교수가 만든 것으로, 전자법을 기본 원리로 삼고 있다. 우리나라에서 공식적인 표기법으로 사용된 적은 없다. 이 안은 매우 엄격한 전자법의 표기법으로서, 다음 예에서 보듯이 철저하게 국어의 철자에 따라 적는다. 이 안에서 'ㄱ, ㄷ, ㅂ, ㅈ'은 'k, t, p, c'로 적었다('가게 kake, 제자 ceca' 등).

신라 Sinla, 국민 kwukmin, 독립 toklip, 값 kaps, 좋다 cohta, 밭이 pathi, 부엌 puekh, 앞 aph, 밖 pakk

그리고 특수 부호를 전혀 사용하지 않고 로마자 26 글자로만 적었다. 이 표기법은 모음 표기에 독특한 점이 있는데, 대부분 표기법이 'e, u'로써 '에, 우'를 적는

---

75) 다만, 이 표기법에서 'ㅋ, ㅌ, ㅍ, ㅊ'은 'kh, th, ph, chh'로 적는데, 이와 함께 'k', t', p', ch'처럼 쓰는 것도 허용했다는 점에서 자음에서 특수 부호(')를 완전히 배제한 것은 아니다.

것과 달리 '어, 으'를 적는다('에, 우'는 'ey, wu'로 적는다).

김치 kimchi, 팔 phal, 조선 cosen, 늙은 nulkun

예일 체계(1954)

ㄱ	ㅋ	ㄲ	ㄷ	ㅌ	ㄸ	ㅂ	ㅍ	ㅃ	
k	kh	kk	t	th	tt	p	ph	pp	
ㅈ	ㅊ	ㅉ	ㅅ	ㅆ	ㅎ	ㄴ	ㅁ	ㄹ	ㅇ
c	ch	cc	s	ss	h	n	m	l	ng

ㅏ	ㅓ	ㅗ	ㅜ	ㅡ	ㅣ	ㅐ	ㅔ	ㅚ	ㅟ	
a	e	o	wu	u	i	ay	ey	oy	wi	
ㅑ	ㅕ	ㅛ	ㅠ	ㅒ	ㅖ	ㅘ	ㅙ	ㅝ	ㅞ	ㅢ
ya	ye	yo	yu	yay	yey	wa	way	we	wey	uy

마. 한글의 로마자 표기법(1959)

이는 '한글을 로오마자로 적는 법'(1948)의 문제점을 개선하기 위하여 문교부에서 개정한 표기법으로서, 전자법에 따른 표기법이다. 이 경우 'ㄱ, ㄷ, ㅂ, ㅈ'은 'g, d, b, j'로 적도록 하였다('가게 gage, 제자 jeja' 등).

다만 전자법이라고 해도 예일 체계만큼 철저하지는 않아서, 기본적으로는 아래의 '신라, 국민, 값' 등처럼 철자에 따라 적지만, '발, 다리, 옷안' 등처럼 소리에 따라 적기도 한다('발 bal', '다리 dari'는 'l'과 'r' 소리를 구별하여 적은 것이다).

신라 Sinla, 국민 gugmin, 독립 dogrib, 값 gabs, 좋다 jodta, 밭이 bati
발 bal, 다리 dari, 옷안 od·an, 물약 mullyag, 앞일 apnil

그리고 48년 안에서 모음에 한하여 남아 있던 특수 부호를 완전히 없애고 로마자 26 글자로만 적었다. 그래서 이 표기법은 '어, 으'를 위하여 'ŏ, ŭ' 대신 'eo, eu'와 같이 두 글자를 겹쳐 적는 방법을 고안한 것이 두드러진 특징이다.

김치 gimchi, 팔 pal, 조선 Joseon, 보은 Bo-eun

한글의 로마자 표기법(1959)

ㄱ	ㅋ	ㄲ	ㄷ	ㅌ	ㄸ	ㅂ	ㅍ	ㅃ	
g	k	gg	d	t	dd	b	p	bb	
ㅈ	ㅊ	ㅉ	ㅅ	ㅆ	ㅎ	ㄴ	ㅁ	ㄹ	ㅇ
j	ch	jj	s	ss	h	n	m	r	ng

ㅏ	ㅓ	ㅗ	ㅜ	ㅡ	ㅣ	ㅐ	ㅔ	ㅚ	ㅟ
a	eo	o	u	eu	i	ae	e	oe	wi
ㅑ	ㅕ	ㅛ	ㅠ	ㅒ	ㅖ	ㅘ	ㅙ	ㅝ	ㅞ	ㅢ
ya	yeo	yo	yu	yae	ye	wa	wae	weo	we	eui

바. 국어의 로마자 표기법(1984)

이는 문교부에서 만든 전사법의 표기법이다. 전자법의 표기법인 '한글의 로마자 표기법'(1959)이 전면적으로 보급되지 못하고, 영미권에서는 종전의 매큔-라이샤워 표기법이 여전히 사용되는 등 불안정성을 보여 그 대안으로 만든 것이다.

이 표기법은 전반적으로 MR 안과 맥을 같이하는 것이다. 즉 무성음과 유성음을 구별하는 등 정밀한 음성 표기를 한다는 점, 그리고 다시 자음, 모음 표기 모두 특수 부호가 부활하였다는 점에서 4, 50년대의 어떤 표기법보다 MR 안과 유사한 표기법이다.

신라 Shilla, 국민 kungmin, 독립 tongnip, 값 kap, 좋다 chot'a, 밭이 pach'i
가게 kage, 바둑 paduk, 갈비 kalbi, 제주 Cheju
김치 kmch'i, 팔 p'al, 조선 chosŏn, 금산 Kŭmsan

국어의 로마자 표기법(1984)

ㄱ	ㅋ	ㄲ	ㄷ	ㅌ	ㄸ	ㅂ	ㅍ	ㅃ	
k, g	k'	kk	t, d	t'	tt	p, b	p'	pp	
ㅈ	ㅊ	ㅉ	ㅅ	ㅆ	ㅎ	ㄴ	ㅁ	ㄹ	ㅇ
ch	ch'	tch	s, sh	ss	h	n	m	r, l	ng

ㅏ	ㅓ	ㅗ	ㅜ	ㅡ	ㅣ	ㅐ	ㅔ	ㅚ	ㅟ	
a	ŏ	o	u	ŭ	i	ae	e	oe	wi	
ㅑ	ㅕ	ㅛ	ㅠ	ㅒ	ㅖ	ㅘ	ㅙ	ㅝ	ㅞ	ㅢ
ya	yŏ	yo	yu	yae	ye	wa	wae	wo	we	ŭi

사. 국어의 로마자 표기법(2000)

이는 현행 표기법으로서, 문화관광부에서 만든 전사법의 표기법이다(문화관광부 고시 제2000-8호). 이 표기법은 전사법이지만 'ㄱ, ㄷ, ㅂ, ㅈ'를 유무성음에 따라 구별하지 않고 'g, d, b, j'의 한 가지로 적는다(받침은 예외이다). 즉 국어 화자의 관점에서 적는 것이다.

그리고 특수 부호를 사용하지 않고 로마자 26 글자로만 적는다는 점에서도 이전 표기법과 큰 차이를 보인다. 그래서 국어의 'ㅓ, ㅡ'를 59년 안처럼 'eo, eu'로 적는 것이 특징적이다. 결과적으로 현행 표기법은 전사법이라는 점에서는 이전의 문교부 안(1984)과 같지만 구체적인 표기법의 내용에서는 크게 달라졌다.

> 신라 Silla, 국민 gungmin, 독립 dongnip, 값 gap, 좋다 jota, 밭이 bachi
> 가게 gage, 바둑 baduk, 갈비 galbi, 제주 Jeju
> 김치 gimchi, 팔 pal, 조선 Joseon, 금산 Geumsan

참고로 '김치, 태권도'는 이 표기법에 따라 'gimchi, taegwondo'로 적는 것이 원칙이되, 상표, 제품명 등으로 이미 쓰이고 있거나 국제 관계상 필요한 경우에는 'kimchi, taekwondo'도 허용한다.

이상은 주요 표기법만 살펴본 것이지만, 이 사례들만으로도 로마자 표기법이 변화를 거듭해 왔음을 알 수 있다. 즉 전사법과 전자법의 선택, 유성음과 무성음의 구별, 특수 부호의 사용 등의 문제를 둘러싸고 이견이 대립되어 왔던 것이다. 이는 그만큼 효율적인 표기법을 만드는 데 근본적인 한계와 어려움이 있음을 보여 주는 것이기도 하다. 다음 절에서는 현행 '국어의 로마자 표기법'(2000)의 구체적인 내용을 살펴보고자 한다.

1.3. 표기 원리

현행 '국어의 로마자 표기법'의 기본 원리는 전사법이다. 현행 규정은 이를 다음과 같이 명시하고 있다.

> 국어의 로마자 표기는 국어의 표준 발음법에 따라 적는 것을 원칙으로 한다.(제1장 제1항)

전사법은 '국 guk, 국어 gugeo, 국민 gungmin'과 같이 소리에 따라 적음으로써 국어의 발음을 잘 반영하는 장점이 있다. 대신 '국'을 'guk, gug, gung'와 같이 달리 표기함으로써 국어의 문법적 형태를 잘 반영하지 못하고 철자를 복원하기 어려운 단점이 있다.

반면에 전자법은 '국 gug, 국어 gugeo, 국민 gugmin'과 같이 '국'을 'gug'로 일관되게 표기함으로써 문법적 형태를 잘 반영하고 철자를 쉽게 복원할 수 있는 장점이 있다. 대신 그 발음을 제대로 알기 어려운 단점이 있다.

두 원리는 이와 같이 각각 장단점이 있어서 표기의 목적에 따라서 각각 적절히 쓰일 수 있다. 예를 들어 소리를 전달하는 것이 중요한 경우라면 전사법이 유리할 것이고, 철자를 복원하는 것이 중요한 경우라면 전자법이 유리할 것이다.

지금까지 표기법은 이 두 원리의 선택을 두고 변화를 거듭해 왔는데, 현행 표기법은 이 가운데 로마자 표기법이 지명, 인명, 상호 등 고유명사를 표기하는 데 주된 목적이 있고, 그리고 그 경우 소리를 전달하는 것이 중요하다고 보아 전사법을 선택한 것이다.

로마자 표기법이 전자법을 취하는 것이 더 바람직하다는 견해도 학계 곳곳에서 강하게 제기되기도 하였다(이익섭 1997, 김차균 2000, 신경구 2000 등). 84년 안에 대한 개정은 1991년부터 논의되기 시작하였는데, 1992년 국어심의회는 새 표기법의 방향을 전자법으로 결정하였으며, 이후 1997년 정부는 전자법을 기반으로 하는 로마자 표기 개정 시안을 내놓은 바도 있다. 이에 대한 학계나 일반 국민 사이에 찬반 의견이 크게 갈렸으나, 전반적으로 이 전자법의 표기안에 대한 여론의 지지가 약하여 시행되지 못하였다.

다만 국어를 전면적으로 표기하는 경우라면 한글 표기에 체계적으로 대응되는 전자법이 유리할 수 있기에 현행 표기법(제3장 제8항)은 학술 논문 등 한글 철자를 복원할 필요가 있는 경우를 위하여 전자법 체계를 따로 마련해 두었다. 즉 현행 로마자 표기법에는 두 종류가 있는 셈이다.

현행 표기법은 전사법을 바탕으로 하면서, 국어 화자의 관점에서 표기하고자 한다. 이와 같은 관점에서는 국어 화자가 인식하지 못하는 무성음과 유성음을 굳이 구별하여 적을 필요가 없다. 국어 화자들로서는 '가게'의 'ㄱ'은 같은 소리일 뿐이므로 MR 안이나 84년 안에서 이를 'kage'와 같이 'k'와 'g'로 달리 적는 이유를 이해하기 어려웠던 것이다. 따라서 국어 화자의 입장에서는 이를 'gage'처럼 하나로 적는 것이 이해하기 쉽다.

이 경우 'ㄱ, ㄷ, ㅂ, ㅈ'을 'k, t, p, ch'가 아니라 'g, d, b, j'로 표기하는 이유 역시 국어 화자의 관점을 고려한 것이다. 예를 들어, 영어의 무성음은 유기성이 강하여 우리 귀에 'ㅋ, ㅌ, ㅍ, ㅊ'으로 들리는 반면 유성음은 'ㄱ, ㄷ, ㅂ, ㅈ'으로 들리는데, 이러한 이유로 국어 화자들은 'ㄱ, ㄷ, ㅂ, ㅈ'을 'g, d, b, j'의 유성음 글자로 적는 것이 더 자연스럽다고 여긴다. '부산'을 예로 들면 'Pusan'보다는 'Busan'이 자연스러운 표기라고 생각하는 것이다.

〈84년 안〉		〈현행 안〉
부산 Pusan	→	Busan
광주 Kwangju	→	Gwangju
대구 Taegu	→	Daegu
제주 Cheju	→	Jeju

현행 표기법은 특수 부호를 사용하지 않는다. 음절 경계를 보여 주기 위한 붙임표(-) 외에는 로마자로만 적는 것이다.

로마자 이외의 부호는 되도록 사용하지 않는다. (제1장 제2항)

MR 안이나 문교부 안(1984) 등에서 특수 부호는 편의상 종종 생략되기도 하는데, 그 경우 '성주'와 '송주', '정주'와 청주' 등 국어에서 구별되어야 할 말들이 구별되지 않는 문제가 있었다. 또 이를 적고자 하여도 과거에는 타자기, 현대에는 컴퓨터 자판으로 입력하기에 매우 불편하다는 문제도 있었다. 이는 84년 안을 개정하게 된 주요인이기도 하였다. 결론적으로 현행 표기법은 국어를 소리에 따라 로마자 26 글자로만 적는 표기법이다.

2. 로마자 표기의 실제

2.1. 표기 일람

현행 로마자 표기법은 다음의 표기 일람에 따라 적는다.

<〈모음 표기〉>

ㅏ	ㅓ	ㅗ	ㅜ	ㅡ	ㅣ	ㅐ	ㅔ	ㅚ	ㅟ
a	eo	o	u	eu	i	ae	e	oe	wi

ㅑ	ㅕ	ㅛ	ㅠ	ㅒ	ㅖ	ㅘ	ㅙ	ㅝ	ㅞ	ㅢ
ya	yeo	yo	yu	yae	ye	wa	wae	wo	we	ui

〈자음 표기〉

ㄱ	ㄲ	ㅋ	ㄷ	ㄸ	ㅌ	ㅂ	ㅃ	ㅍ
g, k	kk	k	d, t	tt	t	b, p	pp	p

ㅈ	ㅉ	ㅊ	ㅅ	ㅆ	ㅎ	ㄴ	ㅁ	ㅇ	ㄹ
j	jj	ch	s	ss	h	n	m	ng	r, l

위 표기 일람에서 'ㄱ, ㄷ, ㅂ' 그리고 'ㄹ'은 두 개의 로마자에 대응된다. 우선 'ㄱ, ㄷ, ㅂ'은 모음 앞에서는 'g, d, b'로, 자음 앞이나 어말에서는 'k, t, p'로 적는다.

구미 Gumi, 영동 Yeongdong, 백암 Baegam
옥천 Okcheon, 합덕 Hapdeok, 호법 Hobeop
월곶[월곧] Wolgot, 벚꽃[벋꼳] beotkkot, 한밭[한받] Hanbat

그리고 'ㄹ'은 모음 앞에서는 'r'로, 자음 앞이나 어말에서는 'l'로 적는다. 단, 'ㄹㄹ'은 'll'로 적는다.

구리 Guri, 설악 Seorak
칠곡 Chilgok, 임실 Imsil
울릉 Ulleung, 대관령[대괄령] Daegwallyeong

국어에서 본음이 '의'인 것은 항상 'ui'로 적는다. '의'는 '희[히]'처럼 자음 뒤에서 '이'로 소리난다. 그런데 '희'를 'hi'로 적는 것에 거부감을 느끼는 사람이 많아 소리와 무관하게 'hui'와 같이 항상 'ui'로 적도록 한 것이다.

의성 Uiseong, 편의점 pyeonuijeom, 희망 huimang

로마자 표기법에서는 장음 표기를 하지 않는다. 국어 발음에서 장음은 중요한 요소이지만 이를 반영하지 않도록 한 것이다.[76)]

눈[눈:] / 눈[눈] nun

현행 표기법에서 'ㄱ, ㄷ, ㅂ'을 모음 앞에서는 'g, d, b'로, 자음 앞이나 어말에서는 'k, t, p'로 나누어 적는 것에 대한 비판도 적지 않았다. 'ㄱ, ㄷ, ㅂ'은 무성 파열음(k, t, p), 유성 파열음(g, d, b), 내파음(k˺, t˺, p˺)의 세 가지 변이음을 갖는데, 유독 내파음(자음 앞이나 어말)만 'k, t, p'로 달리 적을 이유가 없으며, 1음운 1기호의 원칙에도 어긋난다는 것이다(이숙향 2000, 이규철 2000). 즉 이들은 한 음운으로 묶이는 것이므로 자음 앞이나 어말에서도 'g, d, b'로 적어야 한다는 것이다.

현행 표기법에서 내파음을 구별하여 적는 것은 국어 화자들의 보편적인 의식을 고려한 결과이다. 즉 우리나라 사람들은 유성음과 무성음의 차이는 느끼지 못하지만 모음 앞이냐 나머지 경우냐는 확연히 구별한다(김세중 2000ㄴ). 따라서 어말의 'ㄱ, ㄷ, ㅂ'은 k, t, p가 더 가깝다고 여겨 표기도 그와 같이 하는 경향이 있는데, 이를 반영하여 자음 앞이나 어말에서는 'k, t, p'로 적도록 한 것이다.

'ㄹ' 역시 변이음(r, l)을 구별하여 적는데, 이 또한 1음운 1기호의 원칙에서는 'r'이든 'l'이든 한 가지로 적어야 할 것이다. 현행 표기법에서 이를 '다리[tari], 달[tal]'처럼 'r'과 'l'로 구별하여 적는 것은 역시 국어 화자들이 모음 앞이냐 나머지 경우냐를 구별한다고 보기 때문이다.

국어 화자들의 이러한 인식은 영어 등 외국어의 표기나, MR 안 등 기존의 로마자 표기법의 영향일 수도 있으나, 현행 표기법은 어쨌든 국어 화자들 사이에 보편화되어 있는 인식을 반영한 것이다.

---

76) 역대 표기법 중에는 장음 표기를 한 것도 있다. 즉 조선어음 라마자 표기법(1940)은 특별히 필요한 경우에 한하여 '밤[栗] baam, 별[星] byŏŏl, 일 iil' 등과 같이 그 음절의 끝 모음을 거듭 써서 장음을 표시하였다.

2.2. 표기상의 유의점

가. 음운의 변화

현행 로마자 표기법은 국어를 소리에 따라 적으므로 음운 변화가 있을 경우 이를 반영하여 적는 것이 원칙이다.

> ㄱ. 자음 사이에서 동화 작용이 일어나는 경우
> 백마[뱅마] Baengma, 종로[종노] Jongno, 왕십리[왕심니] Wangsimni
>
> ㄴ. 'ㄴ, ㄹ'이 덧나는 경우
> 학여울[항녀울] Hangnyeoul, 알약[알략] allyak
>
> ㄷ. 구개음화가 되는 경우
> 해돋이[해도지] haedoji, 같이[가치] gachi, 맞히다[마치다] machida
>
> ㄹ. 'ㄱ, ㄷ, ㅂ, ㅈ'이 'ㅎ'과 합하여 거센소리로 나는 경우
> 좋고[조코] joko, 놓다[노타] nota
> 잡혀[자펴] japyeo, 낳지[나치] nachi

다만 체언에서 'ㄱ, ㄷ, ㅂ' 뒤에 'ㅎ'이 따를 때에는 'ㅎ'을 밝혀 적는다. 각각의 형태에 대한 인식을 표기에 반영하고자 하였기 때문이다.[77]

> 묵호 Mukho, 집현전 Jiphyeonjeon

경음화는 표기에 반영하지 않는다. 된소리 표기를 하지 않아 외국인이 예사소리로 발음하더라도 충분히 이해할 수 있고, 또 된소리를 반영할 경우 표기가 지나치

---

77) 개정 시안에서는 이 역시 소리에 따라 '묵호 Muko'와 같이 적는 것이었다. 그런데 사람들이 'k'를 '묵'의 'ㄱ' 받침을 적은 것으로 여기고 '호'의 'ㅎ'이 사라져 버린 것으로 오해하여 그 표기에 불만을 제기하는 일이 많아 이 같은 예외적 조항을 둔 것이다.

게 복잡해지기 때문이다.

압구정 Apgujeong, 낙동강 Nakdonggang, 죽변 Jukbyeon, 낙성대 Nakseongdae,
합정 Hapjeong, 팔당 Paldang, 샛별 saetbyeol, 울산 Ulsan

현행 로마자 표기법은 두 가지 이상의 발음이 있을 경우 기본적으로 원칙 발음에 따르고 있다. 즉 아래 예들에서 '계, 폐, 혜, 의'는 [계, 폐, 혜, 의]로 발음될 수도 있고(원칙 발음), [게, 페, 헤, 이]로 발음될 수도 있지만(허용 발음), 원칙 발음인 [계, 폐, 혜, 의]에 따라 적는다.

계명산 Gyemyeongsan, 마폐봉 Mapyebong, 혜화동 Hyehwa-dong
여의도 Yeouido, 구의동 Guui-dong

그런데 '샛별'의 표기 'satbyeol'은 원칙 발음인 [새:뼐]이 아니라 허용 발음인 [샏:뼐]에 따라 적은 것이다('ㅅ'이 들어간 단어 '냇가, 햇살' 등은 [내:까], [해쌀]이 원칙 발음이고, [낻:까], [핻쌀]은 허용 발음이다). 이와 같이 사이시옷이 개재된 단어들을 로마자로 표기할 때 허용 발음에 따라 적는데(깃대봉 Gitdaebong, 햇빛 마을 Haetbit maeul), 이는 앞서 다른 경우 원칙 발음에 따라 적는 것과 차이가 있다.

나. 붙임표(-)

발음상 혼동의 우려가 있을 때는 음절 사이에 붙임표(-)를 쓸 수 있다.

중앙 Jung-ang, 반구대 Ban-gudae, 해운대 Hae-undae, 한글 Han-geul

예를 들어, '중앙'의 경우 붙임표 없이 'Jungang'이라고 적으면 '준강'인지 '중앙'인지 잘 알 수 없게 된다. 이를 분명하게 보이기 위하여 붙임표를 사용하는 것이다.

붙임표는 이와 같이 발음상 혼동의 우려가 있는 경우 외에 행정 구역 단위, 인명 등을 적을 때도 쓴다(아래 '라', '마' 항 참조). 또 아래와 같이 한식명(韓食名)의 표기에서도 쓴다.[78]

> 보리밥 Bori-bap, 된장국 Doenjang-guk, 갈비탕 Galbi-tang, 김치찌개 Kimchi-jjigae, 고추장 Gochu-jang, 빈대떡 Bindae-tteok, 감자전 Gamja-jeon, 칼국수 Kal-guksu, 물냉면 Mul-naengmyeon

이와 같이 행정 구역 단위, 인명, 한식명 등에 붙임표를 쓰는 경우에 붙임표 앞뒤에서 일어나는 음운 현상은 표기에 반영하지 않는다. 한식명을 예로 들면, '물냉면'을 'Mul-laengmyeon'이 아니라 'Mul-naengmyeon'으로 적고, '만둣국'은 'Mandut-guk'이 아니라 'Mandu-guk'으로 적는다. 즉 붙임표 앞뒤의 단어(물-냉면, 만두-국)를 따로 적는 의미가 있는 것이다.

다. 고유 명사

고유 명사는 첫 글자를 대문자로 쓴다.

> 부산 Busan, 인천 Incheon, 세종 Sejong

이는 인명, 지명, 자연 지물명, 문화재명 등에 두루 적용되며(아래 '라', '마', '바' 항 참조), 한식명도 대표적인 음식 200개의 경우 첫 글자를 대문자로 표기한다[문화체육관광부(2014) 및 위 '나' 항 참조].

라. 인명

인명은 성과 이름의 순서로 띄어 쓰고, 성과 이름의 첫음절은 첫 자를 대문자로 쓴다(아래 'ㄱ'). 또 이름은 붙여 쓰는 것을 원칙으로 하되, 음절 사이에 붙임표(-)를

---

78) 한식명의 로마자 표기는 문화체육관광부(2014)를 참조할 수 있다. 한식명의 로마자 표기에서 붙임표(-)는 가독의 편의를 위해 자립성 있는 단어 사이에 넣는다. 다만 1음절끼리 결합하는 '김밥 Gimbap, 팥죽 Patjuk, 떡국 Tteokguk, 간장 Ganjang, 된장 Doenjang' 등과 '비빔밥 Bibimbap, 불고기 Bulgogi, 설렁탕 Seolleongtang' 등 관용적인 표기가 있는 경우는 넣지 않는다.

쓰는 것을 허용한다(아래 'ㄴ'). 그리고 이름 내에서는 음운 변화를 표기에 반영하지 않는다. 우리나라 사람 이름의 특성상 '복남 Boknam'과 '봉남 Bongnam'을 구별해 줄 필요가 있기 때문이다.

〈올바른 인명 표기 예〉

이름	ㄱ	ㄴ
한복남	Han Boknam	Han Bok-nam
송나리	Song Nari	Song Na-ri
민용하	Min Yongha	Min Yong-ha
홍빛나	Hong Bitna	Hong Bit-na

서구식 인명 표기처럼 이름과 성의 순서로 쓰는 것은 규정에 어긋난다(아래 'ㄱ'). 또 이름을 띄어 쓰거나(아래 'ㄴ') 뒤 음절의 첫 자까지 대문자로 쓰는 것도 규정에 어긋난다(아래 'ㄷ').

〈잘못된 인명 표기 예〉

이름	ㄱ	ㄴ	ㄷ
한복남	Boknam Han	Han Bok nam	Han BokNam
송나리	Nari Song	Song Na ri	Song NaRi
민용하	Yongha Min	Min Yong ha	Min YongHa
홍빛나	Bitna Hong	Hong Bit na	Hong BitNa

성(姓)은 표기 일람에 따라 적기 어려운 면이 있다. 개인이나 집안에 따라 관용적으로 쓰이는 표기들이 있어서 언중의 정서상 새로운 표기에 대한 거부감이 있기 때문이다. 또 표기법에 따를 경우 '이 I, 오 O, 우 U' 등 한 글자 표기가 되는 예들이나, '강 Gang, 노 No, 방 Bang, 손 Son, 신 Sin' 등 부정적 의미의 영어 단어에 대응하는 경우에 화자가 느끼는 거부감 역시 고려하지 않을 수 없다.

이와 같은 이유 때문에 성은 따로 정하도록 규정하고 있다. 다만 아직 그 합의된 표기안은 마련하지 못한 상태이다.[79]

마. 행정 구역 단위명

행정 구역 단위인 '도, 시, 군, 구, 읍, 면, 리, 동'과 도로명의 '가'는 각각 'do, si, gun, gu, eup, myeon, ri, dong, ga'로 적고, 그 앞에 붙임표(-)를 넣는다. 이 경우 붙임표 앞뒤에서 일어나는 음운 변화는 표기에 반영하지 않는다(예를 들어, 아래 '삼죽면, 인왕리'는 각각 [삼중면], [인왕니]로 붙임표 앞뒤에서 음운 변화가 있지만 이를 반영하여 'Samjung-myeon, Inwang-ni'로 적지 않는다).

> 충청북도 Chungcheongbuk-do, 의정부시 Uijeongbu-si, 양주군 Yangju-gun, 도봉구 Dobong-gu, 신창읍 Sinchang-eup, 삼죽면 Samjuk-myeon, 인왕리 Inwang-ri, 당산동 Dangsan-dong, 봉천 1동 Bongcheon 1(il)-dong, 종로 2가 Jongno 2(i)-ga

도로 위계 명칭으로 '대로(大路), 로(路), 길'도 각각 'daero, ro, gil'로 적고, 그 앞에는 붙임표(-)를 넣는다.[80] 이 경우에도 붙임표 앞뒤에서 일어나는 음운 변화는 표기에 반영하지 않는다('충정로'[충정노]를 'Chungjeong-no'로 적지 않는다). 즉 도로명은 다음과 같이 적는다.[81]

> 강남대로 Gangnam-daero, 퇴계로 Toegye-ro, 충정로 Chungjeong-ro, 모래내길 Moraenae-gil, 소월길 Sowol-gil

---

79) 성씨의 표기안을 마련하기 위한 노력으로는 '성씨 표기 제1차 시안'(국립국어연구원, 2001), '성씨 표기 제2차 시안'(국립국어연구원, 2009) 등이 있었다. 기본적으로 이 표기안들은 로마자 표기법에 따르는 것을 원칙으로 하면서, 로마자 한 글자로 적히는 '이 I, 오 O, 우 U' 등의 성씨는 'Yi, Oh, Wu'로 적는 것을 원칙으로 하는 것이었다. 다만 '김 Kim, 이 Lee' 등 표기법과 달리 관용적으로 널리 쓰이는 표기를 어디까지 허용할 것인가 하는 현실적인 문제를 해결하기 어려워 실현 단계로 나아가지는 못하였다. 이후 이상억(2011)에서 성씨의 로마자 표기에 대한 종합적인 검토를 거쳐 최종적으로 두 가지 권장안을 제안한 바 있다.

80) '대로'는 폭 40미터 또는 왕복 8차로 이상인 도로 중 길이가 4킬로미터 이상인 도로, '로'는 폭 12미터 이상 40미터 미만 또는 왕복 2차로 이상 8차로 미만인 도로 중 길이가 2킬로미터 이상인 도로, '길'은 그 외의 도로를 뜻한다.

81) 도로명을 포함하여 행정 구역명의 로마자 표기는 국어의 로마자 표기법(2000)만으로는 정확히 알 수 없다. 관련 정보는 행정자치부 도로명 주소 찾기 누리집(http://www.juso.go.kr)을 참조할 수 있다.

그런데 '로, 길'이 붙은 말이 도로 위계 명칭 즉 도로명이 아니라 지명을 나타내는 경우가 있다. 이 경우에는 붙임표 없이 이어서 쓴다. 예를 들어 '종로(鐘路)'는 도로명이기도 하고 지명이기도 한데, 도로명일 때는 'Jong-ro'로 쓰고, 지명일 때는 'Jongno'로 쓴다.

〈도로명〉 종로 Jong-ro, 세종로 Sejong-ro, 원효로 Wonhyo-ro, 무네미길 Munemi-gil

〈지명〉 종로 Jongno, 세종로 Sejongno, 원효로 Wonhyoro, 신비의바닷길 Sinbiui Badatgil

이 경우 '종로구'의 '종로', 그리고 '종로 1가, 종로 2가' 등에서 보이는 '종로'는 도로명이 아니라 지명이다. '1가, 2가'가 도로 위계를 나타내는 것이며 '종로'는 단지 지명을 나타내는 것이다. 아래는 이와 같은 예들이다.

종로구 Jongno-gu, 종로 2가 Jongno 2(i)-ga, 원효로 1가 Wonhyoro 1(il)-ga, 충무로 3가 Chungmuro 3(sam)-ga

다음과 같은 도로명 주소의 '대로, 로, 길' 등은 당연히 도로 위계를 나타내는 것으로 이 경우 '종로, 원효로, 광복로' 등은 도로명이다.

27, Gangnam-daero, Seocho-gu, Seoul (서울특별시 서초구 강남대로 27)

23, Jong-ro, Jung-gu, Daegu (대구광역시 중구 종로 23)

7, Wonhyo-ro, Yongsan-gu, Seoul (서울특별시 용산구 원효로 7)

3, Gwangbok-ro, Jung-gu, Busan (부산광역시 중구 광복로 3)

148, Geumnam-ro, Dong-gu, Gwangju (광주광역시 동구 금남로 148)

1, Moraenae-gil, Wonju-si, Gangwon-do (강원도 원주시 모래내길 1)

33, Dulle-gil, Seongdong-gu, Seoul (서울특별시 성동구 둘레길 33)

'시, 군, 읍'의 행정 구역 단위는 생략할 수 있다.

청주시 Cheongju, 함평군 Hampyeong, 순창읍 Sunchang

도로명과 지명을 구별하여 적는 방식은 국어 화자들로서는 매우 혼란스럽게 느껴질 수 있다. 원래 도로명은 '가(ga)'만 로마자 표기법에서 명시한 것인데 2002년 새 주소 부여 사업으로 '길(gil)'이 추가되어 '가, 길'은 붙임표를 넣어 표기하고, 그 외 '로, 대로'는 붙임표 없이 'Jongno(종로), Gangnamdaero(강남대로)'와 같이 적었었다. 이 경우에는 도로명이든 지명이든 동일하게 표기되어, 예를 들어 '종로'는 어떤 경우이든 'Jongno' 한 가지로 적혔다.

그런데 2007년부터 도로명 주소가 도입되면서(도로명 주소는 2011. 7. 29. 고시하고 2014년부터 전면적으로 실시되었다) 도로 위계 명칭으로 '대로(daero), 로(ro)'도 '가, 길'과 동일한 체계로 표기할 필요가 생겼고, 이에 따라 앞말과의 사이에 붙임표(-)를 넣고 그 앞뒤의 음운 변화를 반영하지 않기로 하였다.[82] 이를 종전과 같이 적으면 도로 위계 명칭인 '로'가 '원효로 Wonhyoro'에서는 ro, '팔달로 Paldallo'에서는 lo, '신문로 Sinmunno'에서는 no로 달리 적히는 문제가 생기기 때문이다.

다만 이 새로운 표기 방식은 도로명 주소에서는 체계적일 수 있으나, 한 명칭을 두 가지로 적는 것이 화자들로서는 매우 어려울 수밖에 없다. 즉 '종로, 세종로, 충정로' 등 한 가지 명칭에 'Jong-ro, Sejong-ro, Chungjeong-ro', 'Jongno, Sejongno, Chungjeongno'의 두 가지 표기가 있다는 자체가 선뜻 이해되기 어렵고, 또 문맥에 따라 도로명인지 지명인지 구별하는 것도 쉽지 않은 것이다. 도로명의 체계적 표기를 위하여 불가피한 면도 있으나 결과적으로 화자들에게는 부담이 되는 것도 사실이다.

---

[82] 도로명 주소는 '도로명 주소 등 표기에 관한 법률'(2006. 10. 4. 제정), 이 법 시행령(2007. 4. 5.)으로부터 비롯되었으며, 행정자치부는 2007년 12월부터 '대로(daero), 로(ro), 길(gil)' 등을 도로 위계 명칭으로 하여 그 앞에 붙임표(-)를 넣어 표기하기로 결정하였다. 도로명의 로마자 표기는 "5. 도로명의 로마자 표기는 문화체육관광부장관이 정하여 고시하는 국어의 로마자 표기법을 따르되, 세부 기준이 필요한 경우에는 행정안전부장관이 따로 정할 수 있다."('도로명 주소법 시행 규칙' 제5조, 2012. 1. 1.)는 규정에 따라 현재 행정자치부에서 정하여 시행하고 있다.

바. 자연 지물명 등

자연 지물명, 문화재명, 인공 축조물명은 붙임표(-) 없이 붙여 쓴다.

남산 Namsan, 금강 Geumgang, 독도 Dokdo, 경복궁 Gyeongbokgung, 안압
지 Anapji, 남한산성 Namhansanseong, 불국사 Bulguksa, 종묘 Jongmyo

참고로 '제주도'의 '도(道)'는 행정 단위이므로 'Jeju-do'로 적지만, '독도, 울릉도'
의 '도(島)'는 그렇지 않으므로 붙임표 없이 'Dokdo, Ulleungdo'로 적는다.

한편, 이러한 자연 지물명 등이 구체적으로 어떤 부류의 것인지 외국인에게 알
려 주고자 한다면 영어 번역어를 덧붙이는 것이 유용할 수 있다. 이 경우 한글 표
기에서 띄어 쓰는 보통명사에 한하여 실용상의 편의를 위해 그 영어 번역어로써
표기할 수 있다.

인천 대교 Incheon bridge, 울산 공항 Ulsan airport, 동래 온천 Dongnae
spa, 경포 해수욕장 Gyeongpo beach, 무릉 계곡 Mureung valley, 보라매 공원
Boramae park, 주남 저수지 Junam reservoir, 산정 호수 Sanjeong lake, 비룡
폭포 Biryong falls, 화암 동굴 Hwaam cave

다만 '오목교, 소양호, 만장굴' 등처럼 한글 표기에서 한 단어로 붙여 쓰는 것은
그 전체를 고유명사로 보아 영어 번역어로 옮기지 않는다. 위에서 본 '남산, 금강,
독도, 경복궁, 안압지, 불국사, 종묘' 등도 마찬가지다. '산맥, 산성, 토성' 등도 한
글 표기에서 붙여 쓰는 것이 일반적이므로 전체를 로마자로 표기한다.

오목교 Omokgyo, 소양호 Soyangho, 만장굴 Manjanggul,
태백산맥 Taebaeksanmaek, 남한산성 Namhansanseong,
풍납토성 Pungnaptoseong

문화재명, 자연 지물명 등은 그 로마자 표기만으로는 어떤 종류의 대상물인지 외국인이 알기 어렵다. 따라서 외국인의 이해를 돕기 위하여 이들에 대한 영문 표기를 제시할 수 있다.

한 예로 2013년 문화재청은 '문화재 명칭 영문 표기 기준'을 정하였는데, 기본적으로 고유의 우리말 명칭을 최대한 살리고 속성을 나타내는 보통명사는 영어로 옮겨 덧붙이는 방식이다. 일부 예를 보면 다음과 같다.

경복궁 Gyeongbokgung Palace, 북한산 Bukhansan Mountain, 한강 Hangang River, 강강수월래 Ganggangsuwollae (Circle Dance), 봉산탈춤 Bongsan Talchum (Mask Dance of Bongsan), 분청사기 편병 Buncheong Flat Bottle

종종 이를 두고 '경복궁, 북한산, 한강' 등의 로마자 표기가 'Palace, Mountain, River' 등을 덧붙이는 것으로 바뀌었다고 오해하기도 하는데, 이는 로마자 표기가 아니라 영문 표기 즉 영어식 표현이라는 것에 유의할 필요가 있다. 즉 '경복궁'의 로마자 표기는 'Gyeongbokgung'이며 그 영문 표기는 'Gyeongbokgung Palace'이다.

한편 그동안 자연 지물명, 문화재명 등에 속성 번역어를 덧붙일 때 다음과 같이 약어를 쓰거나 괄호를 사용하는 등 정부 기관마다 제각각으로 표기하는 문제가 있었는데,

〈남산〉 Namsan (Mt.), Namsan Mountain, Namsan (Mountain)

근래(2015. 6.) 정부는 아래와 같이 약어와 괄호를 쓰지 않는 방식으로 통일했다.

〈남산〉 Namsan Mountain

다만 도로 표지판처럼 표기 공간의 제약이 있을 경우에는 속성 번역어를 생략하거나 약어를 사용할 수 있도록 하였다.

사. 관용 표기

인명, 회사명, 단체명 등은 오랫동안 써 오던 표기가 있어서 갑자기 바꾸기 곤

란할 수 있다. 예를 들어 다음과 같이 널리 알려진 고유의 표기는 관용을 인정한
것이다.

대우 Daewoo, 삼성 Samsung, 현대 Hyundai
이화(여자대학교) Ewha, 건국(대학교) Konkuk

아. 전자법의 표기

현행 로마자 표기법(제8항)은 학술 연구 논문 등 특수 분야에서 한글 복원을 전
제로 표기할 경우를 위하여 철자를 대상으로 적는 전자법을 따로 마련해 두고 있
다. 이에 따른 표기는 한글 표기를 대상으로 하는데, 이때 글자의 대응은 앞서의
표기 일람에 따른다.

그런데 전자법에서는 한 철자인 'ㄱ, ㄷ, ㅂ, ㄹ'을 'g/k, d/t, b/t, r/l'처럼 두
가지로 적을 수는 없다. 전자법이 철자의 복원을 전제로 하는 이상 이는 매우 비효
율적이기 때문이다. 따라서 이들은 'g, d, b, l'의 한 가지로 적는다.

또 '어머니, 나이'와 같이 음가 없는 'ㅇ'은 어떻게 적을지 문제이다. 이는 따로
로마자로 표기하지 않고 붙임표(-)로 표기하되, 어두에서는 생략하는 것을 원칙으
로 한다. 기타 분절의 필요가 있을 때에 붙임표(-)를 쓰는 것은 전사법의 경우와
마찬가지다.

집 jib, 짚 jip, 밖 bakk, 값 gabs, 붓꽃 buskkoch, 먹는 meogneun, 독립
doglib, 문리 munli, 물엿 mul-yeos, 굳이 gud-i, 좋다 johda, 가곡 gagog, 조
랑말 jolangmal, 없었습니다. eobs-eoss-seubnida

1. 국어의 로마자 표기법의 성립 과정을 간략히 설명하시오.

2. 국어의 로마자 표기법(2000)을 설명한 것으로 잘못된 것을 고르시오.

① 발음에 따라 적는 전사법이 기본 원리이다.
② 무성음과 유성음을 구별하여 적는다.
③ 특수 부호를 사용하지 않는 것을 원칙으로 한다.
④ 경음화는 표기에 반영하지 않는다.

3. 다음 단어들을 로마자 표기법에 따라 적으시오.

① 안개   ② 바둑   ③ 보리밭
④ 조선   ⑤ 창경궁   ⑥ 빨래
⑦ 서귀포   ⑧ 괴산   ⑨ 며느리
⑩ 얘기   ⑪ 꽃동네   ⑫ 신라
⑬ 국민   ⑭ 좋다   ⑮ 청량리

4. 다음의 로마자 표기에서 붙임표가 잘못 쓰인 경우를 고르시오.

① Hae-undae (해운대)   ② Iksan-si (익산시)
③ Jayu-ro (자유로)   ④ Halla-san (한라산)

5. 다음은 행정자치부에서 정한 주소 영문 표기 방법이다. 이 방법에 따라 자신의 거주지 주소를 로마자로 표기해 보시오.

표기 순서

작은 단위 → 큰 단위 순으로 표기, 참고 항목(법정동, 공동주택명)은 주소의 간결화를 위해 표기하지 않을 수 있으나, 필요할 경우 맨 앞(상세주소 앞)에 괄호로 표기

예시) 서울특별시 광진구 광나루로507길 78, 101동 102호(광장동, 신도아파트)
　　　(Gwangjang-dong, Sindo APT), 101-dong 102-ho, 78, Gwangnaru-ro
　　　507-gil, Gwangjin-gu, Seoul

주요 구성 요소 표기 방법

〈행정구역명칭〉

'국어의 로마자 표기법'에 따라 전체를 로마자로 표기하되 특별시와 광역시의 경우는 행정 구역 단위(-si) 생략 가능

예시) ① 서울특별시 강남구 강남대로10길 109
　　　　　109, Gangnam-daero 10-gil, Gangnam-gu, Seoul
　　　② 경기도 의정부시 용민로1번길 35, 1동 103호
　　　　　1-dong 103-ho, 35, Yongmin-ro 1beon-gil, Uijeongbu-si, Gyeonggi-do

〈도로명〉

로마자로 표기하며 도로의 구분 기준인 '대로, 로, 길(번길)'은 '-daero, -ro, -gil(beon-gil)'로 표기 ※ 필요에 따라 영어식 표기(Blvd. St. Rd. 등) 병기 가능

예시) 경기도 양주시 시민로5번길 18
　　　① 18, Simin-ro 5beon-gil, Yangju-si, Gyeonggi-do
　　　② 18, Simin-ro 5beon-gil(Rd), Yangju-si, Gyeonggi-do

〈상세주소〉

'동', '층', '호'는 로마자 표기를 원칙으로 하되, 널리 사용되는 표현인 경우 영어식 표기('동', '층', '호' 생략, '층' → 'F', '지하' → 'B') 사용 가능

예시) ① 대구광역시 수성구 달구벌대로323번길 56, 705동 1104호

> 705-dong 1104-ho, 56, Dalgubeol-daero 323beon-gil, Suseong-gu, Daegu
>
> 705-1104, 56, Dalgubeol-daero 323beon-gil, Suseong-gu, Daegu
>
> ② 강원도 춘천시 퇴계로77번길 42, 3층
>
> 3-cheung, 42, Toegye-ro 77beon-gil, Chuncheon-si, Gangwon-do
>
> 3F, 42, Toegye-ro 77beon-gil, Chuncheon-si, Gangwon-do
>
> ③ 부산광역시 해운대구 세실로 136, 가동 지하101호
>
> Ga-jiha101, 136, Sesil-ro, Haeundae-gu, Busan
>
> Ga-B101, 136, Sesil-ro, Haeundae-gu, Busan

6. 다음 글을 전자법에 따라 로마자로 옮기시오.

저쪽 갈밭머리에서 갈꽃이 한 옴큼 움직였다. 소녀가 갈꽃을 안고 있었다. 그리고 이제는 천천한 걸음이었다. 유난히 맑은 가을 햇살이 소녀의 갈꽃 머리에서 반짝거렸다. 소년 아닌 갈꽃이 들길을 걸어가는 것만 같았다.

참고 문헌

강신항(1983), 국어학사, 보성문화사.

강휘원(2012), "스위스의 언어 정책", 새국어생활 제22권 제3호, 225-240.

강희숙(2010), 국어 정서법의 이해, 역락.

고려대학교 민족문화연구원(2009), 고려대 한국어대사전.

고영근 편(1986), 로마자 표기법 집성, 역대한국문법대계 ③-01.

고영근(2000), 북한 및 재외교민의 철자법 집성, 역락.

국립국어연구원(1992), 표준 화법 해설.

국립국어연구원(1997ㄱ), 국어의 로마자 표기법 개정시안.

국립국어연구원(1997ㄴ), 한국 신문의 문체.

국립국어연구원(1997ㄷ), 서울 토박이말 자료집(Ⅰ).

국립국어연구원(1999), 표준국어대사전, 동아출판사.

국립국어연구원(2000ㄱ), ≪표준국어대사전≫ 편찬 지침 Ⅰ.

국립국어연구원(2000ㄴ), ≪표준국어대사전≫ 편찬 지침 Ⅱ.

국립국어연구원(2000ㄷ), 로마자 표기 용례 사전.

국립국어원(2011), 표준 언어 예절.

국립국어원(2013), 외래어 표기 용례 자료(중국 인명과 지명, 텍스트 파일).

국립국어원(2014), 문장 부호 해설.

국립국어원(2018), '한글 맞춤법', '표준어 규정' 해설.

국어연구소(1988ㄱ), 한글 맞춤법 해설.

국어연구소(1988ㄴ), 표준어 규정 해설.

권영민(2004), "일제 강점 1년 후 '조선어 정책' 결정한 총독부의 원문 사료 발견", 문학사상 386, 문학사상사.

금수현(1968), "외래어 표기에 있어 장음 생략의 한계", 한글 141호, 108-114.

김경원·김철호(2008), 국어 실력이 밥 먹여준다(낱말편 2), 유토피아.

김동소(2003), 중세 한국어 개설, 한국문화사.

김미형·서은아(2010), 국어 표기법의 이해, 한국문화사.

김민수(1963), "「신정국문」에 관한 연구 - 특히 "이으" 합음과 아래아를 문제로 하여-", 아세아 연구 제6권 제1호, 205-247.

김민수(1973/1984), 국어정책론, 고려대학교 출판부.

김복문(1996), 한일 로마자 표기의 비교연구, 무역출판사.

김봉국(2007), "국어 문장 부호의 몇 가지 문제점", 어문학교육 35, 한국어문교육학회, 7-36.

김상준(1996), "외래어와 발음 문제", 새국어생활 제6권 제4호, 62-72.

김선철(2008), "외래어 표기법의 한계와 극복 방안", 언어학 16-2, 대한언어학회, 207-232.

김세중(1993), "외래어 표기 규범의 방향", 언어학 15, 한국언어학회, 61-76.

김세중(1995), "외래어 표기법", 국어문화학교(국어반), 국립국어연구원.

김세중(1997ㄱ), "국어의 로마자 표기 실태", 새국어생활 제7권 제2호, 45-58.

김세중(1997ㄴ), "국어의 로마자 표기법 개정 시안", 국어의 로마자 표기법 개정 공청회 자료집 (문화체육부).

김세중(1997ㄷ), "외래어 표기의 문제점", 관훈저널 64호, 209-223.

김세중(1998), "외래어의 개념과 변천사", 새국어생활 제8권 제2호, 5-19.

김세중(2000ㄱ), "국어의 로마자 표기법 개정 경위", 새국어생활 제10권 제4호, 5-18.

김세중(2000ㄴ), "로마자 표기법 개정의 필요성과 개정 시안의 내용", '국어의 로마자 표기법' 개정 공개 토론회 자료집.

김슬옹(2008), "외래어 표기법의 된소리 표기 허용에 대한 맥락 잡기", 새국어생활 제18권 제4호, 71-85.

김영기(1975), "On h-Deletion in Korean", 국어학 3, 45-64.

김윤경(1932), "한글 적기의 바뀜", 한글 제1권 제3호.

김인균(2011), "국어 문장 부호에 대한 반성적 접근", 시학과 언어학 제21호, 시학과언어학회, 73-97.

김정대(1998), "경남방언의 성격", 방언학과 국어학, 태학사, 321-364.

김정대(2004), "외국 학자들의 한글에 대한 평가 연구", 국어학 43, 329-383.

김정대(2006), "공통어 정책-표준어 정책의 새로운 모색", 2006년 언어정책 토론회 자료집, 국립국어원, 175-198.

김정수(1989), "한글 풀어쓰기 운동", 국어생활 18호, 국어연구소, 30-50.

김종명(2007), "불어권 캐나다 퀘벡주의 불어수호 언어정책 연구", 한국프랑스학논집 제59집, 1-36.

김종훈(2000), "'국어의 로마자 표기법' 개정 시안에 대한 의견", '국어의 로마자 표기법' 개정 공개 토론회(제주시) 자료집.

김진수(2007), "2005년 이후 퀘벡 언어정책의 방향", 불어불문학연구 제68집, 447-467.

김차균(2000), "'로마자 표기법 개정 시안'에 대한 토론", '국어의 로마자 표기법' 개정 공개 토론회(대전광역시) 자료집.

김충배(1978), "우리말 로마자 표기 문제", 언어 3-2, 71-85.

김한샘(2013), "'문장 부호' 개정의 쟁점과 과제", 한국어학 61, 한국어학회, 1-23.

남경완(2010), "표준어 규정과 표준어 정책에 대하여 : 국어 교육의 측면을 중심으로", 한국학연구 제33집, 39-62.

남광우(1973), 조선(이조) 한자음 연구-임란전 현실 한자음을 중심으로-, 일조각.

문교부(1948), 한글을 로오마자로 적는 법.

문교부(1959), 한글의 로마자 표기법.

문교부(1984), 국어의 로마자 표기법.

문교부(1988), 국어어문규정집, 대한교과서주식회사.

문화관광부(2000), 국어의 로마자 표기법.

문화관광부·국립국어연구원(2000), 로마자 표기 용례 사전.

문화체육관광부(2014), 주요 한식명(200개) 로마자 표기 및 번역(한중일) 표준안.

민현식(1999), 국어 정서법 연구, 태학사.

박동근(2013), "〈표준어 규정〉 무용론에 대한 비판적 접근", 한말연구 32, 한말연구학회, 99-132.

박동근(2015), "표준어의 수정과 앞으로의 방향", 제68차 한국어학회 전국학술대회 자료집, 183-202.

박승빈(1935), 조선어학. (역대한국문법대계 ①-50 재록).

박영섭(1997), 개화기 국어 어휘자료집 5(외래어 편), 박이정.

박용찬(2004), "신어와 표준어", 새국어생활 제14권 제1호, 85-103.

박용찬(2007), 외래어 표기법, 랜덤 하우스.

박정규(2007), "국어의 문장 부호 규정에 나타난 몇 문제", 시학과 언어학 제14호, 시학과언어학회, 123-151.

배양서(1969), "형태소 "사이시옷"의 소리값", 한글 144호, 25-46.

배양서(1970), "한국 외래어에 관한 서설", 한글 146호, 353-382.

배주채(1999), "로마자 표기법의 개정을 위하여", 성심어문논집 20·21 합병집, 81-100.

배주채(2003), 한국어의 발음, 삼경문화사.

백두현(2006), 음식디미방 주해, 글누림.

변광수 편(1993), 세계 주요 언어, 한국외국어대학교 한국학종합연구센터.

서태룡(1993), "캐나다의 언어정책", 세계의 언어정책(국어학회 편), 태학사.

小倉進平(1934), "諺文のローマ字表記法", 小田博士頌壽記念 朝鮮論集, 大阪屋號書店.

손중선(2007), 로마자 표기 현황 실태 분석, 국립국어원.

송철의(1992), 국어 파생어 형성 연구, 태학사.

송철의(2010), 주시경의 언어이론과 표기법, 서울대학교출판문화원.

신경구(1989), "한글의 로마자 삼기", 어학연구 25-3, 서울대 어학연구소, 489-520.

신경구(2000), "로마자 표기의 원칙과 방향", '국어의 로마자 표기법' 개정 공개 토론회(광주광역시) 자료집.

신경구·안수영(1993), "로마자삼기 원칙과 보기", 어학교육 22, 전남대 어학연구소, 109-127.

신승용(2014), "표준어 정책의 문제점과 대안-획일성과 통일성에서 문화적 다양성의 존중과 수용으로-", 어문학 123, 한국어문학회, 67-89.

신창순(2003), 국어근대표기법의 전개, 태학사.

신호철(2009), "국어 문장 부호에 대한 고찰", 국어교육 128, 한국어교육학회, 419-456.

신호철(2015), "문장 부호 규정의 수정과 앞으로의 방향", 제68차 한국어학회 전국학술대회 자료집, 219-235.

안병희(1988), "한글 맞춤법의 역사", 국어생활 13호, 국어연구소, 8-16.

안병희(1992), 국어사 연구, 문학과 지성사.

양동휘(1967), 영어 음성학, 범한서적주식회사.

양명희(2002), "현행 문장 부호의 사용 실태", 새국어생활 제12권 제4호, 45-67.

양명희(2004), "눈곱/눈살/눈썹", 새국어소식 76호, 국립국어연구원.

양명희(2013), "문장 부호 개정과 국어 정책", 한국어학 61, 한국어학회, 25-48.

양병선(2001), "언어간 음자번역으로서의 국어의 로마자 표기법 연구 : 음절단위 영자표기법", 언어학 9-3, 대한언어학회, 25-50.

엄익상(2002), "중국어 한글표기법 재수정안", 중어중문학 31, 111-135.

엄익상(2008), "중국어 외래어표기법 반성-원칙과 세칙의 문제-", 새국어생활 제18권 제4호, 33-51.

엄태수(2012), 한글 표기법과 글쓰기에 관한 연구, 지식과교양.

여세주(2010), 한국어 어문 규정 강의, 정림사.

연규동(2006), "'짜장면'을 위한 변명-외래어표기법을 다시 읽는다-", 한국어학 30, 한국어학회, 181-205.

우형식(2010), 한글과 정서법(4판), 부산외국어대학교 출판부.

유만근(2000), "종전 로마자 표기법의 이론과 실용상 문제점", 새국어생활 제10권 제4호, 35- 49.

유재원(1988), "그리스어의 언어 현실과 언어 정책", 국어생활 12호, 128-130.

유재원(1993), "그리스어", 세계 주요 언어(변광수 편), 631-654.

이관규(2015), "어문 규범 정책의 전개와 과제-맞춤법 규정의 변천을 중심으로-", 618돌 세종날 기념 전국 국어학 학술대회 발표 자료집, 한글학회.

이규철(2000), "로마자 표기법 개정 시안에 대하여", '국어의 로마자 표기법' 개정 공개 토론회 (부산광역시) 자료집.

이극로(1940), "외래어 표기 통일난", 한글 제8권 제7호, 4-5.

이기문(2000), 국어사 개설(신정판), 태학사.

이상규·조태린 외(2008), 한국어의 규범성과 다양성-표준어 넘어서기-, 태학사.

이상억(1981), "국어의 로마자 표기법 문제 종합 검토", 언어와 언어학 7, 외국어대학교, 9-42.

이상억(1982), "한국어 로마자 표기 '82 - How abstract is MOE Romanization?", 언어 7-1, 165-198.

이상억(1994), 국어 표기 4법 논의, 서울대학교 출판부.

이상억(2011), 성씨의 로마자 표기 정책 마련 연구(최종 보고서), 문화체육관광부.

이선웅(2012), "문장부호에 대한 국어학적 고찰", 국어학 64, 국어학회, 185-215.

이숙향(2000), "'국어의 로마자 표기법' 개정 시안에 대한 의견", '국어의 로마자 표기법' 개정 공개 토론회(전주시) 자료집.

이승후(2006), "문장 부호 사용 실태의 조사 분석", 새국어교육 74, 한국국어교육학회, 225-268.

이오덕(1992), 우리글 바로쓰기 1, 한길사.

이윤재(1936), "「사정한 조선어 표준말 모음」의 내용", 한글 제4권 제11호, 조선어학회.

이익섭(1985), "한글 모아쓰기 방식의 표의성에 대하여", 국어생활 3호, 국어연구소, 16-31.

이익섭(1992), 국어 표기법 연구, 서울대학교 출판부.

이익섭(1997), "로마자 표기법의 성격", 새국어생활 제7권 제2호, 5-25.

이익섭(1998), 국어 사랑은 나라 사랑, 문학사상사.

이익섭(2000), 국어학 개설, 학연사.

이익섭·임홍빈(1996), 국어문법론(중판), 학연사.

이현복(1981), "한국어의 로마자 표기법-문제와 대책-", 말소리 3, 대한음성학회, 16-24.

이호권·고성환(2007), 맞춤법과 표준어, 한국방송통신대학교출판부.

이홍식(2001), "외래어 표기법에 대하여", 성신어문논집 23, 123-148.

이희승(1937), "표준어 이야기", 한글 제5권 제7호, 조선어학회, 15-20.

이희승(1959), 국어학 논고 제1집, 을유문화사.

이희승(1959/1972), 한글 맞춤법 통일안 강의(새로 고친 판), 신구문화사.

이희승·안병희·한재영(2010), 증보 한글 맞춤법 강의, 신구문화사.

임동훈(1996), "외래어 표기법의 원리와 실제", 새국어생활 제6권 제4호, 41-61.

임동훈(1998), "한국어의 문법", 한국어 연수 교재, 국립국어연구원·한국어문진흥회.

임홍빈(1993), 뉘앙스 풀이를 겸한 우리말사전, 아카데미하우스.

임홍빈(1996ㄱ), "맞춤법 규정의 논리성과 명료성", 제3회 동아시아 국제학술 심포지엄 발표 논문집(제3분과 '한글 맞춤법의 문제점과 개선 방안'), 23-44.

임홍빈(1996ㄴ), "외래어 표기의 역사", 새국어생활 제6권 제4호, 3-40.

장태익(1957), 국문자개혁론, 조선인쇄공업사.

전광현(1989), "국어 자모의 배열 순서에 대하여", 국어생활 18호, 국어연구소, 51-62.

전혜영·차현실·박창원(1998), 현대 국어의 사용 실태 연구, 태학사.

전홍식(2004), "로마자 표기법의 기준 및 문제점 연구", 영산논총 13, 1-18.

정 국(2002), "외래어 표기법과 발음법", 외국어교육연구논집 17, 한국외국어대학교, 185-214.

정인섭(1935), "The International Phonetic Transcription of Korean Speech-sounds"(조선어음의 만국음성부호 표기), Seoul. Dong-A Ilbo.

정희원(1997), "역대 주요 로마자 표기법 비교", 새국어생활 제7권 제2호. 27-43.

정희원(2000), "새 로마자 표기법의 특징", 새국어생활 제10권 제4호, 19-34.

정희원(2004), "외래어의 개념과 범위", 새국어생활 제14권 제2호, 5-22.

조선어학회(1936/1945), 사정한 표준말 모음.

조선일보사(1992), 우리말의 예절.

조태린(2004), "계급언어, 지역언어로서의 표준어", 당대비평 26, 74-87.

조항범(1997), 다시 쓴 우리말 어원 이야기, 한국문원.

주경희(2007), "국어 교사와 표준어 교육", 국어교육학연구 28, 국어교육학회, 519-546.

주시경(1906), 대한국어문법. (역대한국문법대계 ①-07 재록).

주시경(1914), 국어문법. (역대한국문법대계 ①-11 재록).

주시경(1910), 말의 소리. (역대한국문법대계 ①-13 재록).

최경봉(2006), "표준어 정책과 교육의 현재적 의미", 한국어학 31, 한국어학회, 335-364.

최경봉(2008), "언어 관습을 바탕으로 한 규범 정하기-외래어표기, 특히 한자음 표기 규정과 관련하여-", 새국어생활 제18권 제4호, 53-70.

최경봉(2011), "현대 사회에서 표준어의 개념과 기능", 새국어생활 제21권 제4호, 335-363.

최명옥(1985), "변칙동사의 음운현상에 대하여-p-, s-, t- 변칙동사를 중심으로-", 국어학 14, 149-188.

최현배(1937), "표준말과 시골말", 한글 제5권 제7호, 조선어학회, 1-6.

최현배(1942/1961), 한글갈, 정음사.

최형용(2011), "전문 용어로서의 문장 부호의 명칭에 대하여", 한중인문학연구 34, 한중인문학회, 201-230.

최혜원(2001), 외래어 발음 실태 조사, 국립국어연구원.

최혜원(2011), "표준어 정책의 새로운 방향-복수 표준어 발표의 경과와 의의-", 새국어생활 제21권 제4호, 77-94.

한글학회(1992), 우리말 큰사전.

한동완(2006), 국문연구의정안, 신구문화사.

허 인(1993), "이탈리아어", 세계 주요 언어(변광수 편), 349-392.

허철구(2007), "한글 맞춤법의 원리에 대한 일고", 사림어문연구 17, 183-195.

허철구(2008), "한글 자모순의 성립 과정과 과제", 사림어문연구 18, 263-275.

허철구(2011), "민족어 정립의 관점에서 본 한국의 언어 상황", 한중일 국제학술회의(21세기 동아시아의 인문사회학적 담론들) 자료집, 창원대학교.

홍성호(2008), 진짜 경쟁력은 국어 실력이다, 예담.

홍윤표(1987), 근대국어의 표기법, 국어생활 9호, 국어연구소, 25-48.

홍윤표(1994), 근대국어연구(Ⅰ), 태학사.

홍인표(1993), "중국의 언어 정책", 세계의 언어 정책, 태학사.

Asher, R. E. & Simpson, J. M. Y.(1994) *The Encyclopedia of Language and Linguistics*, Pergamon Press.

Aston, W. G.(1880), "Proposed Arrangement of the Korean Alphabet". (역대한국문법대계 ③-01 재록).

Baird, A. L.(1896), *Fifty helps for the Beginner in the Use of the Korean Language* (6th ed.), Seoul.

Baird, W. M.(1895), "Romanization of Korean Sounds", *The Korean Ropository* Vol. II, No. 5. (역대한국문법대계 ③-01 재록).

Dallet, C.(1874), "La langue", *Histoire de l' glise de Corée*. Paris. (역대한국문법대계 ②-21 재록).

Eckardt, P. A.(1923), *Schlussel zur Koreanischen Grammatik. Heidelberg*. (역대한국문법대계 ②-23, 24 재록).

Gale, J. S.(1897), *Korean-English Dictionary*.(2nd ed.) Yokohama. (역대한국문법대계 ②-14, 15 재록).

Gützlaff, Ch.(1833), "Remarks on the Corean Language". Chinese Repository 1. (역대한국문법대계 ②-01 재록).

Hobsbawn, E. J.(2003), 강명세 옮김, 1780년대 이후의 민족과 민족주의, 창작과비평사.

Hodge, J. W.(1897), *Corean words and phrases*.(2nd ed.) Seoul.

Imbault-Huart, C.(1889), *Manual de la langue Coréenne Parlée à l'usage des Français*. Paris.

Les Missionnaires de Corée(1881), *Grammaire Coréenne*, Yokohama.

Lukoff, F.(1947), *Spoken Korean*. Basic Course 2, New York, Henry Holt.

Martin, S. E.(1954), *Korean Morphophonemics, Baltimore : Linguistic Society of America*. (역대한국문법대계 ②-79 재록).

McCune, G. M. & Reichauer, E. O.(1939), "Romanization of the Korean Language", *Transactions of the Korea Branch of the Royal Asiatic Society* Vol. 29. (역대한국문법대계 ③-01 재록).

Ross, J.(1882), *Korean Speech*, Shanghai. (역대한국문법대계 ②-06 재록).

Scott. J.(1887), *En-moun mal ch'aik : A Corean Manual or Phrase Book with Introductory Grammar*(2nd ed.), Shanghai. (역대한국문법대계 ②-08, 09 재록).

Siebold, F. von(1832), *Nippon : A Corean Manual or Phrase Book with Introductory Grammar*, Shanghai. (역대한국문법대계 ②-25 재록).

Underwood, H. G.(1890), *An Introduction to the Korean Spoken Language*(한영문법). (역대한국문법대계 ②-11 재록).

[부록]

한글 맞춤법(1988/2017)

표준어 규정(1988/2017)

국어의 로마자 표기법(2000)

문교부 고시 제88-1 호(1988. 1. 19.)
문화체육관광부 고시 제2017-12 호(2017. 3. 28. 일부 개정)

한글 맞춤법

제1장 총칙

제1항 한글 맞춤법은 표준어를 소리대로 적되, 어법에 맞도록 함을 원칙으로 한다.
제2항 문장의 각 단어는 띄어 씀을 원칙으로 한다.
제3항 외래어는 '외래어 표기법'에 따라 적는다.

제2장 자모

제4항 한글 자모의 수는 스물넉 자로 하고, 그 순서와 이름은 다음과 같이 정한다.

ㄱ(기역)	ㄴ(니은)	ㄷ(디귿)	ㄹ(리을)	ㅁ(미음)
ㅂ(비읍)	ㅅ(시옷)	ㅇ(이응)	ㅈ(지읒)	ㅊ(치읓)
ㅋ(키읔)	ㅌ(티읕)	ㅍ(피읖)	ㅎ(히읗)	
ㅏ(아)	ㅑ(야)	ㅓ(어)	ㅕ(여)	ㅗ(오)
ㅛ(요)	ㅜ(우)	ㅠ(유)	ㅡ(으)	ㅣ(이)

[붙임 1] 위의 자모로써 적을 수 없는 소리는 두 개 이상의 자모를 어울러서 적되, 그 순서와 이름은 다음과 같이 정한다.

ㄲ(쌍기역)	ㄸ(쌍디귿)	ㅃ(쌍비읍)	ㅆ(쌍시옷)	ㅉ(쌍지읒)	
ㅐ(애)	ㅒ(얘)	ㅔ(에)	ㅖ(예)	ㅘ(와)	ㅙ(왜)
ㅚ(외)	ㅝ(워)	ㅞ(웨)	ㅟ(위)	ㅢ(의)	

[붙임 2] 사전에 올릴 적의 자모 순서는 다음과 같이 정한다.

자음: ㄱ ㄲ ㄴ ㄷ ㄸ ㄹ ㅁ ㅂ ㅃ ㅅ ㅆ
　　　 ㅇ ㅈ ㅉ ㅊ ㅋ ㅌ ㅍ ㅎ

모음: ㅏ ㅐ ㅑ ㅒ ㅓ ㅔ ㅕ ㅖ ㅗ ㅘ ㅙ
　　　 ㅚ ㅛ ㅜ ㅝ ㅞ ㅟ ㅠ ㅡ ㅢ ㅣ

제3장 소리에 관한 것

제1절 된소리

제5항 한 단어 안에서 뚜렷한 까닭 없이 나는 된소리는 다음 음절의 첫소리를 된소리로 적는다.

1. 두 모음 사이에서 나는 된소리

소쩍새	어깨	오빠	으뜸	아끼다
기쁘다	깨끗하다	어떠하다	해쓱하다	가끔
거꾸로	부썩	어찌	이따금	

2. 'ㄴ, ㄹ, ㅁ, ㅇ' 받침 뒤에서 나는 된소리

산뜻하다	잔뜩	살짝	훨씬	담뿍
움찔	몽땅	엉뚱하다		

다만, 'ㄱ, ㅂ' 받침 뒤에서 나는 된소리는, 같은 음절이나 비슷한 음절이 겹쳐 나는 경우가 아니면 된소리로 적지 아니한다.

국수	깍두기	딱지	색시	싹둑(~싹둑)
법석	갑자기	몹시		

제2절 구개음화

제6항 'ㄷ, ㅌ' 받침 뒤에 종속적 관계를 가진 '-이(-)'나 '-히-'가 올 적에는, 그 'ㄷ, ㅌ'이 'ㅈ, ㅊ'으로 소리 나더라도 'ㄷ, ㅌ'으로 적는다.(ㄱ을 취하고, ㄴ을 버림.)

ㄱ	ㄴ		ㄱ	ㄴ
맏이	마지		핥이다	할치다
해돋이	해도지		걷히다	거치다
굳이	구지		닫히다	다치다
같이	가치		묻히다	무치다
끝이	끄치			

제3절 'ㄷ' 소리 받침

제7항 'ㄷ' 소리로 나는 받침 중에서 'ㄷ'으로 적을 근거가 없는 것은 'ㅅ'으로 적는다.

덧저고리	돗자리	엇셈	웃어른	핫옷	무릇	사뭇
얼핏	자칫하면	뭇[衆]	옛	첫	헛	

제4절 모음

제8항 '계, 례, 몌, 폐, 혜'의 'ㅖ'는 'ㅔ'로 소리 나는 경우가 있더라도 'ㅖ'로 적는다.(ㄱ을 취하고, ㄴ을 버림.)

ㄱ	ㄴ		ㄱ	ㄴ
계수(桂樹)	게수		혜택(惠澤)	헤택
사례(謝禮)	사레		계집	게집
연몌(連袂)	연메		핑계	핑게
폐품(廢品)	페품		계시다	게시다

다만, 다음 말은 본음대로 적는다.

게송(偈頌), 게시판(揭示板), 휴게실(休憩室)

제9항 '의'나, 자음을 첫소리로 가지고 있는 음절의 'ㅢ'는 'ㅣ'로 소리 나는 경우가 있더라도 'ㅢ'로 적는다.(ㄱ을 취하고, ㄴ을 버림.)

ㄱ	ㄴ		ㄱ	ㄴ
의의(意義)	의이		닁큼	닝큼
본의(本義)	본이		띄어쓰기	띠어쓰기
무늬[紋]	무니		씌어	씨어

ㄱ	ㄴ	ㄱ	ㄴ
보늬	보니	틔어	티어
오늬	오니	희망(希望)	히망
하늬바람	하니바람	희다	히다
늴리리	닐리리	유희(遊戲)	유히

제5절 두음 법칙

제10항 한자음 '녀, 뇨, 뉴, 니'가 단어 첫머리에 올 적에는, 두음 법칙에 따라 '여, 요, 유, 이'로 적는다.(ㄱ을 취하고, ㄴ을 버림.)

ㄱ	ㄴ	ㄱ	ㄴ
여자(女子)	녀자	유대(紐帶)	뉴대
연세(年歲)	년세	이토(泥土)	니토
요소(尿素)	뇨소	익명(匿名)	닉명

다만, 다음과 같은 의존 명사에서는 '냐, 녀' 음을 인정한다.

냥(兩)　　　냥쭝(兩-)　　　년(年)(몇 년)

[붙임 1] 단어의 첫머리 이외의 경우에는 본음대로 적는다.

남녀(男女)　　　당뇨(糖尿)　　　결뉴(結紐)　　　은닉(隱匿)

[붙임 2] 접두사처럼 쓰이는 한자가 붙어서 된 말이나 합성어에서, 뒷말의 첫소리가 'ㄴ' 소리로 나더라도 두음 법칙에 따라 적는다.

신여성(新女性)　　　공염불(空念佛)　　　남존여비(男尊女卑)

[붙임 3] 둘 이상의 단어로 이루어진 고유 명사를 붙여 쓰는 경우에도 붙임 2에 준하여 적는다.

한국여자대학　　　대한요소비료회사

제11항 한자음 '랴, 려, 례, 료, 류, 리'가 단어의 첫머리에 올 적에는, 두음 법칙에 따라 '야,

여, 예, 요, 유, 이'로 적는다.(ㄱ을 취하고, ㄴ을 버림.)

ㄱ	ㄴ	ㄱ	ㄴ
양심(良心)	량심	용궁(龍宮)	룡궁
역사(歷史)	력사	유행(流行)	류행
예의(禮義)	례의	이발(理髮)	리발

다만, 다음과 같은 의존 명사는 본음대로 적는다.

리(里) : 몇 리냐?
리(理) : 그럴 리가 없다.

[붙임 1] 단어의 첫머리 이외의 경우에는 본음대로 적는다.

개량(改良)	선량(善良)	수력(水力)	협력(協力)
사례(謝禮)	혼례(婚禮)	와룡(臥龍)	쌍룡(雙龍)
하류(下流)	급류(急流)	도리(道理)	진리(眞理)

다만, 모음이나 'ㄴ' 받침 뒤에 이어지는 '렬, 률'은 '열, 율'로 적는다.(ㄱ을 취하고 ㄴ을 버림.)

ㄱ	ㄴ	ㄱ	ㄴ
나열(羅列)	나렬	분열(分裂)	분렬
치열(齒列)	치렬	선열(先烈)	선렬
비열(卑劣)	비렬	진열(陳列)	진렬
규율(規律)	규률	선율(旋律)	선률
비율(比率)	비률	전율(戰慄)	전률
실패율(失敗率)	실패률	백분율(百分率)	백분률

[붙임 2] 외자로 된 이름을 성에 붙여 쓸 경우에도 본음대로 적을 수 있다.

신립(申砬)   최린(崔麟)   채륜(蔡倫)   하륜(河崙)

[붙임 3] 준말에서 본음으로 소리 나는 것은 본음대로 적는다.

국련(국제 연합)   한시련(한국 시각 장애인 연합회)

[붙임 4] 접두사처럼 쓰이는 한자가 붙어서 된 말이나 합성어에서, 뒷말의 첫소리가 'ㄴ' 또는 'ㄹ' 소리로 나더라도 두음 법칙에 따라 적는다.

역이용(逆利用)　　연이율(年利率)　　열역학(熱力學)　　해외여행(海外旅行)

[붙임 5] 둘 이상의 단어로 이루어진 고유 명사를 붙여 쓰는 경우나 십진법에 따라 쓰는 수(數)도 붙임 4에 준하여 적는다.

서울여관　　　신흥이발관　　　육천육백육십육(六千六百六十六)

제12항 한자음 '라, 래, 로, 뢰, 루, 르'가 단어의 첫머리에 올 적에는, 두음 법칙에 따라 '나, 내, 노, 뇌, 누, 느'로 적는다.(ㄱ을 취하고, ㄴ을 버림.)

ㄱ	ㄴ	ㄱ	ㄴ
낙원(樂園)	락원	뇌성(雷聲)	뢰성
내일(來日)	래일	누각(樓閣)	루각
노인(老人)	로인	능묘(陵墓)	릉묘

[붙임 1] 단어의 첫머리 이외의 경우에는 본음대로 적는다.

쾌락(快樂)　　극락(極樂)　　　거래(去來)　　　왕래(往來)
부로(父老)　　연로(年老)　　　지뢰(地雷)　　　낙뢰(落雷)
고루(高樓)　　광한루(廣寒樓)　동구릉(東九陵)　가정란(家庭欄)

[붙임 2] 접두사처럼 쓰이는 한자가 붙어서 된 단어는 뒷말을 두음 법칙에 따라 적는다.

내내월(來來月)　　상노인(上老人)　　중노동(重勞動)　　비논리적(非論理的)

제6절 겹쳐 나는 소리

제13항 한 단어 안에서 같은 음절이나 비슷한 음절이 겹쳐 나는 부분은 같은 글자로 적는다. (ㄱ을 취하고, ㄴ을 버림.)

ㄱ	ㄴ	ㄱ	ㄴ
딱딱	딱닥	꼿꼿하다	꼿곳하다
쌕쌕	쌕색	놀놀하다	놀롤하다
씩씩	씩식	눅눅하다	눙눅하다
똑딱똑딱	똑닥똑닥	밋밋하다	민밋하다
쓱싹쓱싹	쓱싹쓱싹	싹싹하다	싹삭하다
연연불망(戀戀不忘)	연련불망	쌉쌀하다	쌉살하다
유유상종(類類相從)	유류상종	씁쓸하다	씁슬하다
누누이(屢屢−)	누루이	짭짤하다	짭잘하다

제4장 형태에 관한 것

제1절 체언과 조사

제14항 체언은 조사와 구별하여 적는다.

떡이	떡을	떡에	떡도	떡만
손이	손을	손에	손도	손만
팔이	팔을	팔에	팔도	팔만
밤이	밤을	밤에	밤도	밤만
집이	집을	집에	집도	집만
옷이	옷을	옷에	옷도	옷만
콩이	콩을	콩에	콩도	콩만
낮이	낮을	낮에	낮도	낮만
꽃이	꽃을	꽃에	꽃도	꽃만
밭이	밭을	밭에	밭도	밭만
앞이	앞을	앞에	앞도	앞만
밖이	밖을	밖에	밖도	밖만
넋이	넋을	넋에	넋도	넋만
흙이	흙을	흙에	흙도	흙만
삶이	삶을	삶에	삶도	삶만
여덟이	여덟을	여덟에	여덟도	여덟만
곬이	곬을	곬에	곬도	곬만
값이	값을	값에	값도	값만

제2절 어간과 어미

제15항 용언의 어간과 어미는 구별하여 적는다.

먹다	먹고	먹어	먹으니
신다	신고	신어	신으니
믿다	믿고	믿어	믿으니
울다	울고	울어	(우니)
넘다	넘고	넘어	넘으니
입다	입고	입어	입으니
웃다	웃고	웃어	웃으니
찾다	찾고	찾아	찾으니
좇다	좇고	좇아	좇으니
같다	같고	같아	같으니
높다	높고	높아	높으니
좋다	좋고	좋아	좋으니
깎다	깎고	깎아	깎으니
앉다	앉고	앉아	앉으니
많다	많고	많아	많으니
늙다	늙고	늙어	늙으니
젊다	젊고	젊어	젊으니
넓다	넓고	넓어	넓으니
훑다	훑고	훑어	훑으니
읊다	읊고	읊어	읊으니
옳다	옳고	옳아	옳으니
없다	없고	없어	없으니
있다	있고	있어	있으니

[붙임 1] 두 개의 용언이 어울려 한 개의 용언이 될 적에, 앞말의 본뜻이 유지되고 있는 것은 그 원형을 밝히어 적고, 그 본뜻에서 멀어진 것은 밝히어 적지 아니한다.

(1) 앞말의 본뜻이 유지되고 있는 것

넘어지다	늘어나다	늘어지다	돌아가다	되짚어가다
들어가다	떨어지다	벌어지다	엎어지다	접어들다

틀어지다   흩어지다

(2) 본뜻에서 멀어진 것

드러나다   사라지다   쓰러지다

[붙임 2] 종결형에서 사용되는 어미 '-오'는 '요'로 소리 나는 경우가 있더라도 그 원형
을 밝혀 '오'로 적는다.(ㄱ을 취하고, ㄴ을 버림.)

ㄱ	ㄴ
이것은 책이오.	이것은 책이요.
이리로 오시오.	이리로 오시요.
이것은 책이 아니오.	이것은 책이 아니요.

[붙임 3] 연결형에서 사용되는 '이요'는 '이요'로 적는다.(ㄱ을 취하고, ㄴ을 버림.)

ㄱ	ㄴ
이것은 책이요, 저것은 붓이요, 또 저것은 먹이다.	이것은 책이오, 저것은 붓이오, 또 저것은 먹이다.

제16항 어간의 끝음절 모음이 'ㅏ, ㅗ'일 때에는 어미를 '-아'로 적고, 그 밖의 모음일 때에는
'-어'로 적는다.

1. '-아'로 적는 경우
나아	나아도	나아서
막아	막아도	막아서
얇아	얇아도	얇아서
돌아	돌아도	돌아서
보아	보아도	보아서

2. '-어'로 적는 경우
개어	개어도	개어서
겪어	겪어도	겪어서
되어	되어도	되어서
베어	베어도	베어서
쉬어	쉬어도	쉬어서

저어	저어도	저어서
주어	주어도	주어서
피어	피어도	피어서
희어	희어도	희어서

제17항 어미 뒤에 덧붙는 조사 '요'는 '요'로 적는다.

읽어	읽어요
참으리	참으리요
좋지	좋지요

제18항 다음과 같은 용언들은 어미가 바뀔 경우, 그 어간이나 어미가 원칙에 벗어나면 벗어나는 대로 적는다.

1. 어간의 끝 'ㄹ'이 줄어질 적

갈다	: 가니	간	갑니다	가시다	가오
놀다	: 노니	논	놉니다	노시다	노오
불다	: 부니	분	붑니다	부시다	부오
둥글다	: 둥그니	둥근	둥급니다	둥그시다	둥그오
어질다	: 어지니	어진	어집니다	어지시다	어지오

[붙임] 다음과 같은 말에서도 'ㄹ'이 준 대로 적는다.

마지못하다	마지않다	(하)다마다	(하)자마자
(하)지 마라	(하)지 마(아)		

2. 어간의 끝 'ㅅ'이 줄어질 적

긋다 :	그어	그으니	그었다
낫다 :	나아	나으니	나았다
잇다 :	이어	이으니	이었다
짓다 :	지어	지으니	지었다

3. 어간의 끝 'ㅎ'이 줄어질 적

그렇다 :	그러니	그럴	그러면	그러오
까맣다 :	까마니	까말	까마면	까마오
동그랗다 :	동그라니	동그랄	동그라면	동그라오
퍼렇다 :	퍼러니	퍼럴	퍼러면	퍼러오
하얗다 :	하야니	하얄	하야면	하야오

4. 어간의 끝 'ㅜ, ㅡ'가 줄어질 적

푸다 : 퍼	펐다	뜨다 : 떠	떴다
끄다 : 꺼	껐다	크다 : 커	컸다
담그다 : 담가	담갔다	담그다 : 담가	담갔다
따르다 : 따라	따랐다	따르다 : 따라	따랐다

5. 어간의 끝 'ㄷ'이 'ㄹ'로 바뀔 적

걷다[步] :	걸어	걸으니	걸었다
듣다[聽] :	들어	들으니	들었다
묻다[問] :	물어	물으니	물었다
싣다[載] :	실어	실으니	실었다

6. 어간의 끝 'ㅂ'이 'ㅜ'로 바뀔 적

깁다 :	기워	기우니	기웠다
굽다[炙] :	구워	구우니	구웠다
가깝다 :	가까워	가까우니	가까웠다
괴롭다 :	괴로워	괴로우니	괴로웠다
맵다 :	매워	매우니	매웠다
무겁다 :	무거워	무거우니	무거웠다
밉다 :	미워	미우니	미웠다
쉽다 :	쉬워	쉬우니	쉬웠다

다만, '돕-, 곱-'과 같은 단음절 어간에 어미 '-아'가 결합되어 '와'로 소리 나는 것은 '-와'로 적는다.

돕다[助] :	도와	도와서	도와도	도왔다
곱다[麗] :	고와	고와서	고와도	고왔다

7. '하다'의 활용에서 어미 '-아'가 '-여'로 바뀔 적

하다 : 하여　　하여서　　　하여도　　　하여라　　　하였다

8. 어간의 끝음절 '르' 뒤에 오는 어미 '-어'가 '-러'로 바뀔 적

이르다[至] :	이르러	이르렀다
노르다 :	노르러	노르렀다
누르다 :	누르러	누르렀다
푸르다 :	푸르러	푸르렀다

9. 어간의 끝음절 '르'의 'ㅡ'가 줄고, 그 뒤에 오는 어미 '-아/-어'가 '-라/-러'로 바뀔 적

가르다 : 갈라	갈랐다		부르다 : 불러	불렀다
거르다 : 걸러	걸렀다		오르다 : 올라	올랐다
구르다 : 굴러	별렀다		이르다 : 일러	일렀다
벼르다 : 별러	별렀다		지르다 : 질러	질렀다

제3절 접미사가 붙어서 된 말

제19항 어간에 '-이'나 '-음/-ㅁ'이 붙어서 명사로 된 것과 '-이'나 '-히'가 붙어서 부사로 된 것은 그 어간의 원형을 밝히어 적는다.

1. '-이'가 붙어서 명사로 된 것

길이	깊이	높이	다듬이	땀받이
달맞이	먹이	미닫이	벌이	벼훑이
살림살이	쇠붙이			

2. '-음/-ㅁ'이 붙어서 명사로 된 것

| 걸음 | 묶음 | 믿음 | 얼음 | 엮음 |
| 울음 | 웃음 | 졸음 | 죽음 | 앎 |

3. '-이'가 붙어서 부사로 된 것

| 같이 | 굳이 | 길이 | 높이 | 많이 |
| 실없이 | 좋이 | 짓궂이 | | |

4. '-히'가 붙어서 부사로 된 것

| 밝히 | 익히 | 작히 |

다만, 어간에 '-이'나 '-음'이 붙어서 명사로 바뀐 것이라도 그 어간의 뜻과 멀어진 것은 원형을 밝히어 적지 아니한다.

| 굽도리 | 다리[髢] | 목거리(목병) | 무녀리 |
| 코끼리 | 거름(비료) | 고름[膿] | 노름(도박) |

[붙임] 어간에 '-이'나 '-음' 이외의 모음으로 시작된 접미사가 붙어서 다른 품사로 바뀐 것은 그 어간의 원형을 밝히어 적지 아니한다.

(1) 명사로 바뀐 것

귀머거리	까마귀	너머	뜨더귀	마감
마개	마중	무덤	비렁뱅이	쓰레기
올가미	주검			

(2) 부사로 바뀐 것

| 거뭇거뭇 | 너무 | 도로 | 뜨덤뜨덤 | 바투 |
| 불긋불긋 | 비로소 | 오긋오긋 | 자주 | 차마 |

(3) 조사로 바뀌어 뜻이 달라진 것

　　　나마　　　　　부터　　　　　　조차

제20항 명사 뒤에 '-이'가 붙어서 된 말은 그 명사의 원형을 밝히어 적는다.

　　1. 부사로 된 것

　　　　곳곳이　　　　낱낱이　　　　몫몫이　　　　샅샅이　　　　앞앞이　　　　집집이

　　2. 명사로 된 것

　　　　곰배팔이　　　바둑이　　　　삼발이　　　　애꾸눈이　　　육손이
　　　　절뚝발이/절름발이

　　[붙임] '-이' 이외의 모음으로 시작된 접미사가 붙어서 된 말은 그 명사의 원형을 밝히어
　　　　　적지 아니한다.

　　　　꼬락서니　　　끄트머리　　　모가치　　　　바가지　　　　바깥
　　　　사타구니　　　싸라기　　　　이파리　　　　지붕　　　　　지푸라기
　　　　짜개

제21항 명사나 혹은 용언의 어간 뒤에 자음으로 시작된 접미사가 붙어서 된 말은 그 명사나
　　　　어간의 원형을 밝히어 적는다.

　　1. 명사 뒤에 자음으로 시작된 접미사가 붙어서 된 것

　　　　값지다　　　　홑지다　　　　넋두리　　　　빛깔　　　　　옆댕이　　　　잎사귀

　　2. 어간 뒤에 자음으로 시작된 접미사가 붙어서 된 것

　　　　낚시　　　　　늙정이　　　　덮개　　　　　뜯게질
　　　　갉작갉작하다　갉작거리다　　뜯적거리다　　뜯적뜯적하다
　　　　굵다랗다　　　굵직하다　　　깊숙하다　　　넓적하다

높다랗다   늙수그레하다   얽죽얽죽하다

다만, 다음과 같은 말은 소리대로 적는다.

(1) 겹받침의 끝소리가 드러나지 아니하는 것

할짝거리다   널따랗다   널찍하다   말끔하다
말쑥하다   말짱하다   실쭉하다   실큼하다
얄따랗다   얄팍하다   짤따랗다   짤막하다
실컷

(2) 어원이 분명하지 아니하거나 본뜻에서 멀어진 것

넙치   올무   골막하다   납작하다

제22항 용언의 어간에 다음과 같은 접미사들이 붙어서 이루어진 말들은 그 어간을 밝히어 적
     는다.

1. '-기-, -리-, -이-, -히-, -구-, -우-, -추-, -으키-, -이키-, -애-'가 붙는 것

맡기다   옮기다   웃기다   쫓기다   뚫리다
울리다   낚이다   쌓이다   핥이다   굳히다
굽히다   넓히다   앉히다   얽히다   잡히다
돋구다   솟구다   돋우다   갖추다   곧추다
맞추다   일으키다   돌이키다   없애다

다만, '-이-, -히-, -우-'가 붙어서 된 말이라도 본뜻에서 멀어진 것은 소리대로 적는다.

도리다(칼로 ~)   드리다(용돈을 ~)   고치다
바치다(세금을 ~)   부치다(편지를 ~)   거두다
미루다   이루다

2. '-치-, -뜨리-, -트리-'가 붙는 것

놓치다   덮치다   떠받치다   받치다   밭치다
부딪치다   뻗치다   엎치다   부딪뜨리다/부딪트리다
쏟뜨리다/쏟트리다   젖뜨리다/젖트리다
찢뜨리다/찢트리다   흩뜨리다/흩트리다

[붙임] '-업-, -읍-, -브-'가 붙어서 된 말은 소리대로 적는다.

미덥다   우습다   미쁘다

제23항 '-하다'나 '-거리다'가 붙는 어근에 '-이'가 붙어서 명사가 된 것은 그 원형을 밝히어
      적는다.(ㄱ을 취하고, ㄴ을 버림.)

ㄱ	ㄴ	ㄱ	ㄴ
깔쭉이	깔쭈기	살살이	살사리
꿀꿀이	꿀꾸리	쌕쌕이	쌕쌔기
눈깜짝이	눈깜짜기	오뚝이	오뚜기
더펄이	더퍼리	코납작이	코납자기
배불뚝이	배불뚜기	푸석이	푸서기
삐죽이	삐주기	홀쭉이	홀쭈기

[붙임] '-하다'나 '-거리다'가 붙을 수 없는 어근에 '-이'나 또는 다른 모음으로 시작되
      는 접미사가 붙어서 명사가 된 것은 그 원형을 밝히어 적지 아니한다.

개구리   귀뚜라미   기러기   깍두기   꽹과리
날라리   누더기   동그라미   두드러기   딱따구리
매미   부스러기   뻐꾸기   얼루기   칼싹두기

제24항 '-거리다'가 붙을 수 있는 시늉말 어근에 '-이다'가 붙어서 된 용언은 그 어근을 밝히
      어 적는다.(ㄱ을 취하고, ㄴ을 버림.)

ㄱ	ㄴ	ㄱ	ㄴ
깜짝이다	깜짜기다	속삭이다	속사기다
꾸벅이다	꾸버기다	숙덕이다	숙더기다
끄덕이다	끄더기다	울먹이다	울머기다
뒤척이다	뒤처기다	움직이다	움지기다
들먹이다	들머기다	지껄이다	지꺼리다
망설이다	망서리다	퍼덕이다	퍼더기다
번득이다	번드기다	허덕이다	허더기다
번쩍이다	번쩌기다	헐떡이다	헐떠기다

제25항 '-하다'가 붙는 어근에 '-히'나 '-이'가 붙어서 부사가 되거나, 부사에 '-이'가 붙어서 뜻을 더하는 경우에는 그 어근이나 부사의 원형을 밝히어 적는다.

1. '-하다'가 붙는 어근에 '-히'나 '-이'가 붙는 경우

급히 꾸준히 도저히 딱히 어렴풋이 깨끗이

[붙임] '-하다'가 붙지 않는 경우에는 소리대로 적는다.

갑자기 반드시(꼭) 슬며시

2. 부사에 '-이'가 붙어서 역시 부사가 되는 경우

곰곰이 더욱이 생긋이 오뚝이 일찍이 해죽이

제26항 '-하다'나 '-없다'가 붙어서 된 용언은 그 '-하다'나 '-없다'를 밝히어 적는다.

1. '-하다'가 붙어서 용언이 된 것

딱하다 숱하다 착하다 텁텁하다 푹하다

2. '-없다'가 붙어서 용언이 된 것

부질없다 상없다 시름없다 열없다 하염없다

제4절 합성어 및 접두사가 붙은 말

제27항 둘 이상의 단어가 어울리거나 접두사가 붙어서 이루어진 말은 각각 그 원형을 밝히어
적는다.

국말이	꺾꽂이	꽃잎	끝장	물난리
밑천	부엌일	싫증	옷안	웃옷
젖몸살	첫아들	칼날	팥알	헛웃음
홀아비	홑몸	흙내		
값없다	겉늙다	굶주리다	낮잡다	맞먹다
받내다	벋놓다	빗나가다	빛나다	새파랗다
샛노랗다	시꺼멓다	싯누렇다	엇나가다	엎누르다
엿듣다	옻오르다	짓이기다	헛되다	

[붙임 1] 어원은 분명하나 소리만 특이하게 변한 것은 변한 대로 적는다.

할아버지   할아범

[붙임 2] 어원이 분명하지 아니한 것은 원형을 밝히어 적지 아니한다.

골병	골탕	끌탕	며칠	아재비
오라비	업신여기다	부리나케		

[붙임 3] '이[齒, 虱]'가 합성어나 이에 준하는 말에서 '니' 또는 '리'로 소리 날 때에는 '니'
로 적는다.

간니	덧니	사랑니	송곳니	앞니
어금니	윗니	젖니	톱니	틀니
가랑니	머릿니			

제28항 끝소리가 'ㄹ'인 말과 딴 말이 어울릴 적에 'ㄹ' 소리가 나지 아니하는 것은 아니 나는
대로 적는다.

다달이(달-달-이)   따님(딸-님)   마되(말-되)

마소(말—소)	무자위(물—자위)	바느질(바늘—질)
부삽(불—삽)	부손(불—손)	싸전(쌀—전)
여닫이(열—닫이)	우짖다(울—짖다)	화살(활—살)

제29항 끝소리가 'ㄹ'인 말과 딴 말이 어울릴 적에 'ㄹ' 소리가 'ㄷ' 소리로 나는 것은 'ㄷ'으로 적는다.

반짇고리(바느질~)	사흗날(사흘~)	삼짇날(삼질~)
섣달(설~)	숟가락(술~)	이튿날(이틀~)
잗주름(잘~)	푿소(풀~)	섣부르다(설~)
잗다듬다(잘~)	잗다랗다(잘~)	

제30항 사이시옷은 다음과 같은 경우에 받치어 적는다.

1. 순우리말로 된 합성어로서 앞말이 모음으로 끝난 경우

(1) 뒷말의 첫소리가 된소리로 나는 것

고랫재	귓밥	나룻배	나뭇가지	냇가
댓가지	뒷갈망	맷돌	머릿기름	모깃불
못자리	바닷가	뱃길	볏가리	부싯돌
선짓국	쇳조각	아랫집	우렁잇속	잇자국
잿더미	조갯살	찻집	쳇바퀴	킷값
핏대	햇볕	혓바늘		

(2) 뒷말의 첫소리 'ㄴ, ㅁ' 앞에서 'ㄴ' 소리가 덧나는 것

멧나물	아랫니	텃마당	아랫마을	뒷머리
잇몸	깻묵	냇물	빗물	

(3) 뒷말의 첫소리 모음 앞에서 'ㄴㄴ' 소리가 덧나는 것

도리깻열	뒷윷	두렛일	뒷일	뒷입맛
베갯잇	욧잇	깻잎	나뭇잎	댓잎

2. 순우리말과 한자어로 된 합성어로서 앞말이 모음으로 끝난 경우

(1) 뒷말의 첫소리가 된소리로 나는 것

귓병	머릿방	뱃병	봇둑	사잣밥
샛강	아랫방	자릿세	전셋집	찻잔
찻종	촛국	콧병	탯줄	텃세
핏기	햇수	횟가루	횟배	

(2) 뒷말의 첫소리 'ㄴ, ㅁ' 앞에서 'ㄴ' 소리가 덧나는 것

곗날	제삿날	훗날	툇마루	양칫물

(3) 뒷말의 첫소리 모음 앞에서 'ㄴㄴ' 소리가 덧나는 것

가욋일	사삿일	예삿일	훗일

3. 두 음절로 된 다음 한자어

곳간(庫間)	셋방(貰房)	숫자(數字)	찻간(車間)
툇간(退間)	횟수(回數)		

제31항 두 말이 어울릴 적에 'ㅂ' 소리나 'ㅎ' 소리가 덧나는 것은 소리대로 적는다.

1. 'ㅂ' 소리가 덧나는 것

댑싸리(대ㅂ싸리)	멥쌀(메ㅂ쌀)	볍씨(벼ㅂ씨)
입때(이ㅂ때)	입쌀(이ㅂ쌀)	접때(저ㅂ때)
좁쌀(조ㅂ쌀)	햅쌀(해ㅂ쌀)	

2. 'ㅎ' 소리가 덧나는 것

머리카락(머리ㅎ가락)	살코기(살ㅎ고기)	수캐(수ㅎ개)
수컷(수ㅎ것)	수탉(수ㅎ닭)	안팎(안ㅎ밖)
암캐(암ㅎ개)	암컷(암ㅎ것)	암탉(암ㅎ닭)

제5절 준말

제32항 단어의 끝모음이 줄어지고 자음만 남은 것은 그 앞의 음절에 받침으로 적는다.

(본말)	(준말)
기러기야	기럭아
어제그저께	엊그저께
어제저녁	엊저녁
가지고, 가지지	갖고, 갖지
디디고, 디디지	딛고, 딛지

제33항 체언과 조사가 어울려 줄어지는 경우에는 준 대로 적는다.

(본말)	(준말)
그것은	그건
그것이	그게
그것으로	그걸로
나는	난
나를	날
너는	넌
너를	널
무엇을	뭣을/무얼/뭘
무엇이	뭣이/무에

제34항 모음 'ㅏ, ㅓ'로 끝난 어간에 '-아/-어, -았-/-었-'이 어울릴 적에는 준 대로 적는다.

(본말)	(준말)	(본말)	(준말)
가아	가	가았다	갔다
나아	나	나았다	났다
타아	타	타았다	탔다
서어	서	서었다	섰다
켜어	켜	켜었다	켰다
펴어	펴	펴었다	폈다

[붙임 1] 'ㅐ, ㅔ' 뒤에 '-어, -었-'이 어울려 줄 적에는 준 대로 적는다.

(본말)	(준말)	(본말)	(준말)
개어	개	개었다	갰다
내어	내	내었다	냈다
베어	베	베었다	벴다
세어	세	세었다	셌다

[붙임 2] '하여'가 한 음절로 줄어서 '해'로 될 적에는 준 대로 적는다.

(본말)	(준말)	(본말)	(준말)
하여	해	하였다	했다
더하여	더해	더하였다	더했다
흔하여	흔해	흔하였다	흔했다

제35항 모음 'ㅗ, ㅜ'로 끝난 어간에 '-아/-어, -았-/-었-'이 어울려 'ㅘ/ㅝ, 왔/웠'으로 될 적에는 준 대로 적는다.

(본말)	(준말)	(본말)	(준말)
꼬아	꽈	꼬았다	꽜다
보아	봐	보았다	봤다
쏘아	쏴	쏘았다	쐈다
두어	둬	두었다	뒀다
쑤어	쒀	쑤었다	쒔다
주어	줘	주었다	줬다

[붙임 1] '놓아'가 '놔'로 줄 적에는 준 대로 적는다.
[붙임 2] 'ㅚ' 뒤에 '-어, -었-'이 어울려 'ㅙ, 왰'으로 될 적에도 준 대로 적는다.

(본말)	(준말)	(본말)	(준말)
괴어	괘	괴었다	괬다
되어	돼	되었다	됐다
뵈어	봬	뵈었다	뵀다
쇠어	쇄	쇠었다	쇘다
쐬어	쐐	쐬었다	쐤다

제36항 'ㅣ' 뒤에 '-어'가 와서 'ㅕ'로 줄 적에는 준 대로 적는다.

(본말)	(준말)	(본말)	(준말)
가지어	가져	가지었다	가졌다
견디어	견뎌	견디었다	견뎠다
다니어	다녀	다니었다	다녔다
막히어	막혀	막히었다	막혔다
버티어	버텨	버티었다	버텼다
치이어	치여	치이었다	치였다

제37항 'ㅏ, ㅕ, ㅗ, ㅜ, ㅡ'로 끝난 어간에 '-이-'가 와서 각각 'ㅐ, ㅖ, ㅚ, ㅟ, ㅢ'로 줄 적에는 준 대로 적는다.

(본말)	(준말)	(본말)	(준말)
싸이다	쌔다	누이다	뉘다
펴이다	폐다	뜨이다	띄다
보이다	뵈다	쓰이다	씌다

제38항 'ㅏ, ㅗ, ㅜ, ㅡ' 뒤에 '-이어'가 어울려 줄어질 적에는 준 대로 적는다.

(본말)	(준말)	(본말)	(준말)
싸이어	쌔어 싸여	뜨이어	띄어
보이어	뵈어 보여	쓰이어	씌어 쓰여
쏘이어	쐬어 쏘여	트이어	틔어 트여
누이어	뉘어 누여		

제39항 어미 '-지' 뒤에 '않-'이 어울려 '-잖-'이 될 적과 '-하지' 뒤에 '않-'이 어울려 '-찮-'이 될 적에는 준 대로 적는다.

(본말)	(준말)	(본말)	(준말)
그렇지 않은	그렇잖은	만만하지 않다	만만찮다
적지 않은	적잖은	변변하지 않다	변변찮다

제40항 어간의 끝음절 '하'의 'ㅏ'가 줄고 'ㅎ'이 다음 음절의 첫소리와 어울려 거센소리로 될 적에는 거센소리로 적는다.

(본말)	(준말)	(본말)	(준말)
간편하게	간편케	다정하다	다정타
연구하도록	연구토록	정결하다	정결타
가하다	가타	흔하다	흔타

[붙임 1] 'ㅎ'이 어간의 끝소리로 굳어진 것은 받침으로 적는다.

않다	않고	않지	않든지
그렇다	그렇고	그렇지	그렇든지
아무렇다	아무렇고	아무렇지	아무렇든지
어떻다	어떻고	어떻지	어떻든지
이렇다	이렇고	이렇지	이렇든지
저렇다	저렇고	저렇지	저렇든지

[붙임 2] 어간의 끝음절 '하'가 아주 줄 적에는 준 대로 적는다.

(본말)	(준말)	(본말)	(준말)
거북하지	거북지	넉넉하지 않다	넉넉지 않다
생각하건대	생각건대	못하지 않다	못지않다
생각하다 못해	생각다 못해	섭섭하지 않다	섭섭지 않다
깨끗하지 않다	깨끗지 않다	익숙하지 않다	익숙지 않다

[붙임 3] 다음과 같은 부사는 소리대로 적는다.

결단코	결코	기필코	무심코	아무튼
요컨대	정녕코	필연코	하마터면	하여튼
한사코				

제5장 띄어쓰기

제1절 조사

제41항 조사는 그 앞말에 붙여 쓴다.

꽃이	꽃마저	꽃밖에	꽃에서부터	꽃으로만
꽃이나마	꽃이다	꽃입니다	꽃처럼	어디까지나
거기도	멀리는	웃고만		

제2절 의존 명사, 단위를 나타내는 명사 및 열거하는 말 등

제42항 의존 명사는 띄어 쓴다.

아는 것이 힘이다.	나도 할 수 있다.
먹을 만큼 먹어라.	아는 이를 만났다.
네가 뜻한 바를 알겠다.	그가 떠난 지가 오래다.

제43항 단위를 나타내는 명사는 띄어 쓴다.

한 개	차 한 대	금 서 돈	소 한 마리
옷 한 벌	열 살	조기 한 손	연필 한 자루
버선 한 죽	집 한 채	신 두 켤레	북어 한 쾌

다만, 순서를 나타내는 경우나 숫자와 어울리어 쓰이는 경우에는 붙여 쓸 수 있다.

두시 삼십분 오초	제일과	삼학년
육층	1446년 10월 9일	2대대

16동 502호	제1실습실	80원
10개	7미터	

제44항 수를 적을 적에는 '만(萬)' 단위로 띄어 쓴다.

십이억 삼천사백오십육만 칠천팔백구십팔
12억 3456만 7898

제45항 두 말을 이어 주거나 열거할 적에 쓰이는 말들은 띄어 쓴다.

국장 겸 과장	열 내지 스물	청군 대 백군
책상, 걸상 등이 있다	이사장 및 이사들	사과, 배, 귤 등등
사과, 배 등속	부산, 광주 등지	

제46항 단음절로 된 단어가 연이어 나타날 적에는 붙여 쓸 수 있다.

좀더 큰 것	이말 저말	한잎 두잎

제3절 보조 용언

제47항 보조 용언은 띄어 씀을 원칙으로 하되, 경우에 따라 붙여 씀도 허용한다.(ㄱ을 원칙으로 하고, ㄴ을 허용함.)

ㄱ	ㄴ
불이 꺼져 간다.	불이 꺼져간다.
내 힘으로 막아 낸다.	내 힘으로 막아낸다.
어머니를 도와 드린다.	어머니를 도와드린다.
그릇을 깨뜨려 버렸다.	그릇을 깨뜨려버렸다.
비가 올 듯하다.	비가 올듯하다.
그 일은 할 만하다.	그 일은 할만하다.
일이 될 법하다.	일이 될법하다.
비가 올 성싶다.	비가 올성싶다.
잘 아는 척한다.	잘 아는척한다.

다만, 앞말에 조사가 붙거나 앞말이 합성 동사인 경우, 그리고 중간에 조사가 들어갈 적에는 그 뒤에 오는 보조 용언은 띄어 쓴다.

잘도 놀아만 나는구나!	책을 읽어도 보고…….
네가 덤벼들어 보아라.	이런 기회는 다시없을 듯하다.
그가 올 듯도 하다.	잘난 체를 한다.

제4절 고유 명사 및 전문 용어

제48항 성과 이름, 성과 호 등은 붙여 쓰고, 이에 덧붙는 호칭어, 관직명 등은 띄어 쓴다.

김양수(金良洙)	서화담(徐花潭)	채영신 씨
최치원 선생	박동식 박사	충무공 이순신 장군

다만, 성과 이름, 성과 호를 분명히 구분할 필요가 있을 경우에는 띄어 쓸 수 있다.

남궁억/남궁 억   독고준/독고 준   황보지봉(皇甫芝峰)/황보 지봉

제49항 성명 이외의 고유 명사는 단어별로 띄어 씀을 원칙으로 하되, 단위별로 띄어 쓸 수 있다.(ㄱ을 원칙으로 하고, ㄴ을 허용함.)

ㄱ	ㄴ
대한 중학교	대한중학교
한국 대학교 사범 대학	한국대학교 사범대학

제50항 전문 용어는 단어별로 띄어 씀을 원칙으로 하되, 붙여 쓸 수 있다.(ㄱ을 원칙으로 하고, ㄴ을 허용함.)

ㄱ	ㄴ
만성 골수성 백혈병	만성골수성백혈병
중거리 탄도 유도탄	중거리탄도유도탄

제6장 그 밖의 것

제51항 부사의 끝음절이 분명히 '이'로만 나는 것은 '-이'로 적고, '히'로만 나거나 '이'나 '히'로 나는 것은 '-히'로 적는다.

1. '이'로만 나는 것

가붓이	깨끗이	나붓이	느긋이	둥긋이
따뜻이	반듯이	버젓이	산뜻이	의젓이
가까이	고이	날카로이	대수로이	번거로이
많이	적이	헛되이		
겹겹이	번번이	일일이	집집이	틈틈이

2. '히'로만 나는 것

극히	급히	딱히	속히	작히
족히	특히	엄격히	정확히	

3. '이, 히'로 나는 것

솔직히	가만히	간편히	나른히	무단히
각별히	소홀히	쓸쓸히	정결히	과감히
꼼꼼히	심히	열심히	급급히	답답히
섭섭히	공평히	능히	당당히	분명히
상당히	조용히	간소히	고요히	도저히

제52항 한자어에서 본음으로도 나고 속음으로도 나는 것은 각각 그 소리에 따라 적는다.

(본음으로 나는 것)	(속음으로 나는 것)
승낙(承諾)	수락(受諾), 쾌락(快諾), 허락(許諾)
만난(萬難)	곤란(困難), 논란(論難)
안녕(安寧)	의령(宜寧), 회령(會寧)
분노(忿怒)	대로(大怒), 희로애락(喜怒哀樂)
토론(討論)	의논(議論)

오륙십(五六十)	오뉴월, 유월(六月)
목재(木材)	모과(木瓜)
십일(十日)	시방정토(十方淨土), 시왕(十王), 시월(十月)
팔일(八日)	초파일(初八日)

제53항 다음과 같은 어미는 예사소리로 적는다. (ㄱ을 취하고, ㄴ을 버림.)

ㄱ	ㄴ
-(으)ㄹ거나	-(으)ㄹ꺼나
-(으)ㄹ걸	-(으)ㄹ껄
-(으)ㄹ게	-(으)ㄹ께
-(으)ㄹ세	-(으)ㄹ쎄
-(으)ㄹ세라	-(으)ㄹ쎄라
-(으)ㄹ수록	-(으)ㄹ쑤록
-(으)ㄹ시	-(으)ㄹ씨
-(으)ㄹ지	-(으)ㄹ찌
-(으)ㄹ지니라	-(으)ㄹ찌니라
-(으)ㄹ지라도	-(으)ㄹ찌라도
-(으)ㄹ지어다	-(으)ㄹ찌어다
-(으)ㄹ지언정	-(으)ㄹ찌언정
-(으)ㄹ진대	-(으)ㄹ찐대
-(으)ㄹ진저	-(으)ㄹ찐저
-올시다	-올씨다

다만, 의문을 나타내는 다음 어미들은 된소리로 적는다.

-(으)ㄹ까?	-(으)ㄹ꼬?	-(스)ㅂ니까?
-(으)리까?	-(으)ㄹ쏘냐?	

제54항 다음과 같은 접미사는 된소리로 적는다. (ㄱ을 취하고, ㄴ을 버림.)

ㄱ	ㄴ	ㄱ	ㄴ
심부름꾼	심부름군	귀때기	귓대기
익살꾼	익살군	볼때기	볼대기
일꾼	일군	판자때기	판잣대기
장꾼	장군	뒤꿈치	뒷굼치
장난꾼	장난군	팔꿈치	팔굼치
지게꾼	지게군	이마빼기	이맛배기
때깔	땟깔	코빼기	콧배기
빛깔	빛갈	객쩍다	객적다
성깔	성깔	겸연쩍다	겸연적다

제55항 두 가지로 구별하여 적던 다음 말들은 한 가지로 적는다.(ㄱ을 취하고, ㄴ을 버림.)

ㄱ	ㄴ
맞추다(입을 맞춘다. 양복을 맞춘다.)	마추다
뻗치다(다리를 뻗친다. 멀리 뻗친다.)	뼈치다

제56항 '-더라, -던'과 '-든지'는 다음과 같이 적는다.

1. 지난 일을 나타내는 어미는 '-더라, -던'으로 적는다.(ㄱ을 취하고, ㄴ을 버림.)

ㄱ	ㄴ
지난겨울은 몹시 춥더라.	지난겨울은 몹시 춥드라.
깊던 물이 얕아졌다.	깊든 물이 얕아졌다.
그렇게 좋던가?	그렇게 좋든가?
그 사람 말 잘하던데!	그 사람 말 잘하든데!
얼마나 놀랐던지 몰라.	얼마나 놀랐든지 몰라.

2. 물건이나 일의 내용을 가리지 아니하는 뜻을 나타내는 조사와 어미는 '(-)든지'로 적는다.(ㄱ을 취하고, ㄴ을 버림.)

ㄱ	ㄴ
배든지 사과든지 마음대로 먹어라.	배던지 사과던지 마음대로 먹어라.
가든지 오든지 마음대로 해라.	가던지 오던지 마음대로 해라.

제57항 다음 말들은 각각 구별하여 적는다.

가름   둘로 가름.
갈음   새 책상으로 갈음하였다.

거름   풀을 썩힌 거름.
걸음   빠른 걸음.

거치다   영월을 거쳐 왔다.
걷히다   외상값이 잘 걷힌다.

걷잡다   걷잡을 수 없는 상태.
겉잡다   겉잡아서 이틀 걸릴 일.

그러므로(그러니까)   그는 부지런하다. 그러므로 잘 산다.
그럼으로(써)   그는 열심히 공부한다. 그럼으로(써)
(그렇게 하는 것으로)   은혜에 보답한다.

노름   노름판이 벌어졌다.
놀음(놀이)   즐거운 놀음.

느리다   진도가 너무 느리다.
늘이다   고무줄을 늘인다.
늘리다   수출량을 더 늘린다.

다리다   옷을 다린다.
달이다   약을 달인다.

다치다   부주의로 손을 다쳤다.
닫히다   문이 저절로 닫혔다.
닫치다   문을 힘껏 닫쳤다.

마치다   벌써 일을 마쳤다.
맞히다   여러 문제를 더 맞혔다.

목거리	목거리가 덧났다.
목걸이	금목걸이, 은목걸이.
바치다	나라를 위해 목숨을 바쳤다.
받치다	우산을 받치고 간다.
	책받침을 받친다.
받히다	쇠뿔에 받혔다.
밭치다	술을 체에 밭친다.
반드시	약속은 반드시 지켜라.
반듯이	고개를 반듯이 들어라.
부딪치다	차와 차가 마주 부딪쳤다.
부딪히다	마차가 화물차에 부딪혔다.
부치다	힘이 부치는 일이다.
	편지를 부친다.
	논밭을 부친다.
	빈대떡을 부친다.
	식목일에 부치는 글.
	회의에 부치는 안건.
	인쇄에 부치는 원고.
	삼촌 집에 숙식을 부친다.
붙이다	우표를 붙인다.
	책상을 벽에 붙였다.
	흥정을 붙인다.
	불을 붙인다.
	감시원을 붙인다.
	조건을 붙인다.
	취미를 붙인다.
	별명을 붙인다.
시키다	일을 시킨다.

식히다	끓인 물을 식힌다.
아름	세 아름 되는 둘레.
알음	전부터 알음이 있는 사이.
앎	앎이 힘이다.
안치다	밥을 안친다.
앉히다	윗자리에 앉힌다.
어름	두 물건의 어름에서 일어난 현상.
얼음	얼음이 얼었다.
이따가	이따가 오너라.
있다가	돈은 있다가도 없다.
저리다	다친 다리가 저린다.
절이다	김장 배추를 절인다.
조리다	생선을 조린다. 통조림, 병조림.
졸이다	마음을 졸인다.
주리다	여러 날을 주렸다.
줄이다	비용을 줄인다.
하노라고	하노라고 한 것이 이 모양이다.
하느라고	공부하느라고 밤을 새웠다.
─느니보다(어미)	나를 찾아오느니보다 집에 있거라.
─는 이보다(의존 명사)	오는 이가 가는 이보다 많다.
─(으)리만큼(어미)	나를 미워하리만큼 그에게 잘못한 일이 없다.
─(으)ㄹ 이만큼(의존 명사)	찬성할 이도 반대할 이만큼이나 많을 것이다.
─(으)러(목적)	공부하러 간다.

-(으)려(의도)	서울 가려 한다.
(으)로서(자격)	사람으로서 그럴 수는 없다.
(으)로써(수단)	닭으로써 꿩을 대신했다.
-(으)므로(어미)	그가 나를 믿으므로 나도 그를 믿는다.
(-ㅁ, -음)으로(써)(조사)	그는 믿음으로(써) 산 보람을 느꼈다.

□ 부록 〈문장 부호〉 생략

문교부 고시 제88-2 호(1988. 1. 19.)
문화체육관광부 고시 제2017-13 호(2017. 3. 28. 일부 개정)

표준어 규정

제1부 표준어 사정 원칙

제1장 총칙

제1항 표준어는 교양 있는 사람들이 두루 쓰는 현대 서울말로 정함을 원칙으로 한다.

제2항 외래어는 따로 사정한다.

제2장 발음 변화에 따른 표준어 규정

제1절 자음

제3항 다음 단어들은 거센소리를 가진 형태를 표준어로 삼는다.(ㄱ을 표준어로 삼고, ㄴ을 버림.)

ㄱ	ㄴ	비고
끄나풀	끄나불	
나팔-꽃	나발-꽃	
녘	녁	동~, 들~, 새벽~, 동틀 ~.
부엌	부억	
살-쾡이	삵-괭이	
칸	간	1. ~막이, 빈~, 방 한 ~.
		2. '초가삼간, 윗간'의 경우에는 '간'임.
털어-먹다	떨어-먹다	재물을 다 없애다.

제4항 다음 단어들은 거센소리로 나지 않는 형태를 표준어로 삼는다.(ㄱ을 표준어로 삼고, ㄴ을 버림.)

ㄱ	ㄴ	비고
가을–갈이	가을–카리	
거시기	거시키	
분침	푼침	

제5항 어원에서 멀어진 형태로 굳어져서 널리 쓰이는 것은, 그것을 표준어로 삼는다.(ㄱ을 표준어로 삼고, ㄴ을 버림.)

ㄱ	ㄴ	비고
강낭–콩	강남–콩	
고삿	고샅	겉~, 속~.
사글–세	삭월–세	'월세'는 표준어임.
울력–성당	위력–성당	떼를 지어서 으르고 협박하는 일.

다만, 어원적으로 원형에 더 가까운 형태가 아직 쓰이고 있는 경우에는, 그것을 표준어로 삼는다.(ㄱ을 표준어로 삼고, ㄴ을 버림.)

ㄱ	ㄴ	비고
갈비	가리	~구이, ~찜, 갈빗–대.
갓모	갈모	1. 사기 만드는 물레 밑 고리. 2. '갈모'는 갓 위에 쓰는, 유지로 만든 우비.
굴–젓	구–젓	
말–곁	말–겻	
물–수란	물–수랄	
밀–뜨리다	미–뜨리다	
적–이	적이	적이–나, 적이나–하면.
휴지	수지	

제6항 다음 단어들은 의미를 구별함이 없이, 한 가지 형태만을 표준어로 삼는다.(ㄱ을 표준어로 삼고, ㄴ을 버림.)

ㄱ	ㄴ	비고
돌	돐	생일, 주기.

ㄱ	ㄴ	비고
둘–째	두–째	'제2, 두 개째'의 뜻.
셋–째	세–째	'제3, 세 개째'의 뜻.
넷–째	네–째	'제4, 네 개째'의 뜻.
빌리다	빌다	1. 빌려주다, 빌려 오다.
		2. '용서를 빌다'는 '빌다'임.

다만, '둘째'는 십 단위 이상의 서수사에 쓰일 때에 '두째'로 한다

ㄱ	ㄴ	비고
열두–째		열두 개째의 뜻은 '열둘째'로.
스물두–째		스물두 개째의 뜻은 '스물둘째'로.

제7항 수컷을 이르는 접두사는 '수–'로 통일한다.(ㄱ을 표준어로 삼고, ㄴ을 버림.)

ㄱ	ㄴ	비고
수–꿩	수–퀑/숫–꿩	'장끼'도 표준어임.
수–나사	숫–나사	
수–놈	숫–놈	
수–사돈	숫–사돈	
수–소	숫–소	'황소'도 표준어임.
수–은행나무	숫–은행나무	

다만 1. 다음 단어에서는 접두사 다음에서 나는 거센소리를 인정한다. 접두사 '암–'이 결합되는 경우에도 이에 준한다.(ㄱ을 표준어로 삼고, ㄴ을 버림.)

ㄱ	ㄴ	비고
수–캉아지	숫–강아지	
수–캐	숫–개	
수–컷	숫–것	
수–키와	숫–기와	
수–탉	숫–닭	
수–탕나귀	숫–당나귀	
수–톨쩌귀	숫–돌쩌귀	
수–퇘지	숫–돼지	
수–평아리	숫–병아리	

다만 2. 다음 단어의 접두사는 '숫-'으로 한다.(ㄱ을 표준어로 삼고, ㄴ을 버림.)

ㄱ	ㄴ	비고
숫-양	수-양	
숫-염소	수-염소	
숫-쥐	수-쥐	

제2절 모음

제8항 양성 모음이 음성 모음으로 바뀌어 굳어진 다음 단어는 음성 모음 형태를 표준어로 삼는다.(ㄱ을 표준어로 삼고, ㄴ을 버림.)

ㄱ	ㄴ	비고
깡충-깡충	깡총-깡총	큰말은 '껑충껑충'임.
-둥이	-동이	←童-이. 귀-, 막-, 선-, 쌍-, 검-, 바람-, 흰-.
발가-숭이	발가-송이	센말은 '빨가숭이', 큰말은 '벌거숭이, 뻘거숭이'임.
보퉁이	보통이	
봉죽	봉족	←奉足. ~꾼, ~ 들다.
뻗정-다리	뻗장-다리	
아서, 아서라	앗아, 앗아라	하지 말라고 금지하는 말.
오뚝-이	오똑-이	부사도 '오뚝-이'임.
주추	주초	←柱礎. 주춧-돌.

다만, 어원 의식이 강하게 작용하는 다음 단어에서는 양성 모음 형태를 그대로 표준어로 삼는다.(ㄱ을 표준어로 삼고, ㄴ을 버림.)

ㄱ	ㄴ	비고
부조(扶助)	부주	~금, 부좃-술.
사돈(查頓)	사둔	밭~, 안~.
삼촌(三寸)	삼춘	시~, 외~, 처~.

제9항 'ㅣ' 역행 동화 현상에 의한 발음은 원칙적으로 표준 발음으로 인정하지 아니하되, 다만 다음 단어들은 그러한 동화가 적용된 형태를 표준어로 삼는다.(ㄱ을 표준어로 삼고, ㄴ을 버림.)

ㄱ	ㄴ	비고
-내기	-나기	서울-, 시골-, 신출-, 풋-.
냄비	남비	
동댕이-치다	동당이-치다	

[붙임 1] 다음 단어는 'ㅣ' 역행 동화가 일어나지 아니한 형태를 표준어로 삼는다.(ㄱ을 표준어로 삼고, ㄴ을 버림.)

ㄱ	ㄴ	비고
아지랑이	아지랭이	

[붙임 2] 기술자에게는 '-장이', 그 외에는 '-쟁이'가 붙는 형태를 표준어로 삼는다.(ㄱ을 표준어로 삼고, ㄴ을 버림.)

ㄱ	ㄴ	비고
미장이	미쟁이	
유기장이	유기쟁이	
멋쟁이	멋장이	
소금쟁이	소금장이	
담쟁이-덩굴	담장이-덩굴	
골목쟁이	골목장이	
발목쟁이	발목쟁이	

제10항 다음 단어는 모음이 단순화한 형태를 표준어로 삼는다.(ㄱ을 표준어로 삼고, ㄴ을 버림.)

ㄱ	ㄴ	비고
괴팍-하다	괴퍅-하다/괴팩-하다	
-구먼	-구면	
미루-나무	미류-나무	←美柳~.
미륵	미력	←彌勒. ~보살, ~불, 돌~.
여느	여늬	
온-달	왼-달	만 한 달.
으레	으례	
케케-묵다	켸켸-묵다	

ㄱ	ㄴ	비고
허우대	허위대	
허우적-허우적	허위적-허위적	허우적-거리다.

제11항 다음 단어에서는 모음의 발음 변화를 인정하여, 발음이 바뀌어 굳어진 형태를 표준어로 삼는다.(ㄱ을 표준어로 삼고, ㄴ을 버림.)

ㄱ	ㄴ	비고
-구려	-구료	
깍쟁이	깍정이	1. 서울 ~, 알~, 찰~.
		2. 도토리, 상수리 등의 받침은 '깍정이'임.
나무라다	나무래다	
미수	미시	
바라다	바래다	'바램[所望]'은 비표준어임.
상추	상치	~쌈.
시러베-아들	실업의-아들	
주책	주착	←主着. ~망나니, ~없다.
지루-하다	지리-하다	←支離.
튀기	트기	
허드레	허드래	허드렛-물, 허드렛-일.
호루라기	호루루기	

제12항 '웃-' 및 '윗-'은 명사 '위'에 맞추어 '윗-'으로 통일한다.(ㄱ을 표준어로 삼고, ㄴ을 버림.)

ㄱ	ㄴ	비고
윗-넓이	웃-넓이	
윗-눈썹	웃-눈썹	
윗-니	웃-니	
윗-당줄	웃-당줄	
윗-덧줄	웃-덧줄	
윗-도리	웃-도리	
윗-동아리	웃-동아리	준말은 '윗동'임.
윗-막이	웃-막이	
윗-머리	웃-머리	

ㄱ	ㄴ	비고
윗-목	웃-목	
윗-몸	웃-몸	~ 운동.
윗-바람	웃-바람	
윗-배	웃-배	
윗-벌	웃-벌	
윗-변	웃-변	수학 용어.
윗-사랑	웃-사랑	
윗-세장	웃-세장	
윗-수염	웃-수염	
윗-입술	웃-입술	
윗-잇몸	웃-잇몸	
윗-자리	웃-자리	
윗-중방	웃-중방	

다만 1. 된소리나 거센소리 앞에서는 '위-'로 한다.(ㄱ을 표준어로 삼고, ㄴ을 버림.)

ㄱ	ㄴ	비고
위-짝	웃-짝	
위-쪽	웃-쪽	
위-채	웃-채	
위-층	웃-층	~ 구름[上層雲].
위-치마	웃-치마	
위-턱	웃-턱	
위-팔	웃-팔	위-팔 웃-팔

다만 2. '아래, 위'의 대립이 없는 단어는 '웃-'으로 발음되는 형태를 표준어로 삼는다.(ㄱ을 표준어로 삼고, ㄴ을 버림.)

ㄱ	ㄴ	비고
웃-국	윗-국	
웃-기	윗-기	
웃-돈	윗-돈	
웃-비	윗-비	~걷다.
웃-어른	윗-어른	
웃-옷	윗-옷	

제13항 한자 '구(句)'가 붙어서 이루어진 단어는 '귀'로 읽는 것을 인정하지 아니하고, '구'로 통일한다.(ㄱ을 표준어로 삼고, ㄴ을 버림.)

ㄱ	ㄴ	비고
구법(句法)	귀법	
구절(句節)	귀절	
구점(句點)	귀점	
결구(結句)	결귀	
경구(警句)	경귀	
경인구(警人句)	경인귀	
난구(難句)	난귀	
단구(短句)	단귀	
단명구(短命句)	단명귀	
대구(對句)	대귀	~법(對句法).
문구(文句)	문귀	
성구(成句)	성귀	~어(成句語).
시구(詩句)	시귀	
어구(語句)	어귀	
연구(聯句)	연귀	
인용구(引用句)	인용귀	
절구(絶句)	절귀	

다만, 다음 단어는 '귀'로 발음되는 형태를 표준어로 삼는다.(ㄱ을 표준어로 삼고, ㄴ을 버림.)

ㄱ	ㄴ	비고
귀-글	구-글	
글-귀	글-구	

제3절 준말

제14항 준말이 널리 쓰이고 본말이 잘 쓰이지 않는 경우에는, 준말만을 표준어로 삼는다.(ㄱ을 표준어로 삼고, ㄴ을 버림.)

ㄱ	ㄴ	비고
귀찮다	귀치 않다	
김	기음	~매다.

ㄱ	ㄴ	비고
따리	또아리	
무	무우	~강즙, ~말랭이, ~생채, 가랑~, 갓~, 왜~, 총각~.
미다	무이다	1. 털이 빠져 살이 드러나다. 2. 찢어지다.
뱀	배암	
뱀-장어	배암-장어	
빔	비음	설~, 생일~.
샘	새암	~바르다, ~바리.
생-쥐	새앙-쥐	
솔개	소리개	
온-갖	온-가지	
장사-치	장사-아치	

제15항 준말이 쓰이고 있더라도, 본말이 널리 쓰이고 있으면 본말을 표준어로 삼는다.(ㄱ을 표준어로 삼고, ㄴ을 버림.)

ㄱ	ㄴ	비고
경황-없다	경-없다	
궁상-떨다	궁-떨다	
귀이-개	귀-개	
낌새	낌	
낙인-찍다	낙-하다/낙-치다	
내왕-꾼	냉-꾼	
돗-자리	돗	
뒤웅-박	뒝-박	
뒷물-대야	뒷-대야	
마구-잡이	막-잡이	
맵자-하다	맵자다	모양이 제격에 어울리다.
모이	모	
벽-돌	벽	
부스럼	부럼	정월 보름에 쓰는 '부럼'은 표준어임.
살얼음-판	살-판	
수두룩-하다	수둑-하다	

413

ㄱ	ㄴ	비고
암-죽	암	
어음	엄	
일구다	일다	
죽-살이	죽-살	
퇴박-맞다	퇴-맞다	
한통-치다	통-치다	

[붙임] 다음과 같이 명사에 조사가 붙은 경우에도 이 원칙을 적용한다.(ㄱ을 표준어로 삼고, ㄴ을 버림.)

ㄱ	ㄴ	비고
아래-로	알-로	

제16항 준말과 본말이 다 같이 널리 쓰이면서 준말의 효용이 뚜렷이 인정되는 것은, 두 가지를 다 표준어로 삼는다.(ㄱ은 본말이며, ㄴ은 준말임.)

ㄱ	ㄴ	비고
거짓-부리	거짓-불	작은말은 '가짓부리, 가짓불'임.
노을	놀	저녁~.
막대기	막대	
망태기	망태	
머무르다	머물다	모음 어미가 연결될 때에는 준말의 활용형을 인정하지 않음
서두르다	서둘다	
서투르다	서툴다	
석새-삼베	석새-베	
시-누이	시-뉘/시-누	
오-누이	오-뉘/오-누	
외우다	외다	외우며, 외워 : 외며, 외어.
이기죽-거리다	이죽-거리다	
찌꺼기	찌끼	'찌꺽지'는 비표준어임.

제4절 단수 표준어

제17항 비슷한 발음의 몇 형태가 쓰일 경우, 그 의미에 아무런 차이가 없고, 그중 하나가 더 널리 쓰이면, 그 한 형태만을 표준어로 삼는다.(ㄱ을 표준어로 삼고, ㄴ을 버림.)

ㄱ	ㄴ	비고
거든-그리다	거둥-그리다	1. 거든하게 거두어 싸다. 2. 작은말은 '가든-그리다'임.
구어-박다	구워-박다	사람이 한 군데에서만 지내다.
귀-고리	귀-고리	
귀-띔	귀-띰	
귀-지	귀-지	
까딱-하면	까땍-하면	
꼭두-각시	꼭둑-각시	
내색	나색	감정이 나타나는 얼굴빛.
내숭-스럽다	내흉-스럽다	
냠냠-거리다	얌냠-거리다	냠냠-하다.
냠냠-이	얌냠-이	
너[四]	네	~ 돈, ~ 말, ~ 발, ~ 푼.
넉[四]	너/네	~ 냥, ~ 되, ~ 섬, ~ 자.
다다르다	다닫다	
댑-싸리	대-싸리	
더부룩-하다	더뿌룩-하다/듬뿌룩-하다	
-던	-든	선택, 무관의 뜻을 나타내는 어미는 '-든'임. 가-든(지) 말-든(지), 보-든(가) 말-든(가).
-던가	-든가	
-던걸	-든걸	
-던고	-든고	
-던데	-든데	
-던지	-든지	
-(으)려고	-(으)ㄹ려고/-(으)ㄹ라고	

ㄱ	ㄴ	비고
―(으)려야	―(으)ㄹ려야/―(으)ㄹ래야	
망가―뜨리다	망가―뜨리다 망그―뜨리다	
멸치	머루치/메리치	
반빗―아치	반비―아치	'반빗' 노릇을 하는 사람. 찬비(饌婢). '반비'는 밥짓는 일을 맡은 계집종.
보습	보십/보섭	
본새	뽄새	
봉숭아	봉숭화	'봉선화'도 표준어임.
뺨―따귀	뺨―따귀/뺨―따구니	'뺨'의 비속어임.
뻐개다[斫]	뻐기다	두 조각으로 가르다.
뻐기다[誇]	뻐개다	뽐내다.
사자―탈	사지―탈	
상―판대기	쌍―판대기	
서[三]	세/석	~ 돈, ~ 말, ~ 발, ~ 푼.
석[三]	세	~ 냥, ~ 되, ~ 섬, ~ 자.
설령(設令)	서령	
―습니다	―읍니다	먹습니다, 갔습니다, 없습니다, 있습니다, 좋습니다. 모음 뒤에는 '―ㅂ니다'임.
시름―시름	시늠―시늠	
씀벅―씀벅	썸벅―썸벅	
아궁이	아궁지	
아내	안해	
어―중간	어지―중간	
오금―팽이	오금―탱이	
오래―오래	도래―도래	돼지 부르는 소리.
―올시다	―올습니다	
옹골―차다	공골―차다	
우두커니	우두머니	작은말은 '오도카니'임.
잠―투정	잠―투세/잠―주정	
재봉―틀	자봉―틀	발~, 손~.

ㄱ	ㄴ	비고
짓―무르다	짓―물다	
짚―북데기	짚―북세기	'짚북더기'도 비표준어임.
쪽	짝	편(便). 이~, 그~, 저~. 다만, '아무―짝'은 '짝'임.
천장(天障)	천정	'천정부지(天井不知)'는 '천정'임.
코―맹맹이	코―맹녕이	
흥―업다	흥―헙다	

제5절 복수 표준어

제18항 다음 단어는 ㄱ을 원칙으로 하고, ㄴ도 허용한다.

ㄱ	ㄴ	비고
네	예	
쇠―	소―	―가죽, ―고기, ―기름, ―머리, ―뼈.
괴다	고이다	물이 ~, 밑을 ~.
꾀다	꼬이다	어린애를 ~, 벌레가 ~.
쐬다	쏘이다	바람을 ~.
죄다	조이다	나사를 ~.
쬐다	쪼이다	볕을 ~.

제19항 어감의 차이를 나타내는 단어 또는 발음이 비슷한 단어들이 다 같이 널리 쓰이는 경우에는, 그 모두를 표준어로 삼는다.(ㄱ, ㄴ을 모두 표준어로 삼음.)

ㄱ	ㄴ	비고
거슴츠레―하다	게슴츠레―하다	
고까	꼬까	~신, ~옷.
고린―내	코린―내	
교기(驕氣)	갸기	교만한 태도.
구린―내	쿠린―내	
꺼림―하다	께름―하다	
나부랭이	너부렁이	

417

제3장 어휘 선택의 변화에 따른 표준어 규정

제1절 고어

제20항 사어(死語)가 되어 쓰이지 않게 된 단어는 고어로 처리하고, 현재 널리 사용되는 단어를 표준어로 삼는다.(ㄱ을 표준어로 삼고, ㄴ을 버림.)

ㄱ	ㄴ	비고
난봉	봉	
낭떠러지	낭	
설거지-하다	설겆다	
애달프다	애닲다	
오동-나무	머귀-나무	
자두	오얏	

제2절 한자어

제21항 고유어 계열의 단어가 널리 쓰이고 그에 대응되는 한자어 계열의 단어가 용도를 잃게 된 것은, 고유어 계열의 단어만을 표준어로 삼는다.(ㄱ을 표준어로 삼고, ㄴ을 버림.)

ㄱ	ㄴ	비고
가루-약	말-약	
구들-장	방-돌	
길품-삯	보행-삯	
까막-눈	맹-눈	
꼭지-미역	총각-미역	
나뭇-갓	시장-갓	
늙-다리	노닥다리	
두껍-닫이	두껍-창	
떡-암죽	병-암죽	
마른-갈이	건-갈이	
마른-빨래	건-빨래	
메-찰떡	반-찰떡	
박달-나무	배달-나무	

ㄱ	ㄴ	비고
밥-소라	식-소라	큰 놋그릇.
사래-논	사래-답	묘지기나 마름이 부쳐 먹는 땅.
사래-밭	사래-전	
삯-말	삯-마	
성냥	화곽	
솟을-무늬	솟을-문(~紋)	
외-지다	벽-지다	
움-파	동-파	
잎-담배	잎-초	
잔-돈	잔-전	
조-당수	조-당죽	
죽데기	피-죽	'죽더기'도 비표준어임.
지겟-다리	목-발	지게 동발의 양쪽 다리.
짐-꾼	부지-군(負持-)	
푼-돈	분-전/푼-전	
흰-말	백-말/부루-말	'백마'는 표준어임.
흰-죽	백-죽	

제22항 고유어 계열의 단어가 생명력을 잃고 그에 대응되는 한자어 계열의 단어가 널리 쓰이면, 한자어 계열의 단어를 표준어로 삼는다. (ㄱ을 표준어로 삼고, ㄴ을 버림.)

ㄱ	ㄴ	비고
개다리-소반	개다리-밥상	
겸-상	맞-상	
고봉-밥	높은-밥	
단-벌	홑-벌	
마방-집	마바리-집	馬房~.
민망-스럽다/면구-스럽다	민주-스럽다	
방-고래	구들-고래	
부항-단지	뜸-단지	
산-누에	멧-누에	
산-줄기	멧-줄기/멧-발	
수-삼	무-삼	

ㄱ	ㄴ	비고
심-돌우개	불-돌우개	
양-파	둥근-파	
어질-병	어질-머리	
윤-달	군-달	
장력-세다	장성-세다	
제석	젯-돗	
총각-무	알-무/알타리-무	
칫-솔	잇-솔	
포수	총-댕이	

제3절 방언

제23항 방언이던 단어가 표준어보다 더 널리 쓰이게 된 것은, 그것을 표준어로 삼는다. 이 경우, 원래의 표준어는 그대로 표준어로 남겨 두는 것을 원칙으로 한다.(ㄱ을 표준어로 삼고, ㄴ도 표준어로 남겨 둠.)

ㄱ	ㄴ	비고
멍게	우렁쉥이	
물-방개	선두리	
애-순	어린-순	

제24항 방언이던 단어가 널리 쓰이게 됨에 따라 표준어이던 단어가 안 쓰이게 된 것은, 방언이던 단어를 표준어로 삼는다.(ㄱ을 표준어로 삼고, ㄴ을 버림.)

ㄱ	ㄴ	비고
귀밑-머리	귓-머리	
까-뭉개다	까-무느다	
막상	마기	
빈대-떡	빈자-떡	
생인-손	생안-손	준말은 '생-손'임.
역-겹다	역-스럽다	
코-주부	코-보	

420

제4절 단수 표준어

제25항 의미가 똑같은 형태가 몇 가지 있을 경우, 그중 어느 하나가 압도적으로 널리 쓰이면, 그 단어만을 표준어로 삼는다. (ㄱ을 표준어로 삼고, ㄴ을 버림.)

ㄱ	ㄴ	비고
−게끔	−게시리	
겸사−겸사	겸지−겸지/겸두−겸두	
고구마	참−감자	
고치다	낫우다	병을 ∼.
골목−쟁이	골목−자기	
광주리	광우리	
괴통	호구	자루를 박는 부분.
국−물	멀−국/말−국	
군−표	군용−어음	
길−잡이	길−앞잡이	'길라잡이'도 표준어임.
까치−발	까치−다리	선반 따위를 받치는 물건.
꼬창−모	말뚝−모	꼬챙이로 구멍을 뚫으면서 심는 모.
나룻−배	나루	'나루[津]'는 표준어임.
납−도리	민−도리	
농−지거리	기롱−지거리	다른 의미의 '기롱지거리'는 표준어임.
다사−스럽다	다사−하다	간섭을 잘하다.
다오	다구	이리 ∼.
담배−꽁초	담배−꼬투리/담배−꽁치/담배−꽁추	
담배−설대	대−설대	
대장−일	성냥−일	
뒤져−내다	뒤어−내다	
뒤통수−치다	뒤꼭지−치다	
등−나무	등−칡	
등−때기	등−떠리	'등'의 낮은 말.
등잔−걸이	등경−걸이	
떡−보	떡−충이	

ㄱ	ㄴ	비고
똑딱–단추	딸꼭–단추	
매–만지다	우미다	
먼–발치	먼–발치기	
며느리–발톱	뒷–발톱	
명주–붙이	주–사니	
목–메다	목–맺히다	
밀짚–모자	보릿짚–모자	
바가지	열–바가지/열–박	
바람–꼭지	바람–고다리	튜브의 바람을 넣는 구멍에 붙은, 쇠로 만든 꼭지.
반–나절	나절–가웃	
반두	독대	그물의 한 가지.
버젓–이	뉘연–히	
본–받다	법–받다	
부각	다시마–자반	
부끄러워–하다	부끄리다	
부스러기	부스럭지	
부지깽이	부지깽이	
부항–단지	부항–항아리	부스럼에서 피고름을 빨아내기 위하여 부항을 붙이는 데 쓰는, 자그마한 단지.
붉으락–푸르락	푸르락–붉으락	
비켜–덩이	옆–사리미	김맬 때에 흙덩이를 옆으로 빼내는 일, 또는 그 흙덩이.
빙충–이	빙충–맞이	작은말은 '뱅충이'.
빠–뜨리다	빠–치다	'빠트리다'도 표준어임.
뻣뻣–하다	뻣뻣–하다	
뽐–내다	느물다	
사로–잠그다	사로–채우다	자물쇠나 빗장 따위를 반 정도만 걸어 놓다.
살–풀이	살–막이	
상투–쟁이	상투–꼬부랑이	상투 튼 이를 놀리는 말.
새앙–손이	생강–손이	
샛–별	새벽–별	
선–머슴	풋–머슴	

ㄱ	ㄴ	비고
섭섭–하다	애운–하다	
속–말	속–소리	국악 용어 '속소리'는 표준어임.
손목–시계	팔목–시계/팔뚝–시계	
손–수레	손–구루마	'구루마'는 일본어임.
쇠–고랑	고랑–쇠	
수도–꼭지	수도–고동	
숙성–하다	숙–지다	
순대	골집	
술–고래	술–꾸러기/술–부대 /술–보/술–푸대	
식은–땀	찬–땀	
신기–롭다	신기–스럽다	'신기하다'도 표준어임.
쌍동–밤	쪽–밤	
쏜살–같이	쏜살–로	
아주	영판	
안–걸이	안–낚시	씨름 용어.
안다미–씌우다	안다미–시키다	제가 담당할 책임을 남에게 넘기다.
안쓰럽다	안–슬프다	
안절부절–못하다	안절부절–하다	
앉은뱅이–저울	앉은–저울	
알–사탕	구슬–사탕	
암–내	곁땀–내	
앞–지르다	따라–먹다	
애–벌레	어린–벌레	
얕은–꾀	물탄–꾀	
언뜻	펀뜻	
언제나	노다지	
얼룩–말	워라–말	
열심–히	열심–으로	
입–담	말–담	
자배기	너벅지	
전봇–대	전선–대	

ㄱ	ㄴ	비고
쥐락-펴락	펴락-쥐락	
-지만	-지만서도	←-지마는.
짓고-땡	지어-땡/짓고-땡이	
짧은-작	짜른-작	
찹-쌀	이-찹쌀	
청대-콩	푸른-콩	
칡-범	갈-범	

제5절 복수 표준어

제26항 한 가지 의미를 나타내는 형태 몇 가지가 널리 쓰이며 표준어 규정에 맞으면, 그 모두를 표준어로 삼는다.

복수 표준어	비고
가는-허리/잔-허리	
가락-엿/가래-엿	
가뭄/가물	
가엾다/가엽다	가엾어/가여워, 가엾은/가여운.
감감-무소식/감감-소식	
개수-통/설거지-통	'설겆다'는 '설거지하다'로.
개숫-물/설거지-물	
갱-엿/검은-엿	
-거리다/-대다	가물-, 출렁-.
거위-배/횟-배	
것/해	내 ~, 네 ~, 뉘 ~.
게을러-빠지다/게을러-터지다	
고깃-간/푸줏-간	'고깃-관, 푸줏-관, 다림-방'은 비표준어임.
곰곰/곰곰-이	
관계-없다/상관-없다	
교정-보다/준-보다	
구들-재/구재	
귀퉁-머리/귀퉁-배기	'귀퉁이'의 비어임.
극성-떨다/극성-부리다	

복수 표준어	비고
기세–부리다/기세–피우다	
기승–떨다/기승–부리다	
깃–저고리/배내–옷/배냇–저고리	
꼬까/때때/고까	~신, ~옷.
꼬리–별/살–별	
꽃–도미/붉–돔	
나귀/당–나귀	
날–걸/세–뿔	윷판의 쨀밭 다음의 셋째 밭.
내리–글씨/세로–글씨	
넝쿨/덩굴	'덩쿨'은 비표준어임.
녘/쪽	동~, 서~.
눈–대중/눈–어림/눈–짐작	
느리–광이/느림–보/늘–보	
늦–모/마냥–모	← 만이앙–모.
다기–지다/다기–차다	
다달–이/매–달	
–다마다/–고말고	
다박–나룻/다박–수염	
닭의–장/닭–장	
댓–돌/툇–돌	
덧–창/겉–창	
독장–치다/독판–치다	
동자–기둥/쪼구미	
돼지–감자/뚱딴지	
되우/된통/되게	
두동–무니/두동–사니	윷놀이에서, 두 동이 한데 어울려 가는 말.
뒷–갈망/뒷–감당	
뒷–말/뒷–소리	
들락–거리다/들랑–거리다	
들락–날락/들랑–날랑	
딴–전/딴–청	
땅–콩/호–콩	

복수 표준어	비고
땔-감/땔-거리	
-뜨리다/-트리다	깨-, 떨어-, 쏟-.
뜬-것/뜬-귀신	
마룻-줄/용총-줄	돛대에 매어 놓은 줄. '이어줄'은 비표준어임.
마-파람/앞-바람	
만장-판/만장-중(滿場中)	
만큼/만치	
말-동무/말-벗	
매-갈이/매-조미	
매-통/목-매	
먹-새/먹음-새	'먹음-먹이'는 비표준어임.
멀찌감치/멀찌가니/멀찍이	
멱통/산-멱/산-멱통	
면-치레/외면-치레	
모-내다/모-심다	모-내기, 모-심기.
모쪼록/아무쪼록	
목판-되/모-되	
목화-씨/면화-씨	
무심-결/무심-중	
물-봉숭아/물-봉선화	
물-부리/빨-부리	
물-심부름/물-시중	
물추리-나무/물추리-막대	
물-타작/진-타작	
민둥-산/벌거숭이-산	
밑-층/아래-층	
바깥-벽/밭-벽	
바른/오른[右]	~손, ~쪽, ~편.
발-모가지/발-목쟁이	'발목'의 비속어임.
버들-강아지/버들-개지	
벌레/버러지	'벌거지, 벌러지'는 비표준어임.
변덕-스럽다/변덕-맞다	

복수 표준어	비고
보-조개/볼-우물	
보통-내기/여간-내기/예사-내기	'행-내기'는 비표준어임.
볼-따구니/볼-퉁이/볼-때기	'볼'의 비속어임.
부침개-질/부침-질/지짐-질	'부치개-질'은 비표준어임.
불똥-앉다/등화-지다/등화-앉다	
불-사르다/사르다	
비발/비용(費用)	
뾰두라지/뾰루지	
살-쾡이/삵	삵-피.
삽살-개/삽사리	
상두-꾼/상여-꾼	'상도-꾼, 향도-꾼'은 비표준어임.
상-씨름/소-걸이	
생/새앙/생강	
생-뿔/새앙-뿔/생강-뿔	'쇠뿔'의 형용.
생-철/양-철	1. '서양철'은 비표준어임. 2. '生鐵'은 '무쇠'임.
서럽다/섧다	'설다'는 비표준어임.
서방-질/화냥-질	
성글다/성기다	
-(으)세요/-(으)셔요	
송이/송이-버섯	
수수-깡/수숫-대	
술-안주/안주	
-스레하다/-스름하다	거무-, 발그-.
시늉-말/흉내-말	
시새/세사(細沙)	
신/신발	
신주-보/독보(櫝褓)	
심술-꾸러기/심술-쟁이	
씁쓰레-하다/씁쓰름-하다	
아귀-세다/아귀-차다	
아래-위/위-아래	
아무튼/어떻든/어쨌든/하여튼/여하튼	

복수 표준어	비고
앉음-새/앉음-앉음	
알은-척/알은-체	
애-갈이/애벌-갈이	
애꾸눈-이/외눈-박이	'외대-박이, 외눈-퉁이'는 비표준어임.
양념-감/양념-거리	
어금버금-하다/어금지금-하다	
어기여차/어여차	
어림-잡다/어림-치다	
어이-없다/어처구니-없다	
어저께/어제	
언덕-바지/언덕-배기	
얼렁-뚱땅/엄벙-떵	
여왕-벌/장수-벌	
여쭈다/여쭙다	
여태/입때	'여직'은 비표준어임.
여태-껏/이제-껏/입때-껏	'여직-껏'은 비표준어임.
역성-들다/역성-하다	'편역-들다'는 비표준어임.
연-달다/잇-달다	
엿-가락/엿-가래	
엿-기름/엿-길금	
엿-반대기/엿-자박	
오사리-잡놈/오색-잡놈	'오합-잡놈'은 비표준어임.
옥수수/강냉이	~떡, ~묵, ~밥, ~튀김.
왕골-기직/왕골-자리	
외겹-실/외올-실/홑-실	'홑겹-실, 올-실'은 비표준어임.
외손-잡이/한손-잡이	
욕심-꾸러기/욕심-쟁이	
우레/천둥	우렛-소리, 천둥-소리.
우지/울-보	
을러-대다/을러-메다	
의심-스럽다/의심-쩍다	
-이에요/-이어요	

복수 표준어	비고
이틀-거리/당-고금	학질의 일종임.
일일-이/하나-하나	
일찌감치/일찌거니	
입찬-말/입찬-소리	
자리-옷/잠-옷	
자물-쇠/자물-통	
장가-가다/장가-들다	'서방-가다'는 비표준어임.
재롱-떨다/재롱-부리다	
제-가끔/제-각기	
좀-처럼/좀-체	'좀-체로, 좀-해선, 좀-해'는 비표준어임.
줄-꾼/줄-잡이	
중신/중매	
짚-단/짚-뭇	
쪽/편	오른~, 왼~.
차차/차츰	
책-씻이/책-거리	
척/체	모르는 ~, 잘난 ~.
천연덕-스럽다/천연-스럽다	
철-따구니/철-딱서니/철-딱지	'철-때기'는 비표준어임.
추어-올리다/추어-주다	'추켜-올리다'는 비표준어임.
축-가다/축-나다	
침-놓다/침-주다	
통-꼭지/통-젖	통에 붙은 손잡이.
파자-쟁이/해자-쟁이	점치는 이.
편지-투/편지-틀	
한턱-내다/한턱-하다	
해웃-값/해웃-돈	'해우-차'는 비표준어임.
혼자-되다/홀로-되다	
흠-가다/흠-나다/흠-지다	

제2부 표준 발음법

제1장 총칙

제1항 표준 발음법은 표준어의 실제 발음을 따르되, 국어의 전통성과 합리성을 고려하여 정함을 원칙으로 한다.

제2장 자음과 모음

제2항 표준어의 자음은 다음 19개로 한다.

ㄱ ㄲ ㄴ ㄷ ㄸ ㄹ ㅁ ㅂ ㅃ ㅅ ㅆ ㅇ ㅈ ㅉ ㅊ ㅋ ㅌ ㅍ ㅎ

제3항 표준어의 모음은 다음 21개로 한다.

ㅏ ㅐ ㅑ ㅒ ㅓ ㅔ ㅕ ㅖ ㅗ ㅘ ㅙ ㅚ ㅛ ㅜ ㅝ ㅞ ㅟ ㅠ ㅡ ㅢ ㅣ

제4항 'ㅏ ㅐ ㅓ ㅔ ㅗ ㅚ ㅜ ㅟ ㅡ ㅣ'는 단모음(單母音)으로 발음한다.

　[붙임] 'ㅚ, ㅟ'는 이중 모음으로 발음할 수 있다.

제5항 'ㅑ ㅒ ㅕ ㅖ ㅘ ㅙ ㅛ ㅝ ㅞ ㅠ ㅢ'는 이중 모음으로 발음한다.

　다만 1. 용언의 활용형에 나타나는 '져, 쪄, 쳐'는 [저, 쩌, 처]로 발음한다.

　　가지어 → 가져[가저]　찌어 → 쪄[쩌]　다치어 → 다쳐[다처]

　다만 2. '예, 례' 이외의 'ㅖ'는 [ㅔ]로도 발음한다.

　　계집[계:집/게:집]　　　　　계시다[계:시다/게:시다]
　　시계[시계/시게](時計)　　　연계[연계/연게](連繫)
　　메별[메별/메별](袂別)　　　개폐[개폐/개페](開閉)
　　혜택[혜:택/혜:택](惠澤)　　　지혜[지혜/지혜](智慧)

다만 3. 자음을 첫소리로 가지고 있는 음절의 'ㅢ'는 [ㅣ]로 발음한다.

늴리리	닁큼	무늬	띄어쓰기	씌어
틔어	희어	희떱다	희망	유희

다만 4. 단어의 첫음절 이외의 '의'는 [ㅣ]로, 조사 '의'는 [ㅔ]로 발음함도 허용한다.

주의[주의/주이]   협의[혀븨/혀비]
우리의[우리의/우리에]   강의의[강ː의의/강ː이에]

제3장 음의 길이

제6항 모음의 장단을 구별하여 발음하되, 단어의 첫음절에서만 긴소리가 나타나는 것을 원칙으로 한다.

(1) 눈보라[눈ː보라]   말씨[말ː씨]   밤나무[밤ː나무]
    많다[만ː타]   멀리[멀ː리]   벌리다[벌ː리다]
(2) 첫눈[천눈]   참말[참말]   쌍동밤[쌍동밤]
    수많이[수ː마니]   눈멀다[눈멀다]   떠벌리다[떠벌리다]

다만, 합성어의 경우에는 둘째 음절 이하에서도 분명한 긴소리를 인정한다.

반신반의[반ː신 바늬/반ː신 바니]   재삼재사[재ː삼 재ː사]

[붙임] 용언의 단음절 어간에 어미 '-아/-어'가 결합되어 한 음절로 축약되는 경우에도 긴소리로 발음한다.

보아 → 봐[봐ː]   기어 → 겨[겨ː] 되어 → 돼[돼ː]
두어 → 둬[둬ː]   하여 → 해[해ː]

다만, '오아 → 와, 지어 → 져, 찌어 → 쪄, 치어 → 쳐' 등은 긴소리로 발음하지 않는다.

제7항 긴소리를 가진 음절이라도, 다음과 같은 경우에는 짧게 발음한다.

1. 단음절인 용언 어간에 모음으로 시작된 어미가 결합되는 경우

감다[감ː따] — 감으니[가므니]　　　　밟다[밥ː따] — 밟으면[발브면]
신다[신ː따] — 신어[시너]　　　　　　알다[알ː다] — 알아[아라]

다만, 다음과 같은 경우에는 예외적이다.

끌다[끌ː다] — 끌어[끄ː러]　　　　　떫다[떨ː따] — 떫은[떨ː븐]
벌다[벌ː다] — 벌어[버ː러]　　　　　썰다[썰ː다] — 썰어[써ː러]
없다[업ː따] — 없으니[업ː쓰니]

2. 용언 어간에 피동, 사동의 접미사가 결합되는 경우

감다[감ː따] — 감기다[감기다]　　　　꼬다[꼬ː다] — 꼬이다[꼬이다]
밟다[밥ː따] — 밟히다[발피다]

다만, 다음과 같은 경우에는 예외적이다.

끌리다[끌ː리다]　　　　벌리다[벌ː리다]　　　　없애다[업ː쌔다]

[붙임] 다음과 같은 복합어에서는 본디의 길이에 관계없이 짧게 발음한다.

밀—물　　　썰—물　　　쏜—살—같이　　　작은—아버지

제4장 받침의 발음

제8항 받침소리로는 'ㄱ, ㄴ, ㄷ, ㄹ, ㅁ, ㅂ, ㅇ'의 7개 자음만 발음한다.

제9항 받침 'ㄲ, ㅋ', 'ㅅ, ㅆ, ㅈ, ㅊ, ㅌ', 'ㅍ'은 어말 또는 자음 앞에서 각각 대표음 [ㄱ, ㄷ, ㅂ]
　　　으로 발음한다.

닦다[닥따]　　키읔[키윽]　　키읔과[키윽꽈]　　옷[옫]
웃다[욷ː따]　　있다[읻따]　　젖[젇]　　　　　빚다[빋따]

꽃[꼳] 쫓다[쫃따] 솥[솓] 뱉다[밷ː따]
앞[압] 덮다[덥따]

제10항 겹받침 'ㄳ', 'ㄵ', 'ㄼ, ㄽ, ㄾ', 'ㅄ'은 어말 또는 자음 앞에서 각각 [ㄱ, ㄴ, ㄹ, ㅂ]으로 발음한다.

넋[넉] 넋과[넉꽈] 앉다[안따] 여덟[여덜]
넓다[널따] 외곬[외골] 핥다[할따] 값[갑]
없다[업ː따]

다만, '밟–'은 자음 앞에서 [밥]으로 발음하고, '넓–'은 다음과 같은 경우에 [넙]으로 발음한다.

(1) 밟다[밥ː따] 밟소[밥ː쏘] 밟지[밥ː찌]
밟는[밥ː는→밤ː는] 밟게[밥ː께] 밟고[밥ː꼬]
(2) 넓–죽하다[넙쭈카다] 넓–둥글다[넙뚱글다]

제11항 겹받침 'ㄺ, ㄻ, ㄿ'은 어말 또는 자음 앞에서 각각 [ㄱ, ㅁ, ㅂ]으로 발음한다.

닭[닥] 흙과[흑꽈] 맑다[막따] 늙지[늑찌]
삶[삼ː] 젊다[점ː따] 읊고[읍꼬] 읊다[읍따]

다만, 용언의 어간 말음 'ㄺ'은 'ㄱ' 앞에서 [ㄹ]로 발음한다.

맑게[말께] 묽고[물꼬] 얽거나[얼꺼나]

제12항 받침 'ㅎ'의 발음은 다음과 같다.

1. 'ㅎ(ㄶ, ㅀ)' 뒤에 'ㄱ, ㄷ, ㅈ'이 결합되는 경우에는, 뒤 음절 첫소리와 합쳐서 [ㅋ, ㅌ, ㅊ]으로 발음한다.

놓고[노코] 좋던[조ː턴] 쌓지[싸치]
많고[만ː코] 않던[안턴] 닳지[달치]

[붙임 1] 받침 'ㄱ(ㄺ), ㄷ, ㅂ(ㄼ), ㅈ(ㄵ)'이 뒤 음절 첫소리 'ㅎ'과 결합되는 경우에도, 역시 두 음을 합쳐서 [ㅋ, ㅌ, ㅍ, ㅊ]으로 발음한다.

각하[가카]　　　　먹히다[머키다]　　　　밝히다[발키다]　　　　맏형[마텽]
좁히다[조피다]　　　넓히다[널피다]　　　　꽂히다[꼬치다]　　　　앉히다[안치다]

[붙임 2] 규정에 따라 'ㄷ'으로 발음되는 'ㅅ, ㅈ, ㅊ, ㅌ'의 경우에도 이에 준한다.

옷 한 벌[오탄벌]　　　　　낮 한때[나탄때]
꽃 한 송이[꼬탄송이]　　　숱하다[수타다]

2. 'ㅎ(ㄶ, ㅀ)' 뒤에 'ㅅ'이 결합되는 경우에는, 'ㅅ'을 [ㅆ]으로 발음한다.

닿소[다쏘]　　많소[만쏘]　　싫소[실쏘]

3. 'ㅎ' 뒤에 'ㄴ'이 결합되는 경우에는, [ㄴ]으로 발음한다.

놓는[논는]　　쌓네[싼네]

[붙임] 'ㄶ, ㅀ' 뒤에 'ㄴ'이 결합되는 경우에는, 'ㅎ'을 발음하지 않는다.

않네[안네]　　않는[안는]　　뚫네[뚤네→뚤레]　　뚫는[뚤는→뚤른]

　* '뚫네[뚤네→뚤레], 뚫는[뚤는→뚤른]'에 대해서는 제20항 참조.

4. 'ㅎ(ㄶ, ㅀ)' 뒤에 모음으로 시작된 어미나 접미사가 결합되는 경우에는, 'ㅎ'을 발음하지 않는다.

낳은[나은]　　놓아[노아]　　쌓이다[싸이다]　　많아[마:나]
않은[아는]　　닳아[다라]　　싫어도[시러도]

제13항 홑받침이나 쌍받침이 모음으로 시작된 조사나 어미, 접미사와 결합되는 경우에는, 제 음가대로 뒤 음절 첫소리로 옮겨 발음한다.

깎아[까까]   옷이[오시]   있어[이써]   낮이[나지]
꽂아[꼬자]   꽃을[꼬츨]   쫓아[쪼차]   밭에[바테]
앞으로[아프로]   덮이다[더피다]

제14항 겹받침이 모음으로 시작된 조사나 어미, 접미사와 결합되는 경우에는, 뒤엣것만을
　　　 뒤 음절 첫소리로 옮겨 발음한다.(이 경우, 'ㅅ'은 된소리로 발음함.)

넋이[넉씨]   앉아[안자]   닭을[달글]   젊어[절머]   곬이[골씨]
핥아[할타]   읊어[을퍼]   값을[갑쓸]   없어[업ː써]

제15항 받침 뒤에 모음 'ㅏ, ㅓ, ㅗ, ㅜ, ㅟ'들로 시작되는 실질 형태소가 연결되는 경우에는,
　　　 대표음으로 바꾸어서 뒤 음절 첫소리로 옮겨 발음한다.

밭 아래[바다래]   늪 앞[느밥]   젖어미[저더미]
맛없다[마덥따]   겉옷[거돋]   헛웃음[허두슴]   꽃 위[꼬뒤]

다만, '맛있다, 멋있다'는 [마싣따], [머싣따]로도 발음할 수 있다.

[붙임] 겹받침의 경우에는, 그중 하나만을 옮겨 발음한다.

넋 없다[너겁따]   닭 앞에[다가페]   값어치[가버치]   값있는[가빈는]

제16항 한글 자모의 이름은 그 받침소리를 연음하되, 'ㄷ, ㅈ, ㅊ, ㅋ, ㅌ, ㅍ, ㅎ'의 경우에는
　　　 특별히 다음과 같이 발음한다.

디귿이[디그시]   디귿을[디그슬]   디귿에[디그세]
지읒이[지으시]   지읒을[지으슬]   지읒에[지으세]
치읓이[치으시]   치읓을[치으슬]   치읓에[치으세]
키읔이[키으기]   키읔을[키으글]   키읔에[키으게]
티읕이[티으시]   티읕을[티으슬]   티읕에[티으세]
피읖이[피으비]   피읖을[피으블]   피읖에[피으베]
히읗이[히으시]   히읗을[히으슬]   히읗에[히으세]

제5장 음의 동화

제17항 받침 'ㄷ, ㅌ(ㄾ)'이 조사나 접미사의 모음 'ㅣ'와 결합되는 경우에는, [ㅈ, ㅊ]으로 바꾸어서 뒤 음절 첫소리로 옮겨 발음한다.

곧이듣다[고지듣따]   굳이[구지]   미닫이[미ː다지]
땀받이[땀바지]   밭이[바치]   벼훑이[벼훌치]

[붙임] 'ㄷ' 뒤에 접미사 '히'가 결합되어 '티'를 이루는 것은 [치]로 발음한다.

굳히다[구치다]   닫히다[다치다]   묻히다[무치다]

제18항 받침 'ㄱ(ㄲ, ㅋ, ㄳ, ㄺ), ㄷ(ㅅ, ㅆ, ㅈ, ㅊ, ㅌ, ㅎ), ㅂ(ㅍ, ㄼ, ㄿ, ㅄ)'은 'ㄴ, ㅁ' 앞에서 [ㅇ, ㄴ, ㅁ]으로 발음한다.

먹는[멍는]   국물[궁물]   깎는[깡는]   키읔만[키응만]
몫몫이[몽목씨]   긁는[긍는]   흙만[흥만]   닫는[단는]
짓는[진ː는]   옷맵시[온맵씨]   있는[인는]   맞는[만는]
젖멍울[전멍울]   쫓는[쫀는]   꽃망울[꼰망울]   붙는[분는]
놓는[논는]   잡는[잠는]   밥물[밤물]   앞마당[암마당]
밟는[밤ː는]   읊는[음는]   없는[엄ː는]

[붙임] 두 단어를 이어서 한 마디로 발음하는 경우에도 이와 같다.

책 넣는다[챙넌는다]   흙 말리다[흥말리다]   옷 맞추다[온맏추다]
밥 먹는다[밤멍는다]   값 매기다[감매기다]

제19항 받침 'ㅁ, ㅇ' 뒤에 연결되는 'ㄹ'은 [ㄴ]으로 발음한다.

담력[담ː녁]   침략[침ː냑]   강릉[강능]
항로[항ː노]   대통령[대ː통녕]

[붙임] 받침 'ㄱ, ㅂ' 뒤에 연결되는 'ㄹ'도 [ㄴ]으로 발음한다.

막론[막논→망논]   석류[석뉴→성뉴]

협력[협녁→혐녁]   법리[법니→범니]

제20항 'ㄴ'은 'ㄹ'의 앞이나 뒤에서 [ㄹ]로 발음한다.

(1) 난로[날로]   신라[실라]   천리[철리]   광한루[광할루]   대관령[대괄령]

(2) 칼날[칼랄]   물난리[물랄리]   줄넘기[줄럼끼]   할는지[할른지]

[붙임] 첫소리 'ㄴ'이 'ㅀ', 'ㄾ' 뒤에 연결되는 경우에도 이에 준한다.

닳는[달른]   뚫는[뚤른]   핥네[할레]

다만, 다음과 같은 단어들은 'ㄹ'을 [ㄴ]으로 발음한다.

의견란[의ː견난]   임진란[임ː진난]   생산량[생산냥]   결단력[결딴녁]

공권력[공꿘녁]   동원령[동ː원녕]   상견례[상견녜]   횡단로[횡단노]

이원론[이ː원논]   입원료[이붠뇨]   구근류[구근뉴]

제21항 위에서 지적한 이외의 자음동화는 인정하지 않는다.

감기[감ː기](×[강ː기])   옷감[옫깜](×[옥깜])

있고[읻꼬](×[익꼬])   꽃길[꼳낄](×[꼭낄])

젖먹이[전머기](×[점머기])   문법[문뻡](×[뭄뻡])

꽃밭[꼳빧](×[꼽빧])

제22항 다음과 같은 용언의 어미는 [어]로 발음함을 원칙으로 하되, [여]로 발음함도 허용한다.

되어[되어/되여]   피어[피어/피여]

[붙임] '이오, 아니오'도 이에 준하여 [이요, 아니요]로 발음함을 허용한다.

제6장 경음화

제23항 받침 'ㄱ(ㄲ, ㅋ, ㄳ, ㄺ), ㄷ(ㅅ, ㅆ, ㅈ, ㅊ, ㅌ), ㅂ(ㅍ, ㄼ, ㄿ, ㅄ)' 뒤에 연결되는 'ㄱ, ㄷ, ㅂ, ㅅ, ㅈ'은 된소리로 발음한다.

국밥[국빱]	깎다[깍따]	넋받이[넉빠지]
삯돈[삭똔]	닭장[닥짱]	칡범[칙뻠]
뻗대다[뻗때다]	옷고름[옫꼬름]	있던[읻떤]
꽂고[꼳꼬]	꽃다발[꼳따발]	낯설다[낟썰다]
밭갈이[받까리]	솥전[솓쩐]	곱돌[곱똘]
덮개[덥깨]	옆집[엽찝]	넓죽하다[넙쭈카다]
읊조리다[읍쪼리다]	값지다[갑찌다]	

제24항 어간 받침 'ㄴ(ㄵ), ㅁ(ㄻ)' 뒤에 결합되는 어미의 첫소리 'ㄱ, ㄷ, ㅅ, ㅈ'은 된소리로 발음한다.

신고[신꼬]	껴안다[껴안따]	앉고[안꼬]	닮고[담꼬]
삼고[삼꼬]	더듬지[더듬찌]	얹다[언따]	젊지[점:찌]

다만, 피동, 사동의 접미사 '-기-'는 된소리로 발음하지 않는다.

안기다	감기다	굶기다	옮기다

제25항 어간 받침 'ㄼ, ㄾ' 뒤에 결합되는 어미의 첫소리 'ㄱ, ㄷ, ㅅ, ㅈ'은 된소리로 발음한다.

넓게[널께]	핥다[할따]	훑소[훌쏘]	떫지[떨:찌]

제26항 한자어에서, 'ㄹ' 받침 뒤에 연결되는 'ㄷ, ㅅ, ㅈ'은 된소리로 발음한다.

갈등[갈뜽]	발동[발똥]	절도[절또]	말살[말쌀]
불소[불쏘](弗素)	일시[일씨]	갈증[갈쯩]	물질[물찔]
발전[발쩐]	몰상식[몰쌍식]	불세출[불쎄출]	

다만, 같은 한자가 겹쳐진 단어의 경우에는 된소리로 발음하지 않는다.

허허실실[허허실실](虛虛實實)　　　절절-하다[절절하다](切切-)

제27항 관형사형 '-(으)ㄹ' 뒤에 연결되는 'ㄱ, ㄷ, ㅂ, ㅅ, ㅈ'은 된소리로 발음한다.

할 것을[할꺼슬]　　갈 데가[갈떼가]　　할 바를[할빠를]
할 수는[할쑤는]　　할 적에[할쩌게]　　갈 곳[갈꼳]
할 도리[할또리]　　만날 사람[만날싸람]

다만, 끊어서 말할 적에는 예사소리로 발음한다.

[붙임] '-(으)ㄹ'로 시작되는 어미의 경우에도 이에 준한다.

할걸[할껄]　　할밖에[할빠께]　　할세라[할쎄라]　　할수록[할쑤록]
할지라도[할찌라도]　　　　할지언정[할찌언정]　할진대[할찐대]

제28항 표기상으로는 사이시옷이 없더라도, 관형격 기능을 지니는 사이시옷이 있어야 할(휴지가 성립되는) 합성어의 경우에는, 뒤 단어의 첫소리 'ㄱ, ㄷ, ㅂ, ㅅ, ㅈ'을 된소리로 발음한다.

문-고리[문꼬리]　　　눈-동자[눈똥자]　　　신-바람[신빠람]
산-새[산쌔]　　　　　손-재주[손째주]　　　길-가[길까]
물-동이[물똥이]　　　발-바닥[발빠닥]　　　굴-속[굴쏙]
술-잔[술짠]　　　　　바람-결[바람껼]　　　그믐-달[그믐딸]
아침-밥[아침빱]　　　잠-자리[잠짜리]　　　강-가[강까]
초승-달[초승딸]　　　등-불[등뿔]　　　　　창-살[창쌀]
강-줄기[강쭐기]

제7장 음의 첨가

제29항 합성어 및 파생어에서, 앞 단어나 접두사의 끝이 자음이고 뒤 단어나 접미사의 첫음절이 '이, 야, 여, 요, 유'인 경우에는, 'ㄴ' 음을 첨가하여 [니, 냐, 녀, 뇨, 뉴]로 발음한다.

솜-이불[솜:니불]	홑-이불[혼니불]	막-일[망닐]
삯-일[상닐]	맨-입[맨닙]	꽃-잎[꼰닙]
내복-약[내:봉냑]	한-여름[한녀름]	남존-여비[남존녀비]
신-여성[신녀성]	색-연필[생년필]	직행-열차[지캥녈차]
늑막-염[능망념]	콩-엿[콩녇]	담-요[담:뇨]
눈-요기[눈뇨기]	영업-용[영엄뇽]	식용-유[시굥뉴]
백분-율[백뿐뉼]	밤-윷[밤:뉻]	

다만, 다음과 같은 말들은 'ㄴ' 음을 첨가하여 발음하되, 표기대로 발음할 수 있다.

이죽-이죽[이중니죽/이주기죽]	야금-야금[야금냐금/야그먀금]
검열[검:녈/거:멸]	욜랑-욜랑[욜랑놀랑/욜랑욜랑]
금융[금늉/그뮹]	

[붙임 1] 'ㄹ' 받침 뒤에 첨가되는 'ㄴ' 음은 [ㄹ]로 발음한다.

들-일[들:릴]	솔-잎[솔립]	설-익다[설릭따]
물-약[물략]	불-여우[불려우]	서울-역[서울력]
물-엿[물렫]	휘발-유[휘발류]	유들-유들[유들류들]

[붙임 2] 두 단어를 이어서 한 마디로 발음하는 경우에도 이에 준한다.

한 일[한닐]	옷 입다[온닙따]	서른여섯[서른녀섣]
3 연대[삼년대]	먹은 엿[머근녇]	할 일[할릴]
잘 입다[잘립따]	스물여섯[스물려섣]	1 연대[일련대]
먹을 엿[머글렫]		

다만, 다음과 같은 단어에서는 'ㄴ(ㄹ)' 음을 첨가하여 발음하지 않는다.

6·25[유기오]	3·1절[사밀쩔]	송별-연[송:벼련]	등-용문[등용문]

제30항 사이시옷이 붙은 단어는 다음과 같이 발음한다.

1. 'ㄱ, ㄷ, ㅂ, ㅅ, ㅈ'으로 시작하는 단어 앞에 사이시옷이 올 때는 이들 자음만을 된소리로 발음하는 것을 원칙으로 하되, 사이시옷을 [ㄷ]으로 발음하는 것도 허용한다.

냇가[내:까/낻:까]	샛길[새:낄/샏:낄]
빨랫돌[빨래똘/빨랟똘]	콧등[코뜽/콛뜽]
깃발[기빨/긷빨]	대팻밥[대:패빱/대:팯빱]
햇살[해쌀/핻쌀]	뱃속[배쏙/밷쏙]
뱃전[배쩐/밷쩐]	고갯짓[고개찓/고갣찓]

2. 사이시옷 뒤에 'ㄴ, ㅁ'이 결합되는 경우에는 [ㄴ]으로 발음한다.

콧날[콛날 → 콘날]	아랫니[아랟니 → 아랜니]
툇마루[퇻:마루 → 퇸:마루]	뱃머리[밷머리 → 밴머리]

3. 사이시옷 뒤에 '이' 음이 결합되는 경우에는 [ㄴㄴ]으로 발음한다.

베갯잇[베갣닏 → 베갠닏]	깻잎[깯닙 → 깬닙]
나뭇잎[나묻닙 → 나문닙]	도리깻열[도리깯녈 → 도리깬녈]
뒷윷[뒫:늍 → 뒨:늍]	

문화관광부 고시 제2000-8 호(2000. 7. 7.)

국어의 로마자 표기법

.

제1장 표기의 기본 원칙

제1항 국어의 로마자 표기는 국어의 표준 발음법에 따라 적는 것을 원칙으로 한다.

제2항 로마자 이외의 부호는 되도록 사용하지 않는다.

제2장 표기 일람

제1항 모음은 다음 각호와 같이 적는다.

1. 단모음

ㅏ	ㅓ	ㅗ	ㅜ	ㅡ	ㅣ	ㅐ	ㅔ	ㅚ	ㅟ
a	eo	o	u	eu	i	ae	e	oe	wi

2. 이중 모음

ㅑ	ㅕ	ㅛ	ㅠ	ㅒ	ㅖ	ㅘ	ㅙ	ㅝ	ㅞ	ㅢ
ya	yeo	yo	yu	yae	ye	wa	wae	wo	we	ui

[붙임 1] 'ㅢ'는 'ㅣ'로 소리나더라도 'ui'로 적는다.
  (보기) 광희문 Gwanghuimun

[붙임 2] 장모음의 표기는 따로 하지 않는다.

제2항 자음은 다음 각호와 같이 적는다.

1. 파열음

ㄱ	ㄲ	ㅋ	ㄷ	ㄸ	ㅌ	ㅂ	ㅃ	ㅍ
g, k	kk	k	d, t	tt	t	b, p	pp	p

2. 파찰음

ㅈ	ㅉ	ㅊ
j	jj	ch

3. 마찰음

ㅅ	ㅆ	ㅎ
s	ss	h

4. 비음

ㄴ	ㅁ	ㅇ
n	m	ng

5. 유음

ㄹ
r, l

[붙임 1] 'ㄱ, ㄷ, ㅂ'은 모음 앞에서는 'g, d, b'로, 자음 앞이나 어말에서는 'k, t, p'로 적는다.([ ] 안의 발음에 따라 표기함.)

구미	Gumi	영동	Yeongdong	백암	Baegam
옥천	Okcheon	합덕	Hapdeok	호법	Hobeop
월곶[월곧]	Wolgot	벚꽃[벋꼳]	beotkkot	한밭[한받]	Hanbat

[붙임 2] 'ㄹ'은 모음 앞에서는 'r'로, 자음 앞이나 어말에서는 'l'로 적는다. 단, 'ㄹㄹ'은 'll'로 적는다.

443

구리	Guri	설악	Seorak	칠곡	Chilgok
임실	Imsil	울릉	Ulleung	대관령 [대괄령]	Daegwallyeong

제3장 표기상의 유의점

제1항 음운 변화가 일어날 때에는 변화의 결과에 따라 다음 각호와 같이 적는다.

1. 자음 사이에서 동화 작용이 일어나는 경우

백마 [뱅마]	Baengma	신문로 [신문노]	Sinmunno	종로 [종노]	Jongno
왕십리 [왕심니]	Wangsimni	별내 [별래]	Byeollae	신라 [실라]	Silla

2. 'ㄴ, ㄹ'이 덧나는 경우

학여울[항녀울]	Hangnyeoul	알약[알략]	allyak

3. 구개음화가 되는 경우

해돋이 [해도지]	haedoji	같이 [가치]	gachi	굳히다 [구치다]	guchida

4. 'ㄱ, ㄷ, ㅂ, ㅈ'이 'ㅎ'과 합하여 거센소리로 소리나는 경우

좋고[조코]	joko	놓다[노타]	nota
잡혀[자펴]	japyeo	낳지[나치]	nachi

다만, 체언에서 'ㄱ, ㄷ, ㅂ' 뒤에 'ㅎ'이 따를 때에는 'ㅎ'을 밝혀 적는다.

묵호(Mukho)	집현전(Jiphyeonjeon)

[붙임] 된소리되기는 표기에 반영하지 않는다.

압구정	Apgujeong	낙동강	Nakdonggang	죽변	Jukbyeon
낙성대	Nakseongdae	합정	Hapjeong	팔당	Paldang
샛별	saetbyeol	울산	Ulsan		

제2항 발음상 혼동의 우려가 있을 때에는 음절 사이에 붙임표(-)를 쓸 수 있다.

중앙	Jung-ang	반구대	Ban-gudae
세운	Se-un	해운대	Hae-undae

제3항 고유 명사는 첫 글자를 대문자로 적는다.

부산	Busan	세종	Sejong

제4항 인명은 성과 이름의 순서로 띄어 쓴다. 이름은 붙여 쓰는 것을 원칙으로 하되 음절 사이에 붙임표(-)를 쓰는 것을 허용한다.( ) 안의 표기를 허용함.)

민용하 Min Yongha (Min Yong-ha)
송나리 Song Nari (Song Na-ri)

1. 이름에서 일어나는 음운 변화는 표기에 반영하지 않는다.

한복남	Han Boknam (Han Bok-nam)	홍빛나	Hong Bitna (Hong Bit-na)

2. 성의 표기는 따로 정한다.

제5항 '도, 시, 군, 구, 읍, 면, 리, 동'의 행정 구역 단위와 '가'는 각각 'do, si, gun, gu, eup, myeon, ri, dong, ga'로 적고, 그 앞에는 붙임표(-)를 넣는다. 붙임표(-) 앞뒤에서 일어나는 음운 변화는 표기에 반영하지 않는다.

충청북도	Chungcheongbuk-do	제주도	Jeju-do
의정부시	Uijeongbu-si	양주군	Yangju-gun
도봉구	Dobong-gu	신창읍	Sinchang-eup
삼죽면	Samjuk-myeon	인왕리	Inwang-ri
당산동	Dangsan-dong	봉천 1동	Bongcheon 1(il)-dong
종로 2가	Jongno 2(i)-ga	퇴계로 3가	Toegyero 3(sam)-ga

[붙임] '시, 군, 읍'의 행정 구역 단위는 생략할 수 있다.

청주시	Cheongju	함평군	Hampyeong	순창읍	Sunchang

제6항 자연 지물명, 문화재명, 인공 축조물명은 붙임표(-) 없이 붙여 쓴다.

남산	Namsan	속리산	Songnisan
금강	Geumgang	독도	Dokdo
경복궁	Gyeongbokgung	무량수전	Muryangsujeon
연화교	Yeonhwagyo	극락전	Geungnakjeon
안압지	Anapji	남한산성	Namhansanseong
화랑대	Hwarangdae	불국사	Bulguksa
현충사	Hyeonchungsa	독립문	Dongnimmun
오죽헌	Ojukheon	촉석루	Chokseongnu
종묘	Jongmyo	다보탑	Dabotap

제7항 인명, 회사명, 단체명 등은 그동안 써 온 표기를 쓸 수 있다.

제8항 학술 연구 논문 등 특수 분야에서 한글 복원을 전제로 표기할 경우에는 한글 표기를 대
상으로 적는다. 이때 글자 대응은 제2장을 따르되 'ㄱ, ㄷ, ㅂ, ㄹ'은 'g, d, b, l'로만
적는다. 음가 없는 'ㅇ'은 붙임표(-)로 표기하되 어두에서는 생략하는 것을 원칙으로
한다. 기타 분절의 필요가 있을 때에도 붙임표(-)를 쓴다.

집	jib	짚	jip
밖	bakk	값	gabs
붓꽃	buskkoch	먹는	meogneun
독립	doglib	문리	munli
물엿	mul-yeos	굳이	gud-i
좋다	johda	가곡	gagog
조랑말	jolangmal	없었습니다.	eobs-eoss-seubnida

부칙

① (시행일) 이 규정은 고시한 날부터 시행한다.
② (표지판 등에 대한 경과 조치) 이 표기법 시행 당시 종전의 표기법에 의하여 설치된 표지판
(도로, 광고물, 문화재 등의 안내판)은 2005. 12. 31.까지 이 표기법을 따라야 한다.
③ (출판물 등에 대한 경과 조치) 이 표기법 시행 당시 종전의 표기법에 의하여 발간된 교과서
등 출판물은 2002. 2. 28.까지 이 표기법을 따라야 한다.

개정3판
우리말 규범의 이해

초 판1쇄 발행 2015년 8월 24일
개정판1쇄 발행 2016년 2월 29일
개정2판1쇄 발행 2017년 7월 10일
개정3판1쇄 발행 2019년 8월 30일
지은이 허철구
펴낸이 이대현 | **편집** 박윤정 | **디자인** 최선주
펴낸곳 도서출판 역락 | **등록** 제303-2002-000014호(등록일 1999년 4월 19일)
주소 서울시 서초구 동광로 46길 6-6 문창빌딩 2층
전화 02-3409-2058(영업), 2060(편집) | **팩스** 02-3409-2059 | **이메일** youkrack@hanmail.net
ISBN 979-11-6244-442-9 03710

* 이 도서의 국립중앙도서관 출판예정도서목록(CIP)은 서지정보유통지원시스템 홈페이지(http://seoji.nl.go.kr)와 국가자료종합목록
  구축시스템(http://kolis-net.nl.go.kr)에서 이용하실 수 있습니다.(CIP제어번호 : CIP2019032601)